五書五經讀本

懸吐完譯

書經集傳 上

集傳 蔡沈　譯註 金東柱

전통문화연구회

目　次

書經集傳 總目次

刊行辭

　經은 본래 책을 가리키는 말이다. 후대에 특별히 經을 높여 聖賢의 말씀을 담고 있는 책이라는 의미로 사용하였다. 儒學이 중국문화는 물론 동아시아 사상의 주류를 이루면서 經은 일반적으로 유학의 기본 典籍을 가리키는 용어가 되었다. 따라서 經을 읽지 않으면 유학을 이해할 수 없고, 유학을 이해하지 못하면 중국문화나 동아시아의 문화를 이해할 수 없다.

　1960년대 民族文化振興과 民族中興이라는 기치를 내건 정부는 學·藝術界 指導者 50여 분을 모시고 가장 시급한 문화 사업으로 漢文古典翻譯事業에 착수하였다. 光復 후 20여 년이 지났지만 韓國學의 기본 資料이자 교과서인 四書五經의 우리말 註釋書 하나 없던 시절이었다. 그러나 한문고전번역사업에서 東洋古典(中國古典篇)은 우리 古典이 아니라 하여 번역대상에서 제외되었고, 2000년대에 들어와서야 정부에서 얼마간의 보조금을 주기 시작하였다.

　본회에서는 1990년대에 이미 四書三經을 비롯한 유학의 기본 古典을 선별하여 번역하였다. 당시 逐字譯의 실력이 없이는 현대어로의 완전한 번역이 불가능하다는 생각을 바탕으로, 동양학 전공 여부를 막론하고 유학을 넘어 동양학의 기본서를 머리맡에 사전처럼 두고 볼 수 있는 번역서를 목표로 東洋古典國譯叢書를 기획·간행하였다. 우리나라 漢文讀法의 전통을 계승하고자 懸吐 방식으로 원문을 정리하고 주석까지 完譯하여, 학계에 기여함은 물론 교육과 일반교양의 필독서로도 널리 인정을 받았다.

　당시 오역 없는 번역에 力點을 두었음에도 불구하고 시간이 지남에 따라 쌓인 국내외

연구 성과로 인하여 번역서의 수정도 불가피하게 되었다. 그리하여 2005년 改訂增補版
四書를 발간하기에 이르렀다. 그러나 개정증보판 사서를 발간하면서 과거 先賢들의 註
釋書와 국내외의 연구 성과, 시대에 따라 변화하는 언어를 오롯이 담아내지 못한 점을
아쉬워하였다. 이후 사서 이외의 개정증보판 발간을 미루고 고민한 결과, 동양고전국역
총서가 20세기 버전으로 그 생명력을 다하였으니 21세기 번역의 표준을 제시할 수 있는
고전번역서를 새롭게 만들어보자는 쪽으로 의견이 모아졌다.

본 '五書五經讀本'은 바로 그 고민을 해결하기 위해 기획하였으며, 傳統과 現代를 아
우르면서 역대 국내외 연구 성과를 망라하고 연구자는 물론 동양학 열풍으로 수준이 높
아진 일반 독자의 눈높이에 맞춰, 독자의 기호에 따라 연구의 기본자료 또는 교재, 입문
서 등으로 다양하게 활용할 수 있는 21세기 標準飜譯書 제공을 목적으로 하였다. 따라
서 국내외의 역대 註釋書를 비롯하여 동양고전국역총서 발간 이후 축적된 연구 성과를
종합하였다. 이를 위해 몇 분 안 되는 元老漢學者 또는 전공교수와 일정 수준의 소양을
갖춘 신진학자의 協同硏究飜譯을 지향하였다.

본회에서 처음 추진한 협동연구번역은 후속연구자 양성이라는 측면에서도 큰 의미를
갖는다. 번역을 통해 徒弟式 교육을 받은 신진학자는 앞으로 학계를 이끌어나갈 주역
으로서 단단히 자리매김하여 우리나라 학계의 큰 자산이 될 것이다.

또 번역뿐만 아니라 古典籍 정리사업에 따라 각종 校勘·潤文·校訂 등에도 번역수준
의 전공자로 구성하는 등 기획부터 출간 단계까지 심혈을 기울였다. 이는 誤謬를 최소
화한 표준번역서를 목표로 어느 곳에 내놔도 그 가치를 인정받을 수 있는 名品을 만들
기 위한 하나의 노력이었다.

또한 과거에는 상상할 수 없던 모바일 器機의 등장과 대중화는 출판환경과 독서형태
를 변화시켰다. 이러한 변화에 발 빠르게 對應하고 시대를 先導하기 위해 '오서오경독
본'을 스마트 정보화하였다. 연구자, 교수자, 초학자, 原典을 통해 고전을 읽기 원하는
독자 등 누구나 쉽고 부담 없이 접근하여 동양고전의 참맛을 느낄 수 있을 것이다.

'오서오경독본'은 오류를 최소화하고 스마트화로 접근성을 높인 최상의 표준번역서로

서 동양고전 교육의 훌륭한 밑거름이 되어 학계의 수준을 一新하리라 굳게 확신한다. 또한 지식의 국경을 허물고 있는 인터넷 환경은 그 어느 때보다도 동양고전 情報化의 필요성을 切感(例 : 八佾舞)하게 한다. 따라서 시대의 흐름에 맞춰 '오서오경독본'을 정보화하여 그 활용 가치를 극대화할 계획이다. 이는 본회를 넘어 대한민국이 동북아시아뿐만 아니라 전 세계 동양고전 情報와 敎育의 허브로서 중추적 역할을 담당할 것이다.

翻譯은 단순히 다른 言語를 옮기는 행위가 아닌, 한 언어를 사용하는 민족의 사상과 문화 전체를 옮기는 행위인 만큼 고전번역은 과거 聖賢의 사상은 물론 그 당시의 문화와 疏通하는 행위이며, 이는 현재 자신의 문화를 이해하는 尺度라 할 수 있다. '오서오경독본'은 21세기 번역의 표준으로서 우리 한국 고전번역의 수준을 가늠할 수 있는 척도가 되리라 스스로 자부해본다.

'오서오경독본' 시리즈의 첫 출간 시점이 우연히도 전통문화연구회 창립 30주년이 되는 해이다. 30년 동안 동양고전 번역에 무던히 매진하면서 고전의 중요성을 늘 강조하였다. 이제 다시금 내놓는 오서오경독본을 보면서 고전의 맛이 늘 새롭고 無窮함을 새삼 깨달았다. 고전과 씨름하며 지낸 30년 세월을 넘어 '오서오경독본'이 앞으로 30년, 50년을 이어갈 고전번역의 새로운 이정표가 되기를 기대하며, 정부에서도 21세기 東北亞 시대를 인식하여 東洋古典翻譯은 물론 東洋古典情報化에도 特段의 관심을 갖기를 고대한다.

나아가 2000여 년간 한자문화를 기반으로 찬란한 문화를 꽃피운 대한민국이 21세기 東北亞 漢字文化圈에서 다시 눈부신 문화의 융성을 목표로 본회와 관련단체에서 추진하는 先進文化韓國 VISION 2030-2050을 '五書五經讀本'과 '漢文讀解捷徑' 및 '東洋古典情報化'가 앞장서 이끌어 동북아 韓·中·日 三國鼎立과 世界平和에 기여하길 바란다.

2018年 10月 日

社團法人 傳統文化研究會 會長 李啓晃

解　題

金有美*

1. 서론

　동아시아에서《尙書》는 고대 공문서로서, 선사시대로부터의 민족과 국가의 始原이 기록되어 있는 最古이면서 最高의 散文으로 된 문헌이다. 이러한 연유로,《尙書》는 上古시대로부터 現代에 이르기까지 동아시아 총체적 문화의 원류로서, 종교학·과학·지리학·인류학·언어학·정치학·경제학·사회학·문화학·교육학·역사학·철학·문학·문헌학 등 제반 학문의 기초를 이루고 있다고 할 수 있다.

　위와 같은 연유로,《尙書》는 이른 시기부터 詩·書로 병칭되며 五經 성립 이전부터 중시되어 왔다. 그리하여《尙書》에 관한 注解書는 무수히 많은데, 이 중 한국을 비롯한 동아시아에서 국가로부터 공인된 注解書로는 唐代《尙書正義》·宋代《書集傳》·明代《書傳大全》·淸代《尙書注疏》[1]가 전해진다. 그런데 이들간의 관계는 唐代《尙書正義》가 가장 먼저 편찬되었고, 이후에 唐代《尙書正義》를 근간으로 宋代《書集傳》이 편찬되면서, 기존의 唐代《尙書正義》의 古注疏 계열과 새로운 宋代《書集傳》의 新注疏 계열이 성립되었다. 그리고 이들은 각기 新注疏 계열의 明代《書傳大全》·古注疏 계열의 淸代《尙書注疏》로 이어져 영향을 주었다. 따라서 동아시아에서《尙書》의 대표적 注解

1　淸代《尙書注疏》:《尙書注疏》는 宋代 十三經注疏가 성립되면서《尙書正義》의 명칭이 변환된 것에서 유래된다. 그런데 淸代에는 阮元이〈校勘記〉를 첨부하면서, 宋代의《尙書注疏》와는 차이가 있게 되었다.

書는 古注疏 계열로서 《尙書正義》와 新注疏 계열로서 宋代 《書集傳》이라고 요약할 수 있다. 그런데 시대적으로 唐代 《尙書正義》 이후에 宋代 《書集傳》이 성립되었기에, 《尙書》에 관한 注解書로서 唐代 《尙書正義》를 근간으로 삼고 四家를 비롯한 諸家說을 집대성한 결과물인 宋代 《書集傳》은 좀 더 정밀히 연구할 만한 가치가 있는 문헌이라고 할 수 있다.

2. 朱熹와 蔡氏 父子의 생애

宋代에는 주요 黨爭으로는, 北宋代의 元佑黨籍과 南宋代의 慶元黨禁 등이 행해졌다. 이 중 慶元黨禁은 慶元연간 韓侂胄의 전행으로 趙汝愚가 貶死되고 朱熹는 褫職置祠되어, "學禁(道學이 僞學으로 금기)"된 일련의 政爭사건을 이른다. 실제 대규모 정치적 박해활동으로서 14년간 지속되었고, 59人이 僞學逆黨으로 入籍되었다. 이로 인해 朱子學의 주요 創建者이자 보호자인 蔡元定도 연루되어 박해를 받아, 그의 아들 蔡沈에게도 영향을 미쳤다.

紹熙 5년(1194) 壽皇 孝宗이 崩御하고 光宗 趙惇가 喪事를 거행하지 않자, 종친인 趙汝愚와 외척인 韓侂胄 등이 太皇太后 吳氏의 旨로 황제로서 太子 趙擴을 옹립하였다. 그가 곧 寧宗으로, 이후 寧宗은 趙汝愚의 천거로 朱熹를 煥章閣待制兼侍講으로 삼았다. 그러나 후에 趙汝愚와 韓侂胄가 政敵으로 대립하면서, 慶元[2] 元年(1195)에 韓侂胄가 右正言 李沐으로 하여금 趙汝愚를 탄핵하게 하였고, 잇달아 朱熹도 박해하기 시작하였다. 그리고 慶元 2년(1196) 朱子學(道學)을 僞學[3]이라고 배척하였고, 朱熹와 그의 추종

---

2 慶元은 南宋 寧宗(趙擴, 재위 1195~1225)의 연호이다.

3 宋代 朱子學은 道學·新儒學·程朱學·理學·性理學(性命義理之學) 등으로 지칭되는데, 朱熹가 周濂溪·張橫渠·程明道·程伊川을 계승해서 집대성한 것이다.
　　그런데 이는 上帝의 개념이 시대별로 변화된 것에서 유래된다. 즉 商代에는 上帝(帝)라는 至上神으로, 周代에는 人格神적인 天으로, 春秋시대에는 儒家·道家·墨家에 따라 상이한 개념(儒家：天을 道德化, 道家：天을 부정하여 道로 대치, 墨家：天을 그대로 계승)으로, 西漢代에는 儒家와 墨家의 天觀을 종합하고 陰陽說을 첨가한 天人相關說로, 東漢代에는 道家의 天觀으로, 魏晉南北朝에는 玄學으로 심화되어 天에서 天理로 변모되어, 唐宋代에 性理學으로 체계화되었다.(溝口雄三·丸山松幸·池田知久(編) / 김석근·김용천·박규태(譯), 《中國思想文化事典》(서울 : 민족문

자들도 逆黨으로 규정하여 처벌하였다. 이때에 侍御史 沈繼祖가 朱熹를 褫職(革職)하고 그의 제자인 蔡元定도 編管하기를 上奏하여, 그들의 학문은 僞學으로 금지되었다. 그리하여 朱熹는 革職되었고, 蔡元定은 평민처사의 신분으로 道州編管으로 유배 보내졌다. 이후 慶元 6년(1200) 朱熹가 71세로 병사하고, 2년이 지난 嘉泰 2년(1202)에 이르러서야 解禁이 되었다. 그리고 嘉定 2년(1209)에 朱熹에게 朱文公이라는 諡號가 내려졌고, 1년 후에는 中大夫·寶謨閣學士로 追贈되었으며, 1212년에 이르러 劉爚의 건의로 그의《論語集注》·《孟子集注》가 교재로 선정되었다. 또한 1230년에는 諡號가 내려졌고 1241년에는 그의 위패가 孔子廟에 配享되면서 朱子學의 위상이 매우 높아져, 이후 元代·明代·淸代에 官學의 지위가 이어져서, 동아시아에 지대한 영향을 주었다.[4]

2.1. 朱熹의 생애

朱熹는 宋代 巨儒로 徽州 婺源人이다. 小名은 沈郎·沈溪·十二郎·季延이고, 字는 元晦 또는 仲晦이며, 號는 紫陽·雲谷山人·晦庵·晦翁·考亭·滄洲病叟·遯翁·茶仙이고, 諡號는 文公·信國公·徽國公·齊國公이다. 이외에도 五二郎·鄒訢·白鹿洞主 牧齋 仁智堂主·雲壑老人 등이 있다.[5]

朱松의 셋째 아들이면서 李侗의 제자이다. 그의 부친인 朱松은 宋金和議를 주장하는 재상 秦檜와 극렬히 대립하여 江西 饒州知州로 貶任되었는데, 부임하기 전에 建甌에서 病死하였다. 1143년 朱熹는 부친의 유언으로 劉子羽를 비롯한 胡籍溪(胡憲)·劉白水(劉勉之)·劉屏山(劉子翬)을 師事하였다. 그리고 이듬해는 禪師 道謙을 찾아가 敎授 받기도 하였다. 1147년에는 建州 鄕試에 통과하였고, 1148년에는 劉白水의 장녀인

화문고, 2003), 27~32면)

4 王春林,《書集傳研究與校注》(人民出版社, 2012) 11~44면 ; 이강대,《주자학의 인간학적 이해》, 예문서원, 2000, 부록 ; 陳良中,〈朱子《尙書》學研究〉(華東師範大學 대학원 박사학위논문, 2007) 124~140면 ; 조준하,〈朱子의 生涯와 思想〉, 강의록 ;《朱子大全》;《朱子語類》;《宋元學案》〈晦翁學案〉;紫陽月刊 32기(2000년 4월) : 신안주씨 종친회 웹사이트에서 재인용.

5 朱熹의 本籍은 徽州府 婺源縣으로, 출생지는 南劍州 尤溪縣이다. 그의 兒名은 沈郎·沈溪·十二郎이다.

劉淸四와 혼인하였으며, 동년에는 科擧考試에 급제하여 同进士가 되었다. 또한 3년 후인 1151년에는 銓試에 통과하여 左迪功郎을 제수받고, 泉州 同安縣主簿가 되었다. 그리고 1153년 同安縣에 부임하는 도중에, 程子(程顥·程頤)의 三傳弟子인 延平 李侗에게 가서 유학을 전수받았다. 그리하여 初年에는 유학 외에도 佛敎·道學 등의 학문에 관심이 있었으나, 李侗을 사숙하게 되면서 程子의 학풍을 접하여 유학으로 복귀하고 정통을 계승하였다. 이후에는 張南軒·呂祖謙·陸九淵과 교류하며 학문을 체계화하여 방대한 저서로 유학을 집대성하였으며, 白鹿洞書院·武夷精舍·岳麓書院 등에서 講學을 하여 제자들이 많아지자, 閩學·考亭學派·程朱學派라고 칭해지게 되었다.

朱熹의 저서로는 《論語要義》·《論語訓蒙口義》·《困學恐聞編》·《程氏遺書》·《論孟精義》·《資治通鑑綱目》·《八朝名臣言行錄》·《西銘解義》·《太極圖說解》·《通書解》·《程氏外書》·《伊洛淵源錄》·《古今家祭禮》·《近思錄》·《陰符經考異》·《論語集注》·《孟子集注》·《論語或問》·《孟子或問》·《詩集傳》·《周易本義》·《易學啓蒙》·《孝經刊誤》·《小學》·《四書章句集注》·《中庸章句》·《大學或問》·《中庸或問》·《四書章句集注》·《孟子要略》·《楚辭集注》·《儀禮經傳通解》·《韓文考異》·《周易參同契考異》·《楚辭辨証》·《楚辭後語》 등이 있다. 이외에도 朱熹 사망 후에 편찬된 《朱文公文集》·《朱文公續集》·《朱文公別集》·《朱子語類》·《朱子遺書》·《朱子全書》 등이 있다.[6]

2.2. 蔡氏 父子의 생애

蔡氏는 世宦習儒家로서 唐代에 본래 弋陽郡에 거주하였는데, 遠祖 蔡爐가 中原의 戰亂을 피하여, 乾寧4년(897)에 閩에 들어와서 建陽長官으로 재임하였다. 이후에 麻沙鎭에 卜居하여, 대대로 閩에 거주하기 시작하였다.

蔡氏 父子·兄弟·祖孫은 "四世九儒(1世 : 蔡發·2世 : 蔡元定·3世 : 蔡淵·蔡沆·蔡沉·4世 : 蔡格(蔡淵의 子)·蔡模·蔡杭·蔡權)"로서 48종을 저술해서 理學으로 중심내용

6　王春林, 《書集傳研究與校注》(人民出版社, 2012) 11~44면 ; 이강대, 《주자학의 인간학적 이해》(예문서원, 2000) 부록 ; 陳良中, 〈朱子《尙書》學研究〉(華東師範大學 대학원 박사학위논문, 2007) 124~140면 ; 조준하, 〈朱子의 生涯와 思想〉, 강의록 ; 《朱子大全》 ; 《朱子語類》 ; 《宋元學案》〈晦翁學案〉 ; 紫陽月刊 32기(2000년 4월) : 신안주씨 종친회 웹사이트에서 재인용.

을 삼고, 易象·天文·地理·禮樂·兵制·度數 등을 섭렵하였다. 또한 閩學의 형성과 발전에 중요한 역할을 하여, '紫陽羽翼'·'朱學干城'·'朱門領袖'·'閩學干城'으로 칭해졌다. 이 四世九儒 중에 蔡沆·蔡杭이 朝官에 재임한 것 이외에, 다른 蔡儒들은 山林에서 은거하고 出仕하기를 원하지 않았다. 그리고 九儒 중에 蔡元定과 그의 세 아들인 蔡淵·蔡沆·蔡沈은 모두 朱熹의 학문에 종사하여, 蔡·朱 양가는 긴밀한 인연을 결속하였다. 그리하여 蔡沈은 朱熹가 사망할 때까지 시종하였고, 朱熹의 아들은 蔡元定을 從學하여, 蔡·朱의 후대에도 심후한 交誼가 있었다.

이러한 연유로, 明代 蔡沈의 14대손인 蔡有鵾이 九儒의 著作을 편찬하면서, 萬曆 32년 (1604) 朱熹의 13대손인 朱世澤에게 九儒의 시문을 수집하는 데 있어서 도와주기를 청하여, 마침내《蔡氏九賢全書》를 편찬할 수 있었다. 이후 淸代 雍正11년(1733) 廬峰書院에서는 명칭을 변경하여《蔡氏九儒書》라고 하였는데, 위와 같이 蔡氏家學은 매우 특징이 있어서 '世傳心學'이라고 칭해지고 있다.[7]

〈蔡沈 가계도〉

2.2.1. 蔡元定의 생애

蔡沈의 부친인 蔡元定은 宋代 儒學者로 建寧府 建陽人이다. 字는 季通이고, 號는 西山이며, 諡號는 文節이다. "西山蔡氏學派"의 創始人으로, 蔡發의 아들이면서 朱熹

---

7   王春林,《書集傳研究與校注》(人民出版社, 2012) 11~44면 ; 陳良中,〈朱子《尙書》學研究〉(華東師範大學 대학원 박사학위논문, 2007) 141~146면 ; 胡繼明·劉靜,〈論蔡沈《書經集傳》的訓詁成就與不足〉,《靑海師範大學學報(哲學社會科學版)》第36卷 第4期, 2014, 109~133면 ; 陳良中,〈朱子與蔡沈《書》學異同考論〉,《重慶師範大學學報(哲學社會科學版)》第3期, 2010, 75~81면 ; 陳良中,〈蔡沈《洪範 皇極內外篇》義理硏究〉,《重慶師範大學學報(哲學社會科學版》第5期, 2010, 72~77면.

의 高足 또는 摯友이었다.

初年에는 家學을 계승하고, 성장해서는 高宗 紹興 29년(1159)에 朱熹의 학문을 흠모하여, 五夫로 가서 朱熹를 師事하였는데, 朱熹가 그의 학식을 보고 매우 놀라워하며 "이는 나의 老友이니, 당연히 제자의 반열에 있어서는 안된다.〔此吾老友也 不當在弟子列〕"라고 하였다는 말이 전해진다. 위와 같이 朱熹와 蔡元定은 연령·성장환경·학문 및 정치이념 등이 서로 비슷하여, 종신토록 서로 교제하였다. 그리하여 蔡元定은 朱熹의 문인들 중 傑出한 四大弟子(蔡元定·黃幹·眞德秀·陳淳)의 領袖가 되어, 朱熹의 저술을 撰修하였다.

이러한 연유로, 朱熹와 蔡元定은 40년간 서로를 師友로 칭하며 情誼가 간극이 없을 정도로 친밀하게 더불어 학문을 연구하였다. 이후 朱熹가 晩年에 五夫에서 建陽 考亭으로 거처를 옮겨, 雲谷山에 雲谷書堂(晦庵草堂)을 건립하자, 蔡元定도 麻沙에서 崇泰里의 後山으로 거처를 옮겨, 西山에 疑難堂을 건축하여 雲谷書堂과 서로 마주 볼 수 있게 하였다. 그리하여 夜間에는 兩山에서 서로가 燈을 매달고 바라볼 수 있었다.[8]

한편 蔡元定은 群書를 두루 섭렵하고 義理를 탐구하였으나, 일생토록 벼슬하지 않고 利祿을 구하지 않았다. 그래서 趙汝愚 등이 여러 차례 관직에 추천을 하였으나 나아가지 않고, 一心으로 학문만을 연구하고 著書로 立說하는 것을 자기의 임무로 삼았다. 그리하여 학문이 天文·地理·樂律·禮樂·兵制 등 두루 장성되어 精識博聞할 수 있었다.

그러나 慶元新政으로 朱熹가 建陽으로 置歸되자, 蔡元定은 엄준한 政勢에서 朱熹의 안위를 위해 전력으로 보조하였다. 그래서 朱熹가 萬言書辨誣 올리는 것을 힘써 저지하여 더욱 커질 수 있는 재앙을 피할 수 있게 하였다. 그런데 이로 인해, 蔡元定 본인은 도리어 원통함을 무릅쓰게 되었다. 그리하여 慶元 2년(1196) 侍御史 沈繼祖의 上奏로, 朱熹는 褫職置祠되었고 蔡元定도 연루되어 編管되었다. 이로 인해, 朱熹는 革職

---

8 朱子가 五夫 지역으로부터 考亭 지역으로 옮겨와 살면서 雲谷에 書堂을 지었고, 이때 蔡元定도 麻沙 지역으로부터 後山 지역에 터를 잡아 살면서 西山에 書室을 지었으니, 이른바 '疑難堂'이 란 書齋였는데, 雲谷 書堂과 西山 書室에서 독서하기 위해 내건 등불이 서로 마주 바라보았다. 따라서 蔡元定은 號를 '西山'이라 하였다. 한편 蔡沈은 蔡元定의 막내아들로 맏형은 蔡淵이고 둘째형은 蔡沆이다. 蔡沈은 아들이 일곱으로 곧 模·杭·權·械·柯·楷·楡였다. (《宋史》 卷434 ; 《宋元學案》 卷67 〈九峰學雜〉)

되었고 蔡元定은 평민처사의 신분으로 道州編管으로 유배되었다. 당시 蔡元定은 구금·압송된 채로 도중에 建陽 考亭書院을 지나게 되었는데, 朱熹와 從遊者 數百人이 나와서 蕭寺 중에서 餞別하며 눈물을 흘렸다. 이때에 朱熹가 蔡元定의 태도를 보니, 평상시와 다를 것이 없기에 이르기를 "朋友간에 서로 아끼는 情誼와 季通(蔡元定)에게 있는 좌절하지 않는 意志로 가히 두 가지를 얻었다고 이를 만하다.〔友朋相愛之情 季通不挫之志 可謂兩得矣〕"라고 하였다. 이에 蔡元定은 賦詩로 師友들과 贈別하고 나아갔는데, 아들 蔡沈과 門生들이 동행하였다.

이들은 지팡이를 짚고 草鞋를 신고서 도보로 三千里를 가다가 다리에서 피가 흘러, 겨우 道州貶所에 도착할 수 있었다. 이후 父子와 學生들은 讀書論學을 견지하였는데, 사방의 학자들이 듣고 와서 배우기를 청하는 자가 날로 많아졌다. 그런데도 蔡元定은 조정의 압력에 두려워하지 않고 講學을 하였고, 蔡沈은 이러한 부친을 도왔다. 이때에 李長庚이 그의 이름을 흠모해 와서, 그의 아들 蔡沈의 재주와 학문을 보고, 자기의 딸과 혼인시키기를 원하였다. 그런데 당시 蔡沈은 이미 翁氏와 혼인하여 자식도 있기에 거절하였으나, 蔡元定은 李長庚의 정성에 감동하여 蔡沈에게 혼인을 권하여, 蔡沈은 李氏와 혼인하여 蔡梴을 낳았다고 전해진다.

한편 道州의 氣候가 惡烈하여 蔡元定은 常年에 病을 안고 살았는데, 百方의 醫治로도 치유하기 어려웠다. 그래서 그의 心想이 解易해져서 《易》·《春秋》·《洪範 數》를 이루지 못하게 되자, 그의 아들 淵에게는 《易》을, 沆에게는 《春秋》를, 沈에게는 《洪範 數》를 분부하였다. 그리고 蔡元定은 자신의 임종 전 朱熹에게는 아들 蔡沈을 부탁하고, 蔡沈에게는 朱熹를 모시기를 당부하였다. 그리하여 慶元 4년(1198) 蔡元定이 향년 64세에 道州의 貶所에서 病逝하자, 朱熹는 매우 비통해 하며 세 번 誄文을 撰述하여 애도하기를 심히 극진히 하였다.

蔡元定의 저작으로는, 《大衍詳說》·《律呂新書》·《燕樂原辨》·《皇極經世》·《太玄潛虛指要》·《洪範 解》·《八陣圖說》 등이 있다.[9]

---

9   王春林, 《書集傳研究與校注》(人民出版社, 2012) 11~44면 ; 蔡銘澤, 〈南宋理學家蔡元定生平考異〉, 《暨南學報(哲學社會科學版)》(第5期, 2006) 153~171면 ; 李加林, 〈朱熹的左膀右臂〉, 《炎黃縱橫》(第1

2.2.2. 蔡沈의 생애

蔡沈은 宋代 儒學者로 建州 建陽人이다. 일명 蔡沉이라고도 하는데, 字는 仲默이고, 號는 九峰이며, 諡號는 文正이다. 蔡元定의 셋째 아들이면서 朱熹의 제자이다. 宋代 孝宗 乾道 3년(1167)에 출생하였는데, 朱熹가 그에게 이름으로 '仲默'을 취하여, "그 마음을 沈潛하고 道義를 體得하고자, 默默히 成就하라.〔欲其潛心體道 默而成之也〕"고 하였다. 이때에 蔡沈은 蔡元定의 셋째 아들이었으나, 그의 둘째 형이 성장하여 表親인 虞氏에게 後繼되었기에, 이에 따른 항렬로 인해 '仲'이 되었다. 그리고 이후에 蔡沈은 '沉'으로 이름을 삼아, '仲默'은 字가 되었다.

蔡沈은 初年에는 父訓과 師教를 받들어 학업에 매진하였으나, 慶元黨禁에 연좌된 부친이 道州로 유배되자 동행해 가서 讀書와 講學에만 전념하였다. 그리고 慶元 4년(1198) 부친의 사망 후에는 先柩를 護從하여 道州에서 建陽으로 귀환한 이후 오래지 않아, 師命을 계승해서 《書集傳》을 撰述하며 朱熹의 임종까지 시중하였다. 그리하여 慶元 5년(1199) 朱熹가 蔡沈에게 《書集傳》을 편찬하게 명하고 이듬해 사망하자, 蔡沈은 喪役을 주관하고 黃幹은 喪禮를 주관하였다. 그런데 이러한 蔡沈은 일생토록 벼슬에 나아가지 않는데, 朱熹가 사망한 이후에는 九峰山에 은거하며, 전심으로 《尙書》를 연구해서 《書集傳》을 편찬하였다. 당시 名臣 王鎭이 蔡沈을 천거하고, 蔡元定의 친구 劉爚이 조정에서 관직을 하며 蔡沈을 추천하였으나, 蔡沈은 극구 거절하며, 이는 나의 뜻이 아니고 先君의 훈계한 바가 아니라고 하였다.

한편 慶元 5년(1199) 蔡沈은 《書集傳》을 편찬하기 시작하여, 嘉定 2년(1209)에 이르러서야 初稿를 완성하였고, 20여 년간 修訂을 가하여, 30년 만에 비로소 《書集傳》을 최종 완성하였다. 그리고 宋 理宗 紹定 3년(1230)에 이르러서 별세하였다. 蔡沈에게는 模·杭·權·械·柯·楷·楡의 7명의 아들이 있었는데, 이 중 蔡杭이 淳祐 7년(1247) 宋 理宗에게 《書集傳》을 進獻하였다. 이때에 宋 理宗은 《書集傳》에 대해 크게 칭찬하고 御書로 '廬峰'이라고 하였으며, 蔡沈에게 '文正'이라는 諡號를 내렸다. 이후에 《書集傳》은

期, 2013) ; 陳良中, 〈朱子《尙書》學硏究〉(華東師範大學 대학원 박사학위논문, 2007) 141~146면.

元代·明代·淸代 관학이 되어, 蔡沈 역시 계속 시호가 追諡되었다.

蔡沈의 저작으로는, 《書集傳》·《洪範 皇極內篇》·《蔡九峰集》 등이 있다. 이 중 《洪範 皇極內篇》은 《書集傳》보다 이른 시기에 이루어졌는데, 〈洪範〉은 《尙書》에 속하는 하나의 篇名이다. 蔡沈은 象數를 가지고 理學의 범위로 들어, 天地와 人物이 모두 數로부터 유래하여 파생되는 것이라고 여기고, 數로 理를 밝히는 것을 강조하여, 象數로 〈洪範〉의 數를 연역하는 九峰學派를 개창하였다. 이러한 학문은 家學에서 얻어진 것으로, 《洪範 皇極內篇》도 蔡沈이 부친의 命을 존숭하여 편찬한 것이다.

일찍이 淳熙 13년(1186) 그의 부친 蔡元定은 〈洪範〉의 數에 대한 새로운 탐구를 하였다. 그리하여 朱熹는 蔡元定의 〈洪範〉新說을 언급하였으나, 도리어 蔡元定은 계속 책을 이루지 못하였다. 그러다가 慶元年間 蔡元定이 道州에 謫居되어, 惡烈한 氣候로 인해 항시 病을 안고 살며 치유가 어렵게 되자 蔡沈에게 《洪範 數》를 부탁하여, 蔡沈이 부친의 명을 좇아 《洪範 皇極》을 편찬하였다. 대략 慶元 4년(1198)에 《洪範 傳》을 완성하였는데, 象數學의 관점으로 性道觀·理氣觀·人性論 등의 理學思想을 논술하였다. 그래서 蔡沈은 書稿를 朱熹에게 보내주었는데, 朱熹는 회신하며 蔡沈이 《尙書》를 다스린 功力을 인정하였다. 이는 이후에 朱熹가 蔡沈에게 《書集傳》 편찬을 부탁한 주요 원인이 되었다.[10]

3. 《書集傳》 편찬 배경

南宋代에 福建에는 群賢이 모여들어 閩學이 극도로 성대히 발전하였다. 그리하여 楊時·遊酢·羅從彦·李侗 이후에, 朱熹는 理學을 집대성하여 완전하고 엄밀한 理學체계를 정립할 수 있었다. 그리고 朱熹는 만년에 世稱 '南閩闕里'의 建陽에 거처하여, 여기

---

10   王春林, 《書集傳研究與校注》(人民出版社, 2012) 11~18면 ; 陳良中, 〈朱子《尙書》學研究〉(華東師範大學 대학원 박사학위논문, 2007) 146~155면 ; 閭鶯, 《書集傳》復音詞硏究〉(揚州大學 대학원 석사학위논문, 2011) 5면 ; 劉景, 〈蔡沈 書集傳訓詁硏究〉(揚州大學 대학원 석사학위논문, 2011) 5~6면 ; 《宋史》 卷434 ; 《宋元學案》卷67 〈九峰學雜〉; 《朱文公夢奠記》; 〈九峰先生蔡君墓表〉; 《宋史》 〈蔡沈傳〉; 《宋元學案》〈九峰學案〉; 《四庫總目》〈書集傳 提要〉.

에서 '理學之鄕' 또는 '圖書之府'의 아름다운 명성이 있게 되었다.

한편 建陽 麻沙는 宋代 3대 인쇄 중심지의 하나로서, '建本'은 도서인쇄로서 중국 전역을 비롯하여 한국과 일본 등에 보급되었다. 바로 이러한 문화적 基底와 深厚하고 人傑이 있는 곳으로, 蔡元定·蔡沈 등의 '四世九儒'의 理學大家庭이 양육되었다. 그리하여 蔡氏父子·兄弟·祖孫이 '紫陽羽翼'·'朱學干城'이 되어 閩學의 형성과 발전에 중요한 역할을 발휘하였다.[11]

3.1. 《書集傳》 편찬 개요

朱熹는 만년에 이르러서 《尙書》에 관한 문제를 계통적으로 注解하기 시작하였다. 그런데 朱熹가 가장 이른 시기에 《尙書》를 담론한 것은 隆興元年(1163)으로, 당시 朱熹는 34세이었다. 그리고 朱熹가 55세 이전에 《尙書》를 논한 書信이 6가지의 書에 있다.

淳熙 13년(1186)에 朱熹는 《尙書》와 관련이 있는 자료를 수집하는 데 착수하였다. 다만 여러 원인으로 인해, 朱熹는 慶元 4년(1198)에 이르러서야 정식으로 《尙書》를 集注하기 시작하였다.[12] 그리고 慶元 5년(1199) 겨울, 朱熹는 최종적으로 蔡沈이 《書集傳》을 편찬하도록 선정하였다.

한편 朱熹는 《書集傳》의 集注를 위해 대량의 준비를 행하였다. 그래서 적지 않은 門人들에게 분부해서 자료를 수집하였고, 그들로 하여금 나누어 注疏 작업을 해서 토론을 가하게 하였다. 그리하여 慶元연간에 朱熹는 제자들에게 분별해서 명하여 《尙書》를 集注하게 하였고, 아울러 제자들과 《尙書》에 관한 토론을 하였다. 이 때문에, 《朱子語類》 중에는 3·4백 條 《尙書》를 토론한 語錄이 기재되어 있고, 《朱文公文集》 중에는 朱熹와 書信을 왕래해서 《尙書》를 논한 자가 18인에 달한다.

---

11   王春林, 《書集傳硏究與校注》(人民出版社, 2012) 26~44면.
12   朱熹는 隆興 元年(1163)에는 〈答汪尙書〉 第1書 중 〈張綱書解〉의 작자와 〈大禹謨 序〉 등의 내용을 논하였고, 淳熙 13년에는 〈答潘文叔〉 第2書 중 伯恭의 詩說을 본받아서 尙書解를 작성하고자 한다며, 관련된 자료를 수집하기 시작한다고 언급하였다. 그러나 慶元 4년(1198)에 이르러서야 본격적으로 관련 자료를 수집하기 시작하여, 《詩傳》을 모형으로 삼아서 《書傳》을 작성하려 하였다.

慶元 4년(1198) 朱熹 나이 69세 때에, 직접《尙書》를 集注하였다. 朱熹는《詩傳》을 모형으로 삼아서《尙書》의 注解를 작성하였는데, 朱熹는 자료를 인용하는 데 있어 "마땅히 注疏를 우선으로 하되, 疏는 그 요점을 조절해서 이후에 단지 時世대로 先後를 삼는 것이 옳다.〔當以注疏爲先 疏節其要者 以後只以時世爲先後可也〕"라고 제기하였다. 그리고 朱熹는 직접《尙書》를 集注하는 동시에, 여러 제자들에게 나누어 명하여 각자 注解와 說明을 撰修하게 하였는데, 취지가 衆家의 說을 수집하는 데 있었다. 그런데 同年에 蔡沈이 부친인 蔡元定의 先柩를 護從하여 道州로부터 建陽으로 도착하였다. 이때에 蔡沈의《洪範傳》에 朱熹가 흡족해 하고 있었을 뿐만 아니라, 그가《尙書》방면을 다스리는 재능이 있어 보였다. 그래서 朱熹는 蔡沈이 從遊한 지 매우 오래되어, 道가 이미 심원해 보인다고 여겼다. 또한 당시 朱熹의 몸이 더욱 쇠약해졌기에, 이에 蔡沈에게《尙書》注解를 부탁하는 뜻을 가지게 되었다. 그리하여 朱熹는 그 밖의 제자들이 수집한 자료의 일체를 蔡沈에게 건네주었다.

慶元 5년(1199) 朱熹는 蔡沈에게 "부디 곧장 여기 와서 綱領을 의논해 정하여, 조속히 더불어 下手하는 것이 좋겠다."고 하였다. 이 기간에, 朱·蔡는 書信을 통해 書의 主旨·解經의 원칙·구체적 字句訓詁를 토론하였다. 그리고 朱熹는 최종적으로 蔡沈이《尙書》集注를 완성하는 임무자로 선정하여, 蔡沈이《尙書》를 集注하는 것에 대한 신뢰를 나타냈다. 또한 朱熹는 직접 二典·〈大禹謨〉·〈金縢〉·〈召誥〉·〈洛誥〉·〈武成〉의 諸說 여러 篇과 親稿 100여 가지를 수집하였고, 기타는 蔡沈에게 口述로 敎授해서 편찬을 이룰 수 있게 하였다. 그리하여 蔡沈은《書集傳》을 지으라는 師命을 받은 이후로, 朱熹의 身邊에서 시종하기를 朱熹가 사망하기 전까지 지속하였다. 그래서 朱熹도 임종 전까지, 蔡沈에게《書》를 口述로 敎授하고 손가락으로 그려서 설명하였다.

그 결과, 蔡沈은 慶元 己未年(1199)으로부터《書集傳》을 편찬하기 시작하여 嘉定 己巳年(1209)에 初稿를 완성하였고, 그 후 계속해서 修訂을 가하여 30년 만에 최종적으로 완성할 수 있었다.〔慶元己未冬 先生文公令沈作書集傳 明年 先生歿 又十年 始克成編 總若干萬言〕[13]

---

13 王春林,《書集傳研究與校注》(人民出版社, 2012) 1~25면 ; 陳良中,〈朱子《尙書》學研究〉(華東師範大學 대학원 박사학위논문, 2007) 129면 ; 張楠,《《書集傳》詮釋話語權研究》(揚州大學 대학원 석사학

3.2. 朱熹와 蔡沈의 《書集傳》

3.2.1. 朱熹의 《書集傳》

1) 朱熹의 尙書學 연구

朱熹는 漢唐代의 訓詁學과 宋代의 義理學의 融合을 추구하였다. 이러한 배경에서, 尙書學 등의 經學 연구를 위해 제자들로 하여금 관련 문헌들을 수집·연구하게 하였다. 그리하여 朱熹가 인용한 先秦시대로부터 南宋代까지의 尙書學에 관한 문헌들이 《文集》·《語類》에 기록되어 전해진다. 朱熹는 尙書學 연구에 있어서, 《尙書》古注疏(孔傳·陸德明의 《經典釋文》·孔疏)를 위주로 하되, 宋代 四家[14]를 비롯한 諸家의 說[15]과 經史子集 등의 여러 문헌들을 수집·정리하였다. 그러나 朱熹는 만년에도 尙書學 편찬을 완성하지 못하였다. 그리하여 慶元연간 朱熹는 蔡沈과 書信으로, 蔡沈의 《洪範傳》과 《尙書》注解의 원칙을 논하고, 이후에 《尙書綱領》을 통해 《尙書》注解의 기본원칙을 정하고서, 蔡沈으로서 그의 尙書學 전수자로 정하였다. 그리하여 이후로부터 朱熹는 사망 전까지 蔡沈에게 《書集傳》과 관련된 師說을 상세히 전수하였다.[16]

위논문, 2018) 中文摘要；嚴文儒, 〈《書集傳》校点札記〉《人文與價值：朱子學國制學術研討會暨朱子誕辰880周年紀念會》(2010) 539~542면；王春林, 〈《書集傳》版本源流〉《中國哲學史》(第2期, 2010)；蔡安定, 〈蔡沈《書集傳》及其版本〉《武夷文化研究：武夷文化學術研討會論文集》(2002)；王春林, 〈《四庫提要·書集傳》考辨〉《蘭台世界》(第03期, 2013)；劉一諾, 〈《尙書》單音節名詞同義詞研究〉(東北師範大學 대학원 석사학위논문, 2017)；唐翠芳, 〈《書經集傳》之訓詁〉《安徽文學月刊》(第4期, 2009)；胡繼明·劉靜, 〈論蔡沈《書經集傳》的訓詁成就與不足〉《靑海師範大學學報(哲學社會科學版)》(第36卷 第4期, 2014) 109~133면.

14 朱熹는 주로 四家의 注를 취하였다고 전해지는데, 四家 중에 王安石은 穿鑿하고, 蘇軾은 簡略하며, 呂祖謙은 工巧하고, 林之奇는 煩多하였다고 한다.(陈良中, 〈朱子之論王、蘇、林、呂四家《書》學〉, 《求索》, 2007, 218~222면)

15 劉敞의 《公是七經小傳》·王安石의 《尙書新義》·程頤의 《書說》과 《二典義》와 《程氏遺書》·蘇軾의 《東坡書傳》·曾鞏의 《書經說》·劉安世의 《尙書解》·晁說之의 《書傳》·陳鵬飛의 《書解》·喩子才의 《書裨傳》·吳才老의 《書裨傳》·林少穎의 《尙書全解》·葉夢得의 《石林書傳》·曾彦和의 《尙書講義》·張九成의 《無垢書說》·鄭樵의 《書辨訛》或《書考》·袁道洁, 鄭敷文의 《書說》·張栻의 《書說》·呂祖謙의 《書說》·陸九淵의 《荊門軍曉論》·李校의 《書說》·葛子平의 《書說》·程大昌의 《禹貢論》

16 김유미, 〈古注疏를 근간으로, 新注疏 《尙書》 번역을 위한 제언〉《民族文化》(제52집, 고전번역원, 2018) 89~126면；〈국내 주요 尙書類 문헌 연구〉《서지학연구》(第70輯, 한국서지학회, 2017) 145~174면；〈尙書類 문헌의 원류와 전개〉《정신문화연구》(제44권 제1호(통권 153호), 한국학중앙연구원, 2018) 239~270면；〈《尙書》에 관한 문헌학적 고찰〉《아시아연구》(제21권 제4호, 한국아시아

2) 朱熹의 尙書學 자료

현존하는 朱熹의 尙書學 자료는 주로 《朱子語類》 권78·79와 《晦庵先生朱文公文集》 권65와 친구·문인 등의 書信 중에 집중되어 있다. 《朱子語類》 권78·79에는 朱熹와 제자가 《尙書》에 대해 토론한 것이 기록되어 있고, 《文集》에는 朱熹가 《尙書》의 여러 편에 注解를 한 것인, 즉 〈孔安國序〉·〈堯典〉·〈舜典〉·〈大禹謨〉·〈召誥〉·〈洛誥〉(未完)·〈金縢說〉·〈武成月日譜〉·〈考定武成次序〉 등이 수록되어 있다.

그리하여 朱熹는 慶元연간에 여러 제자들에게 분별해서 명하여 《尙書》를 注解할 자료를 수집하게 하여, 慶元 4년에 자기가 직접 《尙書》를 集注하였다. 그리고 慶元 5년 겨울에 朱熹는 비로소 정식으로 蔡沈에게 《書集傳》을 편찬하도록 명하였다.

《朱熹年譜》에서 지시한 諸篇은 《文集》 권65 〈雜著〉 중에 균등하게 수집되어 있다. 그리고 〈二典〉과 〈禹謨〉는 朱熹가 만년에 《尙書》를 注解한 基本定稿의 자료로 볼 수 있다.[17] 그중 〈大禹謨〉는 단지 해석이 "率百官若帝之初"에 이르러 중지되었다. 그리고 《書集傳》 중에 〈孔安國序〉·〈今考訂武成〉은 전체적으로 《文集》 중 〈孔安國序〉·〈武成月日譜〉·〈考定武成次序〉를 흡수하였으므로, 〈孔安國序〉와 〈武成月日譜〉·〈考定武成次序〉가 朱熹 만년의 定稿에 속하는 것으로 의문이 없다. 다만 〈金縢〉·〈召誥序〉·〈召誥〉·〈洛誥〉 등의 篇이 작성된 시기에 대해서는 현재 학술계에서 의견이 동일하지 않다. 또한 〈召誥〉와 〈洛誥〉는 未定本이라고 여겨진다. 그리고 사실상 朱熹의 〈金縢說〉의 주요한 사항은 〈金縢〉 大意를 분석하고 分段하는 것이었다. 또한 〈召誥序〉·〈召誥〉·〈洛誥〉(未注完, 게다가 〈康誥〉 注解 포함)는 여전히 材料匯編에 속하는데, 단지 諸家 注解를 輯錄하고 중간에 가끔씩 자신의 의견을 밝히었으나, 이는 〈孔安國

학회, 2018) 225~262면 ; 《《尙書》의 新注疏로서, 한국본 《書傳大全》 刊印本들간의 서지학적 이동 연구》《정신문화연구》(제41권 제1호(통권 150호), 한국학중앙연구원, 2018) 83~118면 ; 新注疏〔尙書〕(《書集傳》) 번역을 위한 선결과제에 관한 일고 《장서각》(제41권 제1호(통권 150호), 한국학중앙연구원, 2018) 83~118면 ; 〈해제〉《尙書正義》(전통문화연구회, 2013) 4~34면.

17 살펴보건대, 朱熹는 임종 전인 이틀간의 병상에서 蔡沈에게 《尙書》의 注解에 관하여 口述해서 교수하였으나, 蔡沈이 《書集傳》 중에 별도로 標識를 하지 않았으므로, 朱熹가 이 몇 篇에 대해 최후로 수정한 부분이 있었는지를 배제할 수 없기 때문에, 이러한 부분을 '基本定稿'라고 이른다.

序〉에서 〈大禹謨〉까지의 해석과 같지 않은 것이다. 또한 朱熹가 수집한 것은 단지 《文集》에 수록된 몇 篇일 뿐이라고 볼 수 있다.[18]

3) 朱熹의 尙書學 특징

① 大序(孔序·傳序)·小序(書序)·孔傳에 대한 疑辨 : 朱熹는 前人의 尙書學 연구 성과를 흡수한 기초 위에서, 《尙書》에 대해 계통적으로 疑辨을 전개하였다. 大序(孔序·傳序)·小序(書序)·孔傳뿐만 아니라, 《尙書》의 經文에 대해서도 회의를 하였다. 그리하여 朱熹는 大序와 孔傳이 孔安國의 著作이 아니며, 小序도 孔子의 著作이 아니라고 하였다.

② 《今文尙書》·《古文尙書》에 대한 疑辨 : 朱熹는 《今文尙書》·《古文尙書》의 구별을 제시하였으나, 두 가지에는 우열의 구분이 없다고 여겨 의미상 眞僞의 여부를 명확히 제시하지 않았다. 그리하여 朱熹는 '書有兩體'說로 解經(讀經)의 '闕疑'의 원칙을 강조하는 데 치중하였는데, 《古文尙書》를 보호하기 위한 것만은 아니었다. 곧 朱熹는 '書有兩體'로 《尙書》에 '難易之分'이 있어서 '難曉'·'易曉'가 존재한다고 하며, '難曉之處(存闕疑)'한 곳은 억지로 소통해서 견강부회해서는 불가하다고도 하였다. 그리고 朱熹는 《今文尙書》뿐만 아니라 《古文尙書》에 대해서도 회의를 하였다.[19]

3.2.2. 蔡沈의 《書集傳》

1) 《書集傳》에 대한 朱熹의 영향

朱熹의 영향을 받은 蔡沈은 漢宋代의 注疏의 전통을 중시하고 四家의 得失을 짐작하여, '重訓詁辨僞, 重義理闡釋'을 하면서, 漢唐學과 宋學을 모두 존중하였다.[20]

---

18 王春林, 《書集傳研究與校注》(人民出版社, 2012) 66~70면.

19 王春林, 《書集傳研究與校注》(人民出版社, 2012) 70~81면.

20 蔡沈은 朱熹가 제정한 《尙書》 綱領을 관철하여 體例·章句·訓詁 방법 등의 기초 위에서 朱熹의 관점을 계승하였다.

그리하여 前代로부터 전해진 국가적으로 공인된 注解書인《尙書正義》를 근간으로
하여, 四家의 注를 중심으로 諸家의 經說을 정리한 集注의 형태로《書集傳》을 편찬
하였다. 그리고 이때 朱熹의 의견을 반영하면서, 자신만의 독창적인 견해를 가미하
였다.

《書集傳》에서 蔡沈은 程朱사상을 계승한 기초 위에서, 적지 않은 자기의 창의적 견
해를 가지고 理學사상을 발전시켜, 理學史에서 중요한 지위를 차지하였다. 그래서 唐
代《尙書正義》를 계승한 하나의 이정표가 되어, 尙書學 연구의 전환점을 마련하였다.
그리하여 그가 편찬한《書集傳》은 元代 관학에 세워져서 元明代에 지대한 영향을 주
게 되는데, 이때에 蔡沈의《書集傳》을 종주로 하는 宗蔡와 반대로 비판하는 批蔡가 형
성되었다. 그러나 淸代에 이르러서는 漢學의 흥기로 宋學에 대한 비판이 진행되면서,
《書集傳》의 영향력이 약화되기 시작하였다.[21]

2)《書集傳》에 대한 家學의 영향

《書集傳》에는 蔡沈이 전수받은 家學의 영향이 또한 존재한다. 이를테면 蔡發의 地理
방면과 蔡元定의 樂律 방면 등에서 비교적 심히 영향을 받았다고 할 수 있다. 왜냐하면
蔡沈의 祖父 蔡發은 저명한 天文學家와 地理學家였기에, 蔡沈이《書集傳》중 地理 방
면의 經文을 訓釋하는 데 유력한 도움을 받았다고 할 수 있고, 蔡元定은 중국 音律家史
의 중요한 저술을 편찬하였기에, 蔡沈이 그 부친의 樂律 방면의 이론을 흡수하여《書集
傳》중에서 樂律과 樂의 작용에 관해 상세히 闡釋하는 데 기초로 삼았다고 할 수 있다.

또한 상술한 바와 같이, 蔡沈이 家學을 전수받아 완성한《洪範 皇極內篇》은 理學의
象數인데,《書集傳》은 총체적으로 말하자면 복잡하지 않은 象數로서 하였다고 할 수
있다. 그러나 현존하는 자료로 보자면, 朱熹와 蔡沈은〈洪範〉하나의 篇에 관한 說에
대해서 注解의 차이가 상대적으로 비교적 많은데, 이는〈洪範〉이 蔡沈 家學의 영향을

---

21 김유미, 〈해제〉《尙書正義》(전통문화연구회, 2013) 4~34면 ; 김유미, 《《尙書》에 관한 문헌학적 고
찰〉《아시아연구》(제21권 제4호, 한국아시아학회, 2018) 225~262면 ; 김유미, 〈국내 주요 尙書類 문
헌 연구〉《서지학연구》(第70輯, 한국서지학회, 2017) 145~174면 ; 劉景, 〈蔡沈《書集傳》訓詁研
究〉(揚州大學 대학원 석사학위논문, 2011) 6~8면.

받은 연고라고 할 수 있다. 또한 《洪範 皇極內篇》과 《書集傳》에서 모두 蔡沈은 〈洪範〉 篇이 洛書에 근원한다고 인정하였다.[22]

3) 《書集傳》에 나타난 朱熹와 蔡沈의 차이

《書集傳》과 朱熹의 차이는 文字 訓詁 방면에서 상대적으로 비교적 많다. 그러나 그 것과 현존하는 朱熹와 관련된 문헌을 비교한다면, 나올 수 있는 결과는 상대적인 것이 다. 왜냐하면 《書集傳》에도 적지 않은 朱熹의 관점이 있기 때문이다. 그런데 《書集傳》 에서는 어느 곳이 朱熹의 說인지, 어느 곳이 蔡沈 자기의 說인지 표지가 되어 있지 않 다. 그러나 朱熹와 蔡沈간의 異同을 비교할 필요가 있기에, 단지 현존하는 朱熹의 《尙 書》와 관계있는 문헌과 비교할 수밖에 없다. 다만 현재 朱熹의 《尙書》와 관계있는 자료 는 지나간 시기가 매우 장구하여, 어떠한 것은 비교적 朱熹의 초기 관점으로 되어 있다.

그런데 朱熹는 항상 《尙書》에 대한 관점을 수정하였기에, 그 수정된 내용이 朱熹의 《尙書》와 관계있는 문헌 중에 일일이 보존된 여부를 확정하기는 매우 어렵다. 이외에 도 蔡沈이 朱熹가 口述로 敎授하고 손가락으로 그려준 것들을 필사해서 개정하지 못 한 것을 가지고, 이윽고 《書集傳》 중에 수정을 가하였는데, 口述로 敎授하고 손가락으 로 그려준 내용에 대해서, 朱熹의 초기 《尙書》 관점에 대한 수정이 포함되었는지의 여 부는 또한 알 수 없다.

한편 蔡沈은 師命을 받고 《書集傳》을 작성하게 된 이후로, 그는 항상 朱熹의 身邊 에서 시중들기를 朱熹가 세상을 떠나기 전까지 하였다. 그래서 蔡沈은 《朱文公夢奠 記》에 朱熹가 사망하기 전에 여전히 《尙書》를 수정하고 아울러 口述로 蔡沈에게 敎授 한 일을 기록하였다. 이에 반해, 이후의 《書集傳》을 제외한 문헌 자료는 朱熹가 《尙書》 에 대해서 최후로 수정한 條例가 있는지 여부에 있어서, 《朱子文集》·《朱子語類》 등에 는 기록되지 못했다고 볼 수 있다. 朱熹가 蔡沈에게 口述로 敎授하고 손가락으로 그려 준 많은 의견들이 그 외의 문인들이 알 수 없었기에, 필시 기록되지 못했을 것이다. 그

---

22   王春林, 《書集傳研究與校注》(人民出版社, 2012) 14~25면 ; 劉景, 〈蔡沈 書集傳訓詁研究〉(揚州大 學 대학원 석사학위논문, 2011) 6~8면.

리하여 蔡沈은 〈書集傳 序〉에서 스스로 설명하기를 "先生께서 改正하신 本이 이미 文集 중에 첨부되어 있다. 그 간혹에는 先生께서 口述로 敎授하고 손가락으로 그려주신 것이 있는데, 이루다 改正에 미치지 못한 것은 지금 모두 更定해서 本篇에 나타내었다.〔先生改本 已附文集中 其間亦有經承先生口授指畫 而未及盡改者 今悉更定見本篇〕"라 하였고, 蔡杭이 輯錄한 《書傳問答》 중에도 칭하기를 "諸篇의 綱領에 모두다 經論이 정해졌다. 무릇 面前에서 명하셔서 口述로 敎授하신 것을 얻어서, 이윽고 《傳(書集傳)》 중에 구비해서 기재하였다.〔諸篇綱領 悉經論定 凡得之面命口授者 已具載傳中〕"라고 하였다. 위와 같이 후인들이 볼 수 있는 手帖·語錄 이외에, 蔡沈은 朱熹가 口述로 전수한 개정본을 가지고 《書集傳》에 반영했다고 볼 수 있다. 따라서 朱熹의 尙書學 자료로서, 즉 현존하는 명확한 표지로 朱熹가 설명한 尙書學 《朱子文集》·《朱子語類》 및 기타 書信 포함)과 《書集傳》(어느 곳이 朱熹의 說인지 표지가 되지 않은 것)을 비교한다는 것은 상대적인 것이라고 할 수 있다.[23]

4) 《書集傳》의 특징

蔡沈은 일생동안 《尙書》에 대한 공부에 힘쓰기를 심후하게 해서 30년의 오랜 시간을 지냈다. 朱熹의 관점에 대해 흡수하는 동시에, 간혹 적지 않은 독특한 견해를 소유하였다.

《朱子文集》·《朱子語類》 및 기타 書信 중에서, 여러 尙書學 관점의 전후 說法이 일치하지 않는데, 이는 朱熹가 부단히 그 관점을 수정한 결과로서, 비교적 일반적으로 최후의 說을 채용한 데에 있다. 그래서 이러한 자료와 《書集傳》을 비교하면 대체로 아래의 몇 종류로 귀결된다고 할 수 있다.

⑴ 《書集傳》은 朱熹의 說을 簡化·潤飾·補充하였다.

⑵ 蔡沈과 朱熹간에 相異한 說이 존재한다.

① 章句 訓詁 비교 : 〈洪範〉 등의 訓解에는 家學의 영향을 받은 흔적이 나타난다.

---

23 王春林, 《書集傳硏究與校注》(人民出版社, 2012) 81~82면.

② 體例 方法 비교

　가) 朱熹의 '存疑'와 蔡沈의 '難以罕缺'

　　　朱熹는 《尙書》가 殘闕의 餘分으로 수합된 것으로 적지 않은 脫簡이나 訛損의 곳이 있을 뿐만 아니라, 현재에는 '曉(理解)'가 불가능한 여러 내용이 있다고 하였다. 이로 인해, 그는 蔡沈이 《書集傳》을 작성한 시기에 지도하면서 "그 통할 만한 바는 통하게 하고 그 통하기 어려운 바는 억지로 통하게 하지 말겠다고 하였은즉, 이 몇 마디 말에 이미 7~8分은 통하였도다.[24] 〔通其所可通 毋强通其所難通 卽此數語 便已參到七八分)"《書傳問答》)라고 하여, 《尙書》에 대해 '有疑則闕(의심나는 데가 있으면 闕해야 한다.)'이라고 반복해서 지시하였다. 그리하여 蔡沈은 대체로 師說이 요구한 '闕疑'를 하는 것을 계승하였으나, 朱熹가 '存疑'라고 여기는 것에 대해서도 蔡沈이 해석한 곳이 있다.

　나) 다수의 해석을 인용 시에, 朱熹는 第一의 說法으로 위주를 삼았으나, 蔡沈은 선후를 구분하지 않았다.

　다) 朱熹는 經解에 있어서 注音을 하였으나, 蔡沈은 注音을 하지 않았다. 그리하여 이후 元代 鄒季友가 《書集傳》에 대해 音釋을 가하면서, 이 책에 비로소 注音이 있게 되었다.

③ 義理思想 비교 : 蔡沈은 《書集傳》에서 朱熹의 理本論·道統論·人性論 및 皇極思想을 계승하였으나, 적지 않은 자기의 독창적인 견해도 소유하였다.[25]

5) 《書集傳》의 주요 刊印本

　⑴ 宋本 : 宋代 嘉定연간 蔡沈의 《書集傳》이 편찬된 이후에 널리 영향을 미쳐, 여러 종의 刊印本들이 유행하였다. 現存本으로는 《朱文公訂正門人蔡九峰書集傳》(江

24　朱熹가 蔡沈의 말을 통해, 그가 이미 《尙書》를 7~8分 다룰 수 있는 경지에 이르렀다고 인정하였다.

25　王春林, 《書集傳研究與校注》(人民出版社, 2012) 81~91면.

西上饒郡學呂遇龍官刻本, 간행연대는 淳祐十年(1250)으로 추정, 중국 국가도서관 소장본)[26] ·
《書集傳》(南宋刊大字本, 간행연대는 1127년이라고 주장하나 정황상 1230년 이후로 추정
되나 간행연대가 불분명, 대만 臺北 국립중앙도서관 소장본) · 殘卷宋刻本(중국 北京文物
局) 등이 있다.

(2) 元本 : 元代 延祐年間 《書集傳》이 관학으로 위상이 높아지면서, 刊印本의 수가
더욱 많아졌다. 그리고 이때에 鄒季友의 《書集傳音釋》이 추가되었고, 〈朱子說書
綱領〉과 〈尙書纂圖〉도 첨부되었다.

(3) 明本 : 明代에는 鄒季友音釋本이 正統 12년 內府刻本에 영향을 미쳤고, 明代刊本
《書傳大全》《書經大全》이 편찬되어 蔡傳만을 위주로 해서 과거고시의 준칙으로 정해
졌다.[27]

(4) 淸本 : 淸代 《書集傳》의 刊印本에는 〈尙書序〉 · 《鄒季友音釋》 · 《書小序》가 첨부
되었고, 일부의 刊印本에는 〈朱子說書綱領〉과 〈尙書纂圖〉가 부가되었다. 그리
하여 淸本에는 正文 6卷에 蔡沈의 〈自序〉가 있는 本이 많아졌다. 이 중 四庫全書
에 수록되어 있는《書經集傳》이 가장 지대한 영향을 미쳤다.[28]

4. 한국의 《書集傳》·《書傳大全》의 수용과 간행

동아시아 경학에서, 《尙書》는 唐代 《尙書正義》·宋代 《書集傳》·明代 《書傳大全》·

---

26 《朱文公訂正門人蔡九峰書集傳》은 宋代 官刻本으로 현재 최고의 善本으로서 지칭된다. 이는 呂
遇龍가 淳祐 7년 蔡杭이 宋 理宗에게 進獻한 《書集傳》을 토대로 판각한 것이다.

27 永樂 12년 明 成祖의 칙명으로, 胡廣 등이 三部大全(《四書大全》·《五經大全》·《性理大全》)을 纂修
하였다. 이 중 《書傳大全》은 이전의 《書傳會選》보다 《書集傳》만을 宗主로 삼아서 편찬되었다.

28 김유미, 〈古注疏를 근간으로, 新注疏 《尙書》 번역을 위한 제언〉《民族文化》(제52집, 고전번역원,
2018) 89~126면 ; 〈국내 주요 尙書類 문헌 연구〉《서지학연구》(第70輯, 한국서지학회, 2017)
145~174면 ; 〈尙書類 문헌의 원류와 전개〉《정신문화연구》(제44권 제1호(통권 153호), 한국학중앙
연구원, 2018) 239~270면 ; 《《尙書》에 관한 문헌학적 고찰》《아시아연구》(제21권 제4호, 한국아시아
학회, 2018) 225~262면 ; 《《尙書》의 新注疏로서, 한국본 《書傳大全》 刊印本들간의 서지학적 이동
연구》《정신문화연구》(제41권 제1호(통권 150호), 한국학중앙연구원, 2018) 83~118면 ; 〈新注疏〔尙
書〕(《書集傳》) 번역을 위한 선결과제에 관한 일고〉, 《장서각》(제41권 제1호(통권 150호), 한국학중앙
연구원, 2018) 83~118면 ; 〈해제〉《尙書正義》(전통문화연구회, 2013) 4~34면.

清代《尙書注疏》로 각기 이어지면서, 古注疏와 新注疏의 2체제로 구축되었다. 그리하여 한국에서도 영향을 받아, 삼국통일 전후로는 唐代《尙書正義》를 수용하였고, 고려후기에는 宋代《書集傳》을 수용하면서 자연스레 古注疏 계열과 新注疏 계열의 2체제로 재편되었다.[29] 그리고 이후 조선시대 明代《書傳大全》과 淸代《尙書注疏》를 수용하면서, 이전 시기부터 수용되어 당시까지 전해진 唐代《尙書正義》(宋代《尙書注疏》)와 宋代《書集傳》까지 더해져 이들 4가지가 모두 병존하게 되었다.

1) 고려시대

《高麗史》등에는《書集傳》의 간행·보급에 대한 기록이 기재되어 있다.

⑴ 忠烈王代 1289년(忠烈王 15) 安珦(1243~1306)이 왕과 왕후를 호종해서 元나라에 갔다가, 이듬해에 필사한 朱子集注와 더불어 孔子·朱子의 畵像을 가지고 귀환하였다. 그리하여 이때에 국가적인 차원에서 정식으로 朱子學을 수용하여,[30] 기존의 唐代 五經正義와 새로운 宋代 朱子集注가 병용하게 되었는데, 이후로는 점차 朱子集注 중심으로 전환되었다. 그리고 安珦의 제자이면서 李齊賢의 장인 權溥의 건의로 인해 四書集註가 간행되었기에,[31]《書集傳》등의 朱子集注가 더욱 보급된 것으로 여겨진다. 또한 鄭夢周도 朱子集注를 강설하여,[32] 고려 말기

---

29 한국에는 상고시대로부터《尙書》가 이미 존재한 것으로 여겨진다. 그리고 이후 삼국통일을 전후로는 唐代《尙書正義》와 고려후기에는 宋代《書集傳》이 전래되었다.
　　한편 商(殷)나라를 건국한 東夷族이 한국의 先祖라고 陳泰夏 등 일부의 학자들이 주장하기도 한다.(辛司可,〈韓知名學者稱漢字並非中國文字, 韓國人祖先發明漢字〉,《環球時報》, 2011년 4월 21일자) 만약 이러한 說이 논증을 통해 사실화된다면, 箕子 시기를 전후로 해서《尙書》가 전래되어 이미 한국에 존재하였다고도 볼 수 있다. 또한《史記》〈秦始皇本紀〉"齊人徐市等上書 言海中有 三神山 名日蓬萊方丈瀛州 僊人居之 請得齊戒與男女求之 於是 遣徐市發童男女數千人 入海求 僊人",《太平御覽》〈始皇帝〉"方士徐福等 入海求神藥"에 기록된 바와 같이, 秦代 秦始皇이 徐福 등을 파견했다고 되어 있다. 그런데 이와 관련된 傳說에 의거하면, 徐福 등은 최종목적지인 日本에 가기 전에, 한국의 濟州道에 머물렀다고 전해져, 이 시기에도《尙書》가 유입되었을 가능성을 배제할 수 없다.
30 개인적인 차원의 수용은 이미 그 이전에 이루어졌을 가능성도 있다.
31 《高麗史》〈列傳 諸臣 權溥〉
32 《高麗史》〈列傳 諸臣 鄭夢周〉

에 朱子集注가 보편화된 것으로 볼 수 있다.

(2) 恭愍王代 1370년(恭愍王 19) 6월 明나라의 황제가 아들들을 책봉하고서 과거고시 시
행 준칙의 조서를 보내왔는데, 《書》는 蔡氏傳·古注疏를 채택하도록 기록되어 있
다.[33] 그런데 여기에서 《書集傳》이 《尙書正義》보다 먼저 언급되어 있어, 이 시기를
전후로 해서 《書集傳》이 상대적으로 더 중시되었다고 생각할 수 있다. 또한 고려 말
기 과거고시 과목으로서 新注·古注가 병행된 것으로 보아, 고려시대 古注《尙書正
義》 체제에서 조선시대 新注《書集傳》 체제로 이행되는 과도기로 간주할 수 있다.
그리하여 고려 말기에 수용된 《書集傳》은 조선시대 초기 世宗代 《書集傳》 계열의
《書傳大全》이 국가정책으로서 정식 수용되면서 널리 간행·보급되었다.

2) 조선시대

《朝鮮王朝實錄》 등에는 《書集傳》과 《書傳大全》의 간행·보급에 대한 기록이 기재되
어 있다.

(1) 太宗代 1401년(太宗 1) 1월 경상도의 都觀察黜陟使 全伯英이 寫本 《尙書》를 진상
하는 등[34] 前代로부터 《尙書》가 계속 전해져 내려왔다. 그리고 1402년(太宗 2) 5월
權近에게 명하여 《尙書》 經文에 구두점을 찍어서 올리게 하여,[35] 이후 《尙書》 口
訣의 기준으로서 삼게 되었다. 또한 《世宗實錄》에 기록된 1428년(世宗 10) 閏 4월
과 1433년 2월의 일을 근거로, 太宗은 權近에게 명하여 《詩經》·《尙書》·《易經》에
토를 달고 《五經淺見錄》을 편찬하게 한 것을 알 수 있다. 그리고 동년 7월에는 內

---

33 《高麗史》〈世家 恭愍王〉 19年 6月 24日.
　　一, 鄕試·會試, 文字程式. 第一場. 試五經義, 各試本經一道. 不拘舊格, 惟務經旨通暢, 限五百
　　字以上. 易, 程氏·朱氏·注古注疏, 書, 蔡氏傳·古注疏, 詩, 朱氏傳·古注疏, 春秋, 左氏·公羊·
　　穀梁·胡氏·張洽傳, 禮記, 古注疏, 四書疑一道, 限三百字以上. 第二場. 試禮·樂論一道, 限
　　三百字以上, 詔·誥·表·箋內, 科一道. 第三場. 試經·史·時務策一道, 惟務直述, 不尙文藻, 限
　　一千字以上. 試三場, 後十日, 面試. 騎觀其馳驟便捷. 射觀其中數多寡. 書觀其筆畫端楷. 算觀
　　其乘除明白. 律聽其講解詳審. 律用見行律令.

34 《太宗實錄》 1년(1401) 1월 8일.

35 《太宗實錄》 2년(1402) 5월 10일.

書舍人 李孟畇이 大字로 쓰인《蔡傳尙書》를 진상했다는 기록이 있어,[36] 太宗代 《書集傳》이 前代로부터 보급되고 있었음을 유추할 수 있다.

(2) 世宗代 1419년(世宗 1) 12월 敬寧君 李裶를 통해 四書五經大全이 수용되면서,[37] 기존의 국가로부터 공인된 注解書이면서 과거고시의 표준교재였던《尙書正義》·《書集傳》중심에서 새로운《書傳大全》중심으로 전환되는 직접적 계기가 이루어졌다.[38] 그리고 이후 1446년(世宗 28)에 訓民正音 창제로 인해, 世宗은 經書諺解사업을 추진하였다. 그리하여 1448년(世宗 30) 3월에 尙州使 金鉤가 集賢殿에서 御命을 받들어서, 諺文으로 四書를 번역하였다. 그런데 이러한 일은 처음에는 直提學 金汶이 담당을 하였는데, 그가 사망하면서 集賢殿의 천거로 金鉤가 이어서 담당을 하게 되었다.[39] 이와 같이 世宗은《書傳大全》등의 四書五經大全을 국가적으로 정식 수용하고 간행·유통하였을 뿐만 아니라, 이후의 經書諺解사업까지 추진하였다. 그로 인하여, 新注疏《書集傳》계열의《書傳大全》이 조선시대에 국가의 공인된 주요 교재로서 널리 보급되어, 현재에도 수많은 刊印本들이 전해진다.[40]

---

36 《太宗實錄》2년(1402) 7월 20일.

37 《世宗實錄》1년(1419) 12월 7일.

38 개인적인 차원의 수용은 이미 그 이전에 이루어졌을 가능성도 있다.

39 《世宗實錄》30년(1448) 3월 28일.
　이외에도 崔恒·徐居正 등이 小學·四書·五經과 관련하여 口訣에 참여하였다. 鄭麟趾·申叔舟·丘從直·金禮蒙·韓繼禧·崔恒·徐居正 등에게 명해서 四書五經을 나누어주고, 口訣을 정해서 올리게 하였다.(徐居正,《徐四佳全集補遺》〈崔文靖公碑銘〉)(徐居正의 徐四佳全集은 李忠九의 〈經書諺解研究〉에서 재인용하였다.)

40 김유미, 〈古注疏를 근간으로, 新注疏《尙書》번역을 위한 제언〉《民族文化》(제52집, 고전번역원, 2018) 89~126면 ; 〈국내 주요 尙書類 문헌 연구〉《서지학연구》(第70輯, 한국서지학회, 2017) 145~174면 ; 〈尙書類 문헌의 원류와 전개〉《정신문화연구》(제44권 제1호(통권 153호), 한국학중앙연구원, 2018) 239~270면 ; 《《尙書》에 관한 문헌학적 고찰》《아시아연구》(제21권 제4호, 한국아시아학회, 2018) 225~262면 ; 《《尙書》의 新注疏로서, 한국본《書傳大全》刊印本들간의 서지학적 이동 연구》《정신문화연구》(제41권 제1호(통권 150호), 한국학중앙연구원, 2018) 83~118면 ; 〈新注疏〔尙書〕(書集傳) 번역을 위한 선결과제에 관한 일고〉《장서각》(제41권 제1호(통권 150호), 한국학중앙연구원, 2018) 83~118면 ; 〈해제〉《尙書正義》(전통문화연구회, 2013) 4~34면.

5. 결론

위와 같이 《尙書》는 동아시아 最古의 공문서로서, 총체적인 학문의 기초를 이루고 있다. 그리하여 이른 시기부터 《尙書》가 연구가 되어, 무수한 注解書들이 편찬되었다. 그 중에 동아시아에서 《尙書》의 공인된 注解書는 古注疏 계열(《尙書正義》·《尙書注疏》)과 新注疏 계열(《書集傳》·《書傳大全》)의 2체제로 형성되어 있다. 그리고 이들 중에 古注疏 계열로서 《尙書正義》와 新注疏 계열로서 《書集傳》이 대표적으로 양립되어 있다. 그리하여 《尙書正義》를 근간으로 성립된 《書集傳》을 토대로, 《尙書》와 관련된 제반 학문의 기초로서 고찰하였다.

《書集傳》에 관한 번역·연구가 단순한 字句 풀이에만 그치지 않고, 한국을 비롯한 동아시아에서 다양한 학문적 영역의 기초로서 다각적이고 입체적이며 심도 있는 정밀한 연구대상으로서 활발히 진행되기를 기대해 본다.

참고문헌

1) 원전자료
· 《高麗史》
· 《九峰先生蔡君墓表》
· 《四庫總目》
· 《尙書正義》
· 《尙書注疏》
· 《書傳大全》
· 《書集傳》
· 《宋史》
· 《宋元學案》
· 《朝鮮王朝實錄》
· 《朱文公夢奠記》

・《朱子大全》
・《朱子語類》
・《韓國經學資料集成》
・〈晦翁學案〉

 2) 단행본
・ 김동주,《尚書正義》, 서울 : 전통문화연구회, 2014.
・ 성백효,《書經集傳》, 서울 : 전통문화연구회, 1998.

 3) 논문
・ 김유미,〈古注疏를 근간으로, 新注疏《尚書》 번역을 위한 제언〉,《民族文化》 제52
　집, 고전번역원, 2018.
・ ───,〈국내 주요 尚書類 문헌 연구〉,《서지학연구》 第70輯, 한국서지학회, 2017.
・ ───,〈尚書類 문헌의 원류와 전개〉,《정신문화연구》 제44권 제1호(통권 153호), 한
　국학중앙연구원, 2018.
・ ───,〈《尚書》에 관한 문헌학적 고찰〉,《아시아연구》 제21권 제4호, 한국아시아학
　회, 2018.
・ ───,〈《尚書》의 新注疏로서 한국본《書傳大全》 刊印本들간의 서지학적 이동연
　구〉,《정신문화연구》 제41권 제1호(통권 150호), 한국학중앙연구원, 2018.
・ ───,〈新注疏〔尚書〕(書集傳) 번역을 위한 선결과제에 관한 일고〉,《장서각》 제41
　권 제1호(통권 150호), 한국학중앙연구원, 2018.
・ ───,〈해제〉,《尚書正義》, 서울 : 전통문화연구회, 2013.
・ 唐翠芳,〈〈書經集傳〉之訓詁〉,《安徽文學月刊》 第4期, 2009.
・ 嚴文儒,〈《書集傳》校点札記〉,《人文與價値 : 朱子學國制學術研討會暨朱子誕辰
　880周年紀念會》, 2010.
・ 閆鶯,〈《書集傳》復音詞研究〉, 揚州大學 대학원 석사학위논문, 2011.

· 王春林,〈《四庫提要·書集傳》考辨〉,《蘭台世界》,第03期, 2013.

· ———,《書集傳研究與校注》, 人民出版社, 2012.

· ———,〈《書集傳》版本源流,《中國哲學史》, 第2期, 2010.

· 劉景,〈蔡沈《書集傳》訓詁研究〉, 揚州大學 대학원 석사학위논문, 2011.

· 李加林,〈朱熹的左膀右臂〉,《炎黃縱橫》第1期, 2013.

· 이강대,《주자학의 인간학적 이해》, 예문서원, 2000.

· 劉一諾,〈《尙書》單音節名詞同義詞研究〉, 東北師範大學 대학원 석사학위논문, 2017.

· 張楠,〈《書集傳》詮釋話語權研究〉, 揚州大學 대학원 석사학위논문, 2018.

· 조준하,〈朱子의 生涯와 思想〉, 강의록.

· 陳良中,〈朱子《尙書》學硏究〉, 華東師範大學 대학원 박사학위논문, 2007.

· ———,〈朱子與蔡沈《書》學異同考論〉,《重慶師範大學學報(哲學社會科學版)》第3期,
  2010.

· ———,〈朱子之論王, 蘇, 林, 呂四家《書》學〉,《求索》, 2007.

· ———,〈蔡沈《洪範 皇極內外篇》義理研究〉,《重慶師範大學學報(哲學社會科學版)》
  第5期, 2010.

· 蔡銘澤,〈南宋理學家蔡元定生平考異〉,《暨南學報(哲學社會科學版)》第5期, 2006.

· 蔡安定,〈蔡沈《書集傳》及其版本〉,《武夷文化研究:武夷文化學術研討會論文集》,
  2002.

· 胡繼明·劉靜,〈論蔡沈《書經集傳》的訓詁成就與不足〉,《青海師範大學學報(哲學社
  會科學版)》第36卷 第4期, 2014.

4) 기타자료
· 紫陽月刊 32기(2000년 4월):신안주씨 종친회 웹사이트에서 재인용

凡　例

1. 본서는 五書五經讀本의 한 책이다.

2. 본서의 底本은 庚辰新刊 內閣藏板《書集傳大全》(大田 : 學民文化社 影印本)으로 하고, 明內府刊本《書集傳大全》(日本國立國會圖書館 所藏),《朱文公訂正門人蔡九峰書集傳》(宋淳祐十年 呂遇龍上饒郡學刻本),《書集傳研究與校注》(王春林, 北京:人民出版社 2012) 등을 참고하였다. 書名은 四庫全書의 서지분류를 따라《書經集傳》으로 하였다.

3. 原文에는 우리나라 전통 방식으로 懸吐하였다. 經文은 朝鮮 校正廳 諺解를 위주로 현토하고 栗谷 李珥의 諺解를 참고하였으며, 또한 蔡傳 등을 참고하여 필요에 따라 조정하였다. 조정할 때에는 참고를 위해 교정청 언해의 吐를 ( ) 안에 附記하였다. 蔡沈의 集傳은 譯註者가 현토하였다.

4. 原文의 分節은 저본을 따르되, 活字의 크기로 구분하고, 번역문도 이를 따랐다. 節마다 원문의 앞에 아라비아 숫자로 일련번호를 표시하여 독자의 이용 및 검색에 편리하도록 하였다.

5. 校勘은 원문의 誤字, 脫字, 衍字, 倒文 등을 대상으로 하였다.

6. 異音, 僻字의 경우는 원문의 해당 글자 뒤에 한글로 音을 달아주었으며, 難解字는 각 節의 아래에 字義를 실었다.

7. 飜譯은 原義에 충실하게 하고, 이해가 어려운 부분은 意譯 또는 補充譯을 하였다.

8. 飜譯文은 한글과 漢字를 混用하였으며, 맞춤법과 띄어쓰기는 한글 맞춤법과 표준어 규정을 따르는 것을 원칙으로 하였다.

9. 譯註는 校勘, 인용문의 出典, 故事, 역사사건, 전문용어, 難解語, 制度 등에 관한 사항을 밝혔다.

10. 孔安國의 傳(뒤에 梅賾(枚賾)이 지었다고 해서 '僞孔傳'이라고도 함)·孔穎達의 疏와 蔡沈의 集傳이 서로 뜻이 다른 경우, 譯註에서 이 점을 밝히고, 韓·中·日의 문헌 중에 孔安國의 傳이나 蔡沈의 集傳을 논란 또는 찬반을 펼치거나 개인의 의견을 제시한 것들을 망라하여 《書經》의 깊은 뜻을 알게 하였다.

11. 譯註에서는, 孔安國傳은 '孔傳', 孔穎達疏는 '孔疏', 蔡沈의 集傳은 '蔡傳'으로 略稱하였다.

12. 《書經》의 逆置(倒置) 또한 順置(正置)의 구문법이 특이한 것을, 같은 뜻을 표현하는 서경문체와 일반문체를 도표로 나란히 제시하여 번역에서 어순이 바뀌는 것과 바뀌지 않은 것을 참고하게 하였다.

　例 : 1. 어순이 바뀌는 경우

　　書經 敷奏以言 : 베풀어 아뢰되 말로써 하게 하셨으며

　　一般 以言敷奏 : 말로써 베풀어 아뢰게 하셨으며

　　2. 어순이 바뀌지 않은 경우

　　書經 無稽之言勿聽 : 상고함이 없는 말을 듣지 말며

　　一般 勿聽無稽之言 : 상고함이 없는 말을 듣지 말며

13. 器物, 事件, 地理 등 내용의 이해를 돕기 위한 圖版을 수록하였다.

14. 下冊에는 孔安國의 〈書序〉, 〈書百篇序〉, 《書集傳大全》〈書說綱領〉을 附錄하였다.

15. 본서에서 사용한 주요 符號는 다음과 같다.

　" " : 對話, 각종 引用

　' ' : " " 안에서 再引用, 强調

　「 」: ' ' 안에서 再引用, 强調

　( ) : 원문에서는 讀音이 다른 글자나 僻字의 音

　　　저본의 誤字 또는 衍字

　　　번역문에서는 간단한 譯註

〔　〕: 번역문과 뜻은 같으나 音이 다른 漢字나 句節

　　　　譯註에서 인용한 原文

　　　　저본의 교감한 正字 또는 脫字 補充

《　》: 書名

〈　〉: 篇章名, 作品名, 補充譯

　○ : 저본에 사용된 단락 구분 표시 遵用

書經 : 서경문법 표시

一般 : 일반문법 표시

字義 : 字義 표시

書經集傳

上

書集傳序

慶元己未冬에 先生文公이 令沈으로 作書集傳하시고 明年에 先生이 歿커시늘 又 十年에 始克成編하니 總若干萬言[1]이라 嗚呼라 書豈易(이)言哉아 二帝三王[2]의 治天下之大經大法이 皆載此書하니 而淺見薄識이 豈足以盡發蘊奧리오 且生 於數千載之下하여 而欲講明於數千載之前하니 亦已難矣라

　慶元(南宋 寧宗의 첫 번째 연호) 己未年(1199) 겨울에 선생이신 朱文公(朱熹)께서 나 蔡沈으로 하여금 《書集傳》을 짓게 하시고 이듬해에 선생께서 별세하셨거늘, 그 후 10년 만에 비로소 책이 편성되었으니, 모두 약간 萬字이다. 아! 《書》는 어찌 쉽 게 말할 수 있는 책이겠는가. 二帝·三王께서 천하를 다스리던 大經大法이 모두 이 책에 실려 있으니, 식견이 천박한 내가 어찌 족히 깊은 뜻을 다 발명할 수 있겠 는가. 더구나 수천 년 뒤에 태어나서 수천 년 전의 것을 강구하여 밝히려고 하니, 또한 매우 어려운 일이다.

　字義　令 : 하여금 령　歿 : 죽을 몰　易 : 쉬울 이　蘊 : 쌓일 온　奧 : 깊을 오　載 : 해 재

然이나 二帝三王之治는 本於道하고 二帝三王之道는 本於心하니 得其心이면 則 道與治를 固可得而言矣라 何者오 精一執中[3]은 堯舜禹相授之心法也요 建中

1　言 : 句나 字와 같이 쓴다.

2　二帝三王 : 二帝는 唐나라의 帝堯와 虞나라의 帝舜이고, 三王은 夏나라의 禹王, 商나라의 湯王, 周나라의 武王이다.

3　精一執中 : 〈大禹謨〉에 보인다.

建極[4]은 商湯周武相傳之心法也일새라 曰德, 曰仁, 曰敬, 曰誠이 言雖殊而理則一이니 無非所以明此心之妙也라 至於言天則嚴其心之所自出이요 言民則謹其心之所由施니 禮樂敎化는 心之發也요 典章文物은 心之著也요 家齊國治而天下平은 心之推也니 心之德이 其盛矣乎인저

그러나 二帝·三王의 정치는 道에 근본을 두고 二帝·三王의 道는 마음에 근본을 두었으니, 그 마음을 터득하면 道와 정치를 진실로 말할 수 있을 것이다. 어째서인가. '精一執中(정밀하게 하고 한결같이 하여 中을 잡아 지킴)'은 堯임금·舜임금·禹임금이 서로 전수한 心法이요, '建中(中을 세움)'과 '建極(極을 세움)'은 商나라의 湯王과 周나라의 武王께서 서로 전수한 心法이기 때문이다. 德과 仁과 敬과 誠은 글자는 비록 다르나 이치는 하나이니, 이 마음이 묘리를 밝히기 위한 바가 아닌 것이 없다. 하늘을 말함에 이르러서는 마음이 유래하는 바를 엄격하게 다루고, 백성을 말함에 있어서는 마음이 말미암아 베풀어지는 바를 신중하게 다루었으니, 禮樂과 敎化는 마음이 발현한 것이요, 典章과 文物은 마음이 나타난 것이요, 가정이 정제되고 나라가 다스려지고 천하가 평정됨은 마음이 미루어 나아간 것이니, 마음의 德이 盛大하기 그지없는 것이다.

字義 授 : 줄 수 殊 : 다를 수 著 : 나타날 저 推 : 미루어갈 추

二帝三王은 存此心者也요 夏桀商受는 亡此心者也요 太甲成王은 困而存此心者也라 存則治하고 亡則亂하나니 治亂之分이 顧其心之存不存如何耳라 後世人主 有志於二帝三王之治인댄 不可不求其道요 有志於二帝三王之道인댄 不可不求其心이니 求心之要는 舍是書면 何以哉리오

二帝와 三王은 이 마음을 간직한 분이고, 夏나라 桀과 商나라 受(紂)는 이 마음을 망실한 자이며, 太甲과 成王은 애써서 이 마음을 간직한 분이다. 간직하면 나라가 다스려지고 망실하면 나라가 어지러워지나니, 다스려짐과 어지러워짐의 구분은 마음을 간직하느냐 간직하지 못하느냐의 여하에 달려 있을 뿐이다. 후대의 군주가 二帝와 三王의 정치에 뜻을 둔다면 그 道를 구하지 않을 수 없고, 二帝와 三王의 道에 뜻을 둔다면 그 마음을 구하지 않을 수 없으니, 마음을 구하는 요령은 이 책을

---

4   建中建極 : 建中은 〈仲虺之誥〉에 보이고, 建極은 〈洪範〉에 보인다.

놓아두고 어디에서 구하겠는가.

字義 受 : 이를 수　困 : 곤할 곤　要 : 요령 요　舍 : 놓을 사

沈이 自受讀以來로 沈潛其義하고 參考衆說하여 融會貫通이오사 逎敢折衷하되 微辭奧旨는 多述舊聞하고 二典禹謨는 先生이 蓋嘗是正하사 手澤尙新하니 嗚呼惜哉로다 集傳은 本先生所命이라 故로 凡引用師說은 不復識(지)別하고 四代[5]之書를 分爲六卷[6]하니 文以時異나 治以道同이라 聖人之心見(현)於書가 猶化工之妙著於物이니 非精深이면 不能識也라 是傳也 於堯舜禹湯文武周公之心에 雖未必能造其微나 於堯舜禹湯文武周公之書에 因是訓詁면 亦可得其指意之大略矣라

나는 이 책을 전수받아 읽은 이래로 그 뜻에 침잠하고 여러 학설들을 참고하여 뜻을 자세히 이해하고 문맥을 환하게 꿰뚫고서야 이에 감히 절충하되 은미한 말과 깊은 뜻은 옛날에 들은 것들을 대부분 기술하고, 〈堯典〉·〈舜典〉과 〈大禹謨〉는 선생께서 일찍이 시정하시어 손때가 아직도 선명하게 남아있으니, 오호라, 〈선생께서 일을 마치지 못하신 것이〉 애석하도다!

《集傳》은 본래 선생께서 명하신 것이기 때문에 모든 인용된 師說은 다시 표시하여 구별하지 않았고, 四代의 글을 나누어 6卷으로 만들었으니, 글은 때를 따라 다르지만 정치는 道를 따라 동일하다. 聖人의 마음이 책에 나타나는 것이 마치 化工(造化)의 묘리가 사물에 드러나는 것과 같으니, 정밀하고 심오한 학식을 가진 자가 아니라면 알 수 없다. 이 《집전》은 堯·舜·禹·湯·文王·武王·周公의 마음에 대해서는 비록 그 은미한 경지에 반드시 나아갔다고는 할 수 없지만, 요·순·우·탕·문왕·무왕·주공의 글에 있어서는 이 訓詁를 따른다면 또한 그 요지의 대략을 터득할 수 있을 것이다.

字義 潛 : 잠길 잠　識 : 기록할 지　見 : 나타날 현　訓 : 뜻풀이 훈　詁 : 훈고 고

5　四代 : 虞·夏·商·周를 가리킨다.
6　四代之書 分爲六卷 : 〈虞書〉·〈夏書〉·〈商書〉가 각각 1권씩이고 〈周書〉가 3권이다.

嘉定⁷己巳三月旣望에 武夷 蔡沈은 序하노라

　嘉定 己巳年(1209) 3月 旣望(16일)에 武夷 蔡沈은 序文을 쓰노라.

7　嘉定 : 南宋 寧宗의 네 번째 연호이다.

書經集傳 卷一

虞 書

虞는 舜氏이니 因以爲有天下之號也라 書凡五篇이라 堯典은 雖紀唐堯之事나 然本虞史所作이라 故曰虞書니 其舜典以下는 夏史所作이라 當曰夏書니라 春秋傳에도 亦多引爲夏書하니 此云虞書는 或以爲孔子所定也[1]라

1 　虞……或以爲孔子所定也 : 麗末鮮初의 權近은 "〈堯典〉은 虞나라 史官이 지은 것이므로 '虞書'라 하였으니, 〈舜典〉 이하는 夏나라 史官이 지은 것이기 때문에 당연히 '夏書'라고 해야 한다.'고 하였으나 내가 상고하건대, 역사를 修撰하는 法은 모두 후세 사람에 의해 정해지기는 하나 그 서명을 前代로 해야 함은, 글은 비록 후세에 이루어지지만 일은 전대의 일이기 때문이다. 이를테면 班固는 後漢에 있으면서 前漢의 역사를 수찬하였는데, 그 서명은 《前漢書》라 칭하였고, 范祖禹는 宋나라에 있으면서 唐나라의 역사를 편찬하였으나 그 서명은 《唐鑑》이라 한 것들이 모두 이 것이다. 그렇다면 〈堯典〉은 虞나라 사관에 의해 지어졌으나 당연히 '唐'라 해야 하고, 〈舜典〉 이하는 夏나라 사관이 지었으나 당연히 '虞書'라 해야 할 것이다. 〈大禹謨〉 한 편만은 〈漢高祖紀〉의 例와 같으니, 당연히 夏書의 첫머리로 삼아야 한다. 그러므로 《春秋傳》에서도 대부분 '夏書'로 인용하였다. 그러나 그 기록된 내용은 禹가 즉위한 이후의 일이 아니고 곧 皐陶·伯益과 함께 帝舜의 앞에서 정사를 논한 것이므로 이것은 모두 虞나라 조정에서 있었던 임금과 신하의 嘉言과 善政일 뿐인데, 어떻게 夏書라 여길 수 있겠는가.〔堯典 虞史所作 故曰虞書 舜典以下 夏史所作 當曰夏書 愚按修史之法 皆定於後世之人 而其書名以前代者 書雖成於後世 而事則前代之事故也 如班固在 後漢 而修前漢之史 其書稱爲前漢 范氏在宋 而編唐家之史 其書名曰唐鑑之類 皆是也 然則堯典 作於虞史 當曰唐書 舜典以下 夏史所作 而當曰虞書也 獨禹謨一篇 如漢高祖紀之例 當爲夏書之首 故春秋傳 亦多引爲 夏書 然其所記 非禹踐祚以後之事 乃與陶益陳謨於帝舜之前者也 是皆虞廷君臣嘉言善政爾 安得以爲夏書 乎〕라고 하였다. 역자도 일찍이 이 점에 의심을 가졌는데, 이와 같은 權近의 說破에 동의한다.
　　또한 "其舜典以下 夏史所作 當曰夏書"에 대하여 조선시대 李顯益은 《正菴集》에서 "篇題에서 '〈舜典〉 이하는 夏나라 사관이 지은 것이다.'라고 하였으니, 이 일은 의심스럽다. 아마 堯임금 때에는 미처 사관을 두지 못했다가 舜 때에 와서 비로소 사관을 두어 堯임금의 일을 追記하여 '〈堯典〉'이라 하였고, 〈舜典〉의 경우는 小註에 인용된 吳氏의 말처럼 舜이 승하한 뒤에 虞나라 사관이 舜이 행한 일을 기록한 것인 듯하다. 그렇다면 〈舜典〉은 夏書가 아니다.……그 '虞書'란 虞나라 사관이 기록한 것이다. 어찌 夏나라 사관이 기록한 것을 위아래를 포괄하기 위하여 억지로 서명을 '虞書'라고 했겠는가.〔篇題謂舜典以下 夏史所作 此事可疑 恐此堯時 則未及立史 至舜時始立史 追記 堯事曰堯典 而若舜典 則正如小註吳氏說 舜崩之後 虞史記舜行事 然則舜典不是夏書……其謂虞書 正以爲虞 史所記 豈夏史所記 欲該上下而强名以虞書耶〕"라고 하여 蔡傳을 부정하였다.

虞는 舜의 氏인데, 이것으로 천하를 소유한 칭호로 삼았다. 虞書는 모두 5편이다. 〈堯典〉은 비록 唐堯의 사적을 기록하였으나, 본래 虞나라 史官이 지었기 때문에 '虞書'라고 하였으니, 그렇다면 〈舜典〉 이하는 夏나라 史官이 지었으니 응당 '夏書'라고 해야 할 것이다. 《春秋傳》에서도 '夏書'라고 인용한 경우가 많으니, 여기에서 '虞書'라고 한 것은 아마도 孔子께서 정한 것으로 여겨진다.

堯典

堯는 唐帝名[2]이라 說文曰 典은 從冊在丌上이니 尊閣之也라하니라 此篇은 以簡冊載堯之事라 故로 名曰堯典이라 後世에 以其所載之事可爲常法이라 故로 又訓爲常也라 今文古文[3]에 皆有하니라

堯는 〈고대 중국〉唐나라 제왕의 이름이다. 《說文解字》에 "典자는 책[冊]이 책상〔丌〕 위에 놓여 있는 형상을 따라 만들어진 글자이므로 높이 올려놓는다는 뜻이 담겨져 있다."라고 하였다. 이 篇은 簡冊에 堯임금의 일들을 기재하였기 때문에 '堯典'이라 명명하였고, 후세에 와서는 거기에 기재된 일들이 常法이 될 만하다고 해서 또 '常'자의 뜻으로 풀이하였다. 〈堯典〉은 《今文尚書》와 《古文尚書》에 모두 들어 있다.

字義 丌 : 책상 기   閣 : 간직할 각   載 : 기재할 재   常 : 떳떳할 상

1. 曰[4]若稽古[5]帝堯[6]한대 曰放勳[7]이시니 欽明文思安安[8]하시며 允恭克讓[9]하사 光[10]被

---

2   帝名 : 堯를 포함한 舜·禹를 종전에는 시호〔諡〕, 號, 이름〔名〕등 다양하게 보아왔는데, 宋代에 와서 朱子가 임금의 이름으로 보자, 蔡沈은 주자를 따르게 된 것이다.

3   今文古文 : 조선 중기 金長生은 "今文은 伏生이 전한 本에 馬融 등이 註를 단 것이고, 古文은 孔壁所藏本에 孔安國이 傳을 단 것이다. 혹자는 '今文이 먼저 나왔기 때문에 먼저 말했다.'고 하나 〈仲虺之誥〉에는 그렇지 않고, 또 《朱子大全》에도 모두 古文을 먼저 말했으니, 혹자의 說은 옳지 않다.〔今文 伏生所傳 馬融等所注 古文 孔壁所藏 孔安國所傳 或曰 今文先出 故先言之 然仲虺之誥則不然 且朱子大全 皆先言古文 或說不是〕"라고 하였다.《經書集說》《書經集傳》〈仲虺之誥〉에는 '古文有今文無'로 되어 있다.

4   曰 : 조선 후기 李瀷은 "'曰'자는 바로 역사를 지은 이의 말이다.〔曰者 是作史者之言也〕"라고 하였다.《星湖疾書》《書經疾書 堯典》蔡傳은 '曰若'의 曰은 허사로, '曰放勳'의 曰은 실사로 보았다.

5   稽古 : 鄭玄은 '稽'를 同, '古'를 天의 뜻으로 보아 "능히 하늘을 따라 행하여 하늘과 더불어 공을 같이했다.〔能順天而行之 與之同功〕"라고 풀이하였다.

6   曰若稽古帝堯 : 孔傳은 '若'을 順(따름)의 뜻으로 보아 "능히 옛 道를 따라 상고해서 행하신 분은

四表하시며 格于上下하시니라

옛 帝堯(B.C. 2333~B.C. 2233 재위)를 상고하건대, 功勳이 무척 커서 이르지 않은 바가 없었으니, 공경함과 통명함과 문채의 드러남과 사려의 심원함이 모두 힘쓰지 않아도 자연스러웠고, 진실로 공손하고 능히 겸양하여 德의 드러난 광채가 四表(四方)에 입혀지고 上下(天地)에 이르렀다.

曰은 粤越通이니 古文엔 作粤이라 曰若者는 發語辭니 周書越若來三月이 亦此例也[11]라 稽는 考也라 史臣이 將敍堯事라 故로 先言考古之帝堯者컨대 其德이 如下文

帝堯셨다.〔若稽古 帝堯〕"라고 풀이하였다. 아래에 있는 〈堯典〉·〈大禹謨〉·〈皐陶謨〉도 같다. 조선 후기 丁若鏞은 《尙書知遠錄》에서 '曰若稽古'를 지금의 '臣謹按'과 같은 것으로 보았다.

7 放勳 : 孔傳은 '放'을 '效'(본받음)의 뜻으로 보아 "堯임금께서는 上世의 功勳을 본받아〔堯放上世之功〕"라고 풀이하였고, 조선 전기 李滉은 "放하신 勳이시니"라고 하여 널리 베푼 공훈으로 보았다.《三經釋義》《書釋義 堯典》) 그리고 後漢의 馬融과 晉代의 皇甫謐은 '放勳'을 堯(蜀漢의 譙周는 堯를 號로 봄)의 이름으로, 또 한편에서는 堯임금의 字로 보기도 하였다. 조선 후기 洪奭周는 《尙書補傳》에서 "'放勳' 두 글자는 《尙書》의 卷을 펼치면 제일 먼저 나오는 말인데, 이를 해석한 것들이 끝내 마음에 들지 않는다. 孔傳에서는 '倣'으로써 '放'을 풀이하여 '능히 上世의 功을 본받아'라고 하였으니, 원체 잘못된 것이다. 蔡傳은 '至'로써 '放'을 풀이하되, 孟子께서 '사해에 이른다〔放四海〕'고 말씀한 것을 인용하여 '공이 무척 커서 이르지 않은 바가 없는 것이다.'라고 하였다. 그렇다면 '放勳'이란 것은 '至功'이란 말과 같다. 功이 이르지 않음이 없는 것을 '至功'이라 이르면 문리가 이루어지지 않는다. 하물며 단지 '至功'이라고만 말할 뿐이면, 또 누가 至功이 이르지 않음이 없는 뜻이 됨을 알겠는가. '放'이 縱의 뜻을 가짐은 옛적에 분명한 풀이가 있었다. 朱子가 《論語》의 '天縱之將聖'을 풀이하기를 '「縱」은 「肆」와 같으니, 限量을 하지 않음을 말한 것이다.'라고 하였다. 가만히 생각하건대, '放勳'의 뜻도 이렇게 해석하면 되겠다.〔放勳二字 尙書開卷第一語也 而釋之者 終未允愜 古注以倣訓放 以爲能倣上世之功 固失矣 蔡傳以至訓放 引孟子言放乎四海以證之 以爲功大而無不至也 然則放勳云者 猶言至功也 以功無不至 而謂之至功 不成文理 況只言至功而已 則又孰知其爲無不至之意耶 放之爲縱 古有明訓 朱子解論語天縱之將聖曰 縱猶肆也 言其不爲限量也 竊謂放勳之義 亦可以此釋之〕"라고 하였다.

8 安安 : 孔傳은 "천하의 응당 편안해야 할 것을 편안할 수 있도록 하셨다.〔安天下之當安者〕"라고 풀이하였다.

9 允恭克讓 : 孔傳은 信實·恭勤·善能·謙讓 네 가지로 풀이하였다.

10 光 : 孔傳은 充(채움)의 뜻으로 풀이하였다.

11 曰……亦此例也 : 明代 袁仁의 《尙書砭蔡編》에서는 "蔡傳에서 '曰은 粤·越과 뜻이 통한다. 《古文尙書》에는 粤로 적혀 있다.'고 하였는데, 이는 곧 孔安國이 隷書로 古文을 적은 것이다. 또 '曰若은 발어사다.'라고 했는가 하면, 〈周書 召誥〉의 '越若來三月'을 끌어서 '역시 이러한 例다.'라고 하였으며, 〈召誥〉를 풀이함에 가서는 '越若來는 〈옛날의 語助辭니, 召公이 豐 땅에서〉 멈추지 않고 계속 옴을 말한 것이다.'라고 하였으니, 어찌 그리도 스스로 그 例를 어그러지게 했을까. 소루하기 그지없다.〔蔡傳 曰粤越通 古文作粤 此卽安國隷古文 又稱曰若爲發語辭 引周書越若來爲例 及訓召誥則曰越若來者 迤邐而來也 豈不自悖其例乎 疎謬甚矣〕"라고 하였다.

所云也라 曰者는 猶言其說如此也라 放은 至也니 猶孟子言放乎四海[12]是也라 勳은
功也니 言堯之功이 大而無所不至也라 欽은 恭敬也요 明은 通明也니 敬體而明用
也라 文은 文章也요 思는 意思也니 文著見(현)而思深遠也라 安安은 無所勉强也라
言其德性之美 皆出於自然而非勉强이니 所謂性之者[13]也라 允은 信이요 克은 能也라
常人은 德非性有니 物欲害之라 故로 有强爲恭而不實하고 欲爲讓而不能者로되 惟
堯性之라 是以로 信恭而能讓也라 光은 顯이요 被는 及이요 表는 外요 格은 至요 上은
天이요 下는 地也라 言其德之盛如此라 故로 其所及之遠이 如此也라

曰은 粤·越과 뜻이 통하니, 《古文尙書》에는 ‘粤’로 적혀 있다. 曰若은 발어사니,
〈周書 召誥〉의 ‘越若來三月’의 越若도 이러한 例다. 稽는 考(상고함)의 뜻이다. 史
臣이 장차 堯의 일을 서술하려고 하기 때문에 먼저 말을 꺼내기를, “옛적 帝堯의 사
적을 상고하건대〔稽古帝堯〕그 德이 아랫글에서 운운한 바와 같다.”라고 한 것이다.
〈曰放勳’의〉曰은 그 말이 이와 같다고 말하는 것과 같다. 放은 至(이름)의 뜻이니,
孟子가 “사해에 이른다.〔放乎四海〕라고 말한 것이 바로 이것이다. 勳은 功의 뜻이
니, 帝堯의 공이 무척 커서 이르지 않은 바가 없음을 말한 것이다. 欽은 恭敬의 뜻
이고 明은 通明의 뜻인데, 敬은 體이고 明은 用이다. 文은 文章이고 思는 意思니,
문장이 드러나고 생각이 심원한 것이다. 安安은 억지로 힘쓰는 바가 없음을 의미한
다. 德性의 아름다움이 다 자연에서 나오는 것이지 억지로 힘쓰는 것이 아님을 말
하니, 이른바 ‘본성대로 한 분’이라는 것이다.

允은 信의 뜻이고, 克은 能의 뜻이다. 보통사람은 德이 본성대로 소유한 것이 아
니므로 物欲이 그것을 해친다. 그러므로 억지로 공손하여 신실하지 못하고 겸양하
고자 하여도 능히 겸양하지 못한 자가 있었으되, 오직 帝堯만은 본성대로 하였다.
이렇기 때문에 진실로 공손하고 능히 겸양한 것이다. 光은 顯의 뜻이고, 被는 及의
뜻이고, 表는 外의 뜻이고, 格은 至의 뜻이고, 上은 天의 뜻이고, 下는 地의 뜻이다.
그 德의 성대함이 이와 같으므로, 그 미쳐가는 바의 넓이 이와 같음을 말한 것이다.

蓋放勳者는 總言堯之德業也요 欽明文思安安은 本其德性而言也요 允恭克讓은
以其行實而言也요 至於被四表와 格上下하여는 則放勳之所極也라 孔子曰 惟天

---

12 放乎四海:《孟子》〈離婁 下〉에 보인다.

13 性之者:《孟子》〈盡心 下〉에 “堯帝와 舜帝는 본성대로 하여 천성이 온전한 분이고, 湯王과 武
    王은 몸을 닦아 본성을 회복한 분이다.〔堯舜性之也 湯武身之也〕”라고 보인다.

爲大어늘 惟堯則(칙)之¹⁴라하시니라 故로 書叙帝王之德이 莫盛於堯요 而其贊堯之德이
莫備於此라 且又首以欽之一字爲言하니 此書中開卷第一義也라 讀者深味而有
得焉이면 則一經之全體 不外是矣리니 其可忽哉아

대개 放勳은 帝堯의 德業을 총괄해서
말한 것이고, 欽明文思安安은 그 德性
을 근본으로 해서 말한 것이고, 允恭克
讓은 그 행실을 가지고 말한 것이며, 四
表에 입혀짐과 上下에 이름에 이르러
서는 공훈의 미쳐감이 극도에 달한 것
이다. 孔子가 말씀하기를 "높고 큰 것은
오직 하늘만이 그럴 수 있는 것인데, 오
직 堯임금께서 이것을 본받으셨도다."
라고 하였다. 그러므로 《書經》에서 제왕
의 덕을 서술한 것이 堯임금보다 더 성
대한 이가 없고, 堯임금의 덕을 찬미함
이 이(欽明明文思安安……格于上下)보다
더 구비된 것이 없다. 또한 첫머리에서
'欽' 한 글자를 가지고 말하였으니, 이것
은 책 가운데 권을 펴면 나오는 첫 번째
뜻이다. 독자가 깊이 음미하여 터득함

帝堯圖

이 있으면 《書經》 전체의 뜻이 여기에서 벗어나지 않을 것인데, 소홀히 할 수 있겠
는가.

字義 稽 : 상고할 계　放 : 이를 방　允 : 진실할 윤　克 : 능할 극　被 : 입힐 피　表 : 바깥 표
格 : 이를 격　粵 : 어조사 월　猶 : 같을 유　見 : 나타날 현　讓 : 겸양할 양
則 : 본받을 칙, 법 칙　得 : 터득할 득　忽 : 소홀할 홀　贊 : 찬미할 찬

2. 克明俊德하사 以親九族¹⁵하신대 九族이 旣睦이어늘 平章¹⁶百姓¹⁷하신대 百姓이 昭

14　惟天爲大 惟堯則之 : 《論語》〈泰伯〉에 보인다.

15　克明俊德 以親九族 : 孔傳은 "능히 俊德을 밝힌 선비를 임용하여 九族을 親睦하게 하시니"라고
풀이하였다. 그리고 九族에 대해서는 위로 高祖에서부터 아래로 玄孫에 이르기까지를 九族으로
보는데, 馬融과 鄭玄도 같은 뜻으로 여기고, 蔡傳 또한 이들을 따랐으며, 淸代 顧炎武도 孔傳

明하며 協和萬邦하신대 黎民이 於(오)變時雍하니라

능히 큰 덕을 밝혀 九族을 親睦하게 하시니 九族이 이미 친목하거늘, 백성들을 고루 밝히시니 백성들이 그 德을 밝혔으며, 萬邦을 화합하게 하시자 백성들이 아, 변하여 이에 화평해졌도다!

明은 明之也요 俊은 大也라 堯之大德은 上文所稱이 是也라 九族은 高祖至玄孫之 親이니 擧近以該遠이라 五服〔之外〕[18]에 異姓之親[19]도 亦在其中也라 睦은 親而和 也라 平은 均이요 章은 明也라 百姓은 畿內民庶也라 昭明은 皆能自明其德也라 萬 邦은 天下諸侯之國也라 黎는 黑也라 民首皆黑이라 故曰黎民이라 於는 歎美辭라 變은 變惡爲善也라 時는 是요 雍은 和也라 此는 言堯推其德하여 自身而家而國而天下하니 所謂放勳者也라

은 바꿀 수 없는 說이라고 하였다. 그러나 宋代 林之奇(字少穎, 號拙齋. 呂祖謙의 스승)는 《尚書 全解》에서 "'九族'은 마땅히 夏侯氏와 歐陽氏가 '父族이 넷, 母族이 셋, 妻族이 둘이다.'라고 한 말을 따라야 한다. 孔傳에서 '高祖로부터 玄孫에 이르는 친족이다.'라고 한 말은 잘못된 것이 다.……그 이미 화목해졌다는 '九族'이 만일 다만 本宗의 一宗이라면 그 화목의 범위는 또한 넓 지 못한 것이다. 만일 '父族이 넷, 母族이 셋, 妻族이 둘이다.'라고 한다면 곁으로 他族에 미쳐가 고 本族 또한 그 속에 들어 있으니, 그 화목의 범위가 어찌 넓지 않겠는가. '父族四'는 아버지 다 섯 겨레붙이의 內親이 하나요, 아버지의 딸 昆弟로서 시집간 자와 그 아들이 둘이요, 자기의 딸 昆弟로서 시집간 자와 그 아들이 셋이요, 자기의 딸로서 시집간 자와 그 아들이 넷이며, '母族三' 은 어머니의 父姓이 하나요, 어머니의 母姓이 둘이요, 어머니의 딸 昆弟로서 시집간 자와 그 아 들이 셋이며, '妻族二'는 妻의 父姓이 하나요, 妻의 母姓이 둘이다. 대개 宗族이 敦睦하는 도리 는 반드시 內外의 친족을 두루 망라한 것이다.〔九族 當從夏侯歐陽氏以謂 父族四 母族三 妻族二 孔氏 傳謂高祖玄孫之親非也……其旣睦之九族 若只本宗之一宗 則其睦也 亦不廣矣 若以謂父族四 母族三 妻族二 則旁及他族 而本族亦在其中 則其所睦者 豈不廣哉 父族四 父五屬之內一也 父之女昆弟適人者及其子二也 己之女昆弟適人者及其子三也 己之女子適人者及其子四也 母族三 母之父姓一也 母之母姓二也 母之女昆弟 適人者及其子三也 妻族二 謂妻之父姓一也 妻之母姓二也 蓋敦宗睦族之道 必偏內外之親〕"라고 주장하였 는데, 明代 王夫之는 林之奇의 說이 양호하다고 하였다.(《尚書稗疏》〈堯典〉)

16 平章 : 《史記》에는 '便章'으로, 《尚書大傳》에는 '辯章'으로 되어 있는데, 司馬貞의 《史記索隱》에 "《古文尚書》에는 '平'으로 적었는데, '平'이 이미 '便'으로 풀이되어 이내 '便章'으로 적었고, 《今 文尚書》에는 '辯章'으로 적었다. 옛날에는 '平'자를 또한 '便'자로 적었는데, '便'은 '辯'으로 풀이 되어 결국 '辯章'이 되었다."라고 하였다.

17 百姓 : 孔傳은 百官으로, 孔穎達은 百官族姓(공을 세워 姓을 하사받은 모든 관원)으로, 蔡傳은 일반 백성으로 풀이하였다.

18 〔之外〕: 《朱子大全》에는 '五服' 뒤에 '之外' 2자가 있다. 여기에 의거하여 '之外'를 보충하였다.

19 異姓之親 : 異姓의 五服親을 가리키니, 異姓은 母黨, 妻黨을 이르고, 五服은 곧 三年服, 朞年 服, 大功九月服, 小功五月服, 緦麻三月服을 이르는데, 五服親은 服制에 따라 상복을 입는 친족 을 가리킨다.

明은 밝히는 것이고, 俊은 大(큼)의 뜻이다. 堯임금의 큰 덕은 윗글에서 말한 바가 이것이다. 九族은 高祖로부터 玄孫에 이르기까지의 親族이니, 가까운 것을 들어 먼 것을 다 포괄하였다. 五服의 친족 이외에 異姓의 친척도 그 가운데 들어 있다. 睦은 親和하는 것이다. 平은 균평한 것이고, 章은 밝은 것이다. 백성은 畿內의 백성들이다. 昭와 明은 모두 능히 스스로 그 덕을 밝히는 것이다. 萬邦은 천하의 제후국이다. 黎는 黑(검음)의 뜻이니, 백성들의 머리가 모두 검기 때문에 ‘黎民’이라 한 것이다. 於는 歎美하는 말이다. 變은 惡을 변개하여 善을 하는 것이다. 時는 是의 뜻이고, 雍은 和의 뜻이다.

이것은 堯임금이 그 덕을 미루어 자신으로부터 집에 이르고, 집으로부터 나라에 이르고, 나라로부터 천하에 이름을 말하였으니, 이른바 ‘放勳(공훈이 널리 이름)’이라는 것이다.

字義 俊 : 클 준   睦 : 화목할 목   黎 : 검을 려   於 : 감탄할 오   時 : 이 시   雍 : 화할 옹
       朞 : 돌 기, 주년 기   總 : 열닷새베 시   麻 : 삼베 마

3. 乃命羲和하사 欽若昊天[20]하여 曆象[21]日月星辰(신)하여 敬授人[22]時하시다

〈백성들이 화평해지고 나서야〉이어서 羲氏와 和氏에게 명하여 昊天을 경건히 따라, 해와 달과 별과 별자리를 曆數로 추산하고 象器(璿璣玉衡)로 관측하여 농사철〔人時〕을 경건하게 알려주도록 하셨다.

乃者는 繼事之辭[23]라 羲氏와 和氏는 主曆象授時之官이라 若은 順也요 昊는 廣大之意라 曆은 所以紀數之書요 象은 所以觀天之器니 如下篇璣衡之屬이 是也라 日은

---

20 昊天 : 孔傳은 “元氣의 광대함을 말한다.〔言元氣廣大〕”라고 풀이하였다.

21 曆象 : 天體의 운행을 推算하고 觀測하는 일을 가리킨다.

22 人 : 古本에는 民으로 되어 있다.

23 乃者 繼事之辭 : 明代의 馬明衡(《尙書疑義》)은 “蔡傳에서 「乃는 일을 이어가는 말이다.」라고 한 것은 꼭 그런 것 같지 않다. 古詞에 「乃」자를 말한 데가 매우 많다. 여기서는 羲氏와 和氏에게 曆象을 통하여 농사철을 알려줌을 주관하는 일을 총체적으로 명한 것이다.〔蔡傳云 乃者繼事之辭 似亦不必如此 古詞言乃字甚多 此總命羲氏和氏主曆象授時之事〕”라고 하고, 王樵(《尙書日記》)는 《春秋傳》에 「乃는 말을 어렵사리 한 것이다.」라고 하였고, 王安石은 「乃는 일을 이어가는 말이다.」라고 하였다. 지금 상고해보면, ‘乃命羲和’와 〈武王乃言曰〉·‘箕子乃言曰’은 모두 응당 ‘難辭’의 例를 따라야 할 것들이다.〔春秋傳曰 乃者 難辭 王安石曰 乃者 繼事之辭 今按乃命羲和與箕子乃言曰 俱當從難辭之例〕”라고 하였다.

陽精이니 一日而繞地一周하고 月은 陰精이니 一月而與日一會라 星은 二十八宿[24]

衆星爲經과 金木水火土五星爲緯가 皆是也라 辰은 以日月所會로 分周天之度하여

爲十二次[25]也라 人時는 謂耕穫之候니 凡民事早晩之所關也라 其說이 詳見下文이라

乃는 일을 이어가는 말이다. 羲氏와 和氏는 해와 달과 별과 별자리를 曆數로 추산하고 象器로 관측하여 백성들에게 농사철을 알려주는 일을 주관하는 벼슬이다. 若은 順(따르다)의 뜻이고, 昊는 광대하다는 뜻이다. 曆은 數(曆法)를 기록하기 위한 책이고, 象은 하늘을 관측하기 위한 기구니, 下篇에 있는 '璿璣玉衡' 따위가 이것이다. 日은 陽의 精인데 하루에 땅을 한 바퀴 돌고, 月은 陰의 精인데 한 달에 한 번 해와 만난다. 星은, 28宿의 여러 별이 經星(恒星)이 된 것과 金·木·水·火·土의 다섯 개 별이 緯星(行星)이 된 것이 모두 이것이다. 辰은 해와 달이 만나는 곳으로 周天의 度數를 나누어 12次(位次)를 만든 것이다. 人時는 경작과 수확에 알맞은 기후를 이르니, 농사(民事)의 이르고 늦음이 관계되는 것이다. 그 해설이 아랫글에 자세히 보인다.

字義　羲 : 벼슬이름 희　和 : 벼슬이름 화　若 : 따를 약　曆 : 책력 력　該 : 다 해, 겸할 해
　　　若 : 따를 약　繞 : 돌 위　宿 : 별자리 수　經 : 날 경　緯 : 씨 위　穫 : 걷을 확
　　　次 : 자리 차, 방위 차　見 : 나타날 현

4. 分命羲仲하사 宅嵎夷하시니 曰暘谷이라(이니) 寅賓出日하여 平秩東作이라 日中[26]이요
星鳥라 以殷[27]仲春이면 厥民은 析이요 鳥獸는 孳尾니라

---

24 二十八宿 : 角·亢·氐·房·心·尾·箕·斗·牛·女·虛·危·室·壁·奎·婁·胃·昴·畢·觜·參·井·鬼·柳·星·張·翼·軫 등 28개의 별자리를 가리킨다. 宋代 鄭伯熊(《書傳大全》)小註)은 "28宿는 사방으로 둘러 나열해서 하늘을 따라 서쪽으로 전환하는데, 角·亢·氐·房·心·尾·箕는 東方의 宿요, 斗·牛·女·虛·危·室·壁은 北方의 宿요, 奎·婁·胃·昴·畢·觜·參은 西方의 宿요, 井·鬼·柳·星·張·翼·軫은 南方의 宿다. 사방에 비록 정해진 별이 있으나 별은 고정되어 있지 않고 각각 때에 따라 南方에 나타난다. 하늘의 형체는 북쪽으로 기울었기 때문에 北極이 하늘의 가운데에 거하여 언제나 하늘의 북쪽에 있다. 28宿는 항상 반은 숨어 있고 반은 나타나 있다. 해는 동쪽으로 운행하여 28宿를 거치기 때문에 숨고 나타남이 각각 때가 있으니, 반드시 남방에서 상고한다.〔二十八宿 環列四方 隨天而西轉 角亢氐房心尾箕 東方宿也 斗牛女虛危室壁 北方宿也 奎婁胃昴畢觜參 西方宿也 井柳鬼星張翼軫 南方宿也 四方雖有定星 而星無定居 各以時見於南方 天形北傾 故北極居天之中 而常在天北 二十八宿 常半隱半見 日東行歷二十八宿 故隱見各有時 必於南方考之〕"라고 하였다.

25 十二次 : 해와 달이 만나는 12방위의 位次를 가리킨다.

26 日中 : 孔傳은 春分의 날로, 蔡傳은 낮의 길이가 중간(50刻)인 것으로 보았다.

27 殷 : 孔傳은 正의 뜻으로 보았고, 孔疏는 '正'을 調正으로 풀이하였는데, 蔡傳은 馬融과 鄭玄에 따라 中의 뜻으로 풀이하였다. 〈堯典〉에서 仲春의 경우는 '以殷仲春', 仲夏의 경우는 '以正仲夏',

따로 義仲에게 명하여 嵎夷에 거주하게 하시니, '暘谷'이란 곳이다. 솟아오르는 해를 손님처럼 경건하게 맞이하여 봄철 농사〔東作〕를 고루 차례에 따라 짓도록 하였다. 낮의 길이는 중간이고, 별은 鳥宿(조수)에 자리잡은 시기라 陽이 中(中溫)한 仲春의 절기면 백성들은 이리저리 분산해서 살고 鳥獸는 새끼치기 위하여 교미를 한다.

此下四節은 言曆旣成而分職以頒布하고 且考驗之니 恐其推步之或差也라 或曰
上文所命은 蓋羲伯和伯이요 此乃分命其仲叔이라하니 未詳是否也라 宅은 居也요
嵎夷는 卽禹貢嵎夷旣略者也라 曰暘谷者는 取日出之義요 羲仲所居官次之名이니
蓋官在國都요 而測候之所는 則在於嵎夷東表之地也라 寅은 敬也요 賓은 禮接之
如賓客也니 亦帝嚳曆日月而迎送之[28]意라 出日은 方出之日이니 蓋以春分之旦에
朝方出之日하고 而識(지)其初出之景(影)也라 平은 均이요 秩은 序요 作은 起也라 東
作은 春月엔 歲功方興이니 所當作起之事也라 蓋以曆之節氣早晩으로 均次其先後
之宜하여 以授有司也라 日中者는 春分之刻이 於夏永冬短에 爲適中也라 晝夜皆
五十刻이니 擧晝以見(현)夜라 故曰日이라 星鳥는 南方朱鳥七宿니 唐一行이 推以鶉
火爲春分昏之中星[29]也라 殷은 中也니 春分은 陽之中也라 析은 分散也라 先時엔
冬寒하여 民聚於隩(오)러니 至是則以民之散處로 而驗其氣之溫也라 乳化曰孶요 交
接曰尾니 以物之生育으로 而驗其氣之和也라

이 아래 4節은 책력이 이미 이루어지자 직책을 나누어서 반포하고 또 이를 상고
하여 시험해본 것을 말하였으니, 〈그 해와 달과 별과 별자리를 曆數로〉 추산함에
혹 착오가 있을까 염려했기 때문이다. 혹자는 말하기를 "윗글에서 명한 것은 대개
羲伯과 和伯에게 한 것이고, 여기서는 仲과 叔에게 따로 명한 것이다."라고 하니,
그 말이 옳은지는 자세히 알 수 없다.

仲秋의 경우는 '以殷仲秋', 仲冬의 경우는 '以正仲冬'이라 하여, 낮과 밤의 길이가 같은 春分이
든 仲春과 秋分이 든 仲秋에만 '殷'자를 쓴 것으로 볼 때 계절을 감안하지 않고 모두 '正(調正)'의
뜻으로 풀이한 孔傳보다는 '中(陽의 중간)'의 뜻으로 풀이한 蔡傳이 온당한 것 같다.

28 帝嚳曆日月而迎送之 : 《史記》〈五帝本紀〉에 보인다. 唐代 張守節의 《正義》에서 "〈帝嚳이〉 책력
    을 작성하여 弦望, 晦朔, 日月이 아직 이르지 않았을 때에는 그를 맞이하였고, 지나가면 그를 보
    냈음을 말한 것이다.〔言作曆 弦望晦朔日月未至而迎之 過而送之〕"라고 풀이하였다.

29 以鶉火爲春分昏之中星 : 鶉火는 星次 이름이다. 中星은 28宿가 사방에 7수씩 분포되는데, 그 방
    위의 7수에서 가장 가운데에 있는 별이니, 여기서는 柳·星·張 세 별을 가리킨다.

宅은 居(거주)의 뜻이다. 嵎夷는 〈禹貢〉에 "嵎夷 지방을 이미 다스리고 나서"라는 바로 그것이다. 暘谷이라 함은 해가 솟아오르는 뜻을 취한 것이고, 義仲이 거주하는 官次의 이름이니, 대개 관원은 國都에 있고 기상을 관측하는 곳은 嵎夷 동쪽 밖의 땅에 있었다. 寅은 공경한다는 말이고, 賓은 빈객처럼 예우하는 것이니, 또한 帝嚳이 책력을 작성하여 해와 달을 맞이하고 전송했다는 뜻이다.

出日은 막 솟아오르는 해니, 대개 春分의 아침에 막 솟아오르는 해에 朝제사를 지내고 처음 생긴 그림자를 기록한다. 平은 均의 뜻이고, 秩은 序의 뜻이고, 作은 起의 뜻이다. 東作은 봄철엔 농사일이 바야흐로 일어나므로 마땅히 일으켜야 할 일이다. 대개 책력의 節氣가 이르고 늦음을 가지고 먼저 할 일과 뒤에 할 일을 차서에 따라 알맞게 조정해서 有司에게 알려준 것이다.

日中은 春分의 시각이 여름철에는 낮이 길고 겨울철에는 낮이 짧은 것에 비해 꼭 맞은 중간인 것이다. 곧 낮과 밤이 모두 각각 50刻인데, 낮을 들어 밤을 나타냈기 때문에 '日'이라고 말한 것이다. 星鳥는 별이 남방의 朱鳥(朱雀) 7宿에 자리잡은 것인데, 唐나라 釋一行(俗名은 張遂)이 鶉火로써 추리하여 춘분날 해가 질 무렵의 中星(7宿의 가운데 별)으로 여겼다.

殷은 中의 뜻이니, 춘분은 곧 陽이 中溫한 시점이다. 析은 分散의 뜻이다. 앞서는 겨울이 추워서 백성들이 온돌방에 모여 있었는데, 이때에 이르면 백성들이 분산해서 사는 것을 가지고 그 기후의 온화함을 징험한 것이다. 乳化하는 것을 '孶'라고 하고, 交接하는 것을 '尾'라고 하니, 만물의 生育을 가지고 그 기후의 화창함을 징험한 것이다.

字義 嵎 : 해돋는곳 우   殷 : 가운데 은   析 : 분산할 석   孶 : 새끼칠 자   尾 : 교미할 미
暘 : 햇볕날 양   嚳 : 임금이름 곡   鶉 : 메추리 순   朝 : 아침 무렵에 제사지낼 조
識 : 기록할 지   景 : 그림자 영   隩 : 방안 오   宿 : 별자리 수   見 : 나타날 현

5. 申命義叔하사 宅南交[30]하시니 〈日明都라(니)〉 平秩南訛(와)하여 敬致[31][32]니 日永이요

---

30 宅南交 : 孔傳은 "南交'는 여름과 봄이 만나는 것을 말한다.〔南交言夏與春交〕"라고 풀이하였는데, 이에 대하여 宋代 劉敞은 "孔傳이 잘못되었다. 겨울과 가을이 만나고, 가을과 여름이 만나고, 봄과 겨울이 만난 것이라면 西交, 北交, 東交는 왜 말하지 않았는가. 네 곳에 거주한 것은 모두 땅을 가리켜 말한 것이니, 응당 여름에 대해서만 유독 氣를 가지고 말하지 않았을 것이다. 본래는 아마 '남쪽에 거주하게 하시니 交趾'라는 땅이다.'라고 말했을 것인데, 후인이 傳寫하면서 두 글자를 빠뜨렸을 뿐이다.〔傳非也 冬與秋交 秋與夏交 春與冬交 何不曰西交北交東交乎 四宅皆指地言 不當至於夏 獨以氣言也 本蓋言宅南曰交趾 後人傳寫 脫兩字耳〕"라고 하였다.《尙書注疏考證》

星火라 以正仲夏면 厥民은 因[33]이요 鳥獸는 希(稀)革이니라

거듭 羲叔에게 명하시어 南交에 거주하게 하시니, 〈'明都'라는 곳이다.〉 여름철 변화하는 일〔南訛〕을 차서에 따라 고루 다스리고, 경건하게 해에 제사 지내고 〈그 그림자를 표시하게 하셨으니,〉 낮의 길이가 길고, 별은 火宿에 자리잡은 시기라 陽이 正(極熱)한 仲夏의 절기가 되면 백성들은 더욱더 분산해서 살고, 鳥獸는 털이 성글어지면서 皮質이 바뀐다.

申은 重也요 南交는 南方交趾之地라 陳氏曰 南交下에 當有曰明都三字라 訛는 化也니 謂夏月엔 時物[34]長盛하니 所當變化之事也라 史記索隱에 作南爲[35]하니 謂所

---

31 敬致 : 孔傳에서 "그 가르침을 경건히 행하여 그 공을 이루었다.〔敬行其敎 以致其功〕"로 풀이하였는데, 이에 대하여 宋代 林之奇(《尙書全解》)는 "《周官》에는 '겨울과 여름에 해를 맞이한다.〔冬夏致日〕'고 되어 있고, 左氏는 '日官이 卿의 자리에 거하여 해를 맞이한다.'고 하였으니, '敬致'란 경건하게 해를 맞이하는 것을 이른다. 만일 孔傳과 같다면 어찌 유독 南方에서만 말했는가.〔周官冬夏致日 左氏曰 日官居卿以厎日 則敬致者 敬致日之謂也 若如孔傳 何獨於南方言之〕"라고 하여 孔傳의 잘못을 지적하였다. 조선시대 兪肅基(《經書集說》〈書傳〉)는 "'敬致'에 대하여 《周禮》에 '겨울과 여름에 해를 맞이한다.〔冬夏致日〕'는 것을 이끌어서 말하였다. 겨울과 여름에는 아침과 저녁의 해 그림자는 기록하지 않고 반드시 해에 제사를 지내고 나서 그 日中의 그림자를 표시한 것은 무슨 뜻인가. 또 북방에서는 해를 맞이한 것을 말하지 않았는데, 이에 대하여 朱子는 '북방엔 해가 없기 때문이다.'라고 하였으나 《周禮》에서 이미 '겨울과 여름에 해를 맞이한다.'고 하였고, 土圭法에 또한 그 四方의 해 그림자를 아울러 기록하는 것으로 되어 있으니, '북방에 해가 없다.'고 말한 것은 무엇 때문인가.〔敬致 引周禮冬夏致日而言之 冬夏之不識於朝夕之影 而必祠日而識其日中之影者 抑何意耶 且北方不言致日 朱子謂北方無日故也 周禮旣曰 冬夏致日 土圭之法 亦幷識其四方之景 則謂之北方無日者何耶〕"라고 하여 朱子의 해석을 비판하였다. 《周官》과 《周禮》는 같은 책명으로 漢代 이전에는 《周官》으로 칭하다가 漢나라 劉歆 때에 와서 비로소 《周禮》로 개칭하였다.

32 平秩南訛 敬致 : 孔傳은 "남방 화육하는 일을 차서에 따라 진행하되, 그 가르침을 경건히 행하여 그 공을 이루었다.〔平秩南方化育之事 敬行其敎 以致其功〕"라고 풀이하였다.

33 厥民因 : 孔傳은 '因'을 '따라서'의 뜻으로 보아 "老弱者가 그대로 田庄에 있는 丁壯에게 가서 농사일을 돕는 것을 말한다.〔謂老弱因就在田之丁壯以助農也〕"라고 풀이하였는데, 이에 대하여 淸代 兪樾(《群經平議》)은 "經文에는 '厥民'이라고만 말하였는데, 그것이 '老弱者'란 것을 어떻게 알겠는가. 傳의 뜻은 經의 뜻이 아닌 것 같다. '因'이란 重襲을 이른다. 《廣雅》〈釋器〉에 「複襂」을 「祵」이라 한다.'고 하였으니, 대개 '因'에는 重複의 뜻이 들어 있는 것이다.〔經文止言厥民 安知其爲老弱者乎 傳義似非經意也 因之言重襲也 廣雅釋器曰複襂 謂之祵 蓋因有重複之義〕"라고 하였다.

34 時物 : 절기에 따라 나오는 産物을 가리킨다.

35 史記索隱作南爲 : '南訛'가 《史記》〈五帝本紀〉에는 '南爲'로 되어 있다. '南爲'에 대해서 司馬貞의 《史記索隱》에는 "'南爲'의 '爲'는 글자대로 읽어야 한다. 봄에는 '東作', 여름에는 '南爲'라고 말하였는데, 모두 경작하고 경영하여 농사를 권면하는 일이다. 그런데 孔安國이 '爲'자를 억지로 '訛'자로 읽은 것은 비록 '化'자로 훈고하기 위한 것이지만, 해석이 또한 명쾌하지 못하고 매우 우

當爲之事也라 敬致는 周禮所謂冬夏致日[36]이라 蓋以夏至之日中에 祠日而識(지)
其景(影)이니 如所謂日至之景(影)尺有五寸을 謂之地中者也라 永은 長也니 日永은
晝六十刻也라 星火는 東方蒼龍七宿라 火는 謂大火니 夏至昏之中星也라 正者란
夏至는 陽之極이니 午爲正陽位也라 因은 析而又析이니 以氣愈熱하여 而民愈散處
也라 希革은 鳥獸毛希而革易也라

申은 重(거듭)의 뜻이고, 南交는 남방 交趾의 땅이다. 陳氏는 "'南交'의 아래에 응
당 '曰明都'란 세 글자가 있어야 한다."라고 하였다. 訛는 化자와 통하니, 여름철에
는 時物이 성장하므로 응당 변화해야 할 바의 일을 이른 것이다. 〈南訛가〉《史記索
隱》〈五帝本紀〉에는 '南爲'로 되어 있으니, 응당 해야 할 바의 일을 이른 것이다. 敬
致는《周禮》〈春官 馮相氏〉에 이른바 "冬至와 夏至에는 해그림자의 길고 짧음을
살핀다."란 것이다. 이는 아마 夏至의 日中(정오)에 해에 제사를 지내고 그 그림자를
표시한 것일 터이니, 《周禮》〈地官 大同徒〉에 이른바 "日至(夏至의 별칭)에 측량
한 해그림자의 길이가 1척 5촌인 것을 '地中'이라 한다."라는 것과 같은 것이다. 永
은 長(길다)의 뜻이니, 日永은 낮의 길이가 60刻이다. 星火는 별이 동방의 蒼龍
7宿에 자리잡은 시기다. 火는 大火(心星)를 가리키니, 夏至의 어두울 무렵에 나타
나는 中星이다. 正이란 곧 夏至는 陽이 極熱한 시점이니, 午方이 正陽의 자리가
된 것이다. 因은 분산하고 또 분산한다는 뜻이니, 기후가 더욱 더워짐에 따라 백성
들이 더욱 분산해서 산다는 것이다. 希革은 鳥獸의 털이 성글어지면서 皮質이 바
뀌는 것이다.

字義 申 : 거듭 신　因 : 더욱더 분산할 인　訛 : 변화할 와　希 : 드물 희　趾 : 발꿈치 지
祠 : 제사지낼 사　識 : 기록할 지　景 : 그림자 영　析 : 분산할 석, 조갤 석　愈 : 더욱 유

회적이다.〔爲依字讀 春言東作 夏言南爲 皆是耕作營爲勸農之事 孔安國强讀爲訛字 雖則訓化 解釋亦甚紆
回也〕"라고 하였다.

36　冬夏致日 :《周禮》〈春官 馮相氏〉에 보이는데, 宋代 王昭禹는《周禮上想》에서 "冬至에는 해가
牽牛에 위치해 있어 그림자의 길이가 1丈 3尺이 되고, 夏至에는 해가 東井에 위치해 있어 그림
자의 길이가 1尺 5寸이 되니, 이것은 길고 짧음의 양극현상이다. 그러므로 '동지와 하지에는 해
의 상태를 살핀다.'고 하였다. 春分에는 해는 婁에 위치해 있는 동시에 달은 上弦의 반월형으로
東井에 위치해 있고 下弦의 반월형으로 牽牛에 위치해 있으며, 秋分에는 해는 角에 위치해 있는
동시에 달은 上弦의 반월형으로 牽牛에 위치해 있고 下弦의 반월형으로 東井에 위치해 있으니,
또한 그 그림자로써 氣가 이르렀는지의 여부를 알아본다. 그러므로 '春分과 秋分에는 달의 상태
를 살펴본다.〔冬至日在牽牛 景丈有三尺 夏至日在東井 尺有五寸 此長短之極也 故冬夏則致日 春分日在婁
而月上弦于東井 下弦于牽牛 秋分日在角 而月上弦于牽牛 下弦于東井 亦以其景知氣至否也 故春秋則致月〕"
라고 풀이하였다.

6. 分命和仲하사 宅西하시니 曰昧谷이라(이니) 寅餞納日하여 平秩西成이니 宵中이요 星虛라 以殷仲秋면 厥民은 夷요 鳥獸는 毛毨(선)이니라

따로 和仲에게 명하여 서쪽에 거주하게 하시니, '昧谷'이라는 곳이다. 지는 해를 경건히 전송하여 가을철 수확하는 일〔西成〕을 고루 차례에 따라 하도록 하셨다. 밤의 길이는 중간이고, 별은 虛宿에 자리잡은 시기라 陰이 中(中寒)한 仲秋의 절기면 백성들은 평온하고, 鳥獸는 털갈이를 하여 〈윤택해진다.〉

西는 謂西極之地也요 曰昧谷者는 以日所入而名也라 餞은 禮送行者之名이라 納日은 方納之日也니 蓋以秋分之莫(暮)에 夕[37]方納之日하여 而識(지)其景(影)也라 西成이란 秋月은 物成之時니 所當成就之事也라 宵는 夜也라 宵中者는 秋分夜之刻이 於夏冬爲適中也니라 晝夜亦各五十刻이라 舉夜以見(현)日이라 故로 曰宵라 星虛는 北方玄武七宿之虛星이니 秋分昏之中星也라 亦曰殷者는 秋分은 陰之中也라 夷는 平也니 暑退而人氣平也라 毛毨은 鳥獸毛落更生하여 潤澤鮮好也라

西는 서쪽 끝에 있는 땅을 가리키고, 昧谷이란 해가 들어가는 것을 가지고 명칭을 한 것이다. 餞은 길을 떠나는 자에게 禮를 갖추어 전송하는 명칭이다. 納日은 막 지려고 하는 해니, 秋分의 저녁에 막 지려고 하는 해에게 夕제사를 지내고 그 그림자를 기록하는 것이다. 西成이란 가을철은 만물이 이루어지는 시기이니, 응당 성취해야 할 바의 일이다. 宵는 夜의 뜻이다. 宵中은 추분 밤의 시각은 하지와 동지에 비해 〈낮과 밤의 길이가〉 딱 중간이니, 낮과 밤이 각각 50刻이다. 밤을 들어 낮을 나타냈기 때문에 '宵'라고 말한 것이다. 星虛는 별이 북방 玄武 7宿 중의 虛宿에 자리잡은 것이니, 秋分의 해가 질 무렵에 나타나는 中星이다. 또한 '殷'이라 말한 것은 秋分은 陰이 中寒한 시점이다. 夷는 平의 뜻이니, 더위가 물러가서 사람의 기력이 평안함을 나타낸 것이다. 毛毨은 鳥獸가 묵은 털이 빠지고 다시 새 털이 나서 윤택하고 선명한 것이다.

字義 寅 : 공경 인   餞 : 보낼 전   宵 : 밤 소   夷 : 평화로울 이   毨 : 털갈 선
夕 : 저녁 무렵에 제사지낼 석

7. 申命和叔하사 宅朔方하시니 曰幽都라(니) 平在朔易[38]이니 日短[39]이요 星昴라 以正

---

37   夕 : 조선시대 金長生은 "저녁 무렵에 제사 지내기 때문에 '夕'이라 했다.〔夕時祭之 故曰夕〕"라고 하였다.《經書辨疑》

仲冬이면 厥民은 隩(오)요 鳥獸는 氄(용)毛니라

거듭 和叔에게 명하여 朔方에 거주하게 하시니, '幽都'라는 곳이다. 다시 소생할 것〔朔易〕을 고루 살피니, 낮의 길이는 짧고, 별은 昴宿(묘수)에 자리잡은 시기라, 陰인 正(極寒)한 仲冬의 절기면 백성들은 방안에 있고, 鳥獸는 솜털이 난다.

朔方은 北荒之地라 謂之朔者는 朔之爲言이 蘇也니 萬物至此면 死而復蘇가 猶月之晦而有朔也라 日行至是면 則淪於地中하여 萬象幽暗이라 故로 曰幽都라 在는 察也라 朔易이란 冬月은 歲事已畢하여 除舊更(경)新하니 所當改易之事也라 日短은 晝四十刻也라 星昴는 西方白虎七宿之昴宿니 冬至昏之中星也라 亦曰正者란 冬至는 陰之極이니 子爲正陰之位也라 隩는 室之內也니 氣寒而民聚於內也라 氄毛는 鳥獸生耎氄細毛以自溫也라 蓋旣命羲和하여 造曆制器하고 而又分方與時하여 使各驗其實하여 以審夫推步之差하니 聖人之敬天勤民이 其謹如是라 是以로 術不違天而政不失時也라

朔方은 북쪽의 거친 땅이다. 朔이라 이른 것은 朔이란 말이 소생한다는 것이니, 만물이 이에 이르면 죽었다가 다시 소생하는 것이 마치 달이 그믐이 되었다가 다시 초하루가 있는 것과 같다. 해의 운행이 이에 이르면 땅속으로 빠져서 삼라만상이 온통 어둡기 때문에 '幽都'라고 한 것이다. 在는 察(살핌)의 뜻이다. 朔易이란 바로 겨울철은 한 해의 농사일이 이미 끝나서 옛 것을 버리고 새 것으로 바뀌는 시기이니, 마땅히 改易해야 할 일을 의미한 것이다. 日短은 낮의 길이가 40刻인 것이다.

---

38 南訛·朔易 : 明代 袁仁은 "蔡傳에서 '南訛'를 《史記索隱》에는 '南爲'로 되어 있다.'고 하였는데, 《史記索隱》에는 현재 모두 '南譌'로 되어 있고 한군데도 '爲'로 된 데가 없다. 그 뜻을 말하면 '動'의 뜻을 가졌으니, 김매고 밭갈이하는 따위를 이른 것이다. '朔易'이란 新朔을 반포하여 舊朔을 바꾸는 것이다. 그런데 '訛'를 變化로 여기고 또 '朔'을 죽었다 다시 소생하는 것으로 여겼으니, 모두 견강부회한 것이다.〔蔡傳南訛 史記索隱作南爲 史記索隱現在皆作南譌 未嘗作爲也 論其義則動也 謂耘耕之類 朔易者 頒新朔以換舊朔也 以訛爲變化 又以朔爲死而復蘇 皆牽强〕"라고 하였다.(《尚書砭蔡編》)

39 日短 : 조선시대 李顯益은 "仲冬은 해가 비록 짧지만 또한 해의 그림자를 기록할 수 있는데, 유독 해의 그림자를 기록하는 일을 말하지 않은 것은 무엇 때문인가? 朱子는 '北方은 〈해의 그림자를 기록하는 일을〉 말하지 않은 것은 해가 없기 때문이다.'라고 하였는데, 北方이 어찌 해가 없는 곳이었던가? 아마도 이것은 이때에는 단지 그 일만 改易하고 해의 그림자를 헤아려서 일에 미치지는 않았기 때문에 말하지 않은 것이지, 해가 없어서 그런 것은 아닌 듯하다.〔仲冬 日雖短 亦可以識景 而獨不言識景何也 朱子謂北方不言者 無日故也 北方豈至於無日乎 恐此只以此時則但可改易其事而無測景而及於事者 故不言之 非以無日而然也〕"라고 하여 朱子의 잘못을 지적하였다.(《經書集說》〈書傳〉)

星昴는 별이 서방의 白虎 7宿 중의 昴宿에 자리잡은 것이니, 곧 동짓날 어두울 무렵에 나타나는 中星이다. 또한 正이라 말한 것은, 冬至는 陰이 極寒한 시점이니 子方이 正陰의 자리가 되기 때문이다. 隩는 집안을 의미하니, 기후가 추워지면 백성들이 집안에 모인다. 氄毛는 鳥獸가 부드러운 털과 가는 털이 나서 스스로 따뜻하게 하는 것이다.

이미 羲氏와 和氏에게 명하여 책력을 만들고 기구를 제작하게 하였고, 또한 방소와 시기를 나누어서 각각 그 실사를 징험하여 日月, 星辰의 운행도수와 절기 추산의 오차를 살피게 하였으니, 성인이 하늘을 공경하고 백성의 일을 노력함에 있어서 그 신중함이 이와 같았다. 이 때문에 관측하는 방법이 하늘을 어기지 않고 정사를 실행하는 것이 때를 잃지 않았다.

又按此冬至엔 日在虛하고 昏中昴어늘 今冬至엔 日在斗하고 昏中壁하니 中星不同者는 蓋天有三百六十五度四分度之一하고 歲有三百六十五日四分日之一이로되 天度는 四分之一而有餘하고 歲日은 四分之一而不足이라 故로 天度는 常平運而舒하고 日道는 常內轉而縮하니 天漸差而西하고 歲漸差而東이라 此歲差之由니 唐一行所謂歲差者是也라 古曆은 簡易하여 未立差法하고 但隨時占候修改하여 以與天合이라가 至東晉虞喜하여 始以天爲天하고 以歲爲歲하여 乃立差以追其變하니 約以五十年退一度라 何承天이 以爲太過라하여 乃倍其年이나 而又反不及이라가 至隋劉焯하여 取二家中數七十五年하니 爲近之라 然이나 亦未爲精密也라 因附著于此하노라

또 상고하건대, 여기 기록된 동지에는 해가 虛宿에 위치해 있고 어두울 무렵에 나타나는 中星은 昴宿에 자리잡았는데, 오늘날 동지에는 해가 斗宿에 위치해있고 어두울 무렵에 나타나는 中星은 壁宿에 자리잡았으니, 中星이 동일하지 않은 것은 하늘에는 365度와 4분의 1度가 있고, 해에는 365日과 4분의 1日이 있는데, 하늘의 度數는 4분의 1度가 남아돌고, 해의 日數는 4분의 1日이 부족하다. 그러므로 하늘의 도수는 항상 고르게 운행하여 펴지고, 해가 운행하는 궤도〔日道〕는 항상 안으로 회전하여 쭈그러지니, 하늘은 점점 차이가 나서 서쪽으로 가고, 해는 점점 차이가 나서 동쪽으로 간다. 이것이 歲差가 생기게 되는 이유이니, 唐나라 釋一行의 이른바 '歲差'란 것이 바로 이것이다.

옛날 책력은 간략해서 차이가 나는 법을 정립하지 않고, 다만 때에 따르고 기후를 점쳐 개정하여 하늘의 도수와 합하게 하였을 뿐이었다. 그러다가 東晉의 虞喜에

와서 비로소 하늘로 하늘의 도수를 삼고 해로 해의 도수를 삼아 歲次法을 정립하여 그 변함을 추적해서 고쳤으니, 대략 50년에 1度를 물렸다. 何承天은 너무 지나치다 하여 그 年數를 곱절(100년)로 하였으나 또 도리어 미치지 못하였는데, 隋나라 劉焯에 와서 이상 두 사람의 중간수인 75년을 취하니, 〈실제에〉 가까워졌다. 그러나 또한 정밀하지는 못하다. 그대로 여기에 덧붙여 드러낸다.

字義 在 : 살필 재 昴 : 별이름 묘 氄 : 솜털 용 蘇 : 소생할 소 耎 : 부드러울 연 毳 : 솜털 취
縮 : 쭈그러질 축 附 : 덧붙일 부

8. 帝曰 咨汝羲曁(기)和아 朞는 三百有六旬有六日이니 以閏月로(이라사) 定四時成歲⁴⁰라사(하여)⁴¹ 允釐(리)百工하여 庶績이 咸熙하리라

帝堯가 말씀하셨다. "아, 너희 羲氏와 和氏야! 1년은 366일이니, 윤달로써 四時를 정하고 해를 이루어야 진실로 百工(百官)을 다스려 여러 가지 공적이 다 넓혀질 것이다."

咨는 嗟也니 嗟嘆而告之也요 曁는 及也요 朞는 猶周也요 允은 信이요 釐는 治요 工은 官이요 庶는 衆이요 績은 功이요 咸은 皆요 熙는 廣也라 天體至圓⁴²하여 周圍 三百六十五度四分度之一이니 繞地左旋하여 常一日一周而過一度라 日麗(리)天而

---

40 以閏月 定四時成歲 : 《諺解》에 '以閏月이라사 定四時成歲하야'로 吐가 달린 것에 대하여 조선시대 宋時烈은 朴世采에게 묻기를 "'이라사'란 토는 經의 본뜻이 아니라고 생각하오. 소시에 尹鑴를 보고 이에 언급하면서 '로'토를 달고자 하였더니, 나의 견해를 옳다고 하였는데, 高見은 어떠하오? 가만히 생각하건대, 《諺解》는 註說의 '然後' 두 글자에 끌려서 이처럼 난삽한 句讀(吐)를 달았는데, 註의 뜻 또한 이와 같지 않음을 진정 모른 것이오. 대개 註의 경우는 經文의 말 이외의 뜻을 미루어 말했기 때문에 이와 같을 수 없는 것이오. 나의 소견이 이와 같으니, 정정해주기 바라오. '以閏月로 定四時成歲라사'의 이와 같은 구두(토)가 平順할 것 같소.〔諺解作月이라사 尋常以爲未安 妄論非經本意 少時見鑴說及 而欲作月로云 則以愚見爲是云 未知高見如何 竊謂諺解牽於註說然後二字 而爲此硬澁之句讀 誠不知註意亦不如此 蓋註則推說經文言外之意 故不得如是矣 愚見如是 伏乞訂示也 以閏月로 定四時成歲라사 如此句讀 似平順矣〕"라고 하니, 朴世采는 답하기를 "'以'자의 뜻으로 미루어보면 또한 '로'토를 다는 것이 옳을 듯합니다. 아울러 成歲의 아래에도 '라사'토를 달면 의심이 없을 것 같습니다.〔以以字之義推之 亦恐作者爲是 幷成歲下라사 似無可疑矣〕"라고 하였다.《經書集說》〈書傳〉

41 로·라사 : 宋時烈과 朴世采의 吐가 官吐보다 낫기 때문에 이들 吐로 바꾸어서 번역하였다.

42 天體至圓 : 袁仁은 "'朞三百有六旬有六日'에 대하여 蔡註에서 '天體는 지극히 둥글다.'라는 한 문단은 모두 宋나라 때의 曆法에 의거해 말한 것이니, 堯임금의 시대에는 그렇지 않았고, 지금 시대에도 그렇지 않다.〔期三百有六旬有六日 蔡註天體至圓一段 皆據宋時曆法言之 堯時不然 今時亦不然〕"라고 지적하였다.《尙書砭蔡編》

少遲라 故로 日行은 一日亦繞地一周하되 而在天에 爲不及一度라 積三百六十五日九百四十分日之二百三十五而與天會하니 是一歲日行之數也라 月은 麗(리)天而尤遲하여 一日에 常不及天十三度十九分度之七이니 積二十九日九百四十分日之四百九十九而與日會라 十二會면 得全日三百四十八이요 餘分之積이 又五千九百八十八이니 如日法九百四十[43]하면 而一得六하고 不盡이 三百四十八이라 通計得日이 三百五十四九百四十分日之三百四十八이니 是一歲月行之數也라 歲有十二月하고 月有三十日하니 三百六十者를 一歲之常數也라 故로 日與天會而多五日九百四十分日之二百三十五者를 爲氣盈이요 月與日會而少五日九百四十分日之五百九十二者는 爲朔虛니 合氣盈朔虛而閏生焉이라 故로 一歲閏率(율)은 則十日九百四十分日之八百二十七이니 三歲一閏이면 則三十二日九百四十分日之六百單一이요 五歲再閏이면 則五十四日九百四十分日之三百七十五요 十有九歲七閏이면 則氣朔分齊하니 是爲一章[44]也라 故로 三年而不置閏이면 則春之一月이 入于夏而時漸不定矣요 子之一月이 入于丑而歲漸不成矣라 積之之久에 至於三失閏이면 則春皆入夏하여 而時全不定矣요 十二失閏이면 子皆入丑하여 歲全不成矣라 其名實乖戾하고 寒暑反易하여 農桑庶務 皆失其時라 故로 必以此餘日로 置閏月於其間然後에야 四時不差而歲功得成이니 以此로 信治百官而衆功이 皆廣也라

咨는 嗟(감탄)의 뜻이니, 감탄하고서 고하는 것이다. 曁는 及(및)의 뜻이요, 朞는 周(돐)의 뜻이요, 允은 信의 뜻이요, 釐는 治의 뜻이요, 工은 官의 뜻이요, 庶는 衆의 뜻이요, 績은 功의 뜻이요, 咸은 皆의 뜻이요, 熙는 廣의 뜻이다.

天體는 지극히 둥글어서 둘레가 365도와 4분의 1도이다. 땅을 감싸고 왼쪽으로 돌아 항상 하루에 한 바퀴를 도는데 1도를 더 지나간다. 해는 하늘에 걸려 있으면서 운행하는 것이 이보다 조금 느리다. 그러므로 해의 운행은 하루에 또한 땅을 감싸고 한 바퀴 도는데 하늘보다 1도를 못간다. 365일과 940분의 235일을 축적한 끝에 하늘과 만나니, 이것이 1년 동안 해가 운행하는 숫자다. 달은 하늘에 걸려 있으

---

43 日法九百四十 : 日法은 日數를 셈하는 法이고, 940은 分母이다. 하늘이 해와 함께 운행하여 하루가 지나면 하늘이 해보다 조금 앞서게 되는데 그 차이를 1度라고 한다. 운행에 있어서는 '度'라고 하고, 역법에 있어서는 '日'이라고 하는데, 1도와 1일의 분모는 940으로 잡고 있다.

44 一章 :《周體算經》에 의하면 옛날 曆法은 19년을 '一章'으로 쳤으니, 그것은 19년에 윤달의 남은 것이 다하기 때문이다.

면서 운행하는 것이 더욱 느려서 하루에 항상 하늘보다 13도와 19분의 7도를 못가니, 29일과 940분의 499일을 축적한 끝에 해와 만난다. 열두 번 만나면 온전한 날을 얻은 것이 348일이고, 여분이 쌓인 것이 또 5,988이니, 日法처럼 940으로 계산하면 한 번에 6일을 얻고 나누어지지 않고 남는 수가 348이다. 얻은 날을 통틀어서 계산하면 354일과 940분의 348일이 되니, 이것이 1년 동안 달이 운행하는 숫자다.

　해에는 12개월이 있고 달에는 30일이 있으니, 360은 1년의 常數이다. 그러므로 해가 하늘과 만남에 5일과 940분의 235일이 더 많은데 이것을 '氣盈'이라 하고, 달이 해와 만남에 5일과 940분의 592일이 적은데 이것을 '朔虛'라 하니, 氣盈과 朔虛를 합쳐서 윤달이 생긴다. 그러므로 1년에 윤달의 비율은 10일과 940분의 827일이 되니, 3년에 한 번 윤달을 넣으면 32일과 940분의 601일이 되고, 5년에 두 번 윤달을 넣으면 54일과 940분의 375일이 되며, 19년에 일곱 번 윤달을 넣으면 氣盈과 朔虛의 分限이 고르게 되니, 이것이 1章(19년)이 되는 것이다.

　그러므로 3년에 윤달을 넣지 않으면 봄의 한 달이 여름으로 들어가서 철이 점점 정해지지 못하고, 子月(11월) 한 달이 丑月(12월)로 들어가서 해가 점점 이루어지지 못한다. 이렇게 쌓인 것이 오래됨에 세 번 윤달을 잃으면 봄이 다 여름으로 들어가서 철이 전혀 정해지지 못하고, 열두 번 윤달을 잃으면 子月이 모두 丑月로 들어가서 해가 전혀 이루어지지 못한다. 이렇게 되면 그 名과 實이 괴리되고 추위와 더위가 뒤집어져서 農桑의 모든 일이 다 제때를 잃는다. 그러므로 반드시 남는 날을 가지고 윤달을 그 사이에 둔 뒤에야 四時가 어그러지지 않고 歲功이 이루어지니, 이로써 진실로 백관을 다스려서 모든 공적이 다 넓혀지게 되는 것이다.

字義 咨 : 감탄할 자, 탄식할 자　曁 : 및 기　朞 : 돌 기, 1년 기　釐 : 다스릴 리　績 : 공 적
熙 : 넓을 희　麗 : 걸릴 리　乖 : 어그러질 괴　戾 : 어그러질 려　桑 : 뽕나무 상　置 : 둘 치

9. 帝曰 疇咨若時하여 登庸[45]고 放齊曰 胤子朱[46]啓明하니이다 帝曰 吁라 嚚訟이어니 可乎아

　帝堯가 말씀하기를 "누가 天時를 따라 〈나라를 다스릴 사람을〉 방문해서 등용시키겠는가?" 하니, 放齊가 말하기를 "맏아들인 朱가 천성이 트여 명철합니다." 하

45　疇咨若時 登庸 : 孔傳은 "누가 능히 모든 공적을 넓혀서 이 일을 순조롭게 잘 해낼 사람인고. 장차 등용하리라.〔誰能咸熙庶績 順是事者 將登用之〕"라고 풀이하였다.

46　胤子朱 : 孔傳은 '胤'은 나라, '子'는 벼슬, '朱'는 이름으로 보았다.

자, 帝堯가 말씀하기를 "아! 〈안 된다.〉忠信하지 못하고 쟁송이나 하는데, 되겠는가."라고 하셨다.

此下至鯀績用弗成은 皆爲禪舜張本也라 疇는 誰요 咨는 訪問也라 若은 順이요 庸은 用也라 堯言 誰爲我訪問能順時爲治之人하여 而登用之乎아하시니라 放齊는 臣名이요 胤은 嗣也니 胤子朱는 堯之嗣子丹朱也라 啓는 開也니 言其性開明하여 可登用也라 吁者는 歎其不然之辭라 嚚은 謂口不道忠信之言이요 訟은 爭辯也라 朱蓋以其開明之才로 用之於不善이라 故로 嚚訟하니 禹所謂傲虐[47]이 是也라 此見堯之至公至明하여 深知其子之惡하여 而不以一人病天下也라 或曰 胤은 國이요 子는 爵이니 堯時諸侯也라 夏書에 有胤侯하고 周書에 有胤之舞衣라하니 今亦未見其必不然일새 姑存於此云이라

여기서부터 "鯀이 〈9년이나 물을 다스리는 일을 하였으되〉공적이 이루어지지 못하였다."라는 구절에 이르기까지는 모두 舜에게 禪讓하게 된 張本(원인)이다.

疇는 誰의 뜻이요, 咨는 訪問의 뜻이다. 若은 順(따름)의 뜻이요, 庸은 用의 뜻이다. 帝堯가 말씀하기를 "누가 나를 위하여 天時를 따라 나라를 다스릴 사람을 두루 물어서 등용시키겠는가?"라고 한 것이다. 放齊는 신하의 이름이다. 胤은 嗣의 뜻이니, 胤子 朱는 堯임금의 맏아들인 丹朱다. 啓는 開의 뜻이니, 그 천성이 트여 명철하므로 등용할 만함을 말한 것이다. 吁는 그렇지 못함을 탄식하는 말이다. 嚚은 입으로 忠信의 말을 하지 않음을 이르고, 訟은 爭辯의 뜻이다. 丹朱가 아마도 그 명철한 재주를 不善한 일에 썼기 때문에 말이 忠信하지 못하고 爭辯이나 한 것이니, 禹가 이른바 "오만함과 포학함"이란 것이 바로 이것이다.

이는 堯임금이 지극히 공정하고 지극히 명확하여 그 아들의 惡을 깊이 파악하여 한 사람으로써 천하를 병들게 하지 않았음을 볼 수 있다. 혹자(孔安國)는 말하기를 "胤은 나라 이름이고 子는 벼슬 이름이니, 堯임금 때의 제후다. 〈夏書 胤征〉에 胤侯가 있고 〈周書 顧命〉에 胤나라에서 만든 舞衣가 있었다."라고 하니, 지금 또한 반드시 그렇지 않다고 보장할 수 없으므로 우선 여기에 혹자의 말을 적어둔다.

字義 疇:누구 주 咨:물을 자 若:따를 약 庸:쓸 용 胤:맏 윤 吁:탄식할 우
嚚:말 신실하지 못할 은 訟:입씨름할 송 鯀:이름 곤 禪:선양할 선 傲:거만할 오
爵:벼슬 작 姑:우선 고 存:둘 존

---

47 傲虐:〈虞書 益稷〉에 "오만함과 포학함을 행하며(傲虐是作)"라고 보인다.

10. 帝曰 疇咨若予釆오 驩兜(도)曰 都라 共工이 方鳩僝(잔)功하나니이다 帝曰 吁라
靜言庸違하고 象恭滔天[48]하니라

帝堯가 말씀하기를 "누가 나의 일을 〈잘 다스릴 사람을〉 자문하여 〈등용시키겠
는가?〉"라고 하시니, 驩兜가 말하기를 "아! 共工이 또한 일들이 모아져서 그 성과
를 나타내고 있습니다."라고 하자, 帝堯가 말씀하기를 "안 된다. 조용히 있을 때에
는 말을 잘하지만 등용하면 일을 사뭇 틀리게 하고, 용모는 공손한 체하지만 마음
은 그렇지 않다."라고 하셨다.

釆는 事也라 都는 歎美之辭也라 驩兜는 臣名이요 共工은 官名이니 蓋古之世官族也라
方은 且요 鳩는 聚요 僝은 見(현)也니 言共工方且鳩聚而見其功也라 靜言庸違者는
靜則能言이나 用則違背也라 象恭은 貌恭而心不然也라 滔天二字는 未詳이라 與下
文相似하니 疑有舛誤라 上章은 言順時하고 此言順事하니 職任大小를 可見이라

釆는 事(일)의 뜻이다. 都는 歎美하는 말이다. 驩兜는 신하의 이름이고 共工은 벼
슬 이름이니, 아마도 옛날부터 대대로 벼슬한 집안인 듯하다. 方은 且(또)의 뜻이요,
鳩는 聚의 뜻이요, 僝은 見(나타내다)의 뜻이니, 共工이 또한 일들이 모아져서 성과
를 나타내고 있음을 말한 것이다. 靜言庸違는 조용히 있을 때(등용되기 전)에는 말을
잘하지만 등용하면 일을 사뭇 틀리게 하는 것이고, 象恭은 용모는 공손하지만 마음
은 그렇지 않은 것이다. 滔天 두 글자는 미상이다. 아랫글에 〈浩浩滔天의 滔天과〉
서로 같으니, 의심하건대 잘못된 점이 있는 듯하다.

윗章에서는 天時를 따르는 것을 말하였고 여기서는 일을 잘 다스리는 것을 말하
였으니, 職任의 크고 작음을 볼 수 있다.

字義 釆 : 일 채   驩 : 기쁠 환   兜 : 투구 도   都 : 탄미할 도   鳩 : 모을 구, 모일 구   僝 : 볼 잔
滔 : 물 흐를 도   舛 : 어그러질 천

11. 帝曰 咨라 四岳아 湯湯(상상)洪水[49] 方割하여 蕩蕩懷山襄陵하여 浩浩滔天일새
下民其咨하나니 有能이어든 俾乂호리라 僉曰 於(오)라 鯀哉니이다 帝曰 吁라 咈(불)
哉라 方命하며 圮(비)族[50]하나니라 岳曰 异(이)[51]哉나 試可요 乃已[52]니이다 帝曰 往欽
哉하라하시니 九載에 績用이 弗成하니라

---

48 滔天 : 孔傳은 "마음은 오만함이 하늘을 능가하는 듯하였다.〔心傲狠若漫天〕"라고 풀이하였다.

帝堯가 말씀하기를 "아, 四岳아! 넘실대는 홍수가 바야흐로 해를 끼쳐, 넘쳐 흘러 산을 품고 언덕을 올라타 질펀한 물이 하늘에 닿을 듯이 출렁거리므로 下民들이 이를 탄식하고 있으니, 책임을 맡을 만한 사람이 있거든 〈물을〉 다스리게 하리라." 하시자, 여러 신하들이 말하기를 "아! 〈물을 다스릴 만한 사람은〉 鯀입니다." 하였다. 帝堯가 말씀하기를 "안 된다. 절대로 안 된다. 명령을 어기며 善類를 무너뜨릴 것이다." 하시니, 四岳이 말하기를 "쓰지 않더라도 일단 시험해보아 〈쓸 만하면 쓰고 그만둘 만하면〉 이에 그만두게 해야 할 것입니다."라고 하자, 帝堯가 "〈그림〉 가서 〈일을〉 신중하게 수행하도록 하라."

試鯀治水圖

고 하셨는데, 〈鯀이〉 9년이나 〈물을 다스리는 일을 하였으되〉 공적이 이루어지지 못하였다.

---

49 洪水 : 조선시대 尹鑴는 "洪水는 바로 大河(黃河)다. 後人들도 大河를 洪河라고 불렀다. 堯임금의 시대에 河道가 닦여지지 못하여 범람한 것이 걱정거리였으니, 마치 후세에 河水가 터지는 현상과 같았던 것이다.〔洪水大河也 後人亦謂大河曰洪河 當堯之時 河道未治 汎濫爲患 猶後世之河決也〕"라고 하였다.《讀書記》〈讀尙書〉

50 咈(불)哉 方命圮(비)族 : 孔傳은 '咈'을 戾의 뜻으로 보아 "鯀의 성품이 狠戾했다.〔鯀性很戾〕"라고 풀이하고, '方命圮族'은 "이 方名(方直한 명예)을 좋아하고 명하여 일을 행하면 문득 善類를 毀敗한다.〔好此方名 命而行事 輒毀敗善類〕"라고 풀이하였는데, 孔疏는 이에 대하여 "鯀의 성품이 狠戾하여 대부분 대중과 乖異하고 이 方直한 명예를 좋아하여 속에 姦回한 뜻을 품으며, 명하여 일을 행하면 문득 善類를 毀敗함을 말한 것이다.〔言鯀性狠戾 多乖異衆人 好此方直之名 內懷姦回之志 命而行事 輒毀敗善類〕"라고 부연 설명하였다.

51 俞(이) : 尹鑴는 "字書에 俞는 擧의 뜻이니, 신하들이 이미 모두 그의 재주를 천거하였은즉, 일단 그 재주의 능력을 시험해볼 뿐임을 말한 것이다.〔字書俞擧也 言群臣旣皆擧其才 可試其才之所能而已〕"라고 하였다.《讀書記》〈讀尙書〉

52 試可 乃已 : 조선시대 洪奭周는 "'試可 乃已'는 그 가부를 시험해서 불가한 뒤에 그만둠을 말한

四岳은 官名이니 一人而總四岳諸侯之事也[53]라 湯湯은 水盛貌요 洪은 大也라 孟子
曰 水逆行을 謂之洚水니 洚水者는 洪水也[54]라하시니라 蓋水涌出而未洩이라 故로 汎
濫而逆流也라 割은 害也요 蕩蕩은 廣貌요 懷는 包其四面也요 襄은 駕出其上也라
大阜曰陵이요 浩浩는 大貌요 滔는 漫也니 極言其大하여 勢若漫天也라 俾는 使요 乂는
治也니 言有能任此責者면 使之治水也라 僉은 衆共之辭니 四岳與其所領諸侯之
在朝者가 同辭而對也라 於는 歎美辭요 鯀은 崇伯名이니 歎其美而薦之也라

四岳은 벼슬 이름인데 한 사람으로서 四岳(四方) 제후의 일을 총괄하였다. 湯湯
은 물이 넘쳐흐르는 모양이고, 洪은 大의 뜻이다. 孟子가 말씀하기를 "물이 역행함
을 '洚水'라 이르니, 洚水라는 것은 洪水다."라고 하였으니, 물이 용솟음쳐서 미처
빠져나가지 못하기 때문에 범람하여 역류한 것이다. 割은 害의 뜻이요, 蕩蕩은 넓
은 모양이다. 懷는 사면을 에워싼 상태요, 襄은 높이 그 위로 넘쳐흐르는 상태다.
큰 언덕을 '陵'이라 하며, 浩浩는 광대한 모양을 나타내고 滔는 출렁거리는 것을 뜻
하니, 물의 광대함을 극대화해서 말하여 '형세가 마치 하늘에 닿을 듯이 출렁거리는
것과 같다.'고 한 것이다. 俾는 使(하여금)의 뜻이요, 乂는 治의 뜻이니, 능히 이 책임
을 맡을 자가 있으면 그로 하여금 물을 다스리게 하고 싶음을 말한 것이다. 僉은 여
럿이 함께 한다는 말이니, 四岳과 그가 거느리는 제후로서 조정에 있는 자들이 함
께 말하여 대답한 것이다. 於는 탄미하는 말이고, 鯀은 崇伯의 이름이니, 그 아름다
운 점을 감탄하며 천거한 것이다.

咈者는 甚不然之之辭요 方命者는 逆命而不行也라 王氏曰 圓則行하고 方則
止[55]하니 方命은 猶今言廢閣詔令也라하니라 蓋鯀之爲人이 悖戾自用하여 不從上令

것이다. 朱子가 '시험해보아서 쓸 만하면 쓰고 또한 그만둘 만하면 그만두는 것이다.'라고 하였으
니, 文勢가 참으로 明順한데, 蔡傳은 굳이 '우선 시험 삼아 그를 써봐 물을 다스릴 수 있는 재능
만을 취할 뿐이다.'라고 하였으니, 그 뜻이 분명하지 못한 것 같다.〔試可乃已 言試其可否 不可而後
乃止也 朱子曰 試而可則用之 亦可已而已之也 文勢固明順 而蔡傳曰 姑試用之 取其可以治水而已 其義似未
瑩〕"라고 하였다.《尚書補傳》

53 四岳官名 一人而總四岳諸侯之事也 : 袁仁은 "'僉曰鯀哉'로 볼 때 四岳은 한 사람이 아니라는 것
을 알 수 있다. 宋代 孔平仲이 '四岳은 한 사람이니, 사방의 일을 맡음을 이른다.'고 하였는데, 蔡
傳은 이로 인하여 오류를 범한 것이다.〔僉曰鯀哉 其非一人可知 孔平仲乃謂四岳爲一人 掌知四方之事
而蔡傳因之謬矣〕"라고 하였다.《尚書砭蔡編》 孔疏는 四岳 중에 한 사람으로, 朱子는 '四岳' 자체
를 한 사람으로 보았다.

54 孟子曰……洪水也 :《孟子》〈告子 下〉에 보인다.

55 圓則行 方則止 : 袁仁은 "'方命圮族'의 方자는 옛적의 放자니, 대개 두 글자는 통용한다.《三國

也라 圮는 敗요 族은 類也라 言與衆不和하여 傷人害物이라 鯀之不可用者는 以此
也라 楚辭에 言鯀悻直이라하니 是其方命圮族之證也라 岳曰은 四岳之獨言也라
咈는 義未詳이니 疑是已廢而復强擧之之意라 試可乃已者는 蓋廷臣에 未有能於
鯀者니 不若姑試用之하여 取其可以治水而已라 言無預他事하니 不必求其備也라
堯於是遣之하여 往治水而戒以欽哉하니 蓋任大事면 不可以不敬일새라 聖人之戒는
辭約而意盡也라 載는 年也니 九載三考하여 功用不成이라 故로 黜之하니라

　咈이란 것은 매우 옳지 않게 여기는 말이다. 方命은 명을 어기고 행하지 않는 것
이다. 王氏가 말하기를 “둥글면 굴러가고 모나면 그치니, 方命은 지금 ‘詔令을 폐
기한다.’는 말과 같다.”라고 하였다. 아마 鯀의 사람 됨됨이가 고집이 세고 우악하
여 제멋대로 행동하고 윗사람의 명령을 따르지 않았던 모양이다. 圮는 敗(무너뜨
림)의 뜻이요 族은 類(족류)의 뜻이다. 여러 사람들과 화합하지 못하여 사람을 상해
하고 사물을 해침을 말한 것이니, 鯀을 등용할 수 없음은 이 때문이다. 《楚辭》에서
“鯀이 悻直했다.”라고 말하였으니, 이것이 윗사람의 명령을 어기고 여러 사람과
화합하지 못한 증거다. 岳曰은 四岳이 단독으로 말한 것이다. 咈는 뜻을 자세히
알 수 없지만, 의심하건대 이미 폐하였다가 다시 억지로 그를 천거한다는 뜻인 듯
하다. 試可乃已는 아마 조정 신하들 중에 鯀보다 유능한 자가 없으니, 우선 시험
삼아 그를 써봐서 물을 다스릴 수 있는 재능을 취하는 것만 못하다는 것으로, 곧
다른 일은 상관없으니 〈그에게 모든 재능이〉 구비되기를 구할 필요가 없음을 말한
것이다.

　帝堯가 이에 鯀을 보내어 가서 물을 다스리게 하면서 신중하라고 경계하였으니,
대개 큰일을 맡으면 신중하지 않을 수 없기 때문이다. 聖人의 경계는 말이 간략하
면서도 뜻이 극진하였다. 載는 年의 뜻이니, 9년 동안 세 번 성적을 고과하여 공적
이 이루어지지 못하였기 때문에 결국은 그를 축출한 것이다.

字義 咨:탄식할 자　湯:물세차게흐를 상　襄:오를 양　俾:하여금 비　乂:다스릴 예
咈:안될 불　方:어길 방　圮:그르칠 비, 무너질 비　類:그만둘 이　載:해 재
績:공적　洚:넘쳐흐를 홍　涌:물이 용솟음칠 용　洩:샐 설　閣:폐기할 각

────────────

　志》〈蜀志〉와 《晉書》에서 인용한 《古文尙書》에는 모두 ‘放命圮族’으로 되어 있으니, 鄭康成(鄭
玄)이 ‘임금의 명령을 放棄함을 이른다.’는 것이 이것이다. 그런데 지금 ‘둥글면 굴러가고 모나면
그친다.’고 하였으니, 너무 천착한 것 같다.〔方命圮族 方字古放字 蓋二字通用者 蜀志晉書引古文尙書
並作放命圮族 鄭康成謂放棄君命是矣 今云圓則行方則止 恐太穿鑿〕”라고 하였다.(《尙書砭蔡編》)

12. 帝曰 咨四岳⁵⁶아 朕이 在位七十載니 汝能庸命하나니 巽朕位인저 岳曰 否德이라 忝帝位하리이다 曰 明明하며 揚側陋하라 師錫帝曰 有鰥이 在下하니 曰虞舜이니이다 帝曰 俞라 予聞하니 如何오 岳曰 瞽子니 父頑하고 母嚚하며 象傲어늘 克諧以 孝^①하고(하여) 烝烝乂하여 不格姦하니이다 帝曰 我其試哉인저 女于時하여 觀厥 刑于二女하리라하시고 釐降二女⁵⁷于嬀汭하사 嬪于虞⁵⁸하시고 帝曰 欽哉⁵⁹하라하시다

> ① 書經 克諧以孝 : 능히 화합하되 효성으로써 하고
> 一般 克以孝諧 : 능히 효성으로써 화합하고

    帝堯가 말씀하기를 "아, 四岳아! 朕이 재위한 지 70년인데 네가 나의 명을 받들어 일을 잘하니, 朕의 자리를 물려주겠노라."고 하셨다. 四岳이 말하기를 "저는 덕이 없어서 제왕의 자리를 욕되게 할까 두렵습니다."라고 하니, 帝堯가 말씀하기를 "이미 貴顯한 자리에 있는 자를 밝게 드러내며, 아직 미천한 신분에 있는 자도 천거하라."고 하셨다. 여러 신하들이 帝堯에게 말씀드리기를 〈장가도 안 간〉 홀아비가 민간에 있사온데 虞舜이란 사람입니다."라고 하였다. 帝堯가 말씀하기를 "옳거니. 나도 들었지만, 과연 어떤 사람인가?"라고 하자, 四岳이 말하기를 "장님의 아들인데 아비는 미련하고 어미는 사나우며 이복동생인 象은 교만한데도 능히 효성으로써 화합하고 성심으로 점점 감화시켜 간악한 데에 이르지 않게 하였습니다."라고

---

56 四岳 : 孔疏는 "너희 四岳 중에 나의 명을 잘 쓰는 자가 있거든(汝等四岳之內 有能用我之命)"이라 하고, 蔡傳은 11章의 '四岳'에 대한 註解에서 "'四岳'은 官名인데, 한 사람이 四岳 諸侯의 일을 총괄한다.(四岳官名 一人而總四岳諸侯之事也)"라고 하여, 孔疏는 四岳 중에 한 사람으로, 蔡傳은 '四岳' 자체를 한 사람으로 보았는데, 洪奭周는 "先儒들은 모두 '四岳'을 네 사람으로 여겼으나, 朱子는 '四岳·九官·十二牧이 총 22人이다.'라고 하였으니, '四岳'은 한 사람이다. 堯임금이 '四岳'에게 遜位하고자 하면서 어떻게 장차 천하를 네 사람에게 줄 수 있겠는가. 대저 四岳이 한 사람이란 것이 또한 분명하다. 그런데 蔡傳은 이미 朱子를 따르면서 유독 '日觀四岳'을 가지고 四方의 諸侯로 여겼다.(先儒皆以四岳爲四人 朱子曰 四岳九官十二牧 爲二十有二人 則 四岳爲一人矣 堯欲遜位於四岳 豈將以天下與四人耶 夫四岳之爲一人也 亦明矣 蔡傳旣從朱子 而獨而日觀四岳 爲四方之諸侯)"라고 하였다.(《尙書補傳》) 洪奭周는 〈舜典〉의 '日觀四岳'에 대한 蔡傳의 '四岳은 사방의 제후들이다.(四岳 四方之諸侯)'란 것을 지적한 것인데, 洪奭周는 아마 〈堯典〉의 '四岳'은 중앙에서 四岳 諸侯들의 사무를 총괄하는 관명이고, 〈舜典〉의 '四岳'은 바로 사방의 諸侯들이란 것을 모르고 한 말인 듯하다.

57 釐降二女 : 孔傳은 "舜이 匹夫로서 능히 의리를 가지고 帝女의 마음을(콧대를) 꺾어 내리는 것(舜爲匹夫 能以義理 下帝女之心)"으로, 蔡傳은 "치장을 해서 시집보낸 것"으로 풀이하였다.

하였다. 帝堯가 말씀하기를 "내가 그를 시험해보리라. 그에게 딸을 시집보내어, 두 딸을 통하여 그의 법도를 살펴보리라." 하고, 두 딸을 치장하여 嬀水의 북쪽에 시집보내 虞舜의 아내가 되게 하셨다. 그리고 帝堯는 〈딸들에게〉 "공경하도록 하라." 고 하였다.

朕은 古人自稱之通號니라 吳氏曰 巽과 遜은 古通用이니 言汝四岳이 能用我之命일새 而可遜以此位乎[60]인저하니라 蓋丹朱旣不肖하고 群臣이 又多不稱이라 故로 欲擧以授人而先之四岳也라 否와 不은 通이요 忝은 辱也라 明明은 上明은 謂明顯

---

58 釐降二女于汭 嬪于虞 : 明代 王夫之는 "蔡註에서 '물의 북쪽을 「汭」라 한다.'는 《爾雅》의 글을 인용하였는데, 지금 《爾雅》를 살펴보면 이와 같은 글이 없다.……蔡氏는 또한 '嬀水가 河東 歷山에서 나와서 바다로 들어간다.'고 하였는데, 嬀水와 汭水는 바다와의 거리가 수천 리나 되어서 黃河를 거쳐 바다로 가다가 결국은 바다에 들어가지 못한다는 사실을 알지 못하였던 것이다. 蔡氏는 東南 지방에서 생장하여 그것을 직접 보지 못하였고, 게다가 유심히 살피지도 않았으니, 이와 같은 추솔한 점이 있었던 것이다. '두 딸을 치장하여 嬀水의 북쪽으로 시집보내 虞舜의 아내가 되게 하였다.'는 것은 문장에 있어서 중복된 듯한데, 〈堯典〉의 문장이 극히 간결한 것을 감안하면 응당 이와 같은 군더더기 문구를 구성하지 않았을 것이다. 孔傳에서 '舜이 義禮를 가지고 두 딸의 마음을 겸손하게 낮추었다.(꺾었다)'고 하였으니, 해석이 너무도 거리가 멀다.……堯임금은 嬀水와 汭水의 지역을 두 딸의 食邑으로 삼아 거기에 봉해져 있게 하였다가 그들이 시집가서 嬪이 되었으니, 舜의 처소에 있을 때 다시 先代 虞幕의 舊邑인 平陸의 虞城에 봉한 것으로 보면 여기서 말한 降于와 嬪于는 詞意가 각각 분별되어 군더더기의 혐의를 면할 수 있을 것이다.〔蔡註 引爾雅曰 水北曰汭 今按爾雅並無此文……蔡氏亦云 嬀水出河東歷山入海 不知嬀汭去海且數千里 由河達海 而非竟入于海 蔡氏生長東南 目所未見 更不留心參考 其鹵莽乃有如此者 于此釐降二女于嬀汭 嬪于虞 于文似複 堯典文極嚴簡 不當作此贅句 孔傳謂舜以義禮下二女之心 解殊迂謬……堯以嬀汭二水之地 爲二女食邑 使卽封于彼 而其歸而爲嬪 則在舜所復封先代虞幕之舊邑 平陸之虞城也 則所言降于嬪于 詞意各別 不嫌贅矣〕"라고 하였다.《尙書稗疏》

59 女于時……欽哉 : 孔傳은 "堯임금은 이에 두 딸을 舜에게 아내로 삼아주어 法度로 두 딸을 접하는 것을 살펴보고, 가정을 다스리는 것을 가지고 나라를 다스릴 수 있는지를 살펴보았다. 舜은 匹夫의 신분을 가졌기 때문에 능히 義理로써 帝女의 마음을 거주하는 嬀水 가에서 겸손하게 낮추어 虞氏에게 부인의 도리를 행하게 하였다. 舜이 능히 몸을 닦고 공경을 행하여 사람들을 편안하게 하니 그 유능한 바가 큼을 흠탄하였다.〔堯於是 以二女妻舜 觀其法度接二女 以治家 觀治國 舜爲匹夫 能以義理 下帝女之心於所居嬀水之汭 使行婦道於虞氏 歎舜能脩己行敬以安人 則其所能者大矣〕"라고 풀이하였다.

60 汝四岳……而可遜以此位乎 : '乎'를 '哉'의 뜻으로 보면 될 것인데, 조선시대 朴世堂(1629~1703)은 굳이 묻는 품사로 보아 "蔡傳에서 '汝能用我之命 而可遜以此位乎'라고 말하였는데, 그런 뜻이 아닌 듯하다. 이는 아마 四岳이 평소에 명령을 잘 이행했기 때문에 왕위를 물려주려고 했던 것이고, 四岳의 의중을 탐문해서 그 가부를 보려고 했던 것은 아니었으리라.〔傳言汝能用我之命 而可遜以此位乎 恐未然 此蓋以四岳平日能用命 故欲遜之以位也 非探四岳之意 欲見其可否也〕"라고 하였다.《思辨錄》〈尙書〉

之요 下明은 謂已在顯位者라 揚은 擧也요 側陋는 微賤之人也니 言惟德是擧요 不拘貴賤也라 師는 衆이요 錫은 與也니 四岳群臣諸侯 同辭以對也라 鰥은 無妻之名이라 虞는 氏요 舜은 名也[61]라 兪는 應許之辭라 予聞者는 我亦嘗聞是人也요 如何者는 復問其德之詳也요 岳曰은 四岳獨對也라 瞽는 無目之名이니 言舜乃瞽者之子也라 舜父號가 瞽叟라 心不則(칙)德義之經이 爲頑이라 母는 舜後母也요 象은 舜異母弟名이라 傲는 驕慢也라 諧는 和요 烝은 進也라 言舜不幸遭此로되 而能和以孝하여 使之進進以善自治하여 而不至於大爲姦惡也라 女는 以女與人也라 時는 是요 刑은 法也라 二女는 堯二女娥皇女英也라 此는 堯言其將試舜之意也니 (莊子)〔史記〕[62]所謂二女事之하여 以觀其內가 是也라 蓋夫婦之間隱微之際는 正始之道니 所繫尤重이라 故로 觀人者는 於此爲尤切也라 釐는 理요 降은 下也라 嬀는 水名으로 在今河中府河東縣하니 出歷山入河라 爾雅曰 水北曰汭라하니라 亦小水入大水之名이니 蓋兩水合流之內也라 故로 從水從內니 蓋舜所居之地라 嬪은 婦也요 虞는 舜氏也니 史言堯治裝下嫁二女于嬀水之北하여 使爲舜婦于虞氏之家也라 欽哉는 堯戒二女之辭니 卽禮所謂往之女(汝)家하여 必敬必戒[63]者라 況以天子之女로 嫁於匹夫하니 尤不可不深戒之也라

朕은 옛사람이 自稱하는 通稱이다. 吳氏는 말하기를 "巽과 遜을 옛날에는 통용하였으니, '너 四岳이 나의 명을 받들어 일을 잘하였으므로 이 자리를 물려주겠노라.'고 했음을 말한 것이다."라고 하였다. 아마 아들 丹朱는 이미 어질지 못하고 신하들 또한 帝位에 걸맞지 않은 자가 많으므로 천하를 들어 남에게 주려고 하면서 四岳에게 먼저 주어본 것이리라.

否와 不은 통하고, 忝은 辱의 뜻이다. 明明은 위에 있는 明자는 밝게 드러냄을 이르고, 아래에 있는 明자는 이미 貴顯한 자리에 있는 사람을 이른다. 揚은 擧(천거)의

---

61 舜 名也 : 조선시대 兪肅基(1696~1752)는 "堯·舜·禹는 시호가 아니고 바로 이름이다. 朱子가 '有鰥在下曰虞舜'을 끌어 증거를 댄 것이 매우 명백하다.〔堯舜禹非諡也 乃名也 朱子引有鰥在下曰虞舜 爲證甚明〕"라고 하였다.《兼山集》

62 (莊子)〔史記〕 : "二女事之 以觀其內"가《莊子》에는 없고,《史記》〈五帝本紀〉에 "以二女妻舜事 以觀其內"란 내용이 보인다. 그래서 '莊子'를 '史記'로 바로잡았다.

63 往之女(汝)家 必敬必戒 :《孟子》〈滕文公 下〉에 있는 내용인데, 출전을 '禮所謂'라고 한 것에 대하여 조선 말기의 朴文鎬는《壺山集》에서 "《孟子》〈滕文公〉에 보이는데 아마《儀禮》를 인용하면서 매만져 다듬었기 때문에 여기서 곧장《禮》로써 해당시킨 것이리라.〔見孟子滕文公蓋了 櫟栝儀禮而 故此直以禮當之〕" 하였다.

뜻이고 側陋는 미천한 사람을 가리키니, 오직 덕이 있는 사람만을 천거하고 귀천에 구애하지 않을 것임을 말한 것이다. 師는 衆(대중)의 뜻이요, 錫은 與(줌)의 뜻이니, 四岳과 群臣과 諸侯들이 이구동성으로 대답한 것이다. 鰥은 아내가 없는 사람을 이르는 명칭이다. 虞는 氏요, 舜은 이름이다. 兪는 따라 허락하는 말이다. 予聞은 '나도 일찍이 그 사람에 대해 들었다.'는 말이고, 如何는 그 사람의 德에 대한 상세한 내용을 다시 물은 것이다.

岳曰은 四岳이 단독으로 대답한 것이다. 瞽는 눈이 없는 것을 이르는 명칭이니, 舜이 바로 장님의 아들임을 말한 것이다. 舜의 아버지는 호가 瞽叟다. 마음이 德義의 經常을 본받지 않는 것이 '頑'이다. 母는 舜의 後母요, 象은 舜의 이복동생의 이름이다. 傲는 驕慢의 뜻이다. 諧는 和의 뜻이요, 烝은 進의 뜻이다. 舜이 불행히도 이러한 환경을 만났으나 능히 孝로써 화합하여 가족들로 하여금 점진적으로 善을 가지고 스스로 다스려서 크게 간악한 짓을 하는 데에 이르지 않게 하였음을 말한 것이다.

女는 딸을 남에게 주는 것이다. 時는 是의 뜻이요, 刑은 法의 뜻이다. 二女는 堯임금의 두 딸인 娥皇과 女英이다. 이는 堯임금이 장차 舜을 시험해보려는 뜻을 말한 것이니, 《史記》에 이른바 "두 딸을 舜에게 아내를 삼아주어 섬기게 해서 舜이 가정을 다스리는 역량을 관찰했다."는 것이 이것이다. 부부 사이의 은미(부부의 잠자리)한 즈음은 시초를 바르게 하는 길이니, 관계되는 바가 더욱 중요하다. 그러므로 사람을 관찰하는 자가 여기에서 더욱 절실하게 관찰해야 하는 것이다.

釐는 理(다스림)의 뜻이요, 降은 下(下嫁)의 뜻이다. 嬀는 물 이름으로 지금의 河中府 河東縣에 있는데, 歷山에서 흘러나와 黃河로 들어간다. 《爾雅》에 이르기를 "물의 북쪽을 '汭'라 한다."라고 하였다. 〈汭는〉 또한 小水가 大水로 들어가는 것을 이르는 명칭이니, 아마 두 물이 합류하는 안쪽일 것이다. 그러므로 물수 변에 內를 붙였는데, 舜이 거주하던 땅이다. 嬪은 婦(부인)의 뜻이요 虞는 舜의 氏니, 史官이 "堯임금이 두 딸을 치장하여 嬀水의 북쪽에 시집보내〔下嫁〕 두 딸로 하여금 虞氏의 집에서 舜의 아내가 되게 하였다."라고 말한 것이다. 欽哉는 堯임금이 두 딸을 경계한 말이니, 《禮》에 이른바 "네 집에 가서 반드시 공경하고 반드시 경계하라."는 바로 그것이다. 하물며 천자의 딸을 匹夫에게 시집보내는 처지인데, 더욱 깊이 경계하지 않을 수 없는 것이다.

字義 巽 : 사양할 손 朕 : 나 짐 忝 : 욕될 첨 錫 : 줄 석 鰥 : 홀아비 환 瞽 : 장님 고
頑 : 미련할 완 嚚 : 사나울 은 傲 : 거만할 오 諧 : 화할 해 烝 : 나아갈 증 格 : 이를 격

女:시집보낼 녀　時:이 시　刑:법도 형　釐:치장할 리　嬀:물 이름 규　汭:물가 예
嬪:부인 빈　叟:늙은이 수　則:법 칙　娥:계집 아

舜典

今文古文에 皆有로되 今文은 合于堯典하여 而無篇首二十八字라 ○唐孔氏曰 東晉
梅賾이 上孔傳에 闕舜典自乃命以位以上二十八字하니 世所不傳이라 多用王范之
註補之하고 而皆以愼徽五典以下로 爲舜典之初러니 至齊蕭鸞建武四年에 姚方興이
於大航頭[64]에 得孔氏傳古文舜典하여 乃上之[65]나 事未施行하고 而方興이 以罪致

---

64 姚方興 於大航頭:《隋書》〈經籍志〉에 "齊나라 建武 연간에 吳지방 姚興方이 大桁市에서 〈舜
典〉을 얻어 奏上하였는데, 馬融과 鄭玄이 注를 단 것에 비하면 28字가 많다.〔齊建武中 吳姚興方
於大桁市 得其書奏上 比馬鄭所注 多二十八字〕"라고 하였다. 明代 胡廣 등이 撰한 《書傳大全》에는
"姚方興은 吳興 사람이고, 大航頭는 建康의 地名이다."라고 하였고, 元代 陳師凱의 《書蔡氏傳
旁通》에는 "姚方興을 姚興으로 만들고 方자를 아랫글에 붙여서 읽으며, 또 '大航'을 大桁이라고
하였으니, 누가 옳은지 모르겠다.〔以姚方興爲姚興 以方字讀連下文 又以大航爲大桁 未知孰是〕"라고 하
였고, 明代 袁仁의 《尙書砭蔡編》에는 "또 조사해보니, '姚'는 바로 姚興이고 그 方자는 아래로
연해서 읽어야 하며, '大航'은 원래 大桁으로 되어 있는데, 그(蔡傳) 오류가 이와 같다.〔又查姚乃姚
興 方字連下讀 大航原作大桁 其謬誤如此〕"라고 하였다. 그러나 인명은 姚方興이 맞는 것 같고, 지명
은 大航頭로도, 大桁市로도 적었던 것 같다.

65 闕舜典自乃命以位以上二十八字……乃上之:陸德明이 〈舜典〉 밑에 注를 달기를 "孔氏傳에
〈舜典〉 1편이 없었으므로 이때 王肅의 注가 꽤 孔氏(孔安國)와 같기 때문에 王肅의 注를 취하여
'愼徽五典' 이하를 〈舜典〉으로 만들어서 孔傳에 이어 붙였다.〔孔氏傳亡舜典一篇 時以王肅注頗類孔
氏 故取王注 從愼徽五典以下爲舜典 以續孔傳〕"라고 하고, 또 이르기를 "'日若稽古帝舜曰重華協于
帝' 12字는 이 姚方興이 올린 孔氏傳에는 본래 없었다.〔若稽古帝舜曰重華協于帝十二字 是姚方興所
上 孔氏傳本無〕"라고 하였다.(《欽定四庫全書總目》)
　　淸代 王懋竑은 《白田雜著》에서 "《經典釋文》에 '齊나라 明帝 建武 연간에 吳興의 姚方興이 王
肅과 馬融의 經을 채취하여 孔傳의 〈舜典〉 1篇을 만들고서 「大航頭에서 買得하여 올린다.」고 했
다.……' 하였다. 이것으로 상고하면 姚方興本은 바로 王肅과 馬融의 注를 채취하여 孔傳을 위
조하고 아울러 28字를 더 보탠 것이다. 그러므로 陸氏(陸德明)는 그대로 王肅의 注를 이용하였
고, 그에 대한 변별이 매우 분명하였다. 그런데 《正義》에서는 곧 이 28字를 '愼徽五典'의 위에 더
보태고 姚方興이 위조한 孔傳을 사용하였는데, 後人들은 마침내 그것을 변별하지 않는다. 蔡傳
은 일체 《正義》를 따르고 《經典釋文》에서 말한 것은 전연 언급하지 않았다. 朱子는 大義에 관계
된 것이 아니라고 해서 미처 訂正하지 않았다. 그래서 지금까지 변별하는 자가 없다. 감히 《經典
釋文》을 인해 아울러 재론하여 後人의 考正을 기다린다.〔釋文云 齊明帝建武中 吳興姚方興 采王馬之
經 造孔傳舜典一篇云 於大航頭買得上之……按此則姚方興本 乃采王馬注 僞造孔傳 而並增此二十八字 故陸
氏音仍用王肅注 其辨甚分明 正義直加此二十八字於愼徽五典之上 而用方興僞造孔傳 後人遂不復能致辨矣
蔡傳一依正義 而於釋文所云 絶不之及 朱子以非大義所繫 不及訂正 至今未有辨之者 敢因釋文而並申之 以
俟後人之考正焉〕"라고 하였다. 28자는 '曰若稽古帝舜 曰重華協于帝 濬哲文明 溫恭允塞 玄德升

戮이라 至隋開皇初에 購求遺典하여 始得之라하니라 今按古文孔傳尙書컨대 有曰若稽
古以下二十八字라 伏生은 以舜典合於堯典하고 只以愼徽五典以上으로 接帝曰欽
哉之下하여 而無此二十八字하고 梅賾은 旣失孔傳舜典이라 故로 亦不知有此二十八
字나 而愼徽五典以下는 則固具於伏生之書라 故로 傳者用王范之註以補之라가 至
姚方興하여 乃得古文孔傳舜典하니 於是에 始知有此二十八字라 或者는 由此로 乃
謂古文舜典一篇이 皆盡亡失이러니 至是에 方全得之라하여 遂疑其僞하니 蓋過論也라

〈舜典〉은 《今文尙書》와 《古文尙書》에 다 들어 있되 《今文尙書》는 〈堯典〉에 합쳐
져 있고 편 머리의 28字가 없다.

○唐나라 孔氏(孔穎達)는 말하기를 "東晉의 梅賾이 올린 孔傳에 〈舜典〉의 '乃命
以位' 이상으로부터 28字가 빠져있으니 세상에 전해지지 않는 것이었다. 그래서 대
부분 王氏(王肅)와 范氏(范甯)의 注를 이용하여 보충하고, 모두 '愼徽五典' 이하를
〈舜典〉의 첫머리로 삼았었는데, 그 뒤 齊나라(南齊) 蕭鸞(明帝)의 建武 4년에 와서
姚方興이 大航頭에서 孔氏가 傳(注)을 단 《古文尙書》의 〈舜典〉을 얻어 올렸으나
일은 시행되지 못하고 姚方興은 죄를 받아 죽임을 당하였다. 그러다가 隋나라 開皇
초기에 와서 遺典을 구입하여 비로소 〈〈舜典〉을〉 얻었다."라고 하였다.

지금 古文 孔傳의 《尙書》를 살펴보면, '曰若稽古' 이하 28字가 있다. 伏生은 〈舜
典〉을 〈堯典〉에 합치고, 단지 '愼徽五典' 이상만을 '帝曰欽哉'의 아래에 접속하여서
이 28자가 없게 된 것이고, 梅賾은 이미 孔傳의 〈舜典〉을 잃었기 때문에 또한 이 28字
가 있음을 알지 못한 것이나 '愼徽五典' 이하는 본디 伏生의 책에 갖추어져 있었다.
그러므로 傳(注)을 다는 자가 王氏와 范氏의 注를 이용해서 보충하였다. 姚方興에
와서 비로소 古文 孔傳의 〈舜典〉을 얻게 되자, 이에 비로소 이 28字가 있었다는 것
을 알게 되었다. 혹자는 이로 말미암아 이에 '古文 〈舜典〉 한 편이 모두 다 없어졌
었는데, 이때에 와서 비로소 완전히 얻었다.' 하여 마침내 僞作이라고 의심을 하니,
이는 아마도 지나친 논리일 것이다.

字義 賾: 깊을 색   徽: 아름다울 휘   蕭: 쑥 소   鸞: 봉황새 란   姚: 성 요   航: 배 항   購: 살 구

1. 曰若稽古帝舜한대 曰重華協于帝하시니 濬哲文明하시며 溫恭允塞(색)[66]하사 玄德이

聞 乃命以位'를 가리킨다.

66 濬哲文明 溫恭允塞(색) : 孔傳은 "舜에게 깊은 지혜와 文明하고 溫恭한 德이 있어 〈그 영향이〉
    상하사방에 꽉 찼다.[舜有深智文明溫恭之德 信充塞上下]"라고 풀이하였다.

升聞하신대 乃命以位하시다

옛 帝舜을 상고하건대, 重華가 帝堯와 합하시니, 심오하면서 지혜롭고, 문리가 있으면서 광명하시며, 온화하면서 공경하고, 성신하면서 독실하시어 숨겨진 덕이 위에 알려졌거늘 〈堯임금이〉 職位를 가지고 임명하셨다.

帝舜圖

華는 光華也라 協은 合也라 帝는 謂堯也라 濬은 深이요 哲은 智也라 溫은 和粹也라 塞은 實也라 玄은 幽潛也라 升은 上也라 言堯旣有光華어시늘 而舜又有光華하여 可合於堯니라 因言其目하면 則深沈而有智하고 文理而光明하고 和粹而恭敬하고 誠信而篤實하사 有此四者幽潛之德이 上聞於堯하니 堯乃命之以職位也라

華는 光華의 뜻이요, 協은 合의 뜻이다. 帝는 堯임금을 이른다. 濬은 深의 뜻이요, 哲은 智의 뜻이다. 溫은 和粹의 뜻이요, 塞은 實(篤實)의 뜻이다. 玄은 幽潛(숨겨짐)의 뜻이요, 升은 上(올라감)의 뜻이다.

堯임금이 이미 光華한 덕을 가지셨거늘, 舜임금 또한 光華한 덕을 가지시어 堯임금과 대등함(合)을 말한 것이다. 따라서 그 조목을 말하면 침착하면서 지혜롭고, 文理가 있으면서 광명하고, 온화하면서 공경하고, 성신하면서 독실하시어, 이 네 가지 숨겨진(밖으로 드러나지 않는) 덕이 있어 위로 堯임금에게 알려졌거늘, 堯임금이 職位를 임명하신 것이다.

字義 濬 : 깊을 준　塞 : 독실할 색　粹 : 순수할 수　潛 : 잠길 잠

2. 愼徽五典[67]하신대 五典이 克從하며 納于百揆하신대 百揆時敍하며 賓于四門하신대

---

67 五典 : 五常과 五倫이다. 五典에 대해서는 두 가지 說이 있으니, 《春秋左氏傳》의 說은 父義(아버

四門이 穆穆하며 納于大麓⁶⁸하신대 烈風雷雨에 弗迷⁶⁹하시다

지는 정의로움)·母慈(어머니는 자애함)·兄友(형은 우애함)·弟恭(아우는 공손함)·子孝(아들은 효도함)이고, 《孟子》의 說은 父子有親(父子 사이에 親愛가 있음)·君臣有義(君臣 사이에 의리가 있음)·夫婦有別(夫婦 사이에 분별이 있음)·長幼有序(長幼 사이에 차서가 있음)·朋友有信(朋友 사이에 신의가 있음)이다.

68 納于大麓 : 孔傳은 '麓'을 "錄과 같은 글자다."라고 하여 '大麓'을 모든 일을 총괄하는 벼슬 이름으로 보아 "舜을 〈大麓에〉 들여보내서(앉혀서) 모든 정사를 총괄한 것〔納舜使大錄萬幾之政〕"으로 풀이하였고, 蔡傳은 '麓'을 산기슭(山足)으로 보아 "堯임금이 舜으로 하여금 山林川澤에 들어가게 한 것〔堯使舜入山林川澤〕"으로 풀이하였다. 조선 말기의 李瀷은 "'納于大麓'이란 麓은 岳의 뜻이므로 '大麓'은 바로 大岳이니, 이는 四岳의 벼슬인 듯싶다. 許와 같은 것이 바로 四岳의 後裔인데, 《春秋左氏傳》隱公 11년 조에 '許는 大岳의 후손이다.'라고 하였으니, 증빙할 만하다.〔納于大麓 麓者岳也 大麓大岳也 恐是四岳之官也 如許是四岳之後 而左傳隱公十一年云 許大岳之胤也 可以爲證〕"라고 하였다.《書經疾書》

69 納于大麓……弗迷 : 林之奇는《尙書全解》에서 "'納于大麓'은 이른바 '하늘에 薦祭하다.'는 그것이고, '烈風雷雨弗迷'는 이른바 '제사를 주관하게 하니 百神이 흠향하다.'는 그것이다. 孔氏가 말하기를 「麓은 錄의 뜻이다. 舜을 들여보내서(앉혀서) 萬機의 정사를 총괄하게 하니」라고 하였는데, 이 말은 옳지 않다. 《書經》〈周官〉에 '唐과 虞가 옛 제도를 상고하여 관원을 설정하되 「百」이란 숫자를 가지고 하였으므로 안에는 百揆와 四岳이 있었다.'라고 하였으니, 이는 堯임금의 당시에 '百揆'보다 높은 벼슬이 없음을 증명한 것인데, 萬機의 정사를 총괄하는 벼슬아치가 百揆가 아니고 무엇이겠는가? 이미 舜을 百揆에 앉혔으니, 또 大麓에 앉힌다는 것은 반드시 그러할 이치는 없을 것이다. 어떤 說者는 「麓은 땅 이름이니 곧 〈禹貢〉에 이른바 「大陸이 이미 농사를 짓게 되었다.」란 경우다.'라고 하였고, 또 어떤 說者는 「麓은 泰山의 기슭이니 梁父(양보)의 따위와 같은 것이다.'라고 하였다. 그러나 經에 명백한 글이 없으니 찾아볼 수가 없다. 윗글의 '愼徽五典' 이하가 이미 일을 주관하여 일이 잘 다스려진 것임을 감안하면 이것은 필시 제사를 주관하는 일일 터인데, 다만 大麓의 제사가 과연 무슨 제사인지 알지 못할 뿐이다.〔納于大麓 所謂薦之於天是也 烈風雷雨弗迷 所謂使之主祭而百神享之是也 孔氏曰 麓錄也 納舜使大錄萬機之政 此說不然 周官曰 唐虞稽古建官惟百 內有百揆四岳 則是當堯之時 官無尊於百揆者 大錄萬機之政 非百揆而何 旣已納于百揆矣 又納于大麓 必無此理 說者以謂麓地名也 卽禹貢所謂大陸旣作也 又說者以謂麓泰山之足 若梁父之類 然經無明文 不可得而見 據上文愼徽五典而下 旣是主事而事治 此必是主祭之事 但不知大麓之祭果何祭也〕"라고 하였다.

袁仁은《尙書砭蔡編》에서 "'納于大麓 烈風雷雨弗迷'에 대하여 孔傳에서 「麓은 錄의 뜻이다. 舜을 들여보내서 萬機의 정사를 총괄하게 하니, 陰陽이 淸和하고 風雨가 적시에 있는 등 각각 제철에 따라 하고 迷錯하거나 愆伏하지 않았다. 이는 舜의 德이 하늘에 합함을 밝힌 것이다.'라고 하였는데, 이것은 孔安國의 臆說이 아니다. 《孔叢子》에 실린 것을 살펴보면, '宰我가 「納于大麓 烈風雷雨弗迷는 무엇을 이른 것입니까?」라고 묻자, 孔子께서 말씀하기를 「이것은 인간의 일이 하늘에 응함을 말한다. 堯임금이 이미 舜을 얻어 모든 어려운 일을 시험하고 나서 尊顯한 官職에 들여보내 모든 중요한 정사를 총괄하게 하였다. 이런 때문에 陰陽이 淸和하고 五氣가 고루 이르며 烈風과 雷雨가 각각 바르게 응하고 迷錯하거나 愆伏하지 않았다. 이는 舜의 행실이 하늘과 합함을 밝힌 것이다.」고 하셨다.'라 하였으니, 孔安國은 이 말씀에 근거한 것이다. 그런데 蔡沈은 이를 따르지 않고《史記》에 의거하여 산기슭에 들여보낸 것으로 여겼다.

상고하건대, 桓譚의《新論》에 '옛적에 堯임금이 舜을 大麓에 시험한 것은 천하의 일을 총괄하

〈堯임금이 舜에게〉 五典을 삼가 아름답게 하라 하시니 백성들이 五典에 능히 순종하였으며, 百揆의 자리에 앉히시니 百揆가 수시로 잘 펼쳐졌으며, 〈四方의 門에서 손님을 맞이하게 하시니〉 四方의 門이 화평하였으며, 큰 산기슭에 들여보내시니 사나운 바람이 불고 천둥 번개가 치고 세찬 비가 내리는데도 혼미하지 않으셨다.

徽는 美也라 五典은 五常也니 父子有親과 君臣有義와 夫婦有別과 長幼有序와 朋友有信이 是也라 從은 順也니 左氏所謂無違教也[70]라 此蓋使爲司徒之官也라 揆는 度(탁)也니 百揆者는 揆度庶政之官으로 惟唐虞有之니 猶周之冢宰也라 時敍는 以時而敍니 左氏所謂無廢事也라 四門은 四方之門이니 古者엔 以賓禮로 親邦國하여 諸侯各以方至而使主焉이라 故로 曰賓이라 穆穆은 和之至也니 左氏所謂無凶人也라 此는 蓋又兼四岳之官也라 麓은 山足也라 烈은 迅이요 迷는 錯也라 史記曰 堯使舜入山林川澤하신대 暴風雷雨에 舜行不迷라하니라 蘇氏曰 洪水爲害어늘 堯使舜入山林하여 相視原隰한대 雷雨大至에 衆懼失常하되 而舜不迷하니 其度量이 有絶人者요 而天地鬼神이 亦或有以相之歟아하니라 愚謂遇烈風雷雨非常之變하되 而不震懼失常은 非固聰明誠智確乎不亂者면 不能也라 易에 震驚百里에 不喪匕鬯이라하니 意爲近之라

徽는 美의 뜻이다. 五典은 곧 五常이니, 父子 사이에 親愛가 있음과 君臣 사이에 의리가 있음과 夫婦 사이에 분별이 있음과 長幼 사이에 차서가 있음과 朋友 사이에 신의가 있음이 바로 그것이다. 從은 順의 뜻이니, 《春秋左氏傳》의 이른바 "가르

기를 지금의 尙書 벼슬과 같게 한 것이다.'라고 하고, 王充의 《論衡》에 '大麓은 三公의 직위인데, 一公의 직위에 거하여 三公의 일을 총괄한다.'라고 하고, 〈長廣王禪廣陵文〉에 '진실로 그 중용의 도리를 지키어 大麓에 들어가 빛을 냈다.'라고 하였으니, 모두 명백한 증거다. 程伊川(程頤)도 이르기를 '司馬遷 같은 이가 舜을 산기슭에 들여보낸 것으로 생각하였으니, 어찌 사람을 시험하면서 山麓에 들여보낼 리가 있겠는가? 이것은 다만 舜을 여러 가지로 시험했을 뿐이다.'라고 했다.(納于大麓 烈風雷雨弗迷 孔傳云 麓錄也 納舜使大錄萬機之政 陰陽和 風雨時 各以其節 不有迷錯愆伏 明舜之德合于天 此非安國之臆說也 孔叢子載宰我問云 納于大麓 烈風雷雨弗迷 何謂也 孔子曰 此言人事之應乎天也 堯旣得舜 歷試諸難 已而納之于尊顯之官 使大麓萬機之政 是故 陰陽淸和 五氣來備 烈風雷雨 各以其應 不有迷錯愆伏 明舜之行合于天也 安國正本其說 蔡不從而據史記以爲納山麓 按桓譚新論 昔堯試舜于大麓者 領錄天下事 若今之尙書矣 王充論衡云 大麓三公之位也 居一公之位 大總錄三公之事 長廣王禪廣陵文云 允執其中 入光大麓 皆明証也 程伊川亦云 若司馬遷謂納舜于山麓 豈有試人而納于山麓耶 此只是歷試舜也)"라고 하였다.

70 左氏所謂無違教也 : 《春秋左氏傳》文公 18년 조에 보인다. 아래의 '無廢事'와 '無凶人'도 같다.

침을 어김이 없었다."란 것이다. 이는 아마도 舜으로 하여금 司徒의 관원이 되게 한 것일 테다. 揆는 度의 뜻이니, 百揆는 여러 가지 정사를 헤아리는 관원으로 오직 唐虞時代에만 있었던 것인데, 周代의 冢宰와 같은 벼슬이다. 時敍는 수시로 펼치는 것이니, 《春秋左氏傳》의 이른바 "일을 폐함이 없었다."란 것이다. 四門은 사방의 문이니, 옛날엔 賓禮로 邦國(諸侯國)을 親히 대하여 諸侯가 각각 방위에 따라 이르면 이를 주관하게 하였다. 그러므로 '賓'이라 한 것이다. 穆穆은 화평의 지극함을 나타낸 것이니, 《春秋左氏傳》의 이른바 "흉한 사람이 없었다."란 것이다. 이는 아마 또 四岳의 벼슬을 겸한 일일 것이리라.

麓은 바로 산기슭이다. 烈은 迅의 뜻이요, 迷는 錯의 뜻이다. 《史記》〈五帝本紀〉에 이르기를 "堯임금이 舜으로 하여금 山林과 川澤에 들어가게 하였는데, 폭풍이 불고 천둥 번개가 치고 세찬 비가 내리는데도 舜의 행동이 혼미하지 않았다."라고 하였다.

蘇氏(蘇軾)는 말하기를 "홍수가 폐해를 입히므로 堯임금이 舜으로 하여금 산림에 들어가서 평원과 습지를 살펴보도록 하였는데, 천둥 번개가 치고 비가 세차게 내리자 다른 사람들은 두려워서 常道를 잃었으나 舜은 혼미하지 않았으니, 그 도량이 남보다 뛰어남이 있어서 천지 귀신이 또한 혹시 도움을 주었던 것인가?"라고 하였다.

나는 생각건대, 사나운 바람이 불고 천둥 번개가 치고 세찬 비가 내리는 비상한 변고를 만났으나 두려워서 常道를 잃지 않는 것은 진실로 총명하고 성실하고 지혜로워 확고하게 혼란하지 않은 자가 아니라면 그렇게 하지 못할 것이다. 《周易》震卦에 "우레가 진동하여 백 리를 놀라게 할 때에 숟가락과 鬱鬯酒를 잃지 않는다."라고 하였으니, 뜻이 이와 가깝다.

字義 納 : 들일 납 揆 : 헤아릴 규 穆 : 화목 목 麓 : 산기슭 록 從 : 순할 종 度 : 헤아릴 탁
冢 : 클 총 隰 : 습지 습 絶 : 뛰어날 절 喪 : 잃을 상 匕 : 숟가락 비 鬯 : 술 이름 창

3. 帝曰 格하라 汝舜아 詢事考言[71]한대 乃言이 厎(지)可績이(이언) 三載니 汝陟帝位라하시나(하라) 舜이 讓于德하시고(하사) 弗嗣하시다

帝堯가 말씀하기를 "이리 오라! 너 舜아. 〈전일 등용 초에〉 네가 행할 일들을 물

---

[71] 詢事考言 : 孔傳은 '詢'을 謀의 뜻으로 보아 "너의 도모하는 일들을 내가 너의 말에서 고찰하건대〔汝所謀事 我考汝言〕"로 풀이하였다.

어보고 네가 하는 말들을 고찰하건대 너의 말이 공적을 이룰 수 있음을 보아온 지 〈지금〉 3년이니, 네가 帝位에 올라야 한다.”라고 하셨다. 舜은 덕이 있는 사람에게 양보하고 계승하지 않으셨다.

格은 來요 詢은 謀[72]요 乃는 汝요 底는 致요 陟은 升也라 堯言詢舜所行之事하고 而考其言컨대 則見汝之言이 致可有功이 於今三年矣니 汝宜升帝位也라 讓于德은 讓于有德之人也라 或曰 謙遜하여 自以其德이 不足爲嗣也라하니라

格은 來의 뜻이요, 詢은 謀의 뜻이요, 乃는 汝의 뜻이요, 底는 致(이루다)의 뜻이요, 陟은 升의 뜻이다. 堯임금이 말씀하기를 “〈전일 등용 초에〉 舜이 행할 일들을 물어보고 하는 말들을 고찰하건대 너의 말이 공적을 이룰 수 있음을 보아온 지 지금 3년이니, 네가 마땅히 帝位에 올라야 한다.”라고 한 것이다. 讓于德은 덕이 있는 사람에게 양보한 것이다. 혹자는 “겸손하여 스스로 그 덕이 〈帝位를〉 계승하기에 부족하다고 여기는 것이다.”라고 한다.

字義 格 : 이를 격　詢 : 물을 순　底 : 이를 지　績 : 공적　陟 : 올을 척　格 : 올 격　乃 : 너 내　升 : 오를 승

4. 正月上日에 受終于文祖하시다

〈舜이〉 正月 초하룻날 〈堯임금이 帝位의 일〉 마무리한 것을 文祖에서 받으셨다.

上日은 朔日也라 葉氏曰 上旬之日이라하고 曾氏曰 如上戊와 上辛과 上丁之類라하니 未詳孰是[73]라 受終者는 堯於是終帝位之事하여 而舜受之也라 文祖者는 堯始祖之廟니 未詳所指爲何人也라

上日은 초하룻날이다. 葉氏(葉夢得)는 “上旬(매월 첫째 열흘)의 날이다.”라고 하고, 曾氏(曾鞏)는 “上戊(매월 첫째 戊日)와 上辛(매월 첫째 辛日)과 上丁(매월 첫째 丁日) 따위와 같은 것이다.”라고 하였으니, 어느 것이 옳은지 자세히 알지 못하겠다. 受終은 堯임금이 이에 帝位의 일을 마무리해서 舜이 받게 된 것이다. 文祖는 堯임금의 始祖의 廟堂인데, 가리킨 바가 어떤 사람인지는 자세히 알지 못하겠다.

72　詢謀 : 蔡傳이 글자 풀이에 있어서는 孔傳처럼 ‘詢’을 ‘謀’의 뜻으로 풀이하고는 정작 글 뜻을 풀이함에 있어서는 詢字 그대로 풀이하고 있다.

73　葉氏曰……未詳孰是 : 葉夢得은 날짜를 계산하고 曾鞏은 六甲으로 계산하는 차이가 있는 것이다.

字義 終 : 마무리 종

5. 在璿璣玉衡(형)하사 以齊七政[74]하시다

璿璣와 玉衡을 살피어 七政의 〈運行을〉 고르게 조정하셨다.

在는 察也라 美珠를 謂之璿이요 璣는 機也니 以璿飾璣는 所以象天體之轉運也라 衡은 橫也니 謂衡(橫)簫[75]也라 以玉爲管하여 橫而設之는 所以窺璣而齊七政之運行이니 猶今之渾天儀也라 七政은 日月五星也니 七者運行於天에 有遲有速하고 有順有逆하여 猶人君之有政事也라 此는 言舜初攝位에 整理庶務하시되 首察璣衡하여 以齊七政하시니 蓋曆象授時는 所當先也라

在는 察의 뜻이다. 아름다운 구슬을 '璿'이라 하고 璣는 機(틀)의 뜻이니, 구슬로 틀을 꾸미는 것은 天體의 轉運을 형상하기 위해서다. 衡은 橫(가로)의 뜻이니, 橫簫를 이른 것이다. 옥으로 管을 만들어 가로로 설치하는 것은 璣를 살펴서 七政의 운행을 고르게 조정하기 위함이니, 지금의 渾天儀와 같은 것이다. 七政은 해와 달과 〈金·木·水·火·土의〉 다섯 가지 별이니, 일곱 가지가 하늘을 운행할 때에 느리게 운행하는 것도 있고 빠르게 운행하는 것도 있으며 순행을 하는 것도 있고 역행을 하는 것도 있어 마치 군주에게 정사가 있는 것과 같다. 이는 舜이 처음으로 攝位할 때에 여러 사무를 정리하되 첫 번

璇璣玉衡圖

---

74 在璿璣玉衡 以齊七政 : 孔傳은 천문을 관찰하여 舜의 攝位가 天心에 받아들여졌는지 여부를 가늠하는 쪽으로 풀이하였고, 蔡傳은 舜이 攝位하자 맨 처음 천문을 추산하고 관찰해서 그 曆象을 통하여 농사철을 알려주는 책력 쪽으로 풀이하였다.

75 衡(橫)簫 : 星宿를 측량하여 관찰할 수 있는 渾天儀의 부속기구를 가리킨다.

째로 선기와 옥형으로 〈天文을〉 살펴서 七政의 운행을 고르게 조정함을 말한 것이니, 아마 曆象을 통하여 농사철을 알려주는 것은 마땅히 먼저 해야 할 일이기 때문일 것이다.

○按渾天儀者는 天文志[76]云 言天體者三家니 一曰周髀요 二曰宣夜요 三曰渾天[77]이라 宣夜는 絶無師說하니 不知其狀如何라 周髀之術은 以爲天似覆盆하니 蓋以斗極爲中하여 中高而四邊下라 日月이 傍行遶之하니 日近而見之면 爲晝요 日遠而不見이면 爲夜[78]라하고 蔡邕은 以爲考驗天象에 多所違失[79]이라하니라 渾天說曰 天之形狀이 似鳥卵하니 地居其中하고 天包地外하여 猶卵之裏黃하고 圓如彈丸이라 故로 曰渾天이라하니 言其形體渾渾然也라 其術은 以爲天이 半覆地上하고 半在地下하니 其天이 居地上見者 一百八十二度半强이요 地下亦然이라 北極은 出地上三十六度요 南極은 入地下亦三十六度而嵩高正當天之中[80]이라 極南五十五度는 當嵩高之上하고 又其南十二度는 爲夏至之日道요 又其南二十四度는 爲春秋分之日度요 又其南二十四度는 爲多至之日道니 南下去地三十一度而已면 是夏至日이니 北去極六十七度요 春秋分은 去極九十一度요 多至는 去極一百一十五度니 此其大率(율)也라 其南北極이 持其兩端이어든 其天與日月星宿가 斜而廻轉이라하니 此必古有其法이언만 遭秦而滅이라

　　○살펴보면 渾天儀는 다음과 같다. 〈東漢 蔡邕의〉《天文志》에 이르기를 "天體에 대해 말한 3家가 있었으니, 첫째는 周髀요, 둘째는 宣夜요, 셋째는 渾天이다."라고 하였다. 〈이에 대하여 晉나라 虞喜는 注를 달기를〉 "宣夜는 전연 스승에게 전수받은 학설이 없으니 그 형상이 어떤지 알 수 없다. 周髀의 術數는 하늘이 엎어놓은 동

76　天文志：《尙書正義》에는 '蔡邕天文志'로 되어 있다.

77　天文志云……三曰渾天：'三曰渾天' 이하에 "'宣夜'는 전연 스승에게 전수 받은 학설이 없고, '周髀'는 術數가 갖추어 있으나 〈이 방법으로〉 天象을 考驗하면 틀리고 잘못된 바가 많다.〔宣夜 絶無師說 周髀術數具在 考驗天象 多所違失〕"라는 말이 이어져 있다. 《尙書正義》 참조)

78　宣夜……爲夜：晉代 虞喜가 蔡邕의 《天文志》에 단 주석이다.

79　蔡邕……多所違失：위에서 인용한 蔡邕의 《天文志》에 포함하지 않고 여기서 따로 인용하니, 문의가 잘 통하지 않는다.

80　嵩高正當天之中：嵩高는 五嶽의 하나인 中嶽인데, 崧高山이라고도 한다. 元代 黃鎭成의 《尙書通考》에서 "지형의 고하는 개괄적으로 논하기 어렵다. 또한 嵩高山은 다만 중국에서 기상을 관측하는 중앙일 뿐이지, 정작 하늘의 중앙에 당한다고 하면 옳지 못한 것이다.〔地形高下難以槩論 又嵩高特中國測候之中 直謂正當天中則不可矣〕"라고 하였다.

이와 같으니, 대개 北斗星과 北極星을 중심으로 삼아 중앙은 높고 사방 가장자리는 낮다. 해와 달이 옆으로 운행하여 도니, 해가 가까워서 보이면 낮이 되고 해가 멀어서 보이지 않으면 밤이 된다."라고 하였는데, 蔡邕은 "〈이 방법으로〉 天象을 考驗하면 틀리고 잘못된 것이 많다."라고 하였다.

〈吳나라 王蕃의〉〈渾天說〉에 이르기를 "하늘의 형상은 새알과 같으니, 땅은 가운데에 있고 하늘은 땅 밖을 싸고 있어서 알의 흰자가 노른자를 싸고 있는 것과 같고 둥글기는 탄환과 같다. 그러므로 '渾天'이라고 하니, 그 형체가 혼연함을 말한 것이다. 그 術數는 하늘이 반은 땅 위를 덮고 반은 땅 밑에 있으니, 하늘이 땅 위에 있어서 보이는 것이 182도와 반이 넘고, 땅 밑도 마찬가지다. 北極은 땅 위로 나온 것이 36도요, 南極은 땅 밑으로 들어간 것이 또한 36도인데 嵩高山(中岳)이 바로 하늘의 중앙에 당한다. 極南의 55도 되는 곳은 嵩高山의 위에 당하고, 또 그 남쪽 12도 되는 곳은 夏至의 日道(해가 운행하는 궤도)가 되고, 또 그 남쪽으로 24도 떨어진 곳은 春分과 秋分의 日道가 되며, 또 그 남쪽으로 24도 떨어진 곳은 冬至의 日道가 되니, 남쪽 아래로 땅과 31도가 떨어져 있을 뿐이면 이는 夏至의 날이니, 북쪽으로 북극과의 거리가 67도요, 春分과 秋分은 북극과의 거리가 91도요, 冬至는 북극과의 거리가 115도니, 이것이 그 대략이다. 그 남극과 북극이 두 끝을 잡고 있으면 그 하늘과 해와 달과 별이 비껴서 회전을 한다."라고 하였다. 이는 반드시 옛날에 이에 대한 법식이 있었을 터이나 秦나라의 焚書坑儒를 만나 없어져버렸다.

至漢武帝時에 落下閎이 始經營之하고 鮮于妄人이 又量度(탁)之하며 至宣帝時에 耿壽昌이 始鑄銅而爲之象[81]하고 宋錢樂이 又鑄銅作渾天儀하니 衡長八尺이요 孔徑一寸이요 璣徑八尺이요 圓周二丈五尺强이라 轉而望之하여 以知日月星辰之所在하니 卽璿璣玉衡之遺法也라 歷代以來로 其法漸密이라 本朝因之爲儀三重하니 其在外者는 日六合儀라 平置黑單環[82]하고 上刻十二辰八干四隅[83]在地之位하여

---

81 落下閎……始鑄銅而爲之象 : 落下閎은 洛下閎이라고도 한다. 揚雄의 《法言》에는 "洛下閎營之 鮮于妄人度之 耿中丞象之"로 되어 있다.

82 黑單環 : "이름을 '地平環'이라 하는데, 이것은 地面 四方의 상이다.〔名地平環此地面四方之象也〕"라고 하였다.(《五禮通考》註釋 참조)

83 十二辰八干四隅 : '十二辰'은 子·丑·寅·卯·辰·巳·午·未·申·酉·戌·亥를 가리키고, '八干'은 中央 土에 해당한 戊·己를 뺀 甲·乙·丙·丁·庚·申·壬·癸의 八方을 가리키고, 四隅는 동남·서남·서북·동북의 間方을 가리킨다.

以準地面而定四方하고 側立黑雙環[84]하여 背刻去極度數[85]하고 以中分天脊하여 直跨地平하고 使其半入地下而結於其子午하여 以爲天經하고 斜倚赤單環[86]하여 背刻赤道度數[87]하고 以平分天腹하여 橫繞天經하며 亦使半出地上하고 半入地下而結於其卯酉하여 以爲天緯하고 三環[88]表裏가 相結不動하니 其天經之環은 則南北二極이 皆爲圓軸이라 虛中而內向하여 以挈三辰四遊之環하니 以其上下四方을 於是可考라 故로 曰六合이라

漢 武帝 때에 와서 落下閎이 처음으로 경영하고 鮮于妄人이 또 헤아렸으며, 宣帝 때에 와서 耿壽昌이 비로소 구리로 주조하여 象을 만들고, 宋나라 錢樂이 또 구리로 주조하여 渾天儀를 만드니, 玉衡의 길이는 8尺이고 구멍의 지름은 1寸이며, 璿璣의 지름은 8尺이고 둘레는 2丈 5尺이 넘는다. 이것을 회전시키며 바라보아 해와 달과 별의 소재를 알았으니, 곧 璇璣玉衡의 遺法이다. 역대 이래로 그 법식이 점점 치밀해졌는데 本朝(宋)에서는 이를 인하여 儀를 3중으로 만들었으니, 바깥쪽에 있는 것을 '六合儀'라 한다. 黑單環(地平環)을 평면으로 놓고 그 위에 12辰과 8干과 4隅를 땅이 있는 위치에 새겨서 지면을 표준으로 하여 사방을 정하였다. 그리고 黑雙環(天經環, 子午環)을 비스듬히 세워서 그 등에 북극과의 거리를 나타내는 度數를 새긴 다음 하늘의 등마루를 수직으로 반을 나누어 곧장 地平環에 걸쳐서 반은 지하로 들어가서 子午線과 연결하여 天經環을 만들고, 赤單環(天緯環, 赤道環)을 비스듬히 기울게 세워서 그 등에 赤道의 度數를 새긴 다음 하늘의 배를 수평으로 반을 나누어 天經環에 가로로 동여매며, 또한 반은 땅 위로 나오고 반은 땅 밑으로 들어가서 卯酉線과 연결하여 天緯環을 만든다. 그리하여 세 고리의 겉과 속이 서로 연결되어 움직이지 않게 하였으니, 天經環은 南極과 北極이 모두 圓의 축이 된다. 그

---

84 黑雙環 : "이름을 '天經環'이라 하는데, 이것은 하늘이 반은 땅 위에 있고 반은 땅 밑에 있는 상태다.〔名天經環 此天半在地上半在地下之象也〕"라고 하였다.(《五禮通考》註釋 참조)

85 背刻去極度數 : "모두 북쪽으로부터 세어서 남쪽으로 향해가는 도수다.〔皆是自北數向南去之度〕"라고 하였다.(《五禮通考》註釋 참조)

86 赤單環 : "이름을 '天緯環'이라 하는데, 上下는 天經環과 서로 물리고, 東西는 地平環과 서로 물렸으니, 이것은 하늘의 배 부분 赤道의 상이다.〔名天緯環 上下與天經相銜 東西與地平相銜 此天腹赤道之象也〕"라고 하였다.(《五禮通考》註釋 참조)

87 背刻赤道度數 : "모두 서쪽으로부터 세어서 동쪽으로 향해가는 도수다.〔皆是自西數向東去之度〕"라고 하였다.(《五禮通考》註釋 참조)

88 三環 : 2黑環과 1赤環이다.

리고는 가운데를 비우고 안으로 향하게 하여 三辰儀와 四遊儀의 고리에 묶으니, 상하와 사방을 이것으로 살펴볼 수 있기 때문에 '六合'이라고 한 것이다.

次其內曰三辰儀니 側立黑雙環[89]하고 亦刻去極度數하여 外貫天經之軸하고 內挈黃赤二道라 其赤道則爲赤單環[90]이니 外依天緯하되 亦刻宿度하여 而結於黑雙環之卯酉하고 其黃道則爲黃單環[91]이니 亦刻宿度하고 而又斜倚於赤道之腹하여 以交結於卯酉하여 而半入其內하여 以爲春分後之日軌하고 半出其外하여 以爲秋分後之日軌라 又爲白單環[92]하여 以承其交하여 使不傾墊하여 下設機輪하여 以水激之하되 使其日夜隨天東西運轉하여 以象天行하니 以其日月星辰을 於是可考라 故로 曰三辰이라

　　다음으로 그 안쪽에 있는 것을 '三辰儀'라고 하니, 黑雙環(흑색 쌍고리)을 비스듬히 세우고 또한 북극과의 거리를 나타내는 도수를 새긴 다음, 밖으로는 天經環의 축을 관통하고 안으로는 黃道와 赤道에 묶는다. 그 赤道는 赤單環을 만들었으니 밖으로는 天緯環에 의지하되 또한 28수의 도수를 새겨서 黑雙環의 卯酉線에 묶고, 그 黃道는 黃單環을 만들었으니 또한 28수의 도수를 새기고, 또 赤道의 배 부분에 비스듬히 기대어 卯酉線에 묶어가지고 반은 안쪽으로 들어가서 春分 뒤의 해의 궤도를 만들고 반은 바깥으로 나와서 추분 뒤의 해의 궤도를 만든다. 또 白單環(백색 외고리)을 만들어 그 교차한 부분을 이어서 기울어지거나 빠지지 않게 하고, 아래에는 機輪을 설치하여 물로 격동시켜서 밤낮으로 天體를 따라 동서로 회전하게 하여 하늘의 운행을 본떴으니, 해와 달과 별을 여기에서 살펴볼 수 있기 때문에 '三辰'이라 한 것이다.

---

89 側立黑雙環 : "제도는 곧 天經黑雙環이 안에서 조금 어긋나게 黃單環·赤單環과 서로 물려서 轉動하는 것과 같다.〔制卽如天經黑雙環 在內而差小 衝附黃赤二環以轉動〕"라고 하였다.《五禮通考》註釋 참조)

90 其赤道則爲赤單環 : "제도는 또한 天緯赤單環이 안에서 조금 어긋나게 위아래로 三辰雙環과 서로 물린 것과 같다.〔制亦如天緯赤單環 在內而差小 上下與三辰雙環相衝〕"라고 하였다.《五禮通考》註釋 참조)

91 其黃道則爲黃單環 : "위아래로 또한 三辰雙環과 서로 물린다.〔上下亦與三辰雙環相衝〕"라고 하였다.《五禮通考》註釋 참조)

92 又爲白單環 : "黃單環·赤單環과 고정시킨다.〔鎖定黃赤二環〕"라고 하였다.《五禮通考》註釋 참조)

其最在內者曰四遊儀니 亦爲黑雙環을 如三辰儀之制[93]하여 以貫天經之軸하고 其環之內는 則兩面當中하되 各施直距[94]하여 外指兩軸而當其要(腰)中之內面하고 又爲小竅하여 以受玉衡要中之小軸하여 使衡既得隨環東西運轉하고 又可隨處南北低昂하여 以待占候者之仰窺焉하니 以其東西南北을 無不周徧이라 故로 曰四遊니 此其法之大略也라 沈括曰 舊法에 規環一面은 刻周天度하고 一面은 加銀丁하니 蓋以夜候天에 晦不可目察이면 則以手切之也라하니 古人以璿飾璣도 疑亦爲此라 今大(太)史局秘書省銅儀가 制極精緻하니 亦以銅丁爲之라 曆家之說에 又以北斗魁四星爲機杓하고 三星爲衡이라하나 今詳經文簡質컨대 不應北斗二字를 乃用寓名이라 恐未必然이나 姑存其說하여 以廣異聞하노라

가장 안쪽에 있는 것을 '四遊儀'라 하는데, 또한 黑雙環(흑색 쌍고리)을 만들기를 三辰儀의 제도처럼 하여 天經環의 축에 꿰고 그 고리의 안쪽은 양면이 중앙을 당하게 하되 각각 直距를 설치하여 밖으로 두 축을 가리키면서 안쪽의 허리 가운데를 당하게 하고, 또 작은 구멍을 내어 玉衡의 허리 가운데의 작은 축을 받게 하여, 玉衡이 이미 고리를 따라 동서로 회전할 수 있게 하고, 또 처한 곳에 따라 남북으로 올라갔다 내려갔다 하게 해서 천문의 변화를 살피는 자가 우러러 엿보도록 만드니, 동서남북을 두루 하지 않음이 없기 때문에 '四遊'라고 하였으니, 이것이 그 방법의 대략이다.

沈括은 이르기를 "옛날 법에 規環(둥근 고리)의 한 면에는 周天의 도수를 새기고 다른 한 면에는 銀으로 만든 못을 박았으니, 대개 밤에 하늘을 관측할 때 어두워서 눈으로 관찰할 수 없으면 손으로 만져보도록 한 것이다."라고 하였다. 옛사람이 구슬로 틀을 꾸민 것도 아마 이 때문이었을 것이다. 지금 太史局과 秘書省에 있는 銅儀는 그 제도가 매우 정밀하니, 또한 銅으로 만든 못을 박아서 만든 것이다. 曆家의 말에 또 "北斗魁 네 개의 별을 '璣'라 하고 세 개의 별을 '衡'이라 한다."라고 하니, 이제 經文이 매우 간략하고 질박한 것을 자세히 살펴보면, '北斗' 두 글자를 써서 이름을 붙일 리가 없다. 이는 반드시 옳지 않은 것 같지만, 우선 그 말을 존치하여 다

---

93 如三辰儀之制 : "안에서 또 작은 것이다.〔在內而又小〕"라고 하였다.《五禮通考》註釋 참조)

94 直距 : "'直距'란 것은 銅板 둘을 세로로 四遊儀의 안에 설치하여 위로는 北極에 꽂고 아래로는 南極에 꽂고 가운데는 關軸을 설치하여 望筒을 끼운다. 이른바 '望筒'이란 것은 곧 玉衡이다.〔直距者 銅板二縱置于四遊儀內 上屬北極 下屬南極 中施關軸 以夾望筒 所謂望筒者 即玉衡也〕"라고 하였다.《五禮通考》註釋 참조)

른 견문(지식)을 넓히노라.

字義 在 : 살필 재   璿 : 아름다운 구슬 선   璣 : 작은 구슬로 만든 틀 기   衡 : 저울대 형
機 : 틀 기   窺 : 엿볼 규   橫 : 가로지를 횡   簫 : 대통 소   管 : 대통 관   渾 : 클 혼
髀 : 넓적다리뼈 비(패)   絶 : 전연 절   傍 : 곁 방   遶 : 두를 요   邕 : 화할 옹   覆 : 엎을 복
盆 : 동이 분   閎 : 클 굉   耿 : 밝을 경   鑄 : 쇠붙이를 녹여서 주조할 주   徑 : 지름 경
環 : 고리 환   隅 : 모퉁이 우, 모서리 우   脊 : 등 척   跨 : 걸터앉을 과   繞 : 두를 요
軸 : 굴대 축   挈 : 끌 설   軌 : 궤도 궤   墊 : 빠질 점   激 : 격동할 격   窾 : 구멍 관
昻 : 높을 앙   括 : 맺을 괄   緻 : 빽빽할 치   魁 : 별 이름 괴   杓 : 자루 표   寓 : 붙을 우

6. 肆類于上帝하시며 禋于六宗하시며 望于山川하시며 徧于群神하시다

드디어 上帝에게 類제사를 지내시며, 六宗에게 禋제사를 지내시며, 산천에 望제사를 지내시며, 여러 神에게 徧제사를 지내셨다.

肆는 遂也라 類禋望은 皆祭名이라 周禮肆師에 類造于上帝[95]라하고 注云 郊祀者는 祭昊天之常祭니 非常祀而祭告于天이면 其禮依郊祀爲之라 故曰類라하니 如泰誓 武王伐商과 王制言天子將出에 皆云類于上帝가 是也[96]라 禋은 精意以享之謂라 宗은 尊也니 所尊祭者其祀有六이라 祭法曰 埋少牢於泰昭는 祭時也요 相近[97]於

---

95 類造于上帝 : 《周禮》〈春官 肆師〉의 "肆師의 직분은 國祀의 禮를 관장하여……上帝에게 類造한다.〔肆師之職 掌立國祀之禮……類造上帝〕"라고 한 데 대하여 鄭玄은 注를 달기를 "'造'는 卽(곧)과 같으니 兆域을 만들어 類禮로써 곧 上帝에게 제사를 지낸다. '類禮'는 郊祀에 의하여 하는 것이다.〔造猶卽也 爲兆 以類禮卽祭上帝也 類禮依郊祀而爲之者〕"라고 하였고, 宋代 朱申은 《周禮句解》에서 "'類'와 '造'는 다 제사 이름이니, 그 神을 모으는 것을 '類'라 이르고, 그 장소에 이르는 것을 '造'라 이른다.〔類造皆祭名 聚其神謂之類 至其所謂之造〕"라고 풀이하였다.

96 注云……是也 : 宋代 林之奇는 《尙書全解》에서 "《周禮》〈肆師〉의 '上帝에게 제사를 지냈다.'에 대한 〈鄭玄의〉 注에 '類禮는 郊祀에 의거하여 행하는 것이다.'라고 했는데, 대개 '郊祀'는 昊天에 지내는 정상적인 제사다. 정상적인 제사가 아니면서 하늘에 祭告할 경우 그 禮는 郊祀에 의거해서 행하기 때문에 '類'라 이른다. 武王이 商나라를 정벌하고 나서 上帝에 類제사를 지낸 것이나 《禮記》〈王制〉에 '天子가 장차 출정하려고 할 때 上帝에 類제사를 지낸다.'고 한 것은 모두 정상적인 제사가 아니니 바로 이것이다.〔周禮 肆師 類造上帝 注云 類禮因郊祀而爲之 蓋郊祀者 祭昊天之常祭也 非常祭而祭告於天 則其禮依郊祀而爲之 故謂之類 武王伐商 類于上帝 王制曰 天子將出 類于上帝 皆非常祭 是也〕"라고 하였는데, 蔡沈은 이것을 자기의 말로 만들면서 林之奇의 말을 鄭玄의 注로 착각하고 있다. 본 번역에서는 부득이 鄭玄의 注를 보충해서 문맥이 이어지게 번역하였다.

97 相近 : 鄭玄은 '禳祈'의 잘못으로 보아 추위와 더위가 때를 어기면 비손(神에게 손을 비비면서 소원을 비는 일. 비손원)도 하고 기도도 하는 것이라 하였고, 王肅과 陳澔의 《禮記集說》은 祖迎의 잘못으로 보아 추위와 더위가 오고갈 때 전송하고 영접하는 것이라 하였다. 본 번역에서는 진호의 《예기집설》을 따라 '祖迎'의 뜻으로 번역하였다.

坎壇은 祭寒暑也요 王宮은 祭日也요 夜明은 祭月也요 幽宗은 祭星也요 雩宗은 祭
水旱也라하니라 山川은 名山大川五嶽四瀆[98]之屬이니 望而祭之라 故曰望이라 徧은
周徧也라 群神은 謂丘陵墳衍古昔聖賢之類라 言受終觀象之後에 即祭祀上下神
祇하여 以攝位告也라

肆는 遂(드디어)의 뜻이다. 類·禋·望은 모두 제사 이름이다.《周禮》〈春官 肆師〉
의 "上帝에게 類제사를 지냈다."에 대한 〈鄭玄의〉 注에 〈"類禮로써 곧 上帝에게 제
사를 지낸다. 類禮는 郊祀에 의거하여 행하는 것이다.〉"라고 하였는데, 林㴱는〉
"郊祀라는 것은 昊天에 지내는 정상적인 제사이니, 정상적인 제사가 아니면서 하늘
에 祭告할 경우, 그 禮는 郊祀의 예에 의거하여 행한다. 그러므로 '類'라 한다. 〈泰
誓〉에서 武王께서 商나라를 정벌할 때나《禮記》〈王制〉에서 천자가 출정하려고 할
때에 모두 '上帝에게 類제사를 지낸다.'고 한 것과 같은 것이 바로 이것이다."라고
하였다. 禋은 정성을 들여 향사하는 것을 이른다. 宗은 尊(높임)의 뜻이니, 높이 받
드는 제사가 여섯 가지가 있다.《禮記》〈祭法〉에 이르기를 "少牢를 泰昭壇에 묻는
것은 四時에 제사 지내는 것이고, 坎壇에 祖迎하는 것은 寒暑에 제사 지내는 것이
며, 王宮은 해에 제사 지내는 것이고, 夜明은 달에 제사 지내는 것이고, 幽宗은 별
에 제사 지내는 것이고, 雩宗은 水旱에 제사 지내는 것이다."라고 하였다.

山川은 名山과 大川으로 곧 五嶽과 四瀆 따위니, 바라보고 제사 지내기 때문에
望이라 한 것이다. 徧은 周徧(두루 미치다)의 뜻이다. 群神은 丘陵과 墳衍 및 옛날
聖賢과 같은 유를 이른다. 마무리한 제왕의 자리를 받고 天文을 관찰한 뒤에 곧 上
下의 神祇에게 제사를 지내어 攝位 사실을 고유함을 말한 것이다.

字義 肆 : 드디어 사 類 : 제사이름 유 禋 : 제사 인 望 : 제사이름 망 徧 : 두루 변(편)
埋 : 묻을 매 坎 : 구덩이 감 壇 : 제터 단 雩 : 기우제 우 瀆 : 물 독 墳 : 무덤 분
衍 : 넓을 연

7. 輯五瑞[99]하시니 旣月[100]이어늘 乃日覲四岳群牧하시고 班瑞于群后하시다

---

98 五嶽四瀆 : 五嶽은 東嶽(泰山)·西嶽(華山)·中嶽(嵩山)·南嶽(衡山)·北嶽(恒山)이고, 四瀆은 揚子
江(東)·黃河(西)·淮水(南)·濟水(北)다.

99 輯五瑞 : "5등급의 瑞玉을 거둔다."는 것은 5등급의 諸侯를 부른다는 뜻이다.

100 旣月 : 〈5등급의 瑞玉을 거두는 일을〉 孔傳은 '正月 중에 다해야(마쳐야) 하니'로 풀이하였고, 蔡
傳은 '正月이 다하는 시점에 이르면'으로 풀이하였다.

5등급의 瑞玉을 거두시니 이달(정월)이 다하는 시점에 이르면 날마다 四岳과 群牧을 만나보시고 瑞玉을 여러 제후들에게 돌려주셨다.

輯은 斂이요 瑞는 信也라 公執桓圭하고 侯執信圭하고 伯執躬圭하고 子執穀璧하고 男執蒲璧하니 五等諸侯執之하여 以合符於天子하여 而驗其信否也라 周禮에 天子執冒하여 以朝諸侯라한대 鄭氏注云 名玉以冒는 以德覆(부)冒天下也라하니라 諸侯始受命이면 天子錫以圭하니 圭頭斜銳하고 其冒下斜刻하되 小大長短廣狹如之라 諸侯來朝어든 天子以刻處로 冒其圭頭하여 有不同者면 則辨其僞也라 旣는 盡이요 覲은 見(현)이라 四岳은 四方之諸侯요 群牧은 九州之牧伯也라 程子曰 輯五瑞는 徵五等之諸侯也라 此已上은 皆正月事라 至盡此月이면 則四方之諸侯有至者矣[101]니 遠近不同하여 來有先後라 故로 日日見之하여 不如他朝會之同期於一日이니 蓋欲以少接之는 則得盡其詢察禮意也라하니라 班, 頒은 同이요 群后는 卽侯牧也라 旣見之後에 審知非僞면 則又頒還其瑞하니 以與天下正始也라

輯은 斂(거둠)의 뜻이요, 瑞는 信(믿음)의 뜻이다. 公은 桓圭, 侯는 信圭, 伯은 躬圭, 子는 穀璧, 男은 蒲璧을 가지니, 5등의 제후가 이것을 가지고 天子의 符節과 합하여 진실 여부를 확인하는 것이다. 《周禮》〈考工記〉에 "천자가 冒를 가지고 제후에게 조회를 받는다."라고 하였는데, 鄭氏의 注에 "玉을 冒라고 명칭하는 것은 德이 온 천하를 덮기 때문이다."라고 하였다. 제후가 처음 명을 받으면 천자가 圭를 하사하니, 圭의 머리는 비스듬하고 뾰족하며 冒의 아래에는 비스듬히 〈삼각형 모양의 홈을〉 새기되 大小(크기)와 長短(길이)과 廣狹(너비)을 똑같이 하였다가 제후가 조회하러 오면 천자가 〈홈을〉 새긴 곳을 圭의 머리에 덮어 씌워(맞춰 보아) 같지 않은 것이 있으면 거짓임을 분변한다.

旣는 盡의 뜻이고, 覲은 見(봄)의 뜻이다. 四岳은 사방의 제후요, 群牧은 九州의 牧伯이다. 程子가 말씀하기를 "다섯 등급의 서옥을 거둠은 다섯 등급의 제후를 부른 것이다. 이 이상은 모두 正月에 행하는 일이다. 이달(정월)이 다하는 시점에 이르면 사방의 제후 중에 오는 자가 있으니, 遠近의 거리가 같지 않아 오는 데 선후가 있기 때문에 날마다 만나보아서, 한 날 똑같이 만나는 다른 조회와는 같지 않다. 대개 少數를 접견하고자 한 것은 물어보고 살피는 禮의 뜻을 다할 수 있기 때문이다."

---

[101] 至盡此月 則四方之諸侯有至者矣：《程氏經說》에는 "이달이 다하게 되면 사방의 제후가 이른다.〔至月終則四方諸侯至矣〕"로 되어 있다.

라고 하였다. 班과 頒은 같고, 群后는 곧 侯와 牧이다. 이미 만나본 뒤에 거짓이 아
님을 살펴 알았으면 또 그 서옥을 돌려주었으니, 그것은 천하와 함께 시작을 바르
게 하려는 뜻에서였다.

字義 輯：걷을 집　瑞：서옥 서　旣：다할 기　覲：볼 근　班：돌려줄 반, 나눌 반　桓：홀 환
圭：홀 규, 서옥 규　璧：구슬 벽　蒲：부들 포　冒：뚜껑 모　朝：조회할 조　僞：거짓 위
徵：부를 징

8. 歲二月에 東巡守하사 至于岱宗하사 柴[102]하시며 望[103]秩于山川하시고 肆覲東后하시니
五玉과 三帛과 二生[104]과 一死로 贄러라 協時月하사 正日하시며 同律度量衡하시며 修
五禮하시며 (五玉三帛二生一死贄) 如五器하시고 卒乃復(복)[105]하시다 五月에 南巡

---

102 柴：孔傳은 "나무를 태워 하늘에 제사를 지내서 그곳에 이름을 고한 것이다.〔燔柴祭天告至〕"라 하
고,《爾雅》에는 "하늘에 제사 지내는 것을 '燔柴'라 한다.〔祭天曰燔柴〕"라 하고, 馬融은 "제사 지낼
때에 나무를 쌓고 그 위에 犧牲을 얹어서 구웠다.〔祭時積柴牲其上而燔之〕"라고 하였다.

103 望：孔傳에서 "東岳 諸侯 경내의 名山大川을 그 秩次와 같이 바라보고 제사를 지냈다.〔東岳諸侯
境內名山大川如其秩次望祭〕"라고 풀이하였다.

104 生：《史記》〈封禪書〉와《漢書》〈郊祀志〉에는 '牲'으로 되어 있다.

105 如五器 卒乃復(복)：孔傳은 '器'를 圭璧으로 보고, '復'을 旋의 뜻으로 보아 "五器 같은 것은 禮가
끝나면 돌려주었다.〔如五器 禮終則還之〕"라고 풀이하였다. 蘇軾은《書傳》에서 "비단과 生物과 死
物은 돌려주지 않았다.〔帛生死則否〕"라고 하고, 史浩는《尙書講義》에서 "天子가 禮를 마치면 돌
려주었다.〔天子畢禮 則復還之也〕"라고 하고, 夏僎(하선)은《尙書詳解》에서 "'卒乃復'은 대개 三帛·
二生·一死는 天子가 받고 오직 五玉만은 禮가 끝나면 諸侯에게 돌려주었다.〔卒乃復者 盖三帛二
生一死天子受之 惟五玉 禮終則復還諸侯〕"라고 하고, 林之奇는《尙書全解》에서 "三帛·二生·一死의
폐백은 받고 오직 五玉만은 禮가 끝나면 돌려준 것은《禮記》〈聘義〉에 '圭璋을 가지고 聘問(訪
問)하는 것은 禮를 중히 여긴 것이고, 이미 聘問이 끝났으면 圭璋을 돌려주는 것은 재물을 가볍
게 여기고 禮를 중히 여기는 뜻이다.'라고 하였으니, '五器卒乃復' 또한 그와 같은 것이다.〔三帛二
生一死贄則受之 惟五玉則禮畢而復還之者 聘義云 以圭璋聘 重禮也 已聘而還圭璋 此輕財而重禮之義也 五
器卒乃復 亦猶是也〕"라고 하였으며, 심지어 程伊川(程頤)까지도《程氏經說》에서 "'五器 같은 것은
禮가 끝났으면 돌려주었다'고 한 것은 諸侯가 존귀하므로 폐백이 중후했다. 그러므로 이미 접견
이 끝났으면 그 玉은 돌려주고 나머지는 돌려주지 않았으니, 禮를 가지고 여러 제후에게 答하기
위해서였다.〔如五器卒乃復者 諸侯尊而贄重 故已覲則復還其玉 餘則否 所以禮答列辟也〕"라고 하여 孔傳
을 따랐다.

　그런데 朱子만은《朱子五經語類》에서 "'如五器 卒乃復'에 대하여 舊說에서 모두 '五器는 곧 諸
侯의 五玉의 기구인데, 처음에 거두어놓고 이때에 와서 禮가 끝나면 돌려주었다.'고 하였는데,
유심히 살펴보면 그와 같은 말이 아닌 것 같다. 아마《書》의 글이 顚倒된 듯싶다. '五器'는 五禮
의 기구다.……이 문단에 아마 錯簡이 있는 것 같으니, 마땅히 '肆覲東后五玉三帛二生一死贄'라
고 하여야 한다.……'如五器 卒乃復'은 '如'란 것은 齊一의 뜻이고, '卒乃復'이란 것은 일이 끝나
면 돌아가는 것인데, 京師로 돌아감을 이른 것이 아니고, 다만 일이 끝나면 돌아갈(발길을 돌릴)
뿐이다. 그러므로 '復'이라고 한 것이다. 앞에서 말한 '瑞玉을 여러 제후에게 돌려주었다.'는 것이

守하사 至于南岳하사 如岱禮하시며 八月에 西巡守하사 至于西岳하사 如初하시며 十有

一月에 朔巡守하사 至于北岳하사 如西禮하시고 歸格[106]于藝祖하사 用特하시다

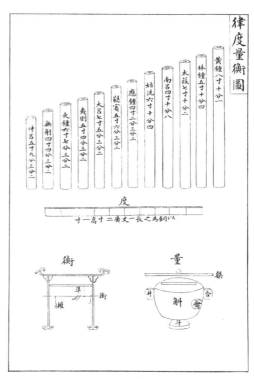

律度量衡圖

〈舜이 攝行 初, 巡守하는 그〉해 2월
에 동쪽 지방을 巡守하여 岱宗(泰山)에
이르러서 〈나무를 태워 하늘에〉柴제사
를 지내시며, 바라보고 秩次대로 산천에
望제사를 지내시고, 드디어 동쪽 제후들
을 만나보시니, 다섯 가지 瑞玉과 세 가
지 색깔의 비단과 두 가지 生物과 한 가
지 死物의 폐백이었다. 四時와 달수를
맞추어 날짜를 바로잡으셨으며 律·度·
量·衡을 통일시키셨으며, 五禮를 닦으
셨으며, 五器를 동일하게 정리하시고
〈그 일이〉끝나자 발길을 돌리셨다〔復〕.
5월에 남쪽 지방을 순수하여 南岳(衡山)
에 이르러서 岱宗에서 행한 禮와 똑같이
하셨으며, 8월에 서쪽 지방을 순수하여
西岳(華山)에 이르러서 처음에 행한 예
와 똑같이 하셨으며, 11월에 북쪽 지방

바로 돌려준 것이다. 이 두 글귀는 橫渠(張載)의 說에 근거한 것이다.〔如五器卒乃復 舊說皆云 如五
器 謂卽是諸侯五玉之器 初旣輯之 至此禮旣畢 乃復還之 看來似不如此 恐書之文顚倒了 五器 五禮之器
也……此段 疑有錯簡 當云肆覲東后 五玉三帛二生一死贄……如五器 卒乃復 如者齊一之義 卒乃復者 事畢復
歸也 非謂復歸京師 只是事畢還歸 故亦曰復 前說班瑞于群后 則是還之也 此二句 本橫渠說〕"라고 하였다.

106 歸格 : 조선 후기 李瀷의 《星湖疾書》〈書經疾書〉에 "堯임금과 舜임금은 모두 黃帝의 후손이다.
王統은 黃帝로부터 시작되었으니, 마무리한 제왕의 자리를 받을 적에나 卽位할 적에나 마땅히
黃帝의 廟堂에 고유해야 했다. 巡狩하고 돌아와서는 단지 帝嚳의 廟堂에만 이르게 했을 뿐이다.
대개 '格'은 至(이름)의 뜻이니. 한 廟堂뿐이 아니었다. 舜은 堯임금을 계승하였으니, 무릇 일이
있으면 반드시 堯임금의 廟堂에 고하였다. 일에는 크고 작음이 있으니, 帝嚳의 廟堂에 이를 경
우가 있고, 軒轅의 廟堂에 이를 경우가 있는 것이다. 이와 같이 보면 '格'자에 바야흐로 진정한
뜻이 있는 것이다.〔堯舜皆黃帝之後 垂統自黃帝始 則受終卽位 宜告于黃帝 其巡狩歸格 只令至嚳耳 蓋格
至也 非一廟也 舜承堯 凡有事 必將告于堯廟 事有大小 有至於嚳廟者 有至於軒廟者 如此看 格字方有義〕"라
고 하였다.

을 순수하여 北岳(恒山)에 이르러서 서쪽에서 행한 예와 똑같이 하셨다. 〈巡守를 마치고 나서〉 돌아와 藝祖의 廟堂에 이르러 한 마리의 소를 써서 〈제사를 지내셨다.〉

孟子曰 天子適諸侯曰巡守니 巡守者는 巡所守也[107]라하시니라 歲二月은 當巡守之年二月也라 岱宗은 泰山也라 柴는 燔柴以祀天也요 望은 望秩以祀山川也라 秩者는 其牲幣祝號之次第니 如五岳은 視三公하고 四瀆은 視諸侯하고 其餘는 視伯子男者也라 東后는 東方之諸侯也라 時는 謂四時요 月은 謂月之大小요 日은 謂日之甲乙이니 其法이 略見上篇[108]이라 諸侯之國에 其有不齊者면 則協而正之也라

孟子가 말씀하기를 "天子가 諸侯國에 가는 것을 '巡守'라고 하니, 巡守는 지키는 곳을 순행하는 것이다."라고 하였다. 歲二月은 巡守해야 하는 해의 2월이다. 岱宗은 泰山이다. 柴는 나무를 불태워서 하늘에 제사를 지내는 것이고, 望은 바라보고 秩次대로 산천에 제사를 지내는 것이다. 秩은 희생과 폐백과 祝號의 차례를 말하니, 이를테면 五岳은 三公에 견주고 四瀆은 諸侯에 견주고 그 나머지는 伯·子·男에 견주는 것과 같다. 東后는 동방의 제후를 말한다. 時는 四時를 말한 것이고, 月은 달의 크고 작음을 말한 것이고, 日은 날의 甲乙(日辰)을 말한 것이니, 그 법이 대략 上篇에 보인다. 제후국에 동일하지 않은 것이 있으면 동일하게 맞추어서 바로잡아준다.

律은 謂十二律이니 黃鍾, 大簇(태주), 姑洗(고선), 蕤賓(유빈), 夷則(이칙), 無射(무역), 大呂, 夾鍾, 仲呂, 林鍾, 南呂, 應鍾也라 六爲律이요 六爲呂하여 凡十二管이니 皆徑三分有奇요 空圍九分이니 而黃鍾之長은 九寸이요 大呂以下는 律呂相間하여 以次而短하여 至應鍾而極焉하니 以之制樂而節聲音이면 則長者聲下하고 短者聲高하니 下者則重濁而舒遲하고 上者則輕淸而剽疾하며 以之審度(도)而度(탁)長短이면 則九十分黃鍾之長하여 一爲一分이니 而十分爲寸이요 十寸爲尺이요 十尺爲丈이요 十丈爲引이요 以之審量而量多少면 則黃鍾之管의 其容子穀秬黍(거서)[109]中者一千二百이 以爲龠이니 而十龠爲合이요 十合爲升이요 十升爲斗요 十斗爲斛이요 以之平衡而權輕重이면 則黃鍾之龠의 所容千二百黍는 其重十二銖니 兩龠則二十四銖爲

---

107 孟子曰……巡所守也 : 《孟子》〈梁惠王 下〉에 보인다.

108 時謂四時……略見上篇 : 〈堯典〉 3章 '曆象日月星辰'의 註에 보인다.

109 子穀秬黍(거서) : 子穀은 겉곡식, 곧 찧지 않은 곡식이다. 秬黍는 검은 기장이니, 고대에 중간 크기의 알곡으로 度量의 기준을 삼았다.

兩이요 十六兩爲斤이요 三十斤爲鈞이요 四鈞爲石이니 此黃鍾所以爲萬事根本이라 諸侯之國에 其有不一者면 則審而同之也라 時月之差는 由積日而成이니 其法則先粗而後精하고 度量衡은 受法於律이니 其法則先本而後末이라 故로 言正日이 在協時月之後하고 同律이 在度量衡之先하니 立言之敍 蓋如此也라

律은 12律을 이르니 곧 黃鍾·大簇·姑洗·蕤賓·夷則·無射·大呂·夾鍾·仲呂·林鍾·南呂·應鍾이다. 이 중에 여섯은 律이고 여섯은 呂로서 모두 12管인데, 모두 지름이 3푼[分] 남짓하고 구멍의 둘레는 9푼이다. 그리고 黃鍾의 길이는 9치[寸]이고, 大呂 이하는 律과 呂가 서로 번갈아가며 차례로 짧아져서 應鍾에 이르러 가장 짧다. 이것을 가지고 악기를 만들어 音聲을 조절하면 긴 것은 소리가 낮고 짧은 것은 소리가 높은데, 낮은 것은 重濁하면서 느리고, 높은 것은 輕淸하면서 빠르다.

이것을 가지고 길이[度]를 살펴 길고 짧음을 헤아리면 황종의 길이를 90분하여 1분이 1푼이 되니, 10푼이 1치고 10치가 1尺이고 10척이 1丈이고 10장이 1引이다.

이것을 가지고 분량[量]을 살펴 많고 적음을 헤아리면 황종의 관에 들어가는 아직 도정하지 않은 중간 크기의 찰기장 1,200알이 龠이 되니, 10龠이 1合이고 10合이 1升이고 10升이 1斗고 10斗가 1斛이다.

이것을 가지고 저울대[衡]를 수평으로 해서 가볍고 무거운 것을 달면 황종의 龠에 들어가는 1,200알의 기장은 그 무게가 12銖니, 2龠이면 24銖로서 1兩이 되고, 16兩이 1斤이고, 30斤이 1鈞이고, 4鈞이 1石이니, 이는 황종이 만사의 근본이 되는 이유이다. 제후국에 동일하지 않은 것이 있으면 살펴서 동일하게 하는 것이다.

四時와 달의 차이는 날짜가 누적됨으로 말미암아 이루어지는 것이니, 〈이 節에서 글을 쓰는〉 법이 거친 것을 먼저 다루고 정한 것을 뒤에 다루며, 度·量·衡은 律에서 법을 받으니 그 법은 本을 먼저 다루고 末을 뒤에 다룬다. 그러므로 날짜를 바로잡는 것이 사시와 달수를 맞추는 것 뒤에 있고, 律을 동일하게 하는 것이 度·量·衡의 앞에 있으니, 立言하는 순서가 대개 이와 같은 것이다.

五禮는 吉凶軍賓嘉也요 修之는 所以同天下之風俗이라 五玉은 五等諸侯所執者니 卽五瑞也[110]요 三帛은 諸侯世子는 執纁하고 公之孤[111]는 執玄하고 附庸之君은 執

---

110 五玉……卽五瑞也 : 袁仁은 "註에서 '五玉은 곧 윗글의 五瑞다.'라고 한 것은 잘못이다. 대개 이 '五玉'은 바로 諸侯가 가져 폐백을 삼는 것이고, '五瑞'와 같은 것은 天子의 命圭로서 諸侯가 대대로 지키어 瑞信을 삼는 것인데, 어떻게 폐백을 가지고 뵙는 禮에 있어서 대대로 지키는 瑞圭를 드릴 수 있겠는가?[註謂五玉 卽上文五瑞 誤矣 蓋此五玉 乃諸侯所執以爲贄者 若五瑞則天子之命圭 諸

黃이라 二生은 卿은 執羔하고 大夫는 執雁하며 一死는 士는 執雉하니 五玉三帛二生
一死는 所以爲贄而見者라 此九字[112]는 當在肆覲東后之下協時月正日之上이어늘
誤脫在此하니 言東后之覲에 皆執此贄也라 如五器는 劉侍講曰 如는 同也요 五
器는 卽五禮之器也[113]니 周禮六器六贄는 卽舜之遺法也라하니라 卒乃復者는 擧祀
禮하고 覲諸侯하고 一正朔하고 同制度하고 修五禮하고 如五器하여 數事皆畢이면 則
不復(부)東行하고 而遂西向하여 且轉而南行也라 故曰卒乃復이라하니라 南岳은 衡山이요
西岳은 華山이요 北岳은 恒山이니 二月東하고 五月南하고 八月西하고 十一月北은 各
以其時也라 格은 至也니 言至于其廟而祭告也라 藝祖는 疑卽文祖라 或曰 文祖는
藝祖之所自出이라하니 未有所考也[114]라 特은 特牲也니 謂一牛也라 古者에 君將
出이면 必告于祖禰하고 歸면 又至其廟而告之라 孝子는 不忍死其親이니 出告(곡)反
面[115]之義也라 王制曰 歸格于祖禰라하니 鄭注曰 祖下及禰에 皆一牛[116]라하고 程
子以爲但言藝祖는 擧尊爾니 實皆告也라 但止就祖廟하여 共用一牛요 不如時祭
各設主於其廟也라하니 二說이 未知孰是일새 今兩存之하노라

　　五禮는 吉禮·凶禮·軍禮·賓禮·嘉禮의 다섯 가지 禮요, 닦는다(修)는 것은 천하
의 풍속을 동일하게 하기 위함이다. 五玉은 다섯 등급의 諸侯가 가지는 것이니 곧
다섯 등급의 瑞玉이고, 三帛은 諸侯의 世子는 분홍 비단을 가지고 公의 孤(上公의

　　侯世守以爲瑞信者 豈有贄見之禮 而乃獻其世守之圭耶"라고 하였다.(《尙書砭蔡編》)

111 孤 : 벼슬 이름. 곧 孤卿.《周禮注疏》에서 '公之孤'에 대하여 鄭司農은 "9命의 上公은 孤卿 한 사
　　람을 두게 된다.(九命上公 得置孤卿一人)"라고 注를 달았다.

112 九字 : '五玉三帛二生一死贄'의 9字를 孔傳은 그 위치를 그대로 두고 해석하였으나 蔡傳은 錯簡
　　으로 보고 위치를 '肆覲東后' 아래로 옮겨 해석한 것은 吳才老(吳棫)의 說에 근거한 것이다. 權近
　　은 이에 대하여《書淺見錄》〈書說〉에서 "〈舜典〉은 今文과 古文에 다 들어 있다. '五玉三帛二生
　　一死贄' 1節은 錯簡이다. 孔安國은 隸書로 古文(蝌蚪文)을 옮겨 적어 錯亂되고 磨滅된 끝에 정
　　리하였으니, 혹 錯誤가 있을 수 있겠지만, 伏生은 책을 안 보고도 暗誦을 하는 입장에서 또한 차
　　서를 잃은 것은 무엇 때문인가? 이것은 반드시 夫子(孔子)께서 刪書하시기 이전에 이미 착오가
　　생겼을 것이다. 그렇다면 夫子께서는 왜 바로잡지 아니하셨을까? 이것은 〈부자께서〉 '내 생전에
　　외려 史官이 역사를 기록할 때 의심스런 사실은 闕文으로 두는 것을 볼 수 있었다.'란 바로 그런
　　뜻에서 刪削하시지 않았던 것이다.……夒曰' 1節도 마찬가지이다.(舜典今文古文皆有 五玉三帛二生
　　一死贄一節錯簡 安國爲隸古 定於錯亂磨滅之餘 容有錯誤 伏生背文暗誦 而亦失次何歟 是必夫子刪書之前
　　而已錯矣 然則夫子奚不正之 是猶史闕文之意……夒曰一節亦然)"라고 하여 蔡傳을 은근히 비판하고
　　있다.
　　　孔傳에서 그대로 둔 것은 '五玉之器'라고 본 것이다. 蔡傳처럼 9자가 도치된 것으로 보아 '肆覲
　　東后' 뒤로 옮기면 '修五禮 如五器'가 되므로 五器의 五는 앞의 五禮를 받아 '五禮之器'가 된 것이
　　다.

孤卿)는 검은 비단을 가지고 附庸國의 임금은 노란 비단을 갖는 것이다. 二生은 卿은 한 마리의 산 염소를 가지고 大夫는 한 마리의 산 기러기를 갖는 것이며 一死는 士는 한 마리의 죽은 꿩을 갖는 것이니, 五玉과 三帛, 二生과 一死는 예물로 삼아 만나보기 위한 것이다. 〈五玉三帛二生一死贄〉 이 아홉 글자는 마땅히 '肆覲東后'의 아래, '協時月正日'의 위에 있어야 할 것인데 誤脫되어 여기에 있으니, 동쪽 제후를 만나볼 적에 모두 이와 같은 예물을 가졌음을 말한 것이다.

如五器는 劉侍講(劉敞)이 말하기를 "如는 同의 뜻이요, 五器는 곧 五禮의 기물이니, 《周禮》〈春官 大宗伯〉의 六器와 六贄는 곧 舜의 遺法이다."라고 하였다. 卒乃復은 祭禮를 거행하고 제후를 접견하고 正朔을 동일시키고 제도를 동일시키고 五禮를 닦고 五器를 동일시키는 것과 같은 몇 가지 일이 다 끝났으면 다시 동쪽으로 가지 않고 드디어 서쪽으로 향해가다가 다시 방향을 바꾸어 남쪽으로 가는 것이다. 그러므로 '卒乃復'이라고 말한 것이다.

---

113 五器 卽五禮之器也 : 朱子의 설에 의거한 蔡傳은 '如'를 同의 뜻으로, '器'를 五禮의 기구로 보아 "'卒乃復'은 祭禮를 거행하고 諸侯를 접견하고 正朔을 통일시키고 制度를 통일시키고 五禮를 닦고 五器를 통일시키는 것과 같은 몇 가지 일이 다 끝나면 다시 동쪽으로 가지 않고 드디어 서쪽으로 향해갔다가 다시 방향을 바꾸어 남쪽으로 가는 것이다. 그러므로 '卒乃復'이라고 말한 것이다.〔卒乃復者 擧祀禮 觀諸侯 一正朔 同制度 修五禮 如五器 數事皆畢 則不復東行 而遂西向 且轉而南行也 故曰卒乃復〕"라고 하였는데, 元代 吳澄은 《書纂言》에서 "'復'은 回還한다는 것이니 이와 같은 몇 가지 일이 다 끝났으면 回還하여 다른 곳으로 향하는 것이다.〔復回還也 此數事皆畢 則回還而他向也〕"라고 했는가 하면, 明代 陳第는 《尙書疏衍》에서 "蔡註에 이르기를 '卒乃復'이란 것은 祀禮를 거행하고, 諸侯를 접견하고, 正朔을 통일시키고, 制度를 통일시키고, 五禮를 닦고, 五器를 통일시키는 것과 이 같은 몇 가지 일이 다 끝났으면 다시 동쪽으로 가지 않고 드디어 서쪽으로 향해갔다가 다시 방향을 바꾸어 남쪽으로 갔다.'고 하였다. 이 해석이 매우 정당하니, 흠잡을 수 없다.〔蔡注曰 卒乃復者 擧祀禮 觀諸侯 一正朔 同制度 修五禮 如五器 數事皆畢 則不復東行 而遂西向 且轉而南行也 此解甚當 無容喙矣〕"라고까지 하여 蔡傳을 높이 평가하였다. 조선 후기 尹鑴는 《讀書記》〈讀尙書〉에서 "'復'은 歸復한다는 것이다. 응당 한 해에 五岳을 두루 巡守하지 못할 것이니, '歲'라고 말한 것은 5년 내의 歲事가 이와 같음을 이른 것이다.〔復歸復也 不應一歲徧巡五岳 言歲者 謂五歲之內 歲事如此〕"라고 하여 다른 견해를 보이고 있다.

그러나 淸代 毛奇齡은 《尙書廣聽錄》에서 "蔡傳은 朱元晦(朱子)의 說에 따라 本文의 '五玉三帛二生一死贄'를 고쳐서 '如五器'의 아래, '卒乃復'의 위로 옮겨놓았으니, 經文의 '五玉三帛二生一死贄如五器卒乃復' 15字가 서로 잇따라 해석되므로 뜻이 통하지 않는다. 經文에서는 '조회하러 온 동쪽 제후들은 모든 玉·帛·生物·死物을 일제히 가지고 와서 예물로 내놓는데, 단지 玉만 禮가 끝나면 돌려주고 나머지는 돌려주지 않았다.'고 이른 것이니, 이는 《禮記》〈聘義〉에서 '이미 聘問했으면 그 圭璧은 돌려주었다.'는 禮와 같은 것이다.…… 如五器란 것은 '如'가 語詞니 '이 같은 五器'라는 말이다. 蔡傳에서 '如五器' 3字를 割截하였으니 '卒乃復'의 글귀에서는 禮가 끝나면 돌아가지 않을 수 없게 된다. 그래서 그렇게 해석한 것이다. 한 해에 四岳을 돌아야 하는데 꼭 한 岳에서 한 번씩 조정으로 돌아간다면 시간에 부족함이 있고, 만일 後岳에서 前岳으로

　　南岳은 衡山이고 西岳은 華山이고 北岳은 恒山이니, 2월에는 동쪽, 5월에는 남쪽, 8월에는 서쪽, 11월에는 북쪽으로 가는 것은 각각 그 철을 따르기 위함이다. 格은 至(이르다)의 뜻이니, 그 사당에 이르러 제사를 지내 告함을 말한 것이다. 藝祖는 아마도 文祖인 듯하다. 혹자는 말하기를 "문조는 예조가 나온 바다."라고 하는데, 상고할 곳이 없다. 特은 特牲이니, 한 마리의 소를 말한다. 옛날 군주는 장차 나가려고 하면 반드시 할아버지의 사당과 아버지의 사당에 고유하고, 돌아오면 또 그 사당에 이르러 고하였다. 효자는 차마 그 어버이를 죽었다고 생각하지 못하니, 곧 '외출할 때에는 반드시 〈외출할 것을〉 아뢰고, 돌아와서는 반드시 안색을 살펴본다.'는 뜻이다. 《禮記》〈王制〉에 이르기를 "돌아와서 할아버지와 아버지의 사당에 이르렀다."라고 하였는데, 鄭玄의 注에 "할아버지 이하 아버지 사당에 이르기까지 모두 소 한 마리를 쓴다."라고 하였고, 程子는 "단지 藝祖만을 말한 것은 높은 분을 든 것이니, 실제로는 모두 고하는 것이다. 다만 할아버지 사당에 가서 소 한 마리를 함께 써서 時祭에 각각 그 사당에 神主를 설치하는 것과는 같지 않다."라고 하였으니, 두 說이 그 어느 것이 옳은지 알 수 없으므로 이제 두 설을 모두 존치하는 바이다.

字義　岱 : 산 이름 대　柴 : 나무 시　秩 : 차례 질　贄 : 폐백 지　卒 : 끝날 졸　復 : 회복할 복
　　　格 : 이를 격　特 : 소 한 마리 특　燔 : 태울 번　牲 : 희생 생　幣 : 폐백 폐　視 : 견줄 시
　　　籈 : 음률 주　洗 : 음률 선　蕤 : 음률 유　則 : 음률 칙　射 : 음률 역　圍 : 둘레 위
　　　剽 : 빠를 표　疾 : 빠를 질　度 : 길이 도　引 : 열길 인　秬 : 검은 기장 거　黍 : 기장 서
　　　龠 : 홉의 십분의 일 약　合 : 홉 갑　升 : 되 승　斗 : 말 두　斛 : 휘 곡, 열말들이 곡
　　　銖 : 무게의 단위 수　兩 : 근 양　斤 : 근 근　鈞 : 서른근 균　石 : 섬 석　纁 : 분홍빛 훈

돌아간다면 사리에 통하지 못한다. 또 '돌아와서 藝祖에 이른다.'는 것은 분명히 '순수가 끝나면 돌아간다.'는 것을 말함이니, 이때는 아직 돌아가지 못한 상태다. 만일 '또 한 岳에 이르렀다가 돌아간다.'고 한다면 앞으로 가는 중이라 걸음을 돌리지 않은 상태다. 만일 '諸侯가 돌아갔다.'고 한다면 동쪽 제후들이 東岳에서 조회를 하기 때문에 그들의 걸음이 지경을 벗어나지 않았으니 '돌아갔다.'고 말할 수 없다. 더구나 諸侯가 먼저 갈 수 있겠는가.〔蔡傳遵朱元晦說 改本文五玉三帛二生一死贄 移之如五器之下卒乃復之上 則于經文五玉三帛二生一死贄如五器卒乃復一十五字 相仍解釋 爲不通矣 經文謂東后來覲者 凡玉帛生死一齊來贄 但玉則禮畢還之 餘不還耳 此與聘義已聘而還其圭璧禮同……如五器者 如語詞 謂若是五器也 自蔡傳割截如五器三字 則于卒乃復句 不得不以禮畢而復還 故所爲解 夫以一歲周四岳 而必一岳一還朝 則于時有不給 若以後岳還前岳 則于事理又未通 且歸格藝祖 明云巡畢始歸 此時未復也 如曰又至一岳名復 則前行非反步也 如曰諸侯復去 則以東后覲東岳 行不出境 未可言復 且諸侯可先去乎〕"라고 하여 蔡傳의 잘못을 지적하고 있다. 그러나 毛奇齡은 蔡傳에서 '如五器'의 위에 있는 '五玉三帛二生一死贄'에 대하여 "이 아홉 글자는 마땅히 '肆覲東后'의 아래, '協時月正日'의 위에 있어야 하니 誤脫되어 여기에 있게 되었다.〔此九字當在肆覲東后之下協時月正日之上 誤脫在此〕"라고 한 것을 반대로 말하여 뒤죽박죽을 만들고 있는 것이다.

告 : 청할 곡   禰 : 아버지사당 녜   主 : 신주 주

9. 五載에 一巡守어시든 群后는 四朝[117]하나니 敷奏以言①하시며 明試以功②하시며 車服以庸③하시다

① 書經 敷奏以言 : 베풀어 아뢰되 말로써 하게 하셨으며
　一般 以言敷奏 : 말로써 베풀어 아뢰게 하셨으며

② 書經 明試以功 : 밝게 상고하되 공적으로써 하셨으며
　一般 以功明試 : 공적으로써 밝게 상고하셨으며

③ 書經 車服以庸 : 수레와 의복을 공적으로써 표창하셨다.
　一般 以庸車服 : 공적을 가지고 수레와 의복으로 표창하셨다.

＊ 아래 〈益稷〉에도 '敷納以言 明庶以功 車服以庸'이란 비슷한 서경문법이 보인다. 다만 '奏'가 '納'으로, '試'가 '庶'로 바뀌는 동시에 〈舜典〉의 것은 이미 한 일을 가지고 말하고, 〈益稷〉의 것은 앞으로 할 일을 가지고 말한 것이 다를 뿐이다.

〈천자가〉 5년에 한 번 순수하시면 여러 제후는 〈천자에게〉 네 번 조회를 하였으니, 〈직무성과를 각자〉 말로써 베풀어 아뢰게 하셨으며, 공적의 〈유무를〉 밝게 상

---

114 藝祖之所自出 未有所考也 : 洪奭周는 《尙書補傳》에서 "孔傳은 藝祖를 곧 文祖로 여겼고, 어떤 이는 '文祖는 藝祖의 소자출이다.'라고 하였는데, 蔡傳은 둘 다 존치시켰다. 대저 '號名'이란 것은 그 異同을 변별하기 위한 것이다. 그런데 한 廟堂인데 혹은 '文祖'라 칭하고, 혹은 '藝祖'라 칭하였다. 1篇의 안에서 同實殊名하였으니, 또 장차 어떻게 그 다른 점을 변별할 수 있겠는가.〔孔傳以藝祖 爲卽文祖 或曰 文祖藝祖之所自出 蔡傳兩存之 夫號名者 所以別其異同也 一廟也而或稱文 或稱藝 一篇之內 同實殊名 又將何以別其異者耶〕"라고 하였다.

115 出告(곡)反面 : 《禮記》〈曲禮 上〉에 "외출할 때에는 반드시 〈외출할 것을〉 아뢰고, 돌아와서는 반드시 얼굴을 뵌다〔出必告 反必面〕"라고 보인다.

116 鄭注……皆一牛也 : 尹鑴는 《讀書記》에서 "'소 한 마리를 썼다'는 설은 鄭氏(鄭玄)를 따라야 할 듯싶다. 응당 할아버지 사당에만 가서 소 한 마리를 함께 쓰지는 않았을 것이다.〔用特之說 恐當從鄭氏 不應止就祖廟共用一牛〕"라고 하였다.

117 四朝 : 孔傳은 "각각 方岳의 아래에서 會朝하는 데가 네 곳이기 때문에 '四朝'라 한다.〔各會朝于方岳之下 凡四處 故曰四朝〕"라고 풀이하였고, 蔡傳은 "四方의 諸侯가 天子國에 와서 조회했다.〔四方諸侯 來朝于天子之國〕"라고 하여 사방의 제후가 각각 한 번씩 조회하면 모두 네 번 조회한 것으로 풀이하였다. 黃鎭成은 "1년에는 天子가 四岳을 巡守하면 사방의 제후가 각각 方岳의 아래에서 천자를 뵈었다. 2년에는 동방의 제후가, 3년에는 남방의 제후가, 4년에는 서방의 제후가, 5년에는 북방의 제후가 天子國에 와서 조회하였다."라고 한다.《尙書通考》

고하셨으며, 공적을 가지고 수레와 의복으로 표창하셨다.

五載之內에 天子巡守者一이요 諸侯來朝者四니 蓋巡守之明年엔 則東方諸侯來朝于天子之國하고 又明年엔 則南方之諸侯來朝하고 又明年엔 則西方之諸侯來朝하고 又明年엔 則北方之諸侯來朝하며 又明年엔 則天子復巡守하니 是則天子諸侯雖有尊卑나 而一往一來하여 禮無不答이라 是以로 上下交通하고 而遠近洽和也라 敷는 陳이요 奏는 進也라 周禮曰 民功曰庸이라하니라 程子曰 敷奏以言者는 使各陳其爲治之說하여 言之善者면 則從而明考其功하여 有功則賜車服以旌異之하고 其言不善이면 則亦有以告飭之也라하고 林氏曰 天子巡守엔 則有協時月日以下等事요 諸侯來朝엔 則有敷奏以言以下等事라하니라

5년 동안에 천자가 巡守하는 횟수는 한 번이고, 제후가 와서 조회하는 횟수는 〈사방 제후를 합하여 모두〉 네 번이니, 순수한 다음 해에는 동쪽 지방의 제후들이 천자국에 와서 조회하고, 또 그 다음 해에는 남쪽 지방의 제후들이 와서 조회하고, 또 그 다음 해에는 서쪽 지방의 제후들이 와서 조회하고, 또 그 다음 해에는 북쪽 지방의 제후들이 와서 조회하며, 또 그 다음 해에는 천자가 다시 순수하니, 이는 천자와 제후에게 비록 尊卑의 구분은 있으나 한 번 가고 한 번 와서 禮로 답하지 않음이 없다. 이 때문에 上下가 서로 통하고 遠近이 흠뻑 화합하게 되는 것이다. 敷는 陳(펴다)의 뜻이고, 奏는 進(아뢰다)의 뜻이다. 《周禮》〈夏官 司勳〉에 "백성의 공을 '庸'이라 한다."라고 하였다.

程子는 말씀하기를 "敷奏以言이란 것은 각각 직무성과에 대한 말을 아뢰게 해서 그 말이 선하면 따르고, 그 공을 밝게 상고하여 공이 있으면 수레와 의복을 하사하여 특별히 표창하고, 그 말이 선하지 않으면 또한 알려주고 경계함이 있었다."라고 하였고, 林氏(林之奇)는 말하기를 "천자가 순수할 적에는 '協時月日' 이하 같은 일들이 있고, 제후가 와서 조회할 적에는 '敷奏以言' 이하 같은 일들이 있다."라고 하였다.

字義 朝:조회할 조　敷:펼 부　試:상고할 시　庸:공적 용　進:아뢸 진　旌:표할 정
飭:경계할 칙　洽:흡족할 흡

10. 肇十有二州하시고 封十有二山[118]하시며 濬川하시다

처음으로 12州를 만드시고 12州의 山을 封表하시며 하천을 준설하셨다.

---

118 封十有二山 : 孔傳은 '封'을 大의 뜻으로 보아 "매 州의 명산을 특별히 크게 여겨 그 州의 鎭山으로 삼았다.〔每州之名山 殊大之 以爲其州之鎭〕"라고 풀이하였다.

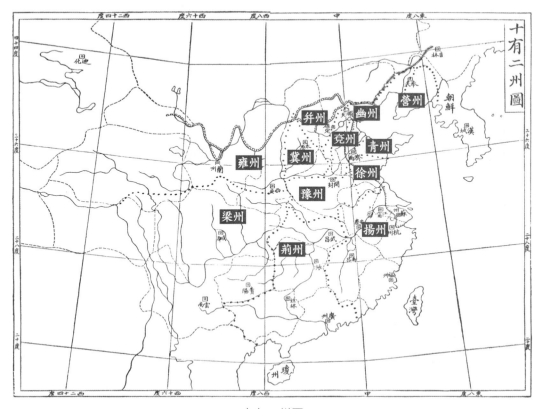

十有二州圖

肇는 始也라 十二州는 冀, 兗, 靑, 徐, 荊, 揚, 豫, 梁, 雍, 幽, 幷, 營也라 中古之
地는 但爲九州니 曰冀, 兗, 靑, 徐, 荊, 揚, 豫, 梁, 雍이라 禹治水作貢에도 亦因其
舊러니 及舜卽位에 以冀靑地廣이라하여 始分冀東恒山之地하여 爲幷州하고 其東北
醫無閭之地를 爲幽州하며 又分靑之東北遼東等處하여 爲營州하고 而冀州는 止有
河內之地하니 今河東一路是也라 封은 表也니 封十二山者는 每州에 封表一山하여
以爲一州之鎭이니 如職方氏言揚州其山鎭曰會稽之類라 濬川은 濬導十二州之
川也라 然이나 舜旣分十有二州로되 而至商時에 又但言九圍九有[119]하고 周禮職方
氏에 亦止列爲九州하여 有揚, 荊, 豫, 靑, 兗, 雍, 幽, 冀, 幷하고 而無徐, 梁, 營
也하니 則是爲十二州는 蓋不甚久니 不知其自何時復合爲九也라 吳氏曰 此一節은

---

119 九圍九有 : 九州와 같다.

在禹治水之後니 其次序不當在四罪之先이라 蓋史官이 泛記舜所行之大事하고 初
不計先後之敍也[120]라

肇는 始의 뜻이다. 12州는 冀州·兗州·靑州·徐州·荊州·揚州·豫州·梁州·雍
州·幽州·幷州·營州이다. 中古時代의 〈중국〉 땅은 다만 9州였을 뿐이니, 곧 冀州·
兗州·靑州·徐州·荊州·揚州·豫州·梁州·雍州이다. 禹가 홍수를 다스리고 貢賦를
작성할 때에도 옛것을 그대로 따랐었는데, 舜이 즉위하자 冀州와 靑州의 땅이 넓다
하여 비로소 冀州의 동쪽 恒山의 땅을 분할하여 幷州로 만들고, 그 동북쪽 醫無閭
山의 땅을 幽州로 만들었으며, 또 靑州의 동북쪽 遼東 등지를 분할하여 營州로 만
들고 冀州는 단지 河內의 땅을 소유했을 뿐이니, 지금의 河東路 한 곳이 그것이다.

封은 表의 뜻이니, 12山을 封表하는 것은 州마다 한 山을 封表하여 한 州의 鎭山
으로 삼은 것이니, 이를테면《周禮》〈夏官 職方氏〉에서 "揚州는 그 鎭山을 '會稽山'
이라 한다."라고 말한 것과 같은 따위이다.

濬川은 12州의 하천을 준설하여 〈물의 흐름을〉 인도하는 것이다. 그러나 舜이 이
미 12주를 분할하였으되 商나라 때에 와서 또 단지 '九圍', '九有'라고만 말하였고,
《周禮》〈夏官 職方氏〉에도 단지 9州만을 나열하여 揚州·荊州·豫州·靑州·兗州·
雍州·幽州·冀州·幷州만 있고 徐州·梁州·營州는 없다. 그렇다면 이 12주를 만든
것이 아마도 오래가지 않은 모양인데, 언제부터 다시 합하여 九州가 되었는지는 알
수 없다.

吳氏는 말하기를 "이 1節의 일은 禹가 홍수를 다스린 뒤에 있는 것이니, 그 차례

---

120 吳氏曰……初不計先後之敍也 : 淸代 閻若璩는《尙書古文疏證》에서 "〈吳氏의 말은〉 잘못이다.
처음으로 12州를 만든 일이 水土를 안전하게 다스린 뒤에 있었음을 일단 알았으면 응당 5년에
한 번 순수한 뒤에 있었다는 것을 알 수 있다. 그 四凶을 치죄한 일을 끝 장에 배속한 것은 아마
刑典을 인하여 附記한 것이리니, 孔安國의 傳에 이른바 '作者가 먼저 典刑을 서술하고 연달아서
四凶을 치죄한 일을 이끌어서, 이것들은 모두 舜이 堯임금의 부림을 받아 등용되었을 때 행한
바임을 밝혀서 여기에 모두 보인 것이다.'라는 것이 가장 확실하다. '舜이 행한 일을 범연하게 기
록했을 뿐, 당초에 선후의 차례 같은 것은 따지지 않았다.'고 한다면, 이 2節을 가리키고 저 1節
을 가리키지 않은 것도 역시 가하다.〔非也 旣知肇州在平水土後 自應在五載一巡守後可知 其四罪繫末簡
者 蓋因刑而附記之 孔安國傳所謂作者先敍典刑 而連引四罪 明皆徵用所行 於此總見之 最確 泛記舜行事 初
不計先後之序 若指此二節 而不指彼一節 亦可矣〕"라고 하였고, 李光地는《尙書七篇解義》에서 "蔡傳
은 孔說을 따라 '禹가 홍수를 다스린 뒤에 있었다.'고 한 것은 옳지 못하다. 禹는 이미 九州의 산
까지도 나무를 베어 길을 통해서 이미 旅祭를 지낼 수 있게 하고, 九州의 하천들은 이미 준설이
끝나 막힌 데가 없게 하였는데, 아직도 산을 封表하지 못하고 하천을 준설하지 못한 것이 있었던
가.〔蔡傳從孔說 謂在禹治水之後者 非是 禹旣九山刊旅 九川滌源 尙有未封未濬者乎〕"라고 하였다.

가 四凶을 치죄한 일의 앞에 있을 수가 없다. 이는 史官이 舜이 행한 큰 일을 범연하게 기록했을 뿐이고, 당초에 선후의 차례 같은 것은 따지지 않았다."라고 하였다.

字義 　肇 : 비로소 조　封 : 표할 봉　濬 : 개천 칠 준　遼 : 멀 요　鎭 : 진압할 진　導 : 인도할 도
　　　商 : 나라이름 상　泛 : 범연할 범

11. 象[121]以典刑하사되 流宥五刑하시며 鞭作官刑하시고 扑(복)作教刑하사되 金作贖刑하시며 眚災란 肆赦하시고 怙(호)終으란 賊刑하사되 欽哉欽哉하사 惟刑之恤哉[122]하시다

일정한 형벌을 형상으로 보여주시되 流刑으로 五刑을 너그럽게 감해주시며, 채찍으로 치는 것을 관청의 형벌로 정하시고, 회초리로 때리는 것을 학교의 형벌로 정하시되 황금(돈)으로 속죄하는 형벌을 만드시며, 과오로 지은 죄[眚]와 불행히 실수로 지은 죄[災]는 놓아주시고, 믿는 구석이 있어 저지른 죄와 〈같은 죄를〉 다시 범하는 자[怙終]는 사형에 처하시되[賊刑], 조심하고 조심하여 오직 형벌을 신중하게 다루셨다.

象은 如天之垂象以示人이요 而典者는 常也라 示人以常刑은 所謂墨劓剕宮大辟의 五刑之正也니 所以待夫元惡大憝殺人傷人穿窬淫放은 凡罪之不可宥者也요 流宥五刑者는 流는 遣之使遠去니 如下文流放竄殛之類也[123]라 宥는 寬也니 所以待

121　象 : 孔傳은 '法'의 뜻으로 보고, 孔疏는 《周易》〈繫辭傳 上〉의 "하늘이 형상을 드리우다.[天垂象]"를 인용하여 "이 형상이 본받을 法이 되기 때문에 '法'이라 한 것이다.[是象爲倣法 故爲法也]"라고 부연 설명하였는데, 蔡傳은 孔疏를 따라 풀이하였다. '垂象'의 象은 日月星辰 따위를 가리킨다.

122　欽哉欽哉 惟刑之恤哉 : 孔傳은 '欽哉欽哉'를 "천하를 주의시켜 신중하도록 한 것[勅天下使敬之]"이라 하여 舜이 천하에 당부한 것으로 풀이하고, '惟刑之恤哉'를 "형벌을 꼭 맞게 적용하려는 것을 근심하였기 때문이다.[憂欲得中]"라고 풀이하였으며, 蔡傳은 '欽哉欽哉'를 "조심하고 신중하사"라고 하여 舜이 자신을 독려한 것으로 풀이하고, '惟刑之恤哉'를 "조심하고 신중히 하는 뜻이 그 사이에 행해지는 것이다.[欽恤之意 行乎其間]"라고 풀이하였다.

123　流放竄殛之類也 : 洪奭周는 《尙書補傳》에서 "《字典》에서 '殛'을 誅의 뜻으로 여겼다. 그러므로 세상에서 '殛鯀'을 誅戮을 입어 죽은 것으로 여기는 것은 잘못이다. 孔傳은 '殛·竄·放·流는 모두 「誅」의 뜻이다.'라고 하였고, 孔疏는 「殛」이란 것은 誅責을 일컫는다.'고 하였으니, 아마 '誅'는 責(꾸짖음)의 뜻으로서 '於予何誅'에서의 誅와 같은 것이지, '誅戮'을 이름은 아닐 것이다. 그런데 蔡傳은 '殛'을 가두어 곤궁하게 하는 것으로 여겼으니, 또한 명확한 근거가 없다. 《春秋左氏傳》에서는 '四裔에 내쳐서 魑魅(이매)를 막았다.'고 하였고, 《史記》에서는 '鯀을 羽山에 내쳐서 東夷를 변화시켰다.'고 하였으니, '變'은 그 풍속을 변화시킨 것이다. 四岳에게 비록 죄가 있으나 그들로 하여금 夷狄을 다스리게 하였으니, 외려 족히 그 풍속을 변화시키기를 마치 後世에서 관원

夫罪之稍輕이라 雖入於五刑이나 而情可矜法可疑와 與夫親貴勳勞而不可加以刑
者는 則以此而寬之也라 鞭作官刑者는 木末垂革이니 官府之刑也요 扑作敎刑者는
夏楚二物이니 學校之刑也라 皆以待夫罪之輕者라 金作贖刑者는 金은 黃金이요 贖은
贖其罪也라 蓋罪之極輕이 雖入於鞭扑之刑이나 而情法猶有可議者也라 此五句
者는 從重入輕에 各有條理니 法之正也라 肆는 縱也라 眚災肆赦者는 眚은 謂過
誤요 災는 謂不幸이니 若人이 有如此而入於刑이면 則又不待流宥金贖而直赦之
也라 賊은 殺也라 怙終賊刑者는 怙는 謂有恃요 終은 謂再犯이니 若人有如此而入
於刑이면 則雖當宥當贖이라도 亦不許其宥하고 不聽其贖하여 而必刑之也라 此二句
者는 或由重而卽輕하고 或由輕而卽重이라 蓋用法之權衡이니 所謂法外意也라

象은 하늘이 형상을 드리워 사람에게 보이는 것과 같은 것이고, 典은 常(일정함)의
뜻이다. 사람들에게 일정한 형벌을 보이는 것은 이른바 墨·劓·剕·宮·大辟 등 다
섯 가지 형벌의 正則이니, 元惡大憝나 사람을 죽이고 사람을 상해하거나 담을 뚫고
담을 넘어가서 도둑질을 하거나 음란하고 방탕한 행동을 하는 등 모든 용서할 수
없는 죄를 지은 죄인에게 적용하는 것이다.

流宥五刑이란 것은 流는 보내어 멀리 가게 하는 것이니, 아랫글의 流·放·竄·殛
과 같은 따위이다. 宥는 寬의 뜻이니, 죄가 다소 가벼운 죄인에게 적용하는 것이다.
비록 五刑에 들어 있으나 정상이 가긍하고 법이 애매한 경우에 놓인 자와 王族이나
공로가 있어 형벌을 가할 수 없는 자에게는 이와 같은 방법을 가지고 관대하게 처
벌하는 것이다. '鞭作官刑'의 鞭은 나무토막 끝에 가죽을 드리운 것으로 官府에서
행하는 형벌이고, '扑作敎刑'의 扑은 夏·楚 두 가지 회초리로 학교에서 행하는 형
벌이니, 이는 모두 죄가 가벼운 죄인에게 적용하는 것이다. '金作贖刑'의 金은 황금
이고, 贖은 그 죄를 속죄하는 것이니, 대개 죄가 지극히 가벼워서 비록 채찍이나 회
초리를 맞을 형벌에 포함되지만, 정상과 법리적인 면에서 외려 재론할 점이 있는
죄인에 해당한 것이다. 이 다섯 구(象以典刑……金作贖刑)는 무거운 형량으로부터
가벼운 형량으로 들어가는 데에 각각 조리가 있으니, 법의 정당한 것이다.

을 멀고 험악한 고을로 귀양 보내는 것과 같이 하였던 것이다. 만일 그가 죽었다면 또 어떻게 魑
魅를 막고 夷狄을 변화시킬 수 있었겠는가. 朱子는 〈洪範〉에 「鯀은 殛死했다.」고 한 殛死는 貶
死란 말과 같다.'고 했다.〔字典以殛爲誅 故世以殛鯀爲被誅而死非也 孔傳云 殛竄放流皆誅也 疏云 殛者
誅責之稱 蓋誅者 責也 如於予何誅之誅 非誅戮之謂也 蔡傳以殛爲拘囚困苦之 亦無明據 左傳曰 投諸四裔
以禦魑魅 史記曰 殛鯀于羽山 以變東夷 變者變其俗也 四岳雖有罪 使之治夷狄 則猶足以變其俗 如後世謫官
于遠惡州也 若其死也 則又何禦與變之有 朱子曰 洪範云 鯀則殛死 殛死 殛言貶死也〕라고 하였다.

肆는 縱(풀어주다)의 뜻이다. '眚災肆赦'의 眚은 과오를 이르고 災는 불행을 이르니, 만일 사람이 이와 같이 실수로 형벌을 받게 될 처지에 놓였으면 또한 관대하게 처벌하는 流刑이나 황금으로 속죄하는 조항을 적용하지 않고 곧장 사면시키는 것이다. 賊은 殺의 뜻이다. '怙終賊刑'의 怙는 믿는 구석이 있음을 이르고, 終은 다시 죄를 범하는 것을 이르니, 만일 사람이 이와 같이 〈고의로〉 형벌에 걸려들었으면 비록 관대하게 처벌하는 流刑에 해당하고 황금으로 대신하는 속죄에 해당하더라도 또한 유형 보내는 것도 허락하지 않고 속죄하는 것도 들어주지 않고서 반드시 형벌을 가하는 것이다. 이 두 구(眚災肆赦 怙終賊刑)는 혹은 무거운 형량으로부터 가벼운 형량으로 가고, 혹은 가벼운 형량으로부터 무거운 형량으로 가는 것이다. 이는 법을 사용하는 權衡(기준)이니, 이른바 '법 밖의 뜻'이라는 것이다.

聖人立法制刑之本末은 此七言者에 大略盡之矣라 雖其輕重取舍(捨)陽舒陰慘之不同이나 然이나 欽哉欽哉惟刑之恤之意는 則未始不行乎其間也라 蓋其輕重毫釐之間에 各有攸當者는 乃天討不易之定理요 而欽恤之意가 行乎其間이니 則可以見聖人好生之本心也라 據此經文하면 則五刑은 有流宥而無金贖이요 周禮秋官에 亦無其文이러니 至呂刑하여 乃有五等之罰[124]하니 疑穆王始制之요 非法之正也[125]라 蓋當刑而贖은 則失之輕이요 疑赦而贖은 則失之重이며 且使富者幸免하고 貧者受刑은 又非所以爲平也라

聖人이 법을 세우고 형벌을 제정한 本末은 이 일곱 조항의 말씀에 대략 다하였다. 비록 輕重과 取舍와 陽舒(온화함)와 陰慘(참담함)은 같지 않으나 조심하고 조심하여 형벌을 신중히 하는 뜻은 애초에 그 사이에 행해지지 않은 적이 없는 것이다. 대개 그 輕重과 毫釐의 사이에 각각 해당하는 바가 있는 것은 바로 天討의 바꿀 수 없는 정해진 이치이고, 조심하고 신중히 하는 뜻이 그 사이에 행해지는 것이니, 〈여기에서〉 聖人이 살려주기를 좋아하는 본심을 볼 수 있다.

---

124 五等之罰 : '罰'은 '贖'의 뜻으로, 五刑을 적용하기에 의심스러운 경우 속금형(罰)을 의론한다. 〈呂刑〉에 따르면, 이 속금형은 모두 다섯 등급으로 되어 있다. 즉 1,000가지 墨刑이 의심스러워 사면할 때는 그 속금을 100鍰으로, 1,000가지 劓刑이 의심스러워 사면할 때는 그 속금을 200환으로, 500가지 剕刑이 의심스러워 사면할 때는 그 속금을 500환으로, 300가지 宮刑이 의심스러워 사면할 때는 그 속금을 600환으로, 200가지 大辟이 의심스러워 사면할 때는 그 속금을 1,000환으로 한다.《書經》〈周書 呂刑〉

125 疑穆王始制之 非法之正也 : 〈舜典〉에 '金作贖刑'이 엄연히 있는데, "穆王이 처음 제정한 것이고 법의 적당한 것이 아닌 듯하다."라고 한 것은 무슨 뜻인지 모르겠다.

이 經文에 의거하면 五刑에는 流刑으로 관대하게 처벌하는 조항은 있고 황금으로 속죄하게 하는 조항은 없으며, 《周禮》〈秋官 司冦〉에도 이러한 내용이 없다. 그런데 〈呂刑〉에 와서야 5등의 벌금형을 두었으니 이것은 아마 穆王이 처음 제정한 것이고 법의 정당한 것이 아닌 듯하다. 당연히 형벌에 처해야 될 사람을 속죄시키는 것은 너무 가볍게 하는 데서 실수를 범하는 것이고, 애매하여 사면시켜야 될 사람에게 贖金을 내게 하는 것은 너무 무겁게 처벌하는 데서 실수를 범하는 것이며, 또 부유한 자는 요행으로 면하게 하고 가난한 자는 형벌을 받게 하는 것은 공평하게 하는 제도가 아니다.

字義 流 : 유배할 유   宥 : 너그러울 유   鞭 : 채찍 편   扑 : 회초리 복   贖 : 속죄할 속
眚 : 과오로 지은 죄 생   災 : 불행히 지은 죄 재   肆 : 놓을 사   赦 : 놓을 사   怗 : 믿을 호
終 : 재범할 종   賊 : 죽일 적   恤 : 신중할 휼   墨 : 자자할 묵   劓 : 코 벨 의   剕 : 발꿈치 벨 비
宮 : 불알 썩일 궁   辟 : 죽일 벽   懟 : 원망할 대   穿 : 뚫을 천   窬 : 넘을 유   淫 : 음란할 음
放 : 방탕할 방   竄 : 귀양 찬   殛 : 귀양 극   稍 : 조금 초   矜 : 가긍할 긍   夏(榎) : 팽나무 가
楚 : 가시나무 초   舍 : 놓을 사   舒 : 온화할 서   慘 : 참담할 참   毫 : 터럭 호
釐 : 터럭 끝 만할 리   攸 : 바 유   幸(倖) : 요행 행

12. 流共工于幽洲하시며 放驩兜(환도)于崇山하시며 竄三苗于三危하시며 殛鯀(곤)于羽山하사 四罪[126]하신대 而天下咸服하니라

共工을 幽洲에 유배시키시며, 驩兜를 崇山에 留置시키시며, 三苗를 三危에 몰아내시며, 鯀을 羽山에 가두어 네 사람을 죄주시니, 천하가 다 복종하였다.

流는 遣之遠去를 如水之流也요 放은 置之於此하여 不得他適也요 竄은 則驅逐禁錮之요 殛은 則拘囚困苦之니 隨其罪之輕重而異法也라 共工驩兜鯀은 事見上篇이라 三苗는 國名이니 在江南荊揚之間하여 恃險爲亂者也라 幽洲는 北裔之地니 水中可居曰洲라 崇山은 南裔之山이니 在今澧州라 三危는 西裔之地니 卽雍之所謂三危旣宅者요 羽山은 東裔之山이니 卽徐之蒙羽其藝者라 服者는 天下皆服其用刑之當罪也라 程子曰 舜之誅四凶은 怒在四凶이니 舜何與(예)焉이시리오 蓋因是人有可怒之事而怒之하시니 聖人之心은 本無怒也라 聖人은 以天下之怒爲怒라 故로 天下咸服之라하니라 春秋傳所記四凶之名[127]은 與此不同이라 說者以窮奇爲

126 四罪 : 조선시대 李滉의 《三經釋義》〈書釋義〉에서는 '四'를 '네 곳으로' 또는 '네 가지로' 등 다양하게 풀이하였다.
127 四凶之名 : 魯 文公 18년 조에 보인다.

共工하고 渾敦爲驩兜하고 饕餮(도철)爲三苗하고 檮杌(도올)爲鯀하니 不知其果然否也라

流는 보내어 멀리 가게 함을 마치 물이 흘러가는 것과 같이 하는 것이요, 放은 여기에 가두어 다른 데 가지 못하게 하는 것이요, 竄은 驅逐하여 禁錮함이요, 殛은 가두어서 곤궁하게 하는 것이니, 그 죄의 경중에 따라 법을 달리 적용한 것이다. 共工·驩兜·鯀은 사적이 上篇(〈堯典〉)에 보인다. 三苗는 나라 이름이니, 江南의 荊州와 揚州 사이에 있어서 지형의 험함을 믿고 난을 일으킨 자이다. 幽洲는 북쪽 변방의 땅이니, 물 가운데 거처할 만한 곳을 '洲'라고 한다. 崇山은 남쪽 변방의 산이니, 지금의 澧州에 있었다. 三危는 서쪽 변방의 땅이니, 곧 〈禹貢〉雍州의 이른바 "삼위에 이미 집을 짓고 살았다."는 것이 바로 그것이고, 羽山은 동쪽 변방의 山이니, 곧 〈禹貢〉徐州의 "蒙山과 羽山에 곡식을 심을 수 있게 되었다."는 것이 바로 그것이다. 服은 형벌을 적용함이 죄에 합당함에 천하가 모두 복종한 것이다.

程子가 말씀하기를 "舜이 四凶을 처벌함은 노여움이 四凶에게 있었으니, 舜이 무슨 상관이 있었겠는가. 이 사람들에게 노여워할 만한 일이 있었기 때문에 노여워하신 것이니, 聖人의 마음은 본래 노여워함이 없다. 聖人은 천하의 노여움으로 노여움을 삼기 때문에 천하가 다 복종한 것이다."라고 하였다.

《春秋左氏傳》에 기록된 四凶의 이름이 여기와 같지 않은데, 說者는 窮奇를 共工으로, 渾敦을 驩兜로, 饕餮을 三苗로, 檮杌을 鯀으로 여기니, 그것이 과연 옳은지 알 수 없다.

字義 幽 : 그윽할 유   洲 : 모래섬 주   驩 : 말 이름 환   兜 : 사람 이름 도 투구 두   崇 : 높을 숭
苗 : 종족이름 묘   鯀 : 사람이름 곤   置 : 둘 치   適 : 갈 적   驅 : 몰 구   逐 : 쫓을 축
錮 : 가둘 고   裔 : 변방 예   澧 : 물 이름 예   渾 : 클 혼   敦 : 도타울 돈   饕 : 탐할 도
餮 : 탐할 철   檮 : 짐승 이름 도   杌 : 짐승 이름 올

13. 二十有八載에 帝乃殂落커시늘 百姓[128]은 如喪考妣를 三載[①][129]하고 四海는 遏密八音하니라

① 書經 如喪考妣三載 : 부모의 복을 입듯이 3년 동안 服을 입었고
一般 三載如喪考妣 : 3년 동안 服을 입기를 마치 돌아가신 부모의 복을 입듯이 하였고

---

128 百姓 : 孔傳은 '百官'으로 보았다.
129 三載 : 孔傳은 아랫句에 붙여서 "3년을 사해가 음악을 중지하여 조용히 하였다."라고 풀이하였다.

〈舜이 攝位한 지〉 28년째 帝堯가 殂落(승하)하시니, 백성들은 3년 동안 〈服을 입기를〉 마치 돌아가신 부모의 服을 입듯이 하였고, 四海의 〈백성들은〉 모든 음악을 중지하여 조용히 하였다.

殂落은 死也라 死者는 魂氣歸于天이라 故曰殂요 體魄歸于地라 故曰落이니라 喪은 爲之服也라 遏은 絶이요 密은 靜也라 八音[130]은 金石絲竹匏土革木也라 言堯聖德廣大하고 恩澤隆厚라 故로 四海之民의 思慕之深이 至於如此也라 儀禮에 圻內之民은 爲天子齊衰(자최)三月하고 圻外之民은 無服[131]커늘 今應服三月者는 如喪考妣하고 應無服者는 遏密八音이라 堯十六卽位하여 在位七十載요 又試舜三載요 老不聽政二十八載에 乃崩하시니 在位通計百單一年이라

殂落은 死의 뜻이다. 죽은 사람은 魂氣가 하늘로 돌아가기 때문에 '殂'라 하고, 體魄이 땅으로 돌아가기 때문에 '落'이라 한다. 喪은 망인을 위하여 服을 입는 것이다. 遏은 絶의 뜻이요, 密은 靜의 뜻이다. 八音은 金(鐘)·石(磬)·絲(琴瑟)·竹(簫笛)·匏(笙簧)·土(塤缶)·革(鼓)·木(柷敔)이다. 堯임금은 聖德이 광대하고 은택이 깊고 두텁기 때문에 사해의 백성들이 사모하는 깊이가 이와 같음에 이르렀음을 말한 것이다. 《儀禮》에 圻內의 백성은 천자를 위하여 齊衰 三月服을 입고 圻外의 백성은 服이 없다고 하였는데, 이제 응당 삼월복을 입어야 할 사람은 마치 돌아가신 부모의 복처럼 입었고, 응당 복을 입지 않아야 할 사람은 八音을 중단하여 조용히 한 것이다. 堯가 16세에 즉위하여 재위한 지가 70년이고, 또 舜을 시험하여 등용한 것이 3년이고, 늙어서 정무를 보지 못한 지 28년째에 승하하셨으니, 재위한 연한이 통틀어 101년이었다.

字義 殂 : 죽을 조   喪 : 복 입을 상   考 : 죽은 아버지 고   妣 : 죽은 어머니 비   遏 : 막을 알
密 : 고요할 밀, 빽빽할 밀   魂 : 넋 혼   魄 : 넋 백   匏 : 박 표   澤 : 은택 택   隆 : 높을 융
圻 : 지경 기   裳 : 아랫단 흘 자   衰 : 상복 최   崩 : 승하할 붕

---

130 八音 : 雅樂에 쓰는 여덟 가지 악기로 鐘 등의 金, 경쇠(磬) 등의 石, 거문고(琴)와 비파(瑟) 등의 絃, 젓대(簫)와 피리(龠) 등의 竹, 笙篁 등의 匏, 塤(훈)과 질장구(缶) 등의 土, 북(鼓) 등의 革, 음악을 시작할 때 울리는 柷(축)과 그칠 때 울리는 敔(어) 등의 木이다.

131 圻內之民……無服 : 《儀禮》의 正經에는 이 내용이 안 나오고 《儀禮》 〈喪服〉에 '庶人爲國君'이라고 한 말만 보인다.

14. 月正元日에 舜이 格¹³²于文祖하시다

正月 元日에 舜이 文祖의 廟堂에 이르셨다.

月正은 正月也요 元日은 朔日¹³³也라 漢孔氏曰 舜服堯喪三年畢하고 將卽政이라 故로 復至文祖廟告라하니 蘇氏曰 受終은 告攝이요 此는 告卽位也¹³⁴라하니라 然이나 春秋에 國君은 皆以遭喪之明年正月로 卽位於廟而改元이어늘 孔氏云 喪畢之明年이라하니 不知何所據也라

月正은 正月이고 元日은 朔日(초하루)이다.
漢나라 孔氏(孔安國)가 "舜이 堯임금의 복을 입어 3년을 마치고 장차 즉위하려고 했기 때문에 다시 文祖의 廟堂에 이르러 고유한 것이다."라고 하니, 蘇氏(蘇軾)는 〈孔傳을 따라〉 "〈위에서 말한〉 受終은 攝政을 고유한 것이고, 여기서는 卽位를 고유한 것이다."라고 하였다. 그러나 《春秋》에 보면 國君은 모두 상을 당한 다음해 정월에 廟堂에서 즉위하고 元年을 고쳤는데, 孔氏는 '상을 마친 다음해'라고 하였으니, 어디에 근거했는지 모르겠다.

字義 卽 : 나갈 즉   終 : 마무리할 종   遭 : 만날 조   元 : 원년 원

15. 詢于四岳하사 闢四門하시며 明四目하시며 達四聰^{135 136}하시다

四岳과 의논하여 사방의 문을 활짝 열어놓으시고 사방의 눈을 잘 보이게 하시고, 사방의 귀를 잘 들리게 하셨다.

詢은 謀요 闢은 開也라 舜이 旣告廟卽位하고 乃謀治于四岳之官하사 開四方之門하여

---

132 格 : 孔傳과 蔡傳은 다 '至'(이름)의 뜻으로 보았는데, 尹鑴의 《讀書記》에는 "'格'은 感通을 이르니, 대개 神에 享祀함을 칭한 것이다.〔格者感通之謂 蓋以爲享神之稱也〕"라고 하였다.
133 朔日 : 孔傳은 "上日(초하루)"이라고 하였다.
134 受終……告卽位也 : 蘇軾의 《書傳》에는 "向告攝 今告卽位(지난번에는 攝位를 고유하고 지금은 卽位를 고유한 것이다.)"라고 짧게 적혀있다.
135 詢于四岳……達四聰 : 조선시대 任聖周는 "이는 舜이 즉위한 후 최초로 작용한 첫 번째 행정명령으로 사방을 風動하는 뜻이 담겨져 있으니, 어쩌면 그리도 가슴 속이 시원하고 어쩌면 그리도 눈이 번쩍 띄고 어쩌면 그리도 정신이 번쩍 나는가.〔是舜卽位後 最初作用一番發號施令 便有四方風動之意 是何等胸次 何等眼目 何等精神〕"라고 하였다.《經書集說》〈書傳〉)
136 明四目 達四聰 : 朱子는 "천하 사람의 눈으로 자기의 눈을 삼고, 천하 사람의 귀로 자기의 귀를 삼는 것이다.〔以天下之目爲目 以天下之耳爲耳〕"라고 하였다.

以來天下之賢俊하고 廣四方之視聽하여 以決天下之壅蔽하시니라

詢은 謀의 뜻이요, 闢은 開의 뜻이다. 舜이 이미 사당에 즉위를 고하고 나서 곧 四岳의 관원들에게 정사에 대한 것을 상의하셔서 사방의 문을 활짝 열어 천하의 賢俊한 인재를 오게 하고, 사방의 보고 듣는 범위를 넓혀서 천하의 막히고 가려진 것을 확 터놓으셨다는 것이다.

字義 詢 : 상의할 순   闢 : 열 벽   達 : 달통할 달   謀 : 상의할 모   廣 : 넓힐 광   壅 : 막을 옹
蔽 : 가릴 폐

16. 咨十有二牧하사 曰 食哉惟時[137]니라(니) 柔遠能邇하며 惇德允元하고 而難任(壬)人이면 蠻夷도 率服하리라

12牧에게 자문해서 말씀하였다. "식량이 〈풍족함은〉 농사철을 잘 맞추는 데 달려 있을 뿐이다. 멀리 있는 사람을 회유하고 가까이 있는 사람을 길들이며, 덕이 있는 사람을 후대하고 어진 사람을 믿으며 간악한 사람을 거절하면, 오랑캐들도 〈서로〉 거느리고 와서 복종할 것이다."

牧은 養民之官이니 十二牧은 十二州之牧也라 王政은 以食爲首요 農事는 以時爲先이니 舜言足食之道 惟在於不違農時也라 柔者는 寬而撫之也요 能者는 擾而習之也라 遠近之勢如此하니 先其略而後其詳也라 惇은 厚요 允은 信也라 德은 有德之人也요 元은 仁厚之人也라 難은 拒絶也라 任은 古文作壬이니 包藏凶惡之人也라 言當厚有德하고 信仁人하며 而拒奸惡也라 凡此五者를 處之各得其宜면 則不特中國順治라 雖蠻夷之國이라도 亦相率而服從矣라

牧은 백성을 牧養하는 관원이니, 12牧은 12州의 牧民官이다. 왕도정치는 식량을 첫째로 꼽고 농사는 농사철을 맞추는 것을 우선으로 삼으니, 舜이 식량을 넉넉하게 하는 방법은 오직 농사철을 어기지 않는 데에 있음을 말씀하신 것이다. 柔는 너그럽게 대하여 어루만지는 것이고, 能은 길들여 익숙하게 하는 것이다. 원근의 형세가 이와 같으니, 간략한 것(포용수단)을 먼저 베풀고 자세한 것(교화)을 뒤에 쓴 것이다. 惇은 厚의 뜻이요, 允은 信의 뜻이다. 德은 덕이 있는 사람이요, 元은 仁厚한 사람이다. 難은 거절의 뜻을 나타내고, '任'은 古文에 '壬'으로 되어 있으니, 흉악한 마

---

137 食哉惟時 : 王樵는 "백성들의 식량문제는 우선으로 다루어야 할 사안임을 말한 것이다.〔言民食不可後時也〕"라고 하였다.《尙書日記》

음을 품고 있는 사람이다. 마땅히 덕이 있는 사람을 후대하고 仁厚한 사람을 믿으며 간악한 사람을 거절하여야 함을 말한 것이다. 무릇 이 다섯 가지를 처리함에 각각 그 알맞음을 얻으면 단지 중국만이 순히 다스려질 뿐 아니라, 비록 오랑캐의 나라라 하더라도 또한 서로 거느리고 와서 복종할 것이다.

字義 咨 : 물을 자 牧 : 목민관 목 柔 : 회유할 유 能 : 길들일 능 邇 : 가까울 이 惇 : 도타울 돈
允 : 믿을 윤 元 : 후덕한 사람 원 難 : 거절할 난 任(壬) : 간악할 임 蠻 : 오랑캐 만
率 : 거느릴 솔 服 : 복종할 복 違 : 어길 위 撫 : 어루만질 무 擾 : 길들일 요
習 : 익숙할 습 拒 : 막을 거

17. 舜曰[138] 咨四岳아 有能奮庸하여 熙帝之載어든 使宅百揆하여 亮[139]采惠疇[140]하리라 僉曰 伯禹[141]作司空하니이다 帝曰 兪라 咨禹아 汝平水土하니 惟時懋哉인저 禹拜稽首하여 讓于稷契(설)과 暨皐陶(요)한대 帝曰 兪라 汝往哉하라

舜이 말씀하기를 "아, 四岳아! 事功을 잘 일으켜 帝堯의 사업을 확장할 자가 있거든 百揆(백관의 우두머리)의 자리에 앉혀서 여러 가지 일을 밝게 다스려 여러 종류의 일을 순조롭게 이루도록 하겠다."라고 하시니, 여러 신하들이 말하기를 "伯禹가 〈현재〉 司空으로 있습니다."라고 하였다. 帝舜이 말씀하기를 "옳거니. 아, 禹야! 네가 水土를 평탄하게 다스렸으니, 이것을 힘써다오."라고 하셨다. 禹가 절을 하고 머리를 조아려 稷과 契 및 皐陶에게 사양하니, 帝舜이 말씀하기를 "그렇겠지. 〈그러나〉 네가 가서 〈직무를〉 행하라."고 하셨다.

奮은 起요 熙는 廣이요 載는 事요 亮은 明이요 惠는 順이요 疇는 類也라 一說에 亮은 相也라하니라 舜言有能奮起事功하여 以廣帝堯之事者어든 使居百揆之位하여 以明亮庶事하여 而順成庶類也라하시니라 僉은 衆也니 四岳所領四方諸侯在朝者也라 禹는 姒姓이요 崇伯鯀之子也라 平水土者는 司空之職이라 時는 是요 懋는 勉也니 指百揆之事以勉之也라 蓋四岳及諸侯言 伯禹見(현)作司空하니 可宅百揆라한대 帝然其

138 舜曰 : 孔傳은 "'舜曰'이라 말한 것은 堯임금과 구별하기 위해서다.〔言舜曰 以別堯〕"라고 풀이하였다.
139 亮 : 孔傳은 信(믿음)의 뜻으로 보았다.
140 疇 : 孔傳은 誰(누구)의 뜻으로 보았다.
141 伯禹 : 《尙書正義》에서 "禹가 鯀을 대신하여 崇伯이 되었다가 안으로 들어와 天子의 司空이 되었는데, 그 작위가 伯爵이기 때문에 伯禹라 칭한 것이다."라고 하였다.

擧而咨禹하여 使仍作司空而兼行百揆之事하니 錄其舊續而勉其新功也라 以司空兼百揆는 如周以六卿兼三公이요 後世以他官平章事知政事도 亦此類也라 稽首는 首至地라 稷은 田正官이라 稷은 名棄요 姓姬氏니 封於邰하고 契은 臣名으로 姓子氏요 封於商이니 稷契은 皆帝嚳之子요 曁는 及也라 皐陶도 亦臣名이라 兪者는 然其擧也요 汝往哉者는 不聽其讓也라 此章은 稱舜曰하고 此下에 方稱帝曰者는 以見堯老舜攝하여 堯在時에 舜未嘗稱帝요 此後에 舜方眞卽帝位而稱帝也라

奮은 起의 뜻이요, 熙는 廣의 뜻이요, 載는 事의 뜻이요, 亮은 明의 뜻이요, 惠는 順의 뜻이요, 疇는 類의 뜻이다. 一說에 "亮은 相(도움)의 뜻이다."라고 한다. 舜이 "事功을 일으켜 帝堯의 일을 넓힐 자가 있거든 百揆의 자리에 앉혀서 여러 일을 밝게 다스려 여러 종류의 일을 순조롭게 이루도록 하겠다."고 말씀하신 것이다. 僉은 衆의 뜻이니, 四岳이 거느리고 있는 사방의 제후로서 조정에 있는 이들이다.

禹는 姒姓이고 崇伯인 鯀의 아들이다. 水土를 평탄하게 다스리는 것은 司空의 직무다. 時는 是의 뜻이요, 懋는 勉의 뜻이니, 百揆의 일을 가리켜 힘쓰도록 한 것이다. 四岳과 諸侯가 말하기를 "伯禹가 현재 司空으로 있으니 百揆에 앉힐 만합니다."라고 하니, 帝舜이 그 천거를 인정하고 "아, 禹야!"라고 하여 그대로 司空으로 있으면서 百揆의 일을 겸행하게 하였으니, 옛 공적을 기록하고 새로운 공적을 힘쓰도록 한 것이다. 司空으로서 百揆를 겸직한 것은 周代에 六卿이 三公을 겸직한 것과 같고, 후세에 다른 관직으로 平章事와 知政事를 겸한 것도 이러한 따위다.

稽首는 머리가 땅에 닿는 것이다. 稷은 田正官(田官의 長)이다. 稷은, 이름은 棄요 성은 姬氏인데 邰에 봉해졌고, 契은 신하의 이름으로 성이 子氏인데 商에 봉해졌으니, 稷과 契은 모두 帝嚳의 아들이다. 曁는 及(및)의 뜻이다. 皐陶 또한 신하 이름이다. 兪는 그 천거를 인정한 것이고, "네가 가라."고 한 것은 사양함을 들어주지 않은 것이다. 이 章에서는 '舜曰'이라 일컫고, 이 아래에서 비로소 '帝曰'이라고 일컬은 것은 堯가 늙어서 舜이 攝政하였기 때문에 堯임금이 생존했을 때에는 舜이 한 번도 '帝'라 일컫지 않았고, 이 뒤에야 舜이 비로소 진짜로 帝位에 올라서 '帝'라고 일컬었음을 나타낸 것이다.

字義 咨 : 탄식할 자　能 : 잘 능　奮 : 일으킬 분　庸 : 事功 용　熙 : 넓힐 희　載 : 일 재
宅 : 거할 택　亮 : 밝힐 량　采 : 여러 일 채　惠 : 순조로울 혜　疇 : 여러 무리 주
僉 : 여러 첨　兪 : 옳거니 유　懋 : 힘쓸 무　讓 : 양보할 양　稷 : 農官 이름 직　契 : 이름 설
曁 : 및 기　陶 : 신하 이름 요　姒 : 성 사　時 : 이 시　見 : 현재 현　然 : 인정할 연
咨 : 부를 자　仍 : 그대로 잉　邰 : 나라 이름 태　攝 : 대신할 섭

18. 帝曰 棄아 黎民이 阻飢일새 汝后稷[142]이니 播時百穀[143][144]하라

帝舜이 말씀하였다. "棄야. 백성들이 굶주림에 허덕이고 있을 때에 너를 임금(諸侯)의 직급으로 稷官을 맡게 하였으니, 이 백곡을 파종하도록 하라."

阻는 厄이요 后는 君也니 有爵土之稱이라 播는 布也라 穀非一種이라 故曰百穀이라하니라 此는 因禹之讓而申命之하여 使仍舊職하여 以終其事也라

阻는 厄(허덕임)의 뜻이요, 后는 君의 뜻이니, 爵位와 土地를 가진 이의 칭호다. 播는 布(뿌림)의 뜻이다. 곡식은 한 종류가 아니기 때문에 '百穀'이라 한 것이다.

이것은 禹의 사양함으로 인하여 거듭 명해서 옛 직책을 그대로 가지고 그 일을 마치도록 한 것이다.

字義 黎 : 검을 려 阻 : 허덕일 조 播 : 뿌릴 파

19. 帝曰 契(설)아 百姓이 不親하고 五品이 不遜일새 汝作司徒니 敬敷五敎호되 在寬하라

帝舜이 말씀하였다. "契아. 백성이 親睦하지 못하고 五品이 遜順하지 못할 때에 너를 司徒로 삼았으니, 五敎를 경건하게 펴되 너그러이 대하는 데에 역점을 두도록 하라."

親은 相親睦也라 五品은 父子君臣夫婦長幼朋友五者之名位等級也라 遜은 順也라 司徒는 掌敎之官이라 敷는 布也라 五敎는 父子有親君臣有義夫婦有別長幼有序

---

142 后稷 : 孔疏는 "외자 이름으로 稷이라 하고 높여 임금이라 하여 后稷으로 칭했기 때문에 《詩傳》과 《孝經》에서 모두 后稷으로 말한 것이니, 벼슬을 后로 칭한 것은 아니었다.(單名爲稷 尊而君之稱爲后稷 故詩傳孝經皆以后稷爲言 非官稱后也)"라고 하였다.

143 棄……播時百穀 : 孔疏는 孔傳을 부연하여 "帝舜이 稷을 불러서 '棄야. 지난번 홍수 때 여러 백성들의 고난이 굶주림에 있었는데, 네가 임금(諸侯)으로 이 稷官이 되어, 백성들에게 이 百穀을 파종하는 방법을 가르침으로써 구제해 살렸다.'고 하셨으니, 이는 '내가 너의 공을 알고 있으니, 마땅히 힘써야 하리라.'는 점을 말씀하신 것이다.(帝呼稷曰 棄 往者洪水之時 衆民之難 難在於飢 汝君爲此稷之官 敎民布種是百穀以濟活之 言我知汝功 當勉之)"라고 풀이하였는데, 蔡傳은 "옛 직책을 그대로 가지고 그 일을 마치도록 한 것이다."라고 풀이하고 있다. 아래에 있는 契과 皐陶에 대해서도 孔傳과 蔡傳은 각각 마찬가지로 풀이하였다.

144 播時百穀 : 조선시대 任聖周는 "'時'는 孔傳에서 是의 뜻으로 읽었는데, 《諺解》에서 '때로 百穀을 파종하라.'고 풀이하였으니, 옳지 않다.(時古注讀作是 諺解釋以時播百穀非是)"라고 하였다.(《鹿門集》)

朋友有信[145]이니 以五者當然之理로 而爲教令也라 敬은 敬其事也니 聖賢之於
事에 雖無所不敬이나 而此又事之大者라 故로 特以敬言之라 寬은 裕以待之也라
蓋五者之理는 出於人心之本然이니 非有强而後能者로되 自其拘於氣質之偏하고
溺於物欲之蔽로 始有昧於其理하여 而不相親愛하고 不相遜順者라 於是에 因禹之
讓으로 又申命契하사 仍爲司徒하여 使之敬以敷教하고 而又寬裕以待之하여 使之優
柔浸漬하여 以漸而入하니 則其天性之眞이 自然呈露하여 不能自已하여 而無無恥
之患矣리라 孟子所引堯言勞來匡直輔翼하여 使自得之하고 又從而振德之[146]도 亦
此意也라

親은 서로 친목함을 말한다. 五品은 父子·君臣·夫婦·長幼·朋友 다섯 가지의 명
위와 등급이다. 遜은 順의 뜻이다. 司徒는 교육을 맡는 관원이다. 敷는 布(펴)의 뜻이
다. 五教는 父子有親·君臣有義·夫婦有別·長幼有序·朋友有信이니, 다섯 가지
의 당연한 도리를 教令으로 삼은 것이다. 敬은 그 일을 경건하게 하는 것이니, 聖賢
이 일에 있어서 비록 경건하게 하지 않는 바가 없지만, 이는 또 일 중에 큰 것이기
때문에 특별히 경건하게 하라고 말씀하신 것이다. 寬은 너그러이 대하는 것이다.
다섯 가지의 도리는 人心의 本然에서 나온 것이니 억지로 해야만 능해지는 것이 아
니나 그 氣質의 편벽됨에 구애되고 物欲의 가려짐에 빠짐으로부터 비로소 그 도리
에 어둡게 되어 서로 친애하지 않고 서로 순종하지 않은 자가 있는 것이다.

그래서 禹의 사양함으로 인하여 또한 거듭 契에게 명하여 그대로 司徒를 맡아서
가르치는 일을 경건하게 펴고 또 너그러이 대해서 백성들로 하여금 오래도록 가르
침을 받아 점차적으로 스며들어가도록 하였으니, 천성의 참모습이 저절로 드러나
스스로 〈그만두고자 해도〉 그만두지 못하여 부끄럼 없이 행동하는 사람에 대한 근
심이 없어질 것이다. 孟子가 인용한 "堯임금이 '〈인륜에 노력하는 백성을 권장하
여〉 위로해주고, 〈인륜에 귀향하는 백성을 끌어안아〉 오게 하며, 〈인륜에 위배되는
마음을 가진 백성을 바른 마음을 갖도록〉 바로잡아주고, 〈인륜에 괴려한 행동을 하
는 백성을 정직한 행동을 하도록〉 교정해주며, 이들을 모두 도와서 스스로 본성을
얻게 하고 또 따라서 보살펴 은혜를 베풀어주라.'고 말씀했다."라는 것도 이러한 뜻
이다.

---

145 父子有親……朋友有信 : 이미 五典의 註에 보인다.
146 孟子所引……又從而振德之 : 이 내용은 《孟子》〈滕文公 上〉에 보인다.

字義 品:등급 품　遜:손순할 손　徒:무리 도　敷:펼 부　寬:너그러울 관　睦:화목할 목
級:등급 급　掌:맡을 장　裕:넉넉할 유　拘:거리낄 구　溺:빠질 익　欲(慾):탐낼 욕
浸:스며들 침　漬:스며들 지　漸:점점 점　呈:드러낼 정　露:드러낼 로
恥:부끄러울 치　匡:바를 광　振:떨칠 진

20. 帝曰 皐陶(요)아 蠻夷猾夏하며 寇賊姦宄(궤)일새 汝作士니 五刑[147]에 有服[148]하되
五服을 三就[149]하며 五流[150]에 有宅하되 五宅에 三居니 惟明이라사 克允하리라

帝舜이 말씀하였다. "皐陶야. 蠻夷가 中夏(중국)를 어지럽히며, 도둑떼가 안팎에
서 들끓고 있을 때에 너를 士(법관)로 삼노니, 五刑에 대한 형벌을 복종하여 받게
하되, 五刑에 그 죄에 대한 형벌을 복종하여 받은 죄인을 세 곳으로 가게 하여 처형
하며, 五流에 머무는 곳이 있게 하되 다섯 가지 머무는 곳에 세 등급으로 거처하게
할 것이니, 오직 밝게 살펴야만 〈백성들이〉 믿을 것이다."

猾은 亂이요 夏는 明而大也라 曾氏曰 中國은 文明之地라 故曰華夏니 四時之夏도
疑亦取此義也라하니라 劫人曰寇요 殺人曰賊이요 在外曰姦이요 在內曰宄라 士는 理
官也라 服은 服其罪也니 呂刑所謂上服下服[151]이 是也라 三就는 孔氏以爲 大罪

---

147 五刑 : 피부에 먹실을 넣는 墨刑, 코를 베는 劓(의)刑, 발꿈치를 베는 剕(비)刑, 생식기를 없애는
宮刑, 목을 베어 죽이는 大辟을 가리킨다.

148 五刑有服 : 孔傳은 "'五刑'은 墨刑·劓刑·剕刑·宮刑·大辟(死刑)이고, '服'은 從(복종)의 뜻이니,
輕重이 中正하게 됨을 말한 것이다.〔五刑 墨劓剕宮大辟 服也 言得輕重之中正〕"라고 풀이하였는데,
孔疏에서는 "모두 그 정상을 잘 참작하여 五刑의 죄를 적용하면 죄를 받은 자가 모두 복종하는
마음을 갖는다.〔皆能審得其情 致之五刑之罪 受罪者 皆有服從之心〕"라고 부연 설명하였다.

149 五服三就 : 孔傳은 "이미 五刑에 복종하였기 때문에 '服從한 죄인'이라 이른 것이다. 刑을 집행
함에 있어서는 마땅히 세 곳으로 가서 집행해야 하니, 중죄인은 들에서, 大夫는 조정에서, 士는
시장에서 집행한다.〔旣從五刑 謂服罪也 行刑當就三處 大罪於原野 大夫於朝 士於市〕"라고 풀이하였는
데, 尹鑴《讀書記》〈讀尙書〉는 "皐陶의 職은 이미 兵과 刑을 겸하였으니, '三就'에 대한 풀이는
마땅히 孔安國의 주석을 따라야 할 듯싶다.〔皐陶之職 旣兼兵刑 則三就之訓 恐當從孔註〕"라고 하였
다. 그리고 '服'에 대하여 袁仁《尙書砭蔡編》은 "'服'은 곧 幭巾 따위이고, 靑綠一匝을 '就'라 하니
《周禮》의 '大輅의 盤纓이 七就(三重三匝)다.'라는 것에 근거할 수 있다. 만일 '服'을 복죄하는 것으
로 여긴다면 그 流刑에 처해진 자는 복죄에 응하지 않겠는가.〔服 卽幭巾之類 靑綠一匝曰就 周禮大
輅盤纓七就可據也 若以服爲服其罪 豈流者不應服罪耶〕"라고 하였다.

150 五流 : 五刑에 걸린 죄인을 관대하게 처벌하기 위하여 귀양보내는 것을 말한다.

151 上服下服 : 〈呂刑〉에 "罪目이 상등 重刑에 놓였더라도 그 情狀이 가벼운 쪽에 해당하거든 하등
輕刑으로 적용하며, 죄목이 하등 輕刑에 놓였더라도 정상이 무거운 쪽에 해당하거든 상등 중형
으로 적용하라.〔上刑適輕下服 下刑適重上服〕"라고 보인다.

於原野하고 大夫於朝하고 士於市라하니 不知何據라 竊恐惟大辟은 棄之於市하고 宮辟則下蠶室하며 餘刑도 亦就屛處니 蓋非死刑이면 不欲使風中其瘡하여 誤而至死니 聖人之仁也라 五流는 五等象刑之當宥者也라 五宅三居者는 流雖有五나 而宅之는 但爲三等之居니 如列爵惟五에 分土惟三[152]也라 孔氏以爲 大罪는 居於四裔하고 次則九州之外하고 次則千里之外라하니 雖亦未見其所據나 然이나 大槪當略近之라 此亦因禹之讓而申命之하고 又戒以必當致其明察이라야 乃能使刑當其罪하여 而人無不信服也라

猾은 亂의 뜻이요, 夏는 밝고 큼을 나타낸 것이다. 曾氏는 말하기를 "中國은 문명한 땅이다. 그러므로 華夏라 했다. 四時의 '夏'도 아마 이 뜻을 취한 듯하다."라고 하였다. 사람을 겁박하는 것을 '寇', 사람을 죽이는 것을 '賊'이라 하며, 밖에서 소란을 피우는 것을 '姦', 안에서 소란을 피우는 것을 '宄'라 한다. 士는 죄를 다스리는 관리다. 服은 그 죄에 대한 형벌을 복종하여 받는 것이니, 〈呂刑〉에 이른바 '上服', '下服'이 이것이다. 三就는 孔氏(孔安國)가 이르기를 '큰 죄인은 들에서, 大夫는 조정에서, 士는 시장에서 처형한다."라고 하였는데, 무엇에 근거한 것인지 알 수 없다. 생각건대, 大辟(死刑)만은 시체를 시장에 버리고 宮辟(宮刑)은 蠶室로 내려 보내며 나머지 형벌도 한적한 곳에 가서 시행한 듯하니, 대개 사형이 아니라면 상처에 바람을 쐬어 잘못 죽음에 이르지 않게 하고자 한 것이니, 聖人의 인자함이다.

五流는 다섯 등급의 象刑 중에 마땅히 관대하게 처벌해야 할 대상이다. 五宅과 三居는 流刑에 비록 다섯 가지가 있으나 머무는 곳은 단지 세 등급의 거처를 만드는 것이니, 이를테면 〈武成〉의 "관작의 반열은 다섯 가지나 땅의 분배는 세 가지다."라는 것과 같은 식이다. 孔氏(孔安國)는 이르기를 "큰 죄인은 사방 변두리에 거처시키고, 그 다음 죄인은 九州 밖에 거처시키고 그 다음 죄인은 천리 밖에 거처시킨다."라고 하였는데, 비록 근거한 바는 볼 수 없지만 대체로는 근리하다.

이 또한 禹의 사양으로 인하여 거듭 명하고, 또 반드시 밝게 살피는 일을 극도로 하여야 형벌이 그 죄에 적중하여서, 그것을 믿고 복종하지 않는 사람이 없을 것이라고 경계한 것이다.

字義 猾 : 어지러울 활 夏 : 중하 하 寇 : 도적 구 姦 : 밖에서 소란피울 간
宄 : 안에서 소란피울 궤 士 : 법관 사 服 : 적용할 복 就 : 갈 취 宅 : 머무를 택
居 : 거처시킬 거 允 : 믿을 윤 華 : 빛날 화 劫 : 겁박할 겁 理 : 다스릴 리 朝 : 조정 조

---

152 列爵惟五 分土惟三 : 이 내용은 〈武成〉에 보인다.

蠶 : 누에 잠　屛 : 한적할 병　中 : 맞을 중　瘡 : 상처 창　槪 : 대개 개

21. 帝曰 疇若予工[153]고 僉曰 垂哉니이다 帝曰 兪라 咨垂아 汝共工[154]이리라(이어다)
垂拜稽首하여 讓于殳斨(수장)과 暨伯與한대 帝曰 兪라 往哉汝諧하라

　帝舜이 말씀하기를 "누가 내 百工의 〈일을〉 순리대로 다스리겠는가?"라고 하시
자, 여러 신하들이 말하기를 "垂가 있습니다."라고 하였다. 帝舜이 말씀하기를 "옳
거니. 아, 垂야! 너를 共工으로 삼을 것이다."라고 하시니, 垂가 절하고 머리를 조
아려 殳와 斨 및 伯與에게 사양하자, 帝舜은 말씀하기를 "그렇겠지. 〈그러나〉 가서
네가 〈직무를〉 조화롭게 행하도록 하라."고 하셨다.

　若은 順其理而治之也라 曲禮六工에 有土工, 金工, 石工, 木工, 獸工, 草工과 周
禮에 有攻木之工, 攻金之工, 攻皮之工, 設色之工, 搏埴之工이 皆是也라 帝
問誰能順治予百工之事者오하니라 垂는 臣名이니 有巧思라 莊子曰 攦(려)工倕之
指[155]라하니 卽此也라 殳, 斨, 伯, 與는 三臣名也라 殳는 以積竹爲兵하여 建兵車
者요 斨은 方銎斧也라 古者에 多以其所能爲名하니 殳, 斨은 豈能爲二器者歟아 往
哉汝諧者는 往哉하여 汝和其職也라

　若은 그 이치를 따라 다스리는 것이다. 《禮記》〈曲禮 下〉의 六工에 있는 土工·金
工·石工·木工·獸工·草工과 《周禮》〈考工記〉에 있는 나무를 다스리는 공인과 쇠
를 다스리는 공인과 가죽을 다스리는 공인과 색깔을 칠하는 공인과 진흙을 두들겨
만드는 공인이 모두 이들이다. 帝舜이 묻기를 "누가 내 百工의 일을 순리대로 다스
리겠는가?"라고 한 것이다. 垂는 신하의 이름이니, 교묘한 생각을 가진 것이다. 莊
子가 "공인인 倕의 손가락을 꺾어놓아야 한다."라고 하였으니, 바로 이 사람이다.
殳·斨·伯與는 세 신하의 이름이다. 殳는 대나무를 쌓아 병기를 만들어 兵車에
꽂는 것이고, 斨은 네모지게 구멍이 난 도끼다. 옛날에는 대부분 능한(잘하는) 것을
가지고 이름하였으니, 殳와 斨은 아마도 이 두 기구를 잘 만든 사람이었던 모양이

153　疇若予工 : 《史記》에는 '誰能馴予工'으로 되어 있고, 集解에서 "百工의 官을 주관함을 이른
　　다.〔謂主百工之官〕"라는 馬融의 말을 인용하였다.
154　汝共工 : 《史記》에는 '以垂爲共工'으로 되어 있고, 集解에서 "司空을 삼아 百工의 일을 다스리게
　　하였다.〔爲司空 共理百工之事〕"라는 馬融의 말을 인용하였다.
155　攦(려)工倕之指 : 이 내용은 《莊子》〈胠篋篇〉에 보인다.

다. 往哉汝諧는 가서 네가 그 직무를 조화롭게 잘 수행하도록 하라는 말이다.

字義 疇 : 누구 주 若 : 따를 약 垂(倕) : 사람 이름 수 殳 : 창 수 斨 : 도끼 장 暨 : 및 기 諧 : 화합 해 攻 : 다스릴 공 搏 : 두드릴 박 埴 : 찰흙 식 攦 : 꺾을 려 指 : 손가락 지 方 : 네모질 방 銎 : 도끼구멍 공 斧 : 도끼 부

22. 帝曰 疇若予上下草木鳥獸오 僉曰 益哉니이다 帝曰 兪라 咨益아 汝作朕虞리라(하라) 益이 拜稽首하여 讓于朱虎熊羆(비)[156]한대 帝曰 兪라 往哉汝諧하라

帝舜이 말씀하기를 "누가 내 山澤의 草木과 鳥獸를 순리대로 다스리겠는가?"라고 하니, 여러 신하들이 말하기를 "益이 있습니다."라고 하였다. 帝舜이 말씀하기를 "옳거니. 아, 益아! 너를 나의 虞로 삼을 것이다."라고 하셨다. 益이 절을 하고 머리를 조아려 朱·虎·熊·羆에게 사양하니, 帝舜이 말씀하기를 "그렇겠지. 〈그러나〉 가서 네가 〈직무를〉 조화롭게 잘 수행하도록 하라."고 하셨다.

上下는 山林澤藪也라 虞는 掌山澤之官이니 周禮에 分爲虞衡하여 屬於(夏)〔地〕官[157]이라 朱, 虎, 熊, 羆는 四臣之名也라 高辛氏之子에 有曰仲虎, 仲熊이니 意以獸爲名者는 亦以其能服是獸而得名歟아 史記曰 朱, 虎, 熊, 羆는 爲伯益之佐라하니 前殳, 斨, 伯與도 當亦爲垂之佐也리라

上下는 山林과 澤藪를 가리킨다. 虞는 山林과 澤藪를 관장하는 벼슬아치이니, 《周禮》에서 山虞·澤虞와 林衡·川衡으로 나누어 만들어서 〈地官〉에 소속시켰다. 朱·虎·熊·羆는 네 신하의 이름이다. 高辛氏의 아들에 仲虎와 仲熊이 있었으니, 짐승으로 이름한 것은 또한 이 짐승들을 잘 다루었기 때문에 이름을 얻은 것으로 생각된다. 《史記》〈五帝本紀〉에 "朱·虎·熊·羆가 伯益의 보좌관이 되었다."라고 하였으니, 앞의 殳·斨·伯與 또한 응당 垂의 보좌관이 되었을 것이다.

字義 虞 : 벼슬이름 우 熊 : 곰 웅 羆 : 큰곰 비 藪 : 숲 수 衡 : 저울대 형

23. 帝曰 咨四岳아 有能典朕의 三禮아 僉曰 伯夷니이다 帝曰 兪라 咨伯아 汝作秩

---

156 朱虎熊羆(비) : 孔傳은 朱虎와 熊羆 두 신하 이름으로 봤는데, 蔡傳은 朱·虎·熊·羆 네 신하 이름으로 보았다.

157 (夏)〔地〕官 : 저본에는 '夏官'으로 되어 있으나 《周禮》에 山虞·澤虞와 林衡·川衡이 〈地官 司徒〉에 속해 있기 때문에 '地官'으로 바로잡았다.

宗이니 夙夜에 惟寅하여 直哉라사 惟淸[158]하리라 伯이 拜稽首하여 讓于夔龍한대 帝曰
兪라 往欽哉하라

帝舜이 말씀하기를 "아, 四岳아! 나의 三禮를 맡을 자가 있는가?"라고 하시니, 여
럿이 말하기를 "伯夷가 있습니다."라고 하였다. 帝舜이 말씀하기를 "옳거니. 아,
伯아! 너를 秩宗으로 삼겠으니, 밤낮으로 경건하여 내면을 정직하게 해야만 마음
이 깨끗해질 것이다."라고 하셨다. 伯이 절하고 머리를 조아려 夔와 龍에게 사양하
니, 帝舜이 말씀하기를 "그렇겠지. 〈그러나〉가서 경건하게 〈직무를〉 수행하도록
하라."고 하셨다.

典은 主也라 三禮는 祀天神享人鬼祭地祇[159]之禮也라 伯夷는 臣名이니 姜姓이라
秩은 序也요 宗은 祖廟也라 秩宗은 主敍次百神之官이언만 而專以秩宗名之者는 蓋
以宗廟爲主也라 周禮에 亦謂之宗伯하고 而都家에 皆有宗人之官[160]하여 以掌祭
祀之事도 亦此意也라 夙은 早요 寅은 敬畏也라 直者는 心無私曲之謂니 人能敬以
直內하여 不使少有私曲이면 則其心潔淸하여 而無物欲之汚하여 可以交於神明矣라
夔, 龍은 二臣名이라

　典은 主(주관)의 뜻이다. 三禮는 天神에게 제사 지내고, 人鬼에게 제향 드리고, 地
祇에게 제사 지내는 예식이다. 伯夷는 신하의 이름인데 姓은 姜이다. 秩은 序의 뜻
이요, 宗은 선조의 사당을 가리킨다. 秩宗은 百神을 차례로 제사 지내는 일을 주관
하는 관직이건만, 오로지 秩宗으로 이름한 것은 아마 宗廟를 위주로 한 때문일 것
이다. 《周禮》〈春官〉에도 宗伯이라 이르고 都와 家에 다 宗人의 관직을 두어 祭祀
에 관한 일을 관장시킨 것도 이러한 뜻이다. 夙은 早의 뜻이요, 寅은 敬畏의 뜻이
다. 直은 마음에 私曲이 없음을 이르니, 사람이 능히 경건하여 내면을 정직하게 해
서 조금이라도 私曲한 마음이 없게 하면 그 마음이 청결하여 물욕의 더러움이 없어

---

158 夙夜……惟淸 : 孔傳은 "밤낮으로 그 직책을 경건하게 생각하여 禮를 주관하고 政敎를 베풀되
　　 正直하고 淸明하도록 당부함을 말한 것이다.〔言早夜敬思其職 典禮施政敎 使正直而淸明〕"라고 풀이
　　 하였다.

159 祀天神享人鬼祭地祇 : 天神은 上帝 및 日·月·星辰과 司中·司命·風師·雨師를 가리키고, 人鬼
　　 는 조상의 신령을 가리키고, 地祇는 五嶽 및 山林·川澤의 神을 가리킨다.

160 都家 皆有宗人之官 : 都는 임금 자제의 封地와 公卿의 食邑을 가리키고, 家는 大夫의 采地를 가
　　 리킨다. 《周禮》〈春官 崇伯〉에 "都崇人은 都祭祀를 관장하고 家崇人은 家祭祀를 관장한다."라
　　 는 말이 보인다.

서 神明을 교접할 수 있다. 夔와 龍은 두 신하의 이름이다.

字義 寅 : 공경할 인   夔 : 외발짐승 기   祇 : 땅귀신 기   潔 : 깨끗할 결   汚 : 더러울 오

24. 帝曰 夔아 命汝(여) 典樂(악)[161]하노니 敎胄子[162]하되 直而溫하며 寬而栗하며 剛而無虐하며 簡而無傲케하리니 詩는 言志요 歌는 永言이요 聲은 依永이요 律은 和聲하나니 八音이 克諧하여 無相奪倫[163]이라사 神人以和하리라 (夔曰 於予擊石拊石百獸率舞)

　帝舜이 말씀하였다. "夔야. 너를 命하여 樂(음악)을 전담하게 하노니, 胄子를 가르치되 〈성격이〉 곧으면서도 온화하며 너그러우면서도 엄격하며 강하면서도 포악함이 없으며 간략하면서도 오만함이 없게 해야 할 것이다. 詩는 뜻을 읊은 것이요, 노래는 말을 길게 늘인 것이요, 〈소리는 가락에 맞추어〉 길게 빼야 되고, 음률은 소

---

161 命汝 典樂(악) : 司馬遷은 《史記》에서 "以夔爲典樂"이라 하여 典樂을 官名으로 보고, 孔穎達은 《尙書正義》에서 "命汝典掌樂事"라고 하여 典樂을 樂事를 전담하게 한 것으로 해석하였으며, 諺解는 "너를 命하여 樂을 典하노니"로 풀이하였는데, 본 번역에서는 經文의 구문상태를 감안하여 孔疏와 諺解를 참고하였다.

162 胄子 : 《史記》〈五帝本紀〉에는 "以夔爲典樂敎穉子"로 되어 있고, 集解에서 鄭玄의 "國子다."란 말과 孔傳의 "'胄'는 長의 뜻이니, 國子를 교육하는 것이다.〔胄長也 敎長國子〕"란 말을 인용하였다. 王肅은 "國子다."라고 하고, 馬融은 "'胄'는 長의 뜻이니, 天下의 子弟를 敎長(교육)하는 것이다.〔胄長也 敎長天下之子弟〕"라고 하였으며, 蔡傳은 "'胄'는 長의 뜻이니, 天子로부터 卿, 大夫에 이르기까지의 適子다.〔胄長也 自天子至卿大夫之適子也〕"라고 하였는데, 이에 대하여 淸代 王引之 《經義述聞》는 "상고하건대, '敎長國子'는 이 國子를 敎長함을 이르니, 〈馬注〉에서 말한 '天下의 子弟를 敎長한다.'와 같은 것이다. - 爾雅에서 '育'은 長의 뜻으로 취급하였으니, '敎長'은 敎育이라 말함과 같은 것이다. - 이는 바로 '敎胄'를 敎長으로, '子'를 國子로 풀이한 것이니, '胄子' 두 글자를 연달아 읽어서 '長子'로 풀이한 것이 아니다. 또 '弟'를 겸해서 말했으니, 유독 '長子'만이 아니라는 것이 분명하다. 孔穎達은 잘못 '長'을 長子로 삼아서 해석하기를 《說文解字》에 이르기를 〈'胄'는 胤의 뜻이다.〉라고 했고, 《爾雅》〈釋詁〉에 이르기를 〈'胤'은 繼의 뜻이다.〉라고 했다. 父의 世代를 이을 자는 오직 長子일 뿐이다. 그러므로 '胄'를 長으로 삼은 것이다.'라고 하였으며, 또 잘못 孔傳 안에 있는 '長國子'란 세 글자를 연달아 읽어서 해석하기를 '夔로 하여금 歌詩를 가지고 이 適長國子를 가르치게 했다.'고 하여, 馬注와 鄭注 및 姚傳과 모두 서로 어긋났으니, 《史記》의 '穉子를 가르친다.'는 것보다 더 뜻이 통하는 것은 없다.〔案敎長國子 謂敎長此國子 猶馬注言敎長天下之子弟也 - 爾雅育長也 敎長猶言敎育 - 此是訓敎胄爲敎長 訓子爲國子 非以胄子二字連讀而訓爲長子也 且兼弟言之 則非獨長子明矣 孔穎達誤以長爲長子而釋之曰 說文云 胄允也 釋詁云 允繼也 繼父世者 惟長子耳 故以胄爲長也 又誤以傳內長國子三字連讀而釋之曰 令夔以歌詩敎此適長國子也 自是之後 遂相承以敎胄子爲敎長子 與馬鄭注及姚傳 咸相違戾 而史記之敎穉子 更莫有能通其義者矣〕"라고 하였다.

163 無相奪倫 : 孔傳은 倫을 理의 뜻으로 보아 "理(리듬)가 錯奪되지 않으면〔理不錯奪〕"이라 하였는데, 正義에서는 理를 다시 道理로 풀이하였다.

리를 조화시키는 것이니, 八音이 잘 어울려 서로 차례를 빼앗음이 없어야 神과 사람이 화합하게 될 것이다."

胄는 長也니 自天子至卿大夫之適子也라 栗은 莊敬也라 上二無字는 與毋同이라 凡人直者는 必不足於溫이라 故로 欲其溫이요 寬者는 必不足於栗이라 故로 欲其栗이니 所以慮其偏而輔翼之也라 剛者는 必至於虐이라 故로 欲其無虐이요 簡者는 必至於傲라 故로 欲其無傲니 所以防其過而戒禁之也라 敎胄子者는 欲其如此요 而其所以敎之之具는 則又專在於樂이니 如周禮大司樂이 掌成均之法하여 以敎國子弟[164]라 而孔子亦曰 興於詩하며 成於樂이라하시니 蓋所以蕩滌邪穢하고 斟酌飽滿하며 動盪血脈하고 流通精神[165]하여 養其中和之德而救其氣質之偏者也라

胄는 長(맏아들)의 뜻이니, 天子로부터 卿大夫에 이르기까지의 適子를 말한다. 栗은 莊敬의 뜻이다. 위에 있는 두 無자는 毋자와 같다. 무릇 사람이란 성격이 곧은 사람은 반드시 온화함이 부족하므로 온화하게 하려고 하고, 너그러운 사람은 반드시 엄격함이 부족하므로 엄격하게 하려고 하는 것이니, 이는 한쪽으로 치우칠까 염려하여 輔翼(보조)하기 위한 것이다. 강한 사람은 반드시 포악하게 되므로 포악함이 없게 하려고 하고, 간략한 사람은 반드시 오만하게 되므로 오만함이 없게 하려고 하는 것이니, 이는 지나침을 막아서 경계하고 금지하기 위한 것이다.

胄子를 가르치는 사람은 이와 같이 하려고 노력해야 할 것이요, 그 가르치는 도구는 또 오로지 樂에 있으니, 이를테면《周禮》〈春官〉에 "大司樂이 成均의 법을 관장하여 나라의 자제들을 가르쳤다."라고 하고, 《論語》〈泰伯〉에〉 孔子 또한 "詩에서 감화를 받으며 樂에서 인격수양을 완성한다."라고 하였으니, 〈樂은〉 대개 邪穢를 씻어내고 飽滿을 조절하며 血脈을 활동시키고 정신을 유통시켜 中和의 덕을 길러서 기질의 치우침을 바로잡기 때문이다.

心之所之를 謂之志니 心有所之면 必形於言이라 故로 曰詩言志요 旣形於言이면 則必有長短之節이라 故로 曰歌永言이요 旣有長短이면 則必有高下淸濁之殊라 故로 曰聲依永이니 聲者는 宮商角徵(치)羽也라 大抵歌聲이 長而濁者爲宮이요 以漸而

---

164 成均之法……國子弟 : 鄭玄이 "董仲舒가 '成均은 五帝의 大學 이름이다.'라고 하였으니, '成均의 法'이란 그 遺禮의 본받을 만한 것이다. '國子弟'는 公·卿·大夫의 子弟다.〔董仲舒云 成均五帝之學 成均之法者 其遺禮可法者 國之子弟 公卿大夫之子弟〕"라고 注를 달았다.

165 蕩滌邪穢……流通精神 :《史記》〈樂書〉에 나오는 太史公(司馬遷)의 말이다.

清且短이면 則爲商爲角爲徵爲羽니 所謂聲依永也라 旣有長短淸濁이면 則又必以 十二律和之라야 乃能成文而不亂이라 假令黃鍾爲宮이면 則大簇(태주)爲商이요 姑 洗(선)爲角이요 林鍾爲徵요 南呂爲羽니 蓋以三分損益하여 隔八相生[166]而得之니 餘律皆然이라 卽禮運所謂五聲六律十二管이 還相爲宮이니 所謂律和聲也라 人聲 旣和어든 乃以其聲으로 被之八音而爲樂이면 則無不諧協하여 而不相侵亂失其倫 次니 可以奏之朝廷하고 薦之郊廟하면 而神人以和矣라 聖人作樂하여 以養情 性하고 育人材하고 事神祇하고 和上下하니 其體用功效 廣大深切이 乃如此언만 今 皆不復見矣니 可勝嘆哉아 夔曰以下는 蘇氏曰 舜方命九官에 濟濟相讓이어늘 無 緣夔於此獨言其功이라 此盆稷之文이니 簡編脫誤하여 複見於此라하니라

마음이 지향해가는 것을 '志'라 한다. 마음이 지향해가는 바가 있으면 반드시 말에 나타나기 때문에 詩는 뜻을 읊은 것이라 하였고, 이미 말에 나타났으면 반드시 長短의 音節이 있기 때문에 노래는 말을 길게 늘이는 것이라 하였으며, 이미 장단이 있으면 반드시 高下와 淸濁의 구분이 있기 때문에 소리는 길게 빼는 것이라 하였으니, '소리'란 바로 宮·商·角·徵·羽다. 대개 노래 소리가 길고 탁한 것은 宮이되고, 점점 맑고 짧아지면 商이 되고 角이 되고 徵가 되고 羽가 되니, 이른바 "소리는 길게 뺀다."라는 것이다. 이미 장단과 청탁이 있으면 또 반드시 十二律을 가지고 고르게 하여야 이에 문채를 이루어 어지럽지 않게 되니, 가령 黃鍾이 宮이 되면 太簇는 商이 되고 姑洗은 角이 되고 林鍾은 徵가 되고 南呂는 羽가 되는 것이다. 〈기본음인 黃鍾을 기준으로 하여〉 三分損一하기도 하고 三分益一하기도 하며 〈陽律과 陰呂가 서로 上生하고 下生하면서〉 여덟 자리를 건너뛰어 다음 음을 파생하여 얻어지는 것이니, 나머지 律도 다 그런 식이다. 이는 곧 《禮記》〈禮運〉에서 말한 "五聲과 六律과 十二管이 돌아가며 서로 宮이 된다."라는 것이니, 이른바 "律은 소리를 조화시키는 것이다."라는 것이다.

---

166 三分損益 隔八相生 : '三分損益'은 '三分損一'과 '三分益一'의 줄임말로 곧 3분의 1을 덜거나 보태는 것이니, 이를테면 黃鍾管은 길이가 9치, 둘레가 9푼이므로 그 수가 9×9=81이다. 黃鍾으로부터 여덟 번째 자리는 林鍾이니, 黃鍾管의 길이가 9치이므로 3분의 1을 던 6치가 林鍾管의 길이고, 그 수는 9×6=54며, 林鍾으로부터 여덟 번째 자리는 太簇니, 林鍾管의 길이가 6치이므로 3분의 1을 더한 8치가 太簇管의 길이고, 그 수는 9×8=72다. '隔八相生'은 律管의 相生하는 여덟 자리를 건너뛰어서 상호간의 관계를 조장하는 것이니, 이를테면 黃鍾이 林鍾을 낳고 林鍾이 太簇를 낳는 것과 같은 예다. 이때 陽律에서 陰呂를 파생하는 경우는 원래의 숫자에서 3분의 1을 빼서 下生이 되고, 陰呂에서 陽律을 파생하는 경우는 원래의 숫자에서 3분의 1을 더하여 上生이 된다.(《律呂新書》, 《史記》〈律書〉 참조)

사람의 소리가 이미 화평해졌거든 이에 그 소리를 八音에 올려서 음악을 만들면 화협하지 않음이 없어서 서로 침해하거나 혼란하여 그 차례를 잃지 않으니, 이것을 朝廷에서 연주하거나 郊祀와 廟祭 때에 올리면 神과 사람이 화평하게 될 것이다. 聖人이 음악을 만들어 性情을 기르고 인재를 육성하며 神祇를 섬기고 上下를 조화시켰으니, 그 體用과 功效의 廣大하고 深切함이 이와 같았건만, 이제 그것을 모두 다시 볼 수 없게 되었으니, 탄식함을 이루 다 말할 수 있겠는가.

'夔曰' 이하에 대해서는 蘇氏(蘇軾)가 말하기를 "舜이 바야흐로 아홉 관원을 임명할 때에 많은 신하들이 서로 사양하였거늘, 夔만 혼자 여기에서 자기의 공을 말할 까닭이 없다. 이것은 〈益稷〉의 글인데, 簡編이 잘못 이탈하여 여기에 중복되어 나온 것이다."라고 하였다.

字義 樂 : 풍류 악　　冑 : 맏아들 주　　栗 : 씩씩할 률　　和 : 조화시킬 화　　奪 : 빼앗을 탈　　倫 : 차례 륜
適 : 맏아들 적　　輔 : 도울 보　　翼 : 보필할 익　　蕩 : 쓸어 없앨 탕　　滌 : 씻을 척　　穢 : 더러울 예
斟 : 잔질할 짐　　酌 : 잔 작　　飽 : 배부를 포　　滿 : 가득할 만　　盪 : 움직일 탕　　脈 : 맥 맥
殊 : 다를 수　　隔 : 건너뛸 격　　薦 : 올릴 천　　緣 : 인연 연　　誤 : 그르칠 오　　複 : 중복 복

25. 帝曰 龍아 朕은 聖(즉)讒說이 殄行하여(이라) 震驚朕師일새(하여) 命汝하여 作納言하노니 夙夜에 出納朕命[167]하되 惟允하라

帝舜이 말씀하셨다. "龍아. 朕은 참소하는 말이 善人의 일을 단절하여 朕의 대중을 진동하고 놀라게 하는 것을 미워한 나머지, 너를 임명하여 納言으로 삼노니, 밤낮으로 朕의 명령을 출납하되 오직 진실하게 하라."

聖은 疾이라 殄은 絶也니 殄行者는 謂傷絶善人之事也라 師는 衆也니 謂其言之不正하여 而能變亂黑白하여 以駭衆聽也라 納言은 官名이라 命令政教를 必使審之하여 既允而後出이면 則讒說不得行하여 而矯僞無所託矣요 敷奏[168]復逆[169]을 必使審

---

167 出納朕命 : 孔傳은 "納言'은 喉舌 역할을 하는 벼슬이니, 아랫사람들의 말을 들어서 윗사람에게 알리고 윗사람의 말을 받아서 아랫사람들에게 전달한다.〔納言 喉舌之官 聽下言納於上 受上言宣於下〕"라고 하고, 孔疏는 "出納朕命'이라 한 것은 상호적으로 보인 것이다.〔云出納朕命 相互見〕"라고 하였는데, 조선시대 兪棨는 "納'의 命은 전적으로 위아래의 말을 출납하는 것을 주로 하는데, 孔安國과 蔡沈이 풀이한 것으로 말하면 단지 '朕命' 두 글자만을 거론하였으니, 끝내 불통한 점이 있다.〔納言之命 專主於出納上下之言 如孔蔡所解 則只擧朕命二字者 終是欠通〕"라고 하였다.《經書集說》〈書傳〉

168 敷奏 : 敷는 陳의 뜻이고 奏는 聞의 뜻이니, 治績 같은 것을 布陳하여 奏聞하는 일이다.

169 復逆 : 復은 報와 反의 뜻이니 임금에게 反報(복명)하는 것을 말하고, 逆은 조정에서 일을 아뢸

之하여 旣允而後入이면 則邪僻無自進하여 而功緒有所稽[170]矣[171]리라 周之內史와
漢之尙書와 魏晉以來所謂中書門下者가 皆此職也라

聖은 疾(미워함)의 뜻이다. 殄은 絶의 뜻이니, 殄行은 善人의 일을 해치고 끊음을
이른다. 師는 衆의 뜻이니, 그 말이 부정하여 흑백을 變亂시켜서 여러 사람의 이목
을 놀라게 함을 이른다. 納言은 벼슬 이름이다. 命令과 政敎를 반드시 살펴서 내용
이 진실한 것이어야 내보내면 讒說이 행해지지 못하여 거짓이 영영 의탁할 곳이 없
게 되고, 아뢰고 상주하는 것을 반드시 살펴서 내용이 진실한 것이어야 들여보내면
邪僻함이 진입하지 못하여 功業을 제대로 상고할 바가 있게 될 것이다. 周나라의
內史와 漢나라의 尙書와 魏나라 · 晉나라 이래의 이른바 中書門下라는 것이 모두
이 納言의 직책이었다.

字義 聖 : 미워할 즉   讒 : 참소할 참   殄 : 끊을 진   震 : 진동할 진   驚 : 놀낼 경   朕 : 나 짐
師 : 대중 사   納 : 들일 납   絶 : 끊을 절   駭 : 놀랠 해   矯 : 속일 교   僞 : 거짓 위
託 : 붙일 탁

때 아래로부터 위로 올라가는 것이니 上書를 말한다.

170 功緒有所稽 : 《周禮》〈天官 宮正〉에 "그들의 功緒를 상고한다.〔稽其功緒〕"라고 하였는데, 그에 대
한 註에 "功은 吏職이고, 緒는 그 志業이다."라고 풀이하였다.

171 納言……而功緒有所稽矣 : 이에 대하여 조선시대 학자들은 다음과 같이 이의를 제기한다. 農巖
(金昌協)은 尤庵(宋時烈)에게 묻기를 "集傳(蔡傳)에서 命令 · 政敎를 敷奏 · 復逆과 나누어 말해서
'出納' 두 글자에 배당하였는데, 經文을 자세히 살펴보면 '朕命'이라고만 말했으니, 이것은 단지
命令과 政敎만을 가리켰을 뿐입니다. 敷奏 · 復逆과 같은 것은 바로 아래로부터 올라가는 것이
니, '朕命'에 해당이 없을 듯합니다.……二典(〈堯典〉·〈舜典〉)의 集傳은 원래 朱子께서 정리하신
것인데, 이곳은 잘 살피지 못하신 것 같습니다. 그렇지 않습니까?"라고 하니, 尤庵은 답하기를
"朕命 중에 옳은 것은 敷奏하고 불가한 것은 覆逆하는 것인데 무엇이 의심할 게 있는가."라고 하
였다. 寒靜堂(宋文欽)은 "命龍章의 傳에는 의심스런 것이 너무도 많은데 尤翁은 '敷奏'를 敷奏하
여 施行하는 뜻으로 여겼으니, 이것은 비록 '朕命'이란 두 글자에는 꼭 들어맞지만 글 가운에 쓰
인 '敷奏'란 글자에는 이와 같은 뜻이 없다.……"라고 이의를 제기하였고, 鹿門(任聖周)은 "敷奏
復逆' 一段이 '出納朕命'에 딱 들어맞지 않으니 農巖이 의심을 한 것은 옳은데, 尤翁의 답은 감
히 알지 못할 점이 있다. 나의 생각에는 孔穎達이 말한 '互相見'이란 말이 잘 풀이한 것 같다."〔農
巖問於尤庵曰 集傳以命令政敎與敷奏復逆 分說以配出納二字 第詳經文 只云朕命 則此特指命令政敎耳 若
敷奏復逆 是自下而上者 恐於朕命無當……二典集傳 固是朱子所定 而此處恐失照勘 未知如何 尤庵答曰 朕
命之可者敷奏 而其不可者覆逆 有何可疑耶 寒靜堂曰 命龍章傳 終多可疑 尤翁以敷奏爲敷奏施行之意 此雖
貼得朕命字 然書中用敷奏字 無有如此者……鹿門曰 敷奏復逆一段 於出納朕命不襯 農巖疑之是矣 而尤翁之
答 有未敢知 愚意孔穎達所云 互相見者 恐得之〕라고 의문을 표시하였다.(《經書集說》〈書傳〉)

26. 帝曰 咨汝二十有二人아 欽哉하여 惟時¹⁷²(로) 亮天功¹⁷³하라

帝舜이 말씀하였다. "아, 너희 스물 두 사람아. 〈직무를〉 경건히 수행하여 하늘의 일을 돕도록 하라."

二十二人은 四岳九官十二牧也라 周官¹⁷⁴에 言內有百揆四岳하고 外有州牧侯伯이라하니 蓋百揆者는 所以統庶官이요 而四岳者는 所以統十二牧也라 旣分命之하고 又總告之하여 使之各敬其職하여 以相天事也라 曾氏曰 舜命九官에 新命者六人¹⁷⁵이니 命伯禹와 命伯夷는 咨四岳而命者也요 命垂와 命益은 泛咨而命者也요 命夔와 命龍은 因人之讓하여 不咨而命者也라하니라 夫知道而後에 可宅百揆요 知禮而後에 可典三禮니 知道와 知禮는 非人人所能也라 故로 必咨於四岳이요 若予工과 若上下草木鳥獸는 則非此之比라 故로 泛咨而已라 禮樂命令은 其體雖不若百揆之大나 然이나 其事理精微하니 亦非百工庶物之可比라 伯夷旣以四岳之擧로 而當秩宗之任이면 則其所讓之人이 必其中於典樂納言之選을 可知라 故로 不咨而命之也요 若稷契皐陶之不咨者는 申命其舊職而已라 又按 此以平水土와 若百工으로 各爲一官이언만 而周制는 同領於司空하고 此以士一官으로 兼兵刑之事언만 而周禮는 分爲夏秋兩官하니라 蓋帝王之法은 隨時制宜하니 所謂損益可知¹⁷⁶者 如此니라

---

172 時 : 官吐와 諺解에서는 本字(때 시)로 다루었으나 蔡傳에서는 언급하지 않았다.

173 欽哉……亮天功 : 孔傳은 "각각 그 직무를 경건히 수행하도록 하라. 오직 이 〈너희들이 직무를 잘 수행하면〉 진실로 천하의 공을 세울 수 있을 것이다.〔各敬其職 惟是 乃能信立天下之功〕"라고 풀이하였다. 孔疏는 '惟是' 아래에 '汝等敬事'를 보탰다.

174 周官 : 《周官》과 《周禮》는 같은 책명으로 漢代 이전에는 《周官》으로 칭하다가 漢나라 劉歆 때에 와서 비로소 《周禮》로 개칭하였다.

175 新命者六人 : 孔傳의 "禹垂益伯夷夔龍六人新命"을 따른 것인데, 이에 대해서는 宋代 王安石은 다음과 같이 주장한다. "孔氏(孔安國)가 '禹·垂·益·伯夷·夔·龍은 다 새로 임명된 자다.'라고 한 말은 아마 실수한 것이리라.……舜이 이 아홉 사람을 임명할 때는 모두 물어보고 임명하였는데, 왜 유독 夔에게만 그렇지 않았는가? 가사 夔가 새로 임명된 자라면 어찌 그 樂의 和美함을 칭찬했겠는가?……孔氏의 說은 아마 '너에게 명하여 樂을 전담하게 한다.'는 말에 홀린 모양인데, '너를 司徒로 삼는다.'와 '너를 士로 삼는다.'는 글이 '너를 명하여 樂을 전담하게 한다.'는 말과 무엇이 다른가.〔孔氏曰 禹垂益伯夷夔龍 皆新命者 蓋失之矣……舜之命此九人者 未嘗不咨而後命焉 則何獨於夔而不然乎 使夔爲新命者 則何稱其樂之和美也……孔氏之說 蓋惑於命汝典樂之語爾 夫汝作司徒汝作士之文 豈異於命汝典樂之語乎〕"《臨川文集》〈論議 夔說〉 王安石의 주장은 과거사를 현재사로 본 것 같다.

176 損益可知 : 《論語》〈爲政〉에 공자의 말씀으로 "殷나라는 夏나라의 禮를 바탕으로 하였으니, 그 덜어내고 보탠 바를 알 수 있으며, 周나라는 殷나라의 禮를 바탕으로 하였으니, 그 덜어내고 보

22人은 四岳과 9官, 그리고 12州의 牧이다. 《周官》에 "안에는 百揆와 四岳이 있고 밖에는 州牧과 侯伯이 있다."라고 하였으니, 百揆는 여러 관원을 통솔하는 관직이고, 四岳은 12牧을 통솔하는 관직이다. 이미 나누어 임명해놓고 또 총괄하여 말씀해서 각각 그 직무를 경건하게 수행하여 하늘의 일을 돕게 하신 것이다.

曾氏는 말하기를 "舜이 임명한 9官 중에 새로 임명한 자가 여섯 사람이니, 伯禹와 伯夷를 임명한 것은 四岳에게 물어서 임명한 것이고, 垂와 益을 임명한 것은 범연히 물어서 임명한 것이고, 夔와 龍을 임명한 것은 남의 양보함으로 인하여 묻지 않고 임명한 것이다."라고 하였다.

道를 안 뒤에 百揆의 자리에 처할 수 있고 禮를 안 뒤에 三禮를 맡을 수 있으니, 道를 알고 禮를 아는 것은 사람마다 능할 수 있는 일이 아니기 때문에 반드시 四岳에게 물었던 것이고, 나의 百工을 순리대로 다스리는 일이나 山澤의 草木과 鳥獸를 순리대로 다스리는 일은 이에 비할 바가 아니므로 범연히 물었을 뿐이다. 禮樂과 命令은 그 體가 비록 百揆처럼 크지는 않으나 그 事理가 精微하니, 또한 百工과 庶物에 비할 바가 아니다. 伯夷가 이미 四岳의 천거로 秩宗의 직임을 담당했다면 그가 양보한 사람이 반드시 典樂과 納言의 선발에 적합함을 알 수 있다. 그러므로 물어보지 않고 임명한 것이고, 稷(棄)·契·皐陶에 대해 물어보지 않은 것과 같은 경우는 옛 직책을 거듭 임명했을 뿐이기 때문이다.

또 살펴보건대, 여기서는 水土를 평탄하게 다스리고 百工을 순리로 다스리는 일을 각각 한 관직으로 삼았는데, 周나라 제도에서는 司空에게 같이 통솔되었으며, 여기서는 '士'의 한 벼슬로 兵·刑의 일을 겸하였는데, 《周禮》에서는 夏官(司馬)과 秋官(司寇)으로 나누어 둘로 만들었다. 제왕의 법은 때에 따라 알맞게 제정하는 것이니, 이른바 "덜어내고 보탠 것을 알 수 있다."라는 것이 이와 같다.

字義 亮 : 도울 량   泛 : 범연할 범   擧 : 천거할 거

27. 三載에 考績하시고 三考에 黜陟幽明하신대 庶績이 咸熙하더니 分北(패)三苗하시다

3년째에 공적을 살피시고 세 번 살펴서 〈업적이 없는 사람은〉 퇴출시키고 〈업적이 있는 사람은〉 승진시키시니, 모든 공적이 다 확대되었는데, 三苗族은 구분해서 쫓아내셨다.

탠 바를 알 수 있다.〔殷因於夏禮 所損益可知也 周因於殷禮 所損益可知也〕"라는 것이 보인다.

考는 核實也라 三考는 九載也니 九載則人之賢否와 事之得失을 可見이라 於是에
陟其明而黜其幽하여 賞罰明信하니 人人이 力於事功이라 此所以庶績咸熙也라
北는 猶背也니 其善者留하고 其不善者竄徙之하여 使分背[177]而去也라 此는 言
舜命二十二人之後에 立此考績黜陟之法하고 以時擧行하여 而卒言其效如此也라
按三苗見於經者는 如典謨益稷禹貢呂刑에 詳矣라 蓋其負固不服하고 乍臣乍
叛이어늘 舜攝位而竄逐之하고 禹治水之時에 三危已宅이로되 而舊都猶頑不卽工이요
禹攝位之後에 帝命徂征이로되 而猶逆命이라가 及禹班師而後來格하니 於是에 乃得
考其善惡而分北之也라 呂刑之言遏絶[178]은 則通其本末而言이니 不可以先後
論也라

考는 사실을 조사하는 것이다. 세 번 업적을 살피는 기간은 9년이니, 9년이면 사
람의 賢否와 일의 得失을 볼 수 있다. 이에 업적이 있는 사람은 승진시키고 업적이
없는 사람은 퇴출시켜 상벌이 분명하고 미더워지니, 사람마다 事功에 힘을 썼다.
이래서 모든 국사가 다 확대되어 간 것이다. 北는 背와 같으니, 착한 자는 머물러
있게 하고, 착하지 못한 자는 쫓아냄으로써 구분해서 물리친 것이다. 이는 舜이 스
물 두 사람을 임명한 뒤에 이렇게 업적을 살펴서 승진시키고 퇴출시키는 법을 세우
고 때에 맞게 거행하였음을 말하여, 마침내 그 효험이 이와 같았음을 말한 것이다.

상고해보건대, 三苗族이 《《書經》의》 經文에 나타난 것은 〈舜典〉·〈大禹謨〉와
〈皐陶謨〉·〈益稷〉·〈禹貢〉·〈呂刑〉 같은 데에 자세하다. 대개 그들은 지형의 험고함
을 믿어 복종하지 않고 금세 신하가 되었다가 금세 배반하였기 때문에 舜이 攝位하
여 그들을 쫓아냈고, 禹가 홍수를 다스릴 때에 三危는 이미 집을 짓고 살 수 있었으
나 옛 도읍 사람은 아직도 완악하여 조공을 바치지 않았다. 禹가 攝位한 뒤에 帝舜
이 禹에게 명하여 가서 三苗를 정벌하게 하였으나 그래도 명령을 거역하다가 禹가
군대를 이끌고 돌아온 뒤에야 와서 굴복하였으므로 이에 그들의 善惡을 살펴서 나
누어 쫓아낸 것이다. 〈呂刑〉에서 "苗民을 遏絶했다."고 말한 것은 그 본말을 통틀
어 말한 것이니, 선후를 가지고 논해서는 안될 일이다.

字義 績 : 공 적 黜 : 퇴출할 출 陟 : 승진할 척 北 : 등질 패 核 : 조사할 핵 徙 : 옮길 사
乍 : 잠깐 사 逐 : 쫓을 축 徂 : 갈 조 征 : 칠 정 班 : 돌아올 반 遏 : 막을 알

---

177 使分背 : 孔疏에 '使分背'라고 나오는 것으로 보아 古注를 그대로 따른 것이다.
178 遏絶 : 〈呂刑〉에 "苗民을 멸하여 대를 이어 下國에 있지 못하게 하였다.〔遏絶苗民 無世在下〕"라고
　　 보인다.

28. 舜生三十에 徵庸하시고 三十에 在位[179]하사 五十載에 陟方[180]乃死[181]하시니라

舜은 태어난 지 30년 만에 부름을 받아 등용되시고, 그 후 30년 만에 帝位에 올라 在位하시다가 50년 만에 운명하여 죽으셨다.

徵은 召也라 陟方은 猶言升遐也라 韓子曰 竹書紀年에 帝王之沒을 皆曰陟이라하니라 陟은 昇也니 謂昇天也라 書曰 殷이 禮陟配天[182]이라하니 言以道終하여 其德協天也라 故로 書紀舜之沒에 云陟하고 其下에 言方乃死者는 所以釋陟爲死也라 地之勢東南下하니 如言舜巡守而死면 宜言下方이요 不得言陟方也라하니 按此得之나 但不當以陟爲句絶耳라 方은 猶雲徂乎方[183]之方이니 陟方乃死는 猶言殂落而死也라 舜生三十年에 堯方召用하며 歷試三年이요 居攝二十八年하니 通三十年에 乃卽帝位하시고 又五十年而崩하시니 蓋於篇末에 總敍其始終也라 史記에 言舜巡守라가 崩于蒼梧之野라하고 孟子言舜卒於鳴條라하시니 未知孰是라 今零陵九疑에 有舜塚云이라

徵은 召의 뜻이다. 陟方은 升遐(昇遐)라는 말과 같다. 韓子(韓愈)는 말하기를 "《竹書紀年》에서 제왕의 죽음을 모두 '陟'이라 하였다. 陟은 昇의 뜻이니, 하늘에 오름을 이른다. 《書經》에 '殷나라 왕들이 禮(明德)를 가지고 올라가 하늘에 짝했다.' 하였으니, 道로써 세상을 마쳐 그 德이 하늘에 합하였음을 말한 것이다. 그러므로 《書經》에서 舜의 죽음을 기록할 적에 '陟'이라 하고 그 아래에서 '方乃死'라 말하였으니, 이는 '陟'을 죽음으로 해석한 것이다. 지형은 동남쪽이 낮으니, 만일 舜이 순수하다가 죽었다고 말한다면 마땅히 '下方'이라고 해야 되지, '陟方'이라 할 수 없다."라고 하였다. 내가 살펴보건대 이 말이 맞지만, 다만 '陟'으로 句를 끊는 것은 마땅하지 않다. 方은 '구름이 사방으로 간다.〔雲徂乎方〕'는 方과 같으니, 陟方乃死는 殂落(殂落)하여 죽었다는 말과 같다.

---

179 位 : 孔傳은 '臣位'로, 蔡傳은 '帝位'로 보았다.

180 陟方 : 孔傳은 南方의 巡守 길에 오른 것으로 보았다.

181 乃死 : 宋時烈은 "군자가 죽으면 '終', 소인이 죽으면 '死'라 하는데, 唐虞時代에는 꼭 이와 같지 않았기 때문에 '死'자를 舜에게 사용했던 것인가?〔君子曰終 小人曰死 唐虞之世 恐不必如此 故用之於舜耶〕"라고 하였다.《經書集說》

182 殷禮陟配天 : 〈君奭〉에 있는 말로 곧 "殷나라의 先王(成湯 이하 다섯 王)이 모두 明德을 가지고 올라가 하늘에 짝하였다."란 뜻이다.

183 雲徂乎方 : 《揚子法言》〈寡見篇〉에 나오는 말인데, '方'은 四方을 가리킨다.

舜은 태어난 지 30년째에 堯임금에게 비로소 부름을 받아 등용되었으며, 시험을 거친 기간이 3년이고 攝位한 기간이 28년이니, 통산하면 30년째에 비로소 帝位에 올랐으며, 또 50년째에 승하하셨으니, 篇의 끝에서 그 시종을 다 서술한 것이다. 《史記》〈五帝本紀〉에는 "舜이 순수하다가 蒼梧의 들에서 승하했다."라고 하였고, 孟子는 "舜이 鳴條에서 卒하셨다."라고 하였으니, 누가 옳은지 알 수 없다. 지금 零陵의 九疑山에 舜의 무덤이 있다고 한다.

字義 徵 : 부를 징   庸 : 쓸 용   升 : 오를 승   遐 : 멀 하   沒 : 죽을 몰   零 : 땅이름 령   塚 : 무덤 총

書經集傳 卷二

大禹謨

謨는 謀也라 林氏曰 虞史旣述二典이나 其所載有未備者라 於是에 又敍其君臣之間嘉言善政하여 以爲大禹皐陶謨益稷三篇하니 所以備二典之未備者라 今文無하고 古文有하니라

謨는 謀의 뜻이다. 林氏(林之奇)는 "虞나라 史官이 이미 〈堯典〉과 〈舜典〉을 기술했지만, 기재된 것에 미비한 점이 있었다. 그래서 다시 군신간에 있었던 嘉言과 善政을 서술해서 〈大禹謨〉·〈皐陶謨〉·〈益稷〉 세 篇을 만들었으니, 〈堯典〉과 〈舜典〉의 미비한 점을 보완한 것이다."라고 하였다. 〈大禹謨〉는 《今文尙書》에는 들어 있지 않고 《古文尙書》에는 들어 있다.

字義 謀 : 꾀 모　述 : 기술할 술　載 : 기재할 재　備 : 갖출 비

1. 曰若稽古大禹한대 曰 文命을 敷于四海하시고 祗承于帝하시다

옛 大禹를 상고하건대, 文命(文敎)을 四海에 펼치시고 帝舜을 경건하게 받드셨다.

命은 敎요 祗는 敬也라 帝는 謂舜也라 文命敷于四海者는 卽禹貢所謂東漸西被朔南曁하여 聲敎訖于四海者是也라 史臣言禹旣已[1]布其文敎於四海矣라 於是에 陳其謨하여 以敬承于舜을 如下文所云也라하니라 文命은 史記以

大禹圖

---

1 旣已 : 艱難처럼 같은 뜻의 글자를 겹쳐 써서 문장구조를 맞추었을 뿐이다.

爲禹名이라하니 蘇氏曰 以文命爲禹名이면 則敷于四海者는 爲何事耶오하니라

命은 敎의 뜻이요, 祗는 敬의 뜻이다. 帝는 舜을 이른다. "文命을 四海에 펼쳤다."라는 것은 곧 〈禹貢〉에 이른바 "동쪽으로는 〈바다가 닿은 데까지〉 스며가고, 서쪽으로는 〈流沙에 이르기까지〉 입혀지고, 북쪽과 남쪽의 끝까지 미쳐가서 聲敎가 四海에 이르렀다."란 것이 이것이다. 史臣은 "禹가 이미 그 文敎를 四海에 펼치셨다. 그래서 그 계책을 진술하여 帝舜을 경건하게 받들기를 아랫글에서 이른 바와 같이 하셨다."라는 식으로 말한 것이다. 文命은 《史記》 〈夏本紀〉에서 "禹의 이름이다."라고 하였는데, 蘇氏(蘇軾)는 "文命을 禹의 이름이라고 한다면 '四海에 펼쳤다'는 것은 무슨 일이었는가."라고 하였다.

字義 若 : 따를 약   稽 : 상고할 계   敷 : 펼 부   祗 : 공경 지   承 : 받들 승   漸 : 스며갈 점
被 : 입혀질 피   朔 : 북방 삭   曁 : 미쳐갈 기   訖 : 이를 흘   布 : 펼칠 포

2. 曰 后克艱厥后하며 臣이 克艱厥臣이라사 政乃^{2}乂하여 黎民이 敏德하리이다

禹가 말씀하였다. "임금은 임금 노릇 하는 일을 어렵게 여기고 신하는 신하 노릇 하는 일을 어렵게 여겨야 정사가 어렵사리 다스려져서 백성들이 善德에 빨리 교화될 것입니다."

曰以下는 卽禹祗承于帝之言也라 艱은 難也니 孔子曰 爲君難이요 爲臣不易(이)^{3}라하시니 卽此意也라 乃者는 難辭也라 敏은 速也라 禹言君而不敢易其爲君之道하고 臣而不敢易其爲臣之職하여 夙夜祗懼하여 各務盡其所當爲者면 則其政事 乃能修治而無邪慝하여 下民이 自然觀感하여 速化於善而有不容已者矣라하시니라

'曰' 이하는 곧 禹가 帝舜을 경건하게 받드신 말씀이다. 艱은 難의 뜻이다. 孔子께서 말씀하기를 "군주 노릇 하기가 어렵고 신하 노릇 하기가 쉽지 않다."라고 하셨으니, 바로 이 뜻이다. 乃는 어렵사리란 말이다. 敏은 速(빨리)의 뜻이다. 禹가 말씀하기를 "임금으로서 임금이 해야 할 도리를 쉽게 여기지 않고 신하로서 신하가 해야

---

2   乃 : 蔡傳은 難(어렵사리)의 뜻으로 보았으나 孔傳은 의미를 부여하지 않았다. 〈洪範〉의 "王乃言曰嗚呼"에 대하여 元代 吳澄(《書纂言》)은 "乃는 難辭요 嗚呼는 歎辭다."라고 하였는데, '乃'자의 반대가 '已'자라고 생각하면 쉽게 이해할 수 있을 것이다. 정사가 다스려지기 어렵다고 생각하면 힘쓰게 되고, 이미 다스려졌다고 생각하면 태만해지기 때문이다.

3   爲君難 爲臣不易(이) : 내용은 《論語》 〈子路〉에 보인다.

할 직책을 쉽게 여기지 아니하여, 밤낮으로 경건하고 두려워해서 각각 힘써 마땅히 해야 할 일을 다하면 정사가 어렵사리 다스려져서 사특함이 없어, 백성들이 자연스럽게 보고 감동하여 善德에 빨리 교화되어 쉽게 그만둘 수 없을 것입니다."라고 하신 것이다.

字義 艱 : 어려울 간　乃 : 어렵사리 내　乂 : 다스릴 예　黎 : 검을 여　敏 : 빠를 민　易 : 쉬울 이
懼 : 두려워할 구　慝 : 간사할 특　容 : 쉬울 용　已 : 그만둘 이

3. 帝曰 俞라 允若玆하면 嘉言이 罔攸伏하며 野無遺賢하여 萬邦이 咸寧하리니 稽于衆하여 舍(捨)己從人하며 不虐無告하며 不廢困窮은 惟帝사 時克이러시니라

　帝舜이 말씀하였다. "옳거니. 진실로 이와 같이 한다면 아름다운 말이 숨겨지는 바가 없으며, 초야에 버려지는 賢人이 없어서 萬邦이 모두 편안할 것이니, 여러 사람에게 살펴서 자기의 편견을 버리고 남의 의견을 따르며 하소연할 데 없는 자들을 학대하지 않으며 곤궁한 자들을 방치하지 않는 일은 오직 帝堯만이 이에 능하셨다."

　嘉는 善이요 攸는 所也라 舜이 然禹之言하사 以爲信能如此면 則必有以廣延衆論하고 悉致群賢하여 而天下之民이 咸被其澤하여 無不得其所矣라 然이나 非忘私順理하고 愛民好士之至면 無以及此니 而惟堯能之요 非常人所及也라 蓋爲謙辭以對하여 而不敢自謂其必能이니 舜之克艱을 於此에 亦可見矣라 程子曰 舍己從人이 最爲難事라 己者는 我之所有니 雖痛舍之라도 猶懼守己者固而從人者輕也라하니라

　嘉는 善의 뜻이요, 攸는 所의 뜻이다. 帝舜이 禹의 말씀을 시인하시어 "진실로 능히 이와 같이 한다면 반드시 여러 사람의 의론을 널리 수렴하고 여러 현인을 모두 초치하여, 천하의 백성들이 모두 그 은택을 입어 살 곳을 얻지 못하는 자가 없을 것이다. 그러나 사욕을 잊고 이치를 따르며 백성을 사랑하고 선비를 좋아하기를 지극히 하는 자가 아니면 이러한 경지에 미칠 수 없으니, 오직 堯임금만이 능한 일이고 보통사람은 미칠 수 있는 바가 아니다."라고 하셨다. 대개 겸사로 대답하여 감히 스스로 반드시 능한 일로 여기지 않은 것이니, 舜임금이 어렵게 여기신 것을 또한 여기에서도 볼 수 있다.

　程子가 말씀하기를 "자기의 편견을 버리고 남의 의견을 따르는 것이 가장 어려운 일이다. '자기의 편견'은 내가 소유한 것이니, 비록 통렬하게 버린다 하더라도 외려 자기의 편견을 지키는 것은 단단하고 남의 의견을 따르는 것은 경미할까 두렵다."

라고 하였다.

字義 嘉 : 아름다울 가 攸 : 바 유 伏 : 숨겨질 복 遺 : 버려질 유 舍 : 버릴 사 虐 : 학대할 학
廢 : 방치할 폐 時 : 이 시 克 : 가능할 극 然 : 시인할 연 延 : 수렴할 연 悉 : 모두 실
致 : 초치할 치 舍 : 버릴 사 痛 : 통렬할 통 猶 : 오히려 유 懼 : 두려워할 구 固 : 굳을 고

4. 益曰 都라 帝德이 廣運하사 乃聖乃神하시며 乃武乃文[4]하신대 皇天이 眷命하사 奄
有四海하사 爲天下君[5]하시니이다

　益이 말하였다. "아, 〈훌륭하신 말씀입니다.〉 帝堯의 德은 광대하고 쉼없이 운행
되어 성스럽고 신비스러우며, 武威도 있고 文彩도 있으시니, 하늘이 돌보아 명을
내리시어 四海를 모두 소유하여 천하의 군주가 되셨습니다."

　廣者는 大而無外요 運者는 行之不息이니 大而能運이면 則變化不測이라 故로 自其
大而化之而言이면 則謂之聖이요 自其聖而不可知而言이면 則謂之神이요 自其威
之可畏而言이면 則謂之武요 自其英華發外而言이면 則謂之文이라 眷은 顧요 奄은
盡也라 堯之初起는 不見於經하고 傳稱其自唐侯特起爲帝[6]라하니 觀益之言컨댄 理
或然也[7]라 或曰 舜之所謂帝者는 堯也요 群臣之言帝者는 舜也니 如帝德罔愆과
帝其念哉之類는 皆謂舜也라 蓋益因舜尊堯하여 而遂美舜之德以勸之하니 言不
特堯能如此라 帝亦當然也라하니라 今按此說所引比類는 固爲甚明이나 但益之語가
接連上句惟帝時克之下하니 未應遽舍堯而譽舜이요 又徒極口以稱其美하여 而不
見其有勸勉規戒之意하니 恐唐虞之際에 未遽有此諛佞之風也라 依舊說贊堯爲
是니라

4　乃聖乃神 乃武乃文 : 孔傳은 "성스러워 통하지 않는 바가 없고 신묘하여 비교할 데가 없으며, 文
　은 천지를 經緯하고 武는 화란을 平定하였다.〔聖無所不通 神妙無方 文經天地 武定禍亂〕"라고 풀이
　하였다.

5　奄有四海 爲天下君 : 孔傳은 '奄'을 同의 뜻으로 보았고, 孔疏는 "〈堯임금과〉 같이 사해의 안을
　소유하여 천하의 임금님이 되도록 하소서.〔使同有四海之內 爲天下之君〕"라고 풀이하였으니, '天下
　君'을 舜임금이 되도록 기원하는 것으로 생각하였다.

6　傳稱其自唐侯特起爲帝 : 孔傳에 "堯는 16세에 唐侯로서 天子의 자리에 올랐다.〔堯年十六 以唐侯
　升爲天子〕"라고 한 말도 보인다.

7　觀益之言 理或然也 : 朴文鎬는 《壺山集》에서 "孔氏(孔安國)는 '益이 舜의 말로 인하여 또 堯임
　금을 찬미하였다. 「堯임금이 이러한 德을 가졌기 때문에 하늘에게 命을 받은 것」이라고 말한 것
　이니, 舜임금을 권면하기 위한 것이다.' 했다."라고 하였다.

廣은 커서 밖이 없는 것이요, 運은 운행하여 그치지 않는 것이니, 크고 쉼없이 운행하면 변화를 헤아릴 수 없다. 그러므로 그 커서 변화하는 측면으로 말하면 '聖人'이라 이르고, 그 성스러워 알 수 없는 측면으로 말하면 '神人'이라 이르며, 그 위엄이 두렵게 할 수 있는 측면으로 말하면 '武'라 이르고, 그 英華가 밖에 드러나는 측면으로 말하면 '文'이라 이른다. 眷은 顧의 뜻이요, 奄은 盡의 뜻이다.

堯가 처음 일어난 사적이 經에 보이지 않고 傳(孔傳)에서 "唐侯로부터 특별히 일어나 帝가 되었다."라고 칭하였으니, 益의 말을 보면 이치에 혹 그럴 듯하다. 혹자는 말하기를 "舜임금이 말씀한 '帝'는 堯임금이요, 신하들이 말한 '帝'는 舜임금이니, '帝의 德이 잘못이 없다.'는 것과 '帝여! 생각하소서.'란 따위는 모두 舜임금을 이른 것이다. 아마 益은 舜임금이 堯임금을 존숭함으로 인하여 드디어 舜임금의 德을 찬미해서 권면한 모양인데, 단지 堯임금이 이와 같을 뿐만 아니라 舜 또한 당연함을 말한 것이다."라고 한다. 지금 살펴보건대, 이 말에 인용하여 비유한 것이 참으로 매우 분명하지만 단, 益의 말이 윗구문의 '惟帝時克' 아래에 연해져 있으므로 응당 문득 堯임금을 놓아두고 舜임금을 칭찬할 리가 없으며, 또한 단지 입에 침이 마르도록 아름다움만 칭찬하여 勸勉하고 規戒하는 뜻이 있는 것을 볼 수가 없는데, 唐虞의 시대에 이처럼 아첨하는 풍습이 있지는 않을 듯하다. 그래서 舊說(孔傳)에 의하여 堯임금을 찬미한 것으로 보는 것이 옳겠다.

字義 都 : 훌륭할 도   運 : 운행할 운   神 : 신비할 신   眷 : 돌볼 권   奄 : 모두 엄   測 : 헤아릴 측
特 : 특별할 특, 다만 특   愆 : 잘못 건, 허물 건   比 : 비슷할 비   類 : 종류 류   遽 : 문득 거
諛 : 아첨할 유   規 : 법 규   贊 : 칭찬할 찬

5. 禹曰 惠迪[8]하면 吉이요 從逆하면 凶하니 (하논디) 惟[9]影響이니다

---

8 惠迪 : '惠迪'의 迪에 대해서는 孔傳이나 蔡傳에서 모두 道의 뜻으로 풀이하였다. 조선 후기 洪奭周《尙書補傳》는 "迪에는 順의 뜻도 있고, 導의 뜻도 있고, 進의 뜻도 있고, 由의 뜻도 있다. 道와 導는 옛적에 통용했기 때문에《爾雅》에서 '迪은 道의 뜻이다.' 하였다. 由는 蹈와 뜻이 비슷하기 때문에 또한 蹈라고 할 수 있다. 〈康誥〉의 '罔迪不適'과 〈咸有一德〉의 '啓迪有命'은 모두 導의 뜻이고,《詩經》〈大雅 桑柔〉의 '維此良人 不求不迪'은 進의 뜻이고, 〈大禹謨〉의 '惠迪吉'과 〈益稷〉의 '各迪有功'과 '迪朕德'은 모두 順의 뜻이다. 오직 〈皐陶謨〉의 '允迪厥德'만은 由와 蹈의 뜻으로 풀이할 수 있고, 또한 順의 뜻으로도 풀이할 수 있다. 그런데 蔡傳은 '惠迪吉'에 대해서만 道의 뜻으로 풀이하고, 나머지는 대부분 蹈의 뜻으로 해석하였으니, 매우 온당하지 못한 것 같다."라고 하였다.
9 惟 : 孔傳은 '若'의 뜻으로, 蔡傳은 '猶'의 뜻으로 보았다.

禹가 말하였다. "道(天道)를 따르면 吉하고 逆(惡)을 따르면 凶하니, 이는 그림자와 메아리 같습니다."

惠는 順이요 迪은 道也요 逆은 反道者也니 惠迪과 從逆은 猶言順善從惡也라 禹言天道可畏니 吉凶之應於善惡이 猶影響之出於形聲也라하여 以見(현)不可不艱者하고 以此而終上文之意하시니라

惠는 順의 뜻이요, 迪은 道의 뜻이요, 逆은 道를 위반하는 것이니, 惠迪과 從逆은 '善을 따름'·'惡을 따름'이라는 말과 같다. 禹는 "天道는 두려운 것이니, 吉과 凶이 善과 惡에 호응하는 것이 마치 그림자와 메아리가 형체와 소리에서 나오는 것과 같다.(호응하는 것이 형체가 있으면 반드시 그림자가 있고, 소리가 있으면 반드시 메아리가 있는 것과 같다.)"라고 말씀하여 어렵게 여기지 않을 수 없는 것을 나타내 보이고, 이로써 윗글의 뜻을 마무리하신 것이다.

字義 惠 : 따를 혜   迪 : 천도 적   影 : 그림자 영   響 : 메아리 향

6. 益曰 吁라 戒哉하소서 儆戒無虞하사 罔失法度하시며 罔遊于逸하시며 罔淫于樂(락)하시며 任賢勿貳[10]하시며 去邪勿疑하소서 疑謀를 勿成이라야(하시사) 百志惟熙하리이다 罔違道하여 以干百姓之譽하시며 罔咈百姓하여 以從己之欲하소서 無怠無荒하면 四夷도 來王[11]하리이다

益이 말하였다. "아, 경계하소서. 우려할 일 없는 평탄한 때에는 경계하여 법도를 잃지 마시고 마냥 편안하게 놀지 마시고 즐거운 일을 지나치게 탐하지 마시며, 어진 이를 임용할 때에는 〈小人으로써〉 이간질하지 못하게 하시고 사악한 자를 제거할 때에는 주저하지 마소서. 미심쩍은 謀慮를 성취시키지 마셔야 백 가지 생각이 확장될 것입니다. 道에 어긋나는 짓을 하여 백성들의 칭찬을 구하지 마시고 백성들의 마음을 거슬려 자신의 욕심을 좇지 마소서. 마음을 게을리 갖지 않고 일을 거칠

---

10 任賢勿貳 : 孔傳은 "일심으로 어진 이에게 맡긴다.〔一意任賢〕"로 풀이하였다.

11 四夷來王 : 孔傳은 "四夷歸往之(사방의 오랑캐들도 귀순하여 향해 갈(귀화할) 것이다.)"로, 蔡傳은 "九州之外 世一見曰王(九州의 밖에서 한 세대에 한 번 와서 뵙는 것을 '王'이라 한다.)"라고 하고, 또한 "四夷之遠 莫不歸往(멀리 있는 사방의 오랑캐들도 귀순하여 향해 가지(귀화하지) 않음이 없을 것이니)"라고 하였으며, 《諺解》는 "四夷도 來하여 王하리이다(사방의 오랑캐들도 와서 왕 대접할 것입니다.)"로 풀이하였다. 《詩經》〈大雅 板〉의 "及爾出王"에 대한 集傳에는 "'王'은 往의 뜻이다."라고 하였다.

게 하지 않으면 사방의 오랑캐들도 귀화할 것입니다."

先吁後戒는 欲使聽者精審也라 儆은 與警同이요 虞는 度(탁)이요 罔은 勿也요 法度는 法則制度也요 淫은 過也라 當四方無可虞度(탁)之時엔 法度易(이)至廢弛라 故로 戒其失墜요 逸樂은 易至縱恣라 故로 戒其遊淫이니 言此三者는 所當謹畏也라 任賢에 以小人間之를 謂之貳요 去邪에 不能果斷을 謂之疑라 謀는 圖爲也니 有所圖爲에 揆之於理而未安者는 則不復成就之也라 百志는 猶易所謂百慮[12]也라 咈은 逆也라 九州之外에 世一見曰王이라 帝於是八者에 朝夕戒懼하여 無怠於心하고 無荒於事하면 則治道益隆하여 四夷之遠이 莫不歸往[13]하리니 中土之民服從을 可知라

먼저 탄식을 해놓고 뒤에 경계를 한 것은 듣는 이로 하여금 정밀하게 살피도록 하려는 뜻에서다. 儆은 警과 같은 뜻이요, 虞는 度의 뜻이요, 罔은 勿의 뜻이요, 法度는 法則과 制度요, 淫은 過(지나침)의 뜻이다. 사방에 우려할 일 없는 평탄한 때에는 법도가 폐지되거나 해이해짐에 이르기 쉽기 때문에 그 실추를 경계할 일이고, 편안함과 즐거움은 방종해짐에 이르기 쉽기 때문에 그 놂과 지나친 즐거움을 경계할 일이니, 이 세 가지는 마땅히 삼가고 두려워해야 함을 말한 것이다. 어진 이를 임용할 때에 소인으로써 이간질하는 것을 '貳'라 이르고, 사악한 자를 제거할 적에 과단성 있게 하지 못하는 것을 '疑'라 이른다. 謀는 도모하는 것이니, 도모하는 바가 있을 경우, 이치에 헤아려봐서 타당하지 못한 일은 다시 성취시키지 않은 것이다. 百志는 《周易》에서 말한 "백 가지 생각"과 같은 것이다. 咈은 逆의 뜻이다. 九州의 밖에서 한 세대에 한 번 와서 뵙는 것을 '王'이라 한다. 帝가 이 여덟 가지에 대하여 조석으로 경계하고 두려워하여 마음에 게을리함이 없고 일에 거칠게 함이 없으면 治道가 더욱 융성해져서 멀리 있는 사방의 오랑캐들도 귀화하지 않음이 없을 것이니, 中土의 백성들이 복종함이 어느 정도인지 알 수 있을 것이다.

今按益言八者[14]에 亦有次第하니 蓋人君이 能守法度하여 不縱逸樂하면 則心正身修하고 義理昭著하여 而於人之賢否에 孰爲可任이요 孰爲可去며 事之是非에 孰爲

---

12 百慮: 《周易》〈繫辭傳 下〉에 "천하가 돌아감은 같으나 길은 다르며, 이치는 하나이나 생각은 백 가지다.〔天下同歸而殊塗 一致而百慮〕"라고 보인다.

13 歸往: 《春秋穀梁傳》魯 莊公 3년 조에 "그 '王'이라 한 것은 백성들이 귀순해서 향해 가는 바다.〔其曰王者 民之所歸往也〕"라고 하였다.

14 八者: ①罔失法度, ②罔遊于逸, ③罔淫于樂, ④任賢不貳, ⑤去邪勿疑, ⑥疑謀勿成, ⑦罔違道, ⑧罔咈百姓을 가리킨다.

可疑요 孰爲不可疑를 皆有以審其幾微하여 絶其蔽惑이라 故로 方寸之間이 光輝明白하여 而於天下之事에 孰爲道義之正而不可違요 孰爲民心之公而不可咈을 皆有以處之不失其理하여 而毫髮私意 不入於其間하리라 此其懲戒之深旨니 所以推廣大禹克艱惠迪之謨也라 苟無其本하여 而是非取舍를 決於一己之私하고 乃欲斷而行之하여 無所疑惑하면 則其爲害 反有不可勝言者矣리니 可不戒哉아

지금 살펴보건대, 益이 말한 여덟 가지에도 차례가 있으니, 대개 임금이 법도를 지키어 편안함과 즐거움에 방종하지 않으면 마음이 바루어지고 몸이 닦여지며 의리가 밝게 드러나서, 사람의 어질고 어질지 못함에 대하여 누가 맡길 만한 사람이고 누가 제거할 만한 사람인가와 일의 옳고 그름에 대하여 무엇이 의심스러운 일이고 무엇이 의심스럽지 않은 일인가를, 모두 그 기미를 살펴서 그 가려짐과 의혹을 끊어버릴 수 있다. 그러므로 方寸(마음)의 속이 빛나고 명백해서 천하의 일에 대하여 무엇이 道義의 바른 것이어서 어길 수 없고, 무엇이 民心의 공정한 것이어서 거스를 수 없는가를, 모두 처리함에 있어 그 이치를 잃지 않을 수 있어서 털끝만한 私意도 그 사이에 들어가지 않을 것이다. 이는 징계하는 깊이 뜻이니, 大禹의 "어렵게 여기고 道를 따르라."는 가르침을 미루어 확장한 것이다. 만일 기본적인 원칙이 없어 是非와 取捨를 일신의 사사로움에 따라 결정하고, 마침내 단행하여 의혹하는 바가 없게 하려고 한다면 그 해가 됨이 도리어 이루 다 말할 수 없는 것이 있을 터인데, 경계하지 않을 수 있겠는가.

字義 儆 : 경계할 경　虞 : 헤아릴 우　罔 : 말 망　貳 : 이간질할 이　去 : 제거할 거　熙 : 확장할 희
干 : 구할 간　譽 : 칭찬할 예　咈 : 어길 불　王 : 갈 왕　警 : 깨우칠 경　度 : 헤아릴 탁
易 : 쉴 이　弛 : 풀릴 이　墜 : 떨어질 추　逸 : 편안할 일　縱 : 방종할 종　恣 : 방자할 자
圖 : 도모할 도　揆 : 헤아릴 규　隆 : 높을 륭　按 : 살필 안　蔽 : 가릴 폐　輝 : 빛날 휘
懲 : 징계할 징

7. 禹曰 於(오)라 帝아(하) 念哉하소서 德惟善政이요 政在養民이니 水火金木土穀이 惟修하며 正德利用厚生이 惟和하여 九功[15]이 惟敍하여 九敍를 惟歌어든 戒之用休하시며 董之用威하시며 勸之以九歌[16]하사 勿壞하소서

禹가 말하였다. "아, 황제시여! 깊이 유념하소서. 德은 정사를 선하게 할 수 있어

---

15 九功 : 水·火·金·木·土·穀의 六府와 正德·利用·厚生의 三事에 대한 功을 가리킨다.
16 九歌 : 六府와 三事의 아홉 가지 功이 이루어진 것을 송축하는 노래를 가리킨다.

야 하고, 정사는 백성을 보양하여 잘 살게 하는 데 〈목적이〉 있으니, 水·火·金·
木·土와 곡식이 잘 다스려지게 하시며, 德을 바르게 닦도록 하고〔正德〕 일상생활에
서 쓰이는 물건들을 편리하게 유통하도록 하고〔利用〕 옷가지와 식자재를 풍부하게
조달되도록 하는〔厚生〕 일들이 잘 조화를 이루도록 하셔서, 아홉 가지 일이 다 질서
가 잡혀서, 아홉 가지 일이 질서가 잡혀진 데 대한 노래가 울려 퍼지거든 아름다운
일을 가지고 경계하고 깨우치며, 위엄을 가지고 독책하시며, 九歌를 가지고 권면하
여 일을 무너뜨리는 점이 없도록 하십시오."

益言儆戒之道하니 禹歎而美之하사 謂帝當深念益之所言也라하다 且德은 非徒善
而已라 惟當有以善其政이요 政은 非徒法而已라 在乎有以養其民이니 下文에 六府
三事는 卽養民之政也라 水火金木土穀惟修者는 水克火하고 火克金하고 金克木하고 木
克土而生五穀하되 或相制以洩(설)其過하고 或相助以補其不足하여 而六者無不修
矣라 正德者는 父慈子孝兄友弟恭夫義婦聽이니 所以正民之德也요 利用者는 工
作什(집)器와 商通貨財之類니 所以利民之用也요 厚生者는 衣帛食肉하여 不飢不
寒之類니 所以厚民之生也라 六者旣修하여 民生始遂어든 不可以逸居而無敎라 故로
爲之惇典敷敎[17]하여 以正其德하며 通功易事[18]하여 以利其用하며 制節謹度하여 以
厚其生하되 使皆當其理而無所乖면 則無不和矣라

益이 경계할 도리에 대해 말하니, 禹가 감탄하고 찬미하면서 "황제께서는 益이
말한 것을 깊이 유념하소서."라고 이른 것이다. 또 德은 단지 〈그 마음이〉 善할 뿐
아니라 마땅히 그 정사를 선하게 할 수 있어야 하고, 정사는 단지 그 法을 운용할
뿐 아니라 그 백성들을 잘 보양할 수 있어야 하니, 아랫글의 '六府'와 '三事'가 바로
백성들을 보양하는 정사인 것이다.

"水·火·金·木·土와 곡식이 잘 다스려지게 한다."라는 것은, 水는 火를 극복하고
火는 金을 극복하고 金은 木을 극복하고 木은 土를 극복하여 五穀을 생성하되 혹은
서로 제재하여 지나친 것을 덜기도 하고 혹은 서로 도와 부족한 것을 보충하기도
하여 여섯 가지가 닦여지지 않음이 없게 하는 것이다. 正德이란 것은 어버이는 사
랑하고 자식은 효도하며 형은 우애하고 아우는 공경하며 남편은 의롭고 아내는 순

---

17 典·敎 : 五典과 五敎를 가리킨다.

18 通功易事 : 농부는 농사짓고 장인은 농기구를 만들어 그 産物을 바꾸어 쓰는 것이다.(《孟子》〈滕
文公 下〉)

종하는 일이니, 백성들의 德을 바로잡기 위한 수단이요, 利用이란 것은 工人은 什器를 만들고 商人은 貨財를 소통하는 따위니, 백성들의 생활을 편리하게 하기 위한 수단이요, 厚生이란 것은 비단옷을 입고 고기를 먹어 굶주리지 않고 춥지 않게 하는 따위니, 백성들의 생활을 풍족하게 하기 위한 수단이다.

여섯 가지가 이미 닦여져서 백성들의 생활문제가 비로소 해결되었다면 편안히 살게만 하고 가르침이 없어서는 안 된다. 그러므로 백성들을 위하여 五典을 도탑게 하고 五敎를 펴서 그 德을 바르게 닦도록 하며, 공력을 유통하고 産物을 교역함으로써 일상생활에서 쓰는 물건이 편리하게 조달되도록 하고, 용도를 엄하게 정하고 법도를 잘 지키어 백성들의 생활을 풍족하게 하되, 모두 이치에 맞아 어그러지는 바가 없게 한다면 조화가 되지 않음이 없을 것이다.

九功은 合六與三也라 敍者는 言九者各順其理하여 而不汨(골)陳以亂其常也요 歌者는 以九功之敍而詠之歌也라 言九者旣已修和하여 各由其理면 民享其利하여 莫不歌詠而樂其生也라 然이나 始勤終怠者는 人情之常이니 恐安養旣久에 怠心必生이면 則已成之功이 不能保其久而不廢라 故로 當有以激勵之를 如下文所云也라 董은 督也요 威는 古文作畏[19]니 其勤於是者는 則戒喩而休美之하고 其怠於是者는 則督責而懲戒之라 然이나 又以事之出於勉强者는 不能久라 故로 復卽其前日歌詠之言하여 協之律呂하고 播之聲音하여 用之鄕人하고 用之邦國하여 以勸相之하여 使其歡欣鼓舞하여 趨事赴功을 不能自已면 而前日之成功이 得以久存而不壞하리니 此周禮所謂九德之歌와 九韶之舞[20]요 而太史公所謂佚能思初요 安能惟始니 沐浴膏澤而歌詠勤苦[21]者也라 葛氏曰 洪範五行은 水火木金土而已요 穀은 本在木行之數러니 禹以其爲民食之急이라 故로 別而附之也라

九功은 六府와 三事를 합한 것이다. 敍는 아홉 가지가 각각 그 이치를 따름으로써 어지럽게 베풀어져 常道를 어지럽히지 않는 것이고, 歌는 九功이 〈질서정연하

---

19 威古文作畏：朴文鎬(《壺山集》)는 "'威'와 '畏'는 통용한다. 《今文尙書》의 註에서 《古文尙書》를 인용하는 것은 당연하지만 여기서는 《古文尙書》에서 《古文尙書》를 인용한 것이다."라고 하여 잘못을 지적하였다.

20 九德之歌 九韶之舞：'九德之歌'는 九功(水·火·金·土·木·穀·正德·利用·厚生)의 덕을 칭송한 노래이고, '九韶之舞'는 舜임금의 악곡 이름, 곧 簫韶는 아홉 곡으로 이루어졌기 때문에 붙여진 이름이다.

21 佚能思初……歌詠勤苦：《史記》〈樂書〉에 보인다.

게〉 베풀어진 것을 노래로 부른 것이다. 아홉 가지가 이미 닦여져 조화를 이루어서 각각 그 이치를 따르면 백성들이 그 이로움을 누리게 되므로 노래를 불러 그 풍요로운 삶을 즐거워하지 않는 이가 없음을 말한 것이다. 그러나 처음에는 부지런하지만 끝에 가서는 게을러지는 것이 인지상정이니, 편안하게 보양한 지가 이미 오래됨에 따라 게으른 마음이 반드시 생겨나면 이미 이루어진 공이 오래 보존되고 폐지되지 않게 하지 못할까 두렵다. 그러므로 마땅히 격려하기를 아랫글에서 말한 바와 같이 해야 하는 것이다.

董은 督(독책)의 뜻이요, 威는 《古文尙書》에 '畏'로 되어 있다. 이것(九功)을 열심히 하는 자는 訓諭하여 찬미하고, 이것을 게을리하는 자는 독책하여 징계한다. 그러나 또 일이 억지로 힘쓴 데서 나온 것은 오래갈 수 없다. 그러므로 다시 전일에 노래 부르던 말을 가지고 律呂에 맞추고 聲音에 전파시켜 鄕人에게 사용하고 邦國에 사용하여 권면해 도와서 백성들로 하여금 흥겹고 고무되어 일하는 곳으로 달려가기를 스스로 멈추지 않게 하면 전일의 이루어진 공이 오래도록 보존되어 무너지지 않을 것이니, 이는 《周禮》〈春官 大司樂〉에 이른바 "九德의 노래와 九韶의 춤"이라는 것이고, 太史公(司馬遷)의 이른바 "閑裕하더라도 능히 바쁘던 시절을 생각하고 편안하더라도 능히 고생하던 시절을 생각하나니, 윤택한 생활을 누리면서도 고생하던 시절을 〈잊지 않고〉 노래 부른다."라는 것이다.

葛氏가 말하기를 "〈洪範〉의 五行은 水·火·木·金·土일 뿐이고 穀은 본래 木行의 數에 들어 있는 것인데, 禹가 백성의 식량을 급한 것이라 여겼기 때문에 따로 떼어내서 여기에 붙인 것이다."라고 하였다.

字義 於 : 탄식할 오 休 : 아름다울 휴 董 : 감독할 동 壞 : 무너뜨릴 괴 徒 : 다만 도
聽 : 순종할 청 什 : 세간 집 遂 : 이룰 수 惇 : 도타울 돈 乖 : 어그러질 괴
汨 : 어지러울 골 詠 : 읊을 영 享 : 누릴 향 激 : 격동할 격 勵 : 장려할 려 督 : 독책할 독
畏 : 두려워할 외 協 : 맞출 협 播 : 전파할 파 相 : 도울 상 欣 : 흥겨울 흔 趨 : 달려갈 추
赴 : 달려갈 부 已 : 멈출 이 壞 : 무너질 괴 韶 : 순임금의 풍류 소 佚 : 한유할 일
膏 : 기름 고 澤 : 윤택할 택

8. 帝曰 兪라 地平天成하여 六府三事允治하여 萬世永賴 時乃功이니라

帝舜이 말씀하였다. "옳거니. 水土가 평탄하게 됨에 하늘이 〈만물을 내는 공이〉이에 이루어져서 六府와 三事가 진실로 다스려져 만세토록 〈백성들이〉 영원히 힘입을 수 있는 것이 바로 너의 공이니라."

水土治曰平이니 言水土旣平하여 而萬物得以成遂也라 六府는 卽水火金木土穀也니
六者는 財用之所自出이라 故로 曰府요 三事는 正德利用厚生也니 三者는 人事之
所當爲라 故로 曰事라 舜이 因禹言養民之政하여 而推其功以美之也시니라

　水土가 다스려진 것을 '平'이라 하니, 水土가 이미 평탄해져서 만물이 이루어지
게 됨을 말한 것이다. 六府는 곧 水·火·金·木·土·穀이니, 여섯 가지는 財用이 말
미암아 나오는 것이기 때문에 '府'라 하고, 三事는 正德·利用·厚生이니, 세 가지는
사람의 일로서 마땅히 해야 할 것이기 때문에 '事'라 한 것이다. 舜이 禹가 백성을
보양하는 정사에 대해 말한 것을 인하여 그 功을 미루어 찬미하신 것이다.

字義 允 : 진실로 윤　賴 : 힘입을 뢰　時 : 이 시　乃 : 너 내　遂 : 이룰 수　自 : 말미암을 자
推 : 미룰 추

9. 帝曰 格하라 汝禹아 朕이 宅帝位 三十有三載어니 耄期하여 倦于勤하노니 汝惟不
怠하여 總朕師하라

　帝舜이 말씀하였다. "가까이 오라. 너 禹야! 朕이 帝位에 거한 지 33년이다 보니
늙어서 勤勞할 일에 게으르니, 너는 게을리하지 말고 朕의 백성들을 통솔하도록
하라."

九十曰耄요 百年曰期니 舜至是에 年已九十三矣라 總은 率也라 舜自言旣老하여
血氣已衰라 故로 倦於勤勞之事하노니 汝當勉力不怠하여 而總率我衆也라하시니 蓋
命之攝位之事라 堯命舜曰 陟帝位하고 舜命禹曰 總朕師者는 蓋堯欲使舜眞宅帝
位나 舜讓弗嗣하고 後惟居攝하시니 亦若是而已니라

　90세를 '耄'라 하고 백세를 '期'라 하니, 舜이 이때에 나이가 이미 93세였다. 總은
率(거느리다)의 뜻이다. 舜이 스스로 말씀하기를 "내가 이미 늙어서 혈기가 쇠했기
때문에 勤勞할 일에 게으르니, 너는 응당 게을리하지 말고 힘써서 나의 백성들을
거느리도록 하라."고 하신 것이니, 攝位하는 일을 명하신 것이다. 堯임금은 舜에게
명하시기를 "帝位에 오르라."고 하셨고, 舜임금은 禹에게 명하시기를 "朕의 백성들
을 거느리도록 하라."고 하신 것은, 대개 堯임금은 참으로 舜을 帝位에 거하게 하
고자 하셨으나 舜은 사양하고 계승하지 않았으며, 뒤에 단지 攝政하는 자리에만 거
하였으니, 〈대번에 帝位에 거하지 않고 사양하였기 때문에 帝位에 오르게 한 것이〉
또한 이와 같은 식이었을 뿐이다.

字義 格:올 격 朕:나 짐 宅:거할 택 載:해 재 耄:90살 모 期:100살 기
總:거느릴 총 師:민중 사 率:거느릴 솔 倦:게으를 권 攝:대신할 섭 陟:오를 척

10. 禹曰 朕德이 罔克이라 民不依어니와 皐陶는 邁種德[22]이라 德乃降하여 黎民이 懷[23]之하나니 帝念哉하소서 念玆在玆하며 釋玆在玆[24]하며 名言玆在玆하며 允出玆在玆니 惟帝念功[25]하소서

禹가 말하였다. "저는 德이 〈職任을〉 감당하지 못한지라 백성들이 따르지 않지만, 皐陶는 매진하여 德을 편지라 덕이 〈백성들에게〉 내려가서 백성들이 그리워하니, 황제께서는 유념하소서. 고요에 대한 생각은 변함없이 고요에게 있고, 고요를 놓아두고 달리 구해 봐도 역시 생각은 고요에게 있으며, 입에 이름을 올려 말해 봐도 생각은 언제나 고요에게 있으며, 진심에서 우러나오는 생각도 역시 고요에게 있으니, 황제께서는 고요의 공을 유념하소서."

邁는 勇往力行之意라 種은 布요 降은 下也라 禹自言 其德이 不能勝任이라 民不依歸어니와 惟皐陶는 勇往力行하여 以布其德하니 德下及於民하여 而民懷服之하니 帝當思念之而不忘也라 玆는 指皐陶也라 禹遂言 念之而不忘도 固在於皐陶요 舍之而他求도 亦惟在於皐陶요 名言於口도 固在於皐陶요 誠發於心도 亦惟在於皐陶也라 蓋反覆思之에 而卒無有易於皐陶者니 惟帝深念其功하여 而使之攝位也라

---

22 邁種德 : 蔡傳에서 孔傳에 따라 '種'을 布의 뜻으로 본 것에 대하여, 조선시대 吳熙常은《老洲集》〈讀書隨記〉에서 "자세히 살펴보면, 種은 마땅히 植의 뜻으로 풀이해서 그가 용감하게 나아가 힘써 행하여 스스로 그 德을 심어 德이 백성에게 내려갔다고 말했어야 하니, 이는 本末을 들어 칭한 것이다. 그런데 蔡傳은 '種'을 布의 뜻으로 풀이하여 '그 德을 펴서 德이 내려갔다.'라고 일렀으니, 곡절에 흠을 남겨 맛이 적은 듯싶다.〔竊詳種當訓植 言其勇往力行 自植其德 德乃下降于民 蓋擧本末而稱之也 蔡傳訓種以布 謂布其德 而德乃降 恐欠曲折而少味矣〕"라고 하였다.

23 懷 : 孔傳은 歸의 뜻으로 보아 "백성들이 몰려와 복종한다.〔民歸服之〕"라고 풀이하였다.

24 念玆在玆 釋玆在玆 : 孔傳은 '釋'을 廢의 뜻으로 보아 "이 사람을 愛念하는 것은 공로가 있기 때문이니, 〈공로가 있음을 알면 등용해야 될 것이고,〉 이 사람을 폐기하는 것은 죄벌이 있어야 하니, 〈죄벌이 있음을 알면 폐기해야 할 것이다.〉"라고 한 것은 〈사람을 등용하고 사람을 퇴출함에 있어서의〉 속일 수 없음을 말한 것이다.〔念此人在此功 廢此人在此罪 言不可誣〕"라고 풀이하였다.

25 名言玆在玆……惟帝念功 : 孔傳은 "이 일을 이름 지어 말함은 반드시 이 의리에 역점을 두는 것이고, 믿음이 이 마음에서 우러나옴도 이 의리에 역점을 두는 것이다. 皐陶의 德은 의리를 위주로 하니 마땅히 유념해야 할 바임을 말한 것이다.〔名言此事 必在此義 信出此心 亦在此義 言皐陶之德 以義爲主 所宜念之〕"라고 풀이하였다.

邁는 용감하게 나아가 힘써 행하는 뜻이다. 種은 布(펴다)의 뜻이요, 降은 下(내려가다)의 뜻이다. 禹가 스스로 말씀하기를 "저는 덕이 직임을 감당하지 못한지라 백성들이 귀의하지 않지만, 皋陶는 용감하게 나아가 힘써 행하여 德을 펴니 덕이 백성들에게 내려가서 백성들이 그리워하고 심복하니, 황제께서는 마땅히 그를 유념하여 잊지 말아야 합니다."라고 한 것이다. 玆는 皋陶를 가리킨 것이다. 禹가 드디어 말씀하기를 "생각하여 잊지 않음도 변함없이 고요에게 있고, 고요를 놓아두고 달리 구해 봐도 오직 고요에게 있고, 입에 이름을 올려 말함도 진실로 고요에게 있고, 진심에서 우러나오는 생각도 오직 고요에게 있습니다. 반복해서 생각해 봐도 끝내 고요와 바꿀 만한 이가 있지 않으니, 황제께서는 그의 공을 깊이 유념하여 그로 하여금 攝位하게 하소서."라고 한 것이다.

字義 克 : 감당할 극   依 : 따를 의   邁 : 당차게 힘쓸 매   種 : 펼 종   黎 : 검을 려   玆 : 이 자
釋 : 놓을 석   懷 : 그리워할 회   服 : 심복할 복   遂 : 드디어 수   舍 : 놓을 사

11. 帝曰 皋陶아 惟玆臣庶 罔或干予正[26]은 汝作士라 明于五刑하여 以弼五敎하여 期于予治[27]니 刑期于無刑하여 民協于中이 時乃功이니 懋哉어다

帝舜이 말씀하였다. "皋陶야. 지금 신하와 백성 중에 아무도 나의 정사를 거역하는 이가 없는 것은, 네가 士(土師)가 되어 五刑을 밝혀 五品의 가르침이 잘 펼쳐질 수 있도록 도와서 기필코 나를 至治의 경지에 이르게 하기를 기약했기 때문이다. 형벌은 어디까지나 〈죄인이 없어서〉 형벌을 시행할 일이 없기를 기약해서 결국 백성들이 중용의 도리에 적중하는 행동을 하도록 해놓은 것은 너의 공이니, 계속 힘쓸지어다."

干은 犯이요 正은 政이요 弼은 輔也라 聖人之治는 以德爲化民之本하고 而刑은 特以輔其所不及而已라 期者는 先事取必之謂라 舜言 惟此臣庶 無或有干犯我之政者는 以爾爲士師之官하여 能明五刑하여 以輔五品之敎하여 而期我以至於治니 其始엔 雖不免於用刑이나 而實所以期至於無刑之地라 故로 民亦皆能協於中道하여

---

26 罔或干予正 : 孔傳은 或을 有(있다)의 뜻으로 보아 "나의 正道를 干犯하는 자가 있지 않다.〔無有干我正〕"라고 풀이하였다.

27 期于予治 : 孔傳은 期를 當의 뜻으로 보아 "나의 治體에 합당하게 하였다.〔當於治體〕"라고 풀이하였다.

初無有過不及之差하니 則刑果無所施矣라 凡此皆汝之功也라 懋는 勉也니 蓋不聽禹之讓하시고 而稱皐陶之美하여 以勸勉之也시니라

干은 犯의 뜻이요, 正은 政의 뜻이요, 弼은 輔의 뜻이다. 聖人의 정치는 德으로써 백성을 교화하는 근본을 삼고 형벌은 단지 미치지 못한 부분만을 도울 뿐이다. 期는 일에 앞서 기필코 도달할 지점을 정하는 것을 이른다. 舜이 말씀하기를 "지금 신하와 백성 중에 아무도 나의 정사를 거역하는 이가 없는 것은, 너를 士師의 관원으로 삼은 결과 五刑을 밝혀 五品의 가르침이 잘 펼쳐질 수 있도록 도와서 나를 至治의 경지에 이르게 하기를 기약했기 때문이다. 처음에는 비록 형벌을 사용하는 것을 면치 못하였지만, 실질적으로는 형벌이 〈죄인이 없어서〉 쓸모없는 형벌이 되는 경지에 이르게 하기를 기약했다. 그러므로 백성들 또한 모두 중용의 도리에 적중하는 행동을 하여 애당초 過와 不及의 차이가 없는 경지에 들어섰으니, 형벌이 과연 베풀 곳이 없어졌다. 이것들은 모두 너의 공이다."라고 하신 것이다. 懋는 勉의 뜻이니, 禹의 사양을 들어주지 않고 皐陶의 아름다운 점을 칭찬하여 권면하신 것이다.

字義 干 : 간범할 간　士 : 법관 사　弼 : 도울 필　時 : 이 시　乃 : 너 내　懋 : 힘쓸 무
犯 : 범할 범　輔 : 도울 보　必 : 기필할 필　庶 : 백성 서　差 : 차이 차　讓 : 양보할 양

12. 皐陶曰 帝德이 罔愆하사 臨下以簡①하시고 御衆以寬②하시며 罰弗及嗣하시고 賞延于世하시며 宥過無大하시고 刑故無小하시며 罪疑란 惟輕하시고 功疑란 惟重하시며 與其殺不辜론 寧失不經이라하사 好生之德이 洽于民心이라 玆用不犯于有司니이다

① 書經 臨下以簡 : 아랫사람을 임하시되 간편함으로써 하시고
　一般 以簡臨下 : 간편한 방법으로 아랫사람에 임하시고
② 書經 御衆以寬 : 백성들을 어거하되 너그러움으로써 하시며
　一般 以寬御衆 : 너그러운 마음으로 백성들을 어거하시며

皐陶가 말하였다. "황제의 덕이 과오가 없으셔서 간편한 방법으로 아랫사람에 임하시고, 너그러운 마음으로 백성들을 어거하시며, 罰은 자손에게 미쳐가지 않게 하고 賞은 후세에까지 뻗어가게 하시며, 과오로 지은 죄는 아무리 큰 죄라도 용서하시고 고의로 지은 죄는 아무리 작은 죄라도 처벌하시며, 죄가 의심스런 것은 가벼운 쪽으로 처벌하고 공이 의심스런 것은 후한 쪽으로 상을 주시며, 무죄한 사람을 죽이기보다는 차라리 법대로 하지 않는 실수를 범하겠다고 하시어 살리기를 좋아

하시는 德이 백성들의 마음에 푹 스며들었습니다. 이 때문에 백성들이 有司(법관)를 범하지 않는 것입니다."

愆은 過也라 簡者는 不煩之謂라 上煩密이면 則下無所容이요 御者急促이면 則衆擾亂이라 嗣, 世는 皆謂子孫이나 然이나 嗣親而世疎也라 延은 遠及也라 父子罪不相及하고 而賞則遠延于世하니 其善善長而惡惡(오악)短이 如此라 過者는 不識而誤犯也요 故者는 知之而故犯也라 過誤所犯은 雖大나 必宥하고 不忌故犯은 雖小나 必刑하니 卽上篇所謂眚災肆赦하고 怙終賊刑者也라 罪已定矣로되 而於法之中에 有疑其可重可輕者면 則從輕以罰之하고 功已定矣로되 而於法之中에 有疑其可輕可重者면 則從重以賞之라 辜는 罪요 經은 常也라 謂法可以殺이요 可以無殺에 殺之면 則恐陷於非辜요 不殺之면 恐失於輕縱이니 二者는 皆非聖人至公至平之意로되 而殺不辜者는 尤聖人之所不忍也라 故로 與其殺之而害彼之生으론 寧姑全之而自受失刑之責이라 此其仁愛忠厚之至니 皆所謂好生之德也라

愆은 過(과오)의 뜻이다. 簡은 번거롭지 않음을 이른다. 윗사람이 번거롭고 치밀하면 아랫사람이 용납될 곳이 없고, 어거하는 자가 급박하면 대중이 요란하게 된다. 嗣와 世는 모두 자손을 이른 것이다. 그러나 嗣는 친한 쪽이고 世는 소원한 쪽이다. 延은 멀리 미쳐가는 것이다. 부자간에 지은 죄는 서로 미쳐가지 않고 상은 멀리 후세에까지 뻗쳐가니, 善을 좋아함은 길고 惡을 미워함은 짧음이 이와 같은 것이다. 過는 알지 못해서 잘못 범한 것이며, 故는 알면서 고의로 범한 것이다. 과오로 범한 경우에는 비록 죄가 크더라도 반드시 용서해주고, 거리낌 없이 고의로 범한 경우에는 비록 죄가 작더라도 반드시 처벌하니, 이는 곧 上篇에 이른바 "과오로 지은 죄와 불행히 실수로 지은 죄는 놓아주고, 믿는 구석이 있어 저지른 죄와 〈같은 죄를〉 다시 범하는 자는 사형에 처한다."는 것이다. 죄가 이미 결정되었으나 법 가운데에서 무겁게 적용해야 할 것인지 가볍게 적용해야 할 것인지 의심스러운 것이 있으면 가벼운 쪽을 따라 처벌하고, 공이 이미 결정되었으나 법 가운데에서 가볍게 주어야 할 것인지 후하게 주어야 할 것인지 의심스러운 것이 있으면 무거운 쪽을 따라 상을 준다는 것이다.

辜는 罪의 뜻이요, 經은 常(정상)의 뜻이다. 법에 죽여도 되고 죽이지 않아도 될 경우에 죽이면 무고한 사람을 죽이는 실수에 빠질까 두렵고, 죽이지 않으면 가벼이 풀어주는 실수를 범할까 두려우니, 두 가지는 모두 聖人의 지극히 공평한 뜻이 아니나 무고한 사람을 죽이는 것은 더욱이 聖人이 차마 못하는 바이다. 그러므로 죽

여서 저 사람의 생명을 해치는 것보다는 차라리 우선 목숨을 보전해주어 스스로 형벌을 잘못 행한 책망을 받는 것이다. 이는 仁愛하고 忠厚함이 지극한 것이니, 모두 이른바 '살려주기를 좋아하는 德'이라는 것이다.

蓋聖人之法은 有盡이로되 而心則無窮이라 故로 其用刑行賞에 或有所疑면 則常屈法以申恩하여 而不使執法之意로 有以勝其好生之德하니 此其本心이 所以無所壅遏하여 而得行於常法之外라 及其流衍洋溢하고 漸涵浸漬하여 有以入于民心이면 則天下之人이 無不愛慕感悅하고 興起於善하여 而自不犯于有司也라 皐陶以舜美其功이라 故로 言此以歸功於其上하니 蓋不敢當其褒美之意而自謂己功也라

대개 聖人의 法은 다함(한계)이 있으나 마음은 무궁하다. 그러므로 형벌을 쓰고 상을 시행함에 있어서 혹 의심스러운 바가 있으면 항상 법을 굽히고 은혜를 펴서 법을 집행하는 뜻이 살려주기를 좋아하는 덕을 이기지 않게 하니, 이는 그 本心이 막힌 바가 없기 때문에 常法의 밖에서도 행해질 수 있는 것이다. 〈이와 같은 심덕이〉 철철 흘러넘쳐 점점 젖어들어 백성들의 마음에 스며들어간다면 천하 사람들이 愛慕하고 感悅하지 않음이 없어서 善에 흥기하여 저절로 有司를 범하지 않게 될 것이다. 皐陶는 舜이 자기의 공을 찬미하였기 때문에 이와 같이 말해서 그 윗사람에게 공을 돌렸으니, 아마 감히 그 찬미하는 뜻을 수용하여 스스로 자기의 공으로 여기지 않은 것이리라.

字義 愆 : 허물 건　簡 : 간편할 간　御 : 어거할 어　延 : 뻗어갈 연　宥 : 용서할 유　故 : 일부러 고
辜 : 죄고　洽 : 스며들 흡　煩 : 번거로울 번　密 : 치밀할 밀　容 : 용납할 용　促 : 빠를 촉
擾 : 시끄러울 요　疏 : 성길 소　忌 : 꺼릴 기　陷 : 빠질 함　縱 : 놓을 종　姑 : 우선 고
屈 : 굽힐 굴　申 : 펼 신　壅 : 막을 옹　衍 : 넘칠 연　洋 : 출렁출렁할 양　溢 : 넘칠 일
漸 : 적실 점　涵 : 잠길 함　浸 : 젖을 침　漬 : 적실 지　當 : 수용할 당, 감당할 당
褒 : 표창할 포

13. 帝曰 俾予로 從欲以治하여 四方이 風動은(혼디) 惟乃之休니라

帝舜이 말씀하였다. "나로 하여금 하고자 하는 대로 다스려서 〈교화가〉 사방으로 퍼지는 것이 마치 바람이 따라 움직이듯 쏠리게 한 것은 바로 네가 〈형벌을 잘 밝힌〉 아름다운 공 때문이다."

民不犯法하여 而上不用刑者가 舜之所欲也라 汝能使我로 如所願欲以治하여 教化四達이 如風鼓動하여 莫不靡然하니 是乃汝之美也라 舜又申言하여 以重歎美之하시니라

백성들이 범법하지 아니하여 윗사람이 형벌을 쓰지 않는 것이 舜이 바라는 바이다. 그래서 "네가 능히 나로 하여금 하고자 하는 대로 다스려서 교화가 사방으로 펴지는 것이 마치 바람이 고동시키는 것과 같아서 쏠리지 않음이 없게 하니, 이것은 바로 너의 아름다운 공 때문이다."라고 하신 것이니, 舜이 또 거듭 말씀하여 거듭 탄미하신 것이다.

字義　俾 : 하여금 비　乃 : 너 내　休 : 아름다울 휴　達 : 퍼질 달　靡 : 쏠릴 미　申 : 거듭 신
　　　重 : 거듭 중

14. 帝曰 來하라 禹아 洚(강)水儆予어늘 成允成功²⁸은(혼디) 惟汝賢이며 克勤于邦하며 克儉于家하여 不自滿假²⁹는(하논디) 惟汝賢이니라 汝惟不矜하나 天下莫與汝로 爭能하며 汝惟不伐하나 天下莫與汝로 爭功하나니 予懋乃德하며 嘉乃丕績하노니 天之曆數 在汝躬이라 汝終陟元后하리라

帝舜이 말씀하였다. "가까이 오라. 禹야! 홍수가 나를 경계하였거늘 믿음을 이루고 공을 이룬 것은 너의 어짊 때문이었으며, 나라 일에는 부지런하고 가정생활에서는 검소하여 자만하거나 뽐내지 않은 것은 너의 어짊 때문이었다. 네가 뽐내지 않아도 천하에는 너와 재능을 다툴 자가 없으며, 네가 과시하지 않아도 천하에는 너와 공을 겨룰 자가 없으니, 나는 너의 덕을 성대하게 여기며 너의 큰 공을 가상하게 여기노라. 하늘의 曆數가 너의 몸에 있으니, 네가 끝내는 元后(임금)의 자리에 오를 것이다.

洚水는 洪水也니 古文作降하니라 孟子曰 水逆行을 謂之洚水³⁰라하시니 蓋山崩水渾하여 下流淤塞이라 故로 其逝者輒復反流而泛濫決溢하여 洚洞無涯也라 其災所

28　成允成功 : 孔傳은 "능히 聲教의 믿음을 이루고 治水의 공을 이루었다.〔能成聲教之信 成治水之功〕"라고 풀이하였다.

29　不自滿假 : '假'에 대하여 蔡傳은 訓釋이 없고, 孔傳은 '大'의 뜻으로 풀이하였는데, 조선 후기 洪奭周는 "나는 생각건대, 사람은 자족해 한 연후에야 태만한 마음이 생기고, 또한 자족해한 연후에야 사치할 마음이 생기는데, 성인의 마음은 겸손하여 항상 스스로 부족해하니, 이래서 근검할 수 있는 것이다. 그러니 응당 孔傳을 따르는 것이 옳을 것으로 여긴다.〔愚謂人唯自足然後 怠心生焉 亦唯自足然後 汰侈之心生焉 聖人之心 謙謙焉常自以不足 此所以能勤且儉也 當從孔傳爲是〕"라고 하였다.《尙書補傳》

30　孟子曰……謂之洚水 : 이 내용은《孟子》〈滕文公 下〉에 보인다.

起는 雖在堯時나 然이나 舜旣攝位에 害猶未息이라 故로 舜以爲天警懼於己요 不敢
以爲非己之責而自寬也라 允은 信也라 禹奏言而能踐其言하고 試功而能有其功하니
所謂成允成功也라 禹能如此면 則旣賢於人矣어늘 而又能勤於王事하고 儉於私
養하니 此又禹之賢也라 有此二美로되 而又能不矜其能하고 不伐其功이라 然이나 其
功能之實은 則自有不可掩者라 故로 舜於此에 復申命之하여 必使攝位也라 懋,
楙는 古通用이니 楙는 盛大之意라 丕는 大요 績은 功也라 懋乃德者는 禹有是德而
我以爲盛大요 嘉乃丕績者는 禹有是功而我以爲嘉美也라 曆數者는 帝王相繼之
次第니 猶歲時氣節之先後라 汝有盛德大功이라 故로 知曆數當歸於汝하니 汝終當
升此大君之位하리니 不可辭也라 是時에 舜方命禹以居攝이요 未卽天位라 故로 以
終陟言也시니라

洚水는 洪水란 뜻이니, 《古文尙書》에는 ‘降’으로 되어 있다. 孟子가 말씀하기를
“물이 역행하는 것을 ‘洚水’라 한다.”라고 하였으니, 산이 무너지고 물이 뒤섞여서
하류가 막히므로 흘러가던 것이 곧 다시 역류하여 범람하고 터져 넘쳐서 질펀하여
끝이 없는 것이다. 水災가 일어난 것은 비록 堯임금의 시대에 있었으나 舜이 攝位
한 뒤에도 그 害가 아직 그치지 않았다. 그러므로 舜이 하늘이 자기를 경계한 것이
라 여기고, 감히 자신의 책임이 아니라 하여 스스로 태연하게 있지 못한 것이다.

允은 信의 뜻이다. 禹는 자기가 아뢴 말을 성실하게 실천하였고 일에 시험하여 공
을 이루었으니, 이른바 “믿음을 이루고 공을 이루었다.”란 것이다. 禹가 능히 이와
같이 하였으면 이미 여느 사람보다 뛰어났을 것인데, 또 나라 일에는 부지런하고
가정생활에는 검소하였으니, 이는 또 禹의 어짊이다. 이 두 가지 아름다움이 있었
으나 또 그 재능을 자랑하지 않고 그 공을 과시하지 않았다. 그러나 그 공과 재능의
실상은 스스로 가릴 수 없다. 그러므로 舜이 이에 다시 거듭 명하여 반드시 攝位하
게 하신 것이다.

懋와 楙는 옛날에 통용하였으니, 楙는 성대하다는 뜻이다. 丕는 大의 뜻이요, 績
은 功의 뜻이다. 懋乃德은 禹가 이러한 德을 가지고 있음에 내(舜)가 성대하게 여기
는 것이고, 嘉乃丕績은 禹가 이러한 功을 가지고 있음에 내(舜)가 아름답게 여기는
것이다. 曆數는 제왕이 서로 계승하는 차례이니, 歲時와 節氣의 先後와 같은 것이
다. 네가 성대한 덕과 큰 공을 가지고 있기 때문에 ‘曆數가 응당 너에게 돌아갈 줄을
안다. 네가 끝내는 이 大君의 자리에 오를 것이니, 사양하지 말라고 한 것’이다. 이
때에 舜이 바야흐로 禹에게 攝政의 자리에 거하기를 명하였고, 天位에 나아가게 하
지는 않았다. 그러므로 ‘끝내는 오를 것’이라고 말씀하신 것이다.

字義 洚 : 물 넘칠 홍, 물 거슬러 흐를 강 儆 : 떨 경 滿 : 자만할 만 假 : 뽐낼 가 矜 : 뽐낼 긍
伐 : 과시할 벌 崩 : 무너질 붕 渾 : 뒤섞일 혼 淤 : 진탕 어 塞 : 막을 색 逝 : 갈 서
輒 : 문득 첩 濫 : 넘칠 람 決 : 터질 결 溢 : 넘칠 일 洞 : 물 가없는 모양 동 涯 : 물가 애
息 : 그칠 식 掩 : 가일 엄 卽 : 나아갈 즉 陟 : 오를 척

15. 人心은 惟危하고 道心은 惟微하니 惟精惟一하야사 允執厥中하리라

　人心은 위태하고 道心은 미세하니, 오직 정밀하게 살피고 오직 전일하게 지켜야
만 진실로 그 중용의 도리를 가질 수 있을 것이다.

　　心者는 人之知覺이니 主於中而應於外者也라 指其發於形氣者而言이면 則謂之
人心이요 指其發於義理者而言이면 則謂之道心이니 人心은 易私而難公이라 故로
危요 道心은 難明而易昧라 故로 微라 惟能精以察之하여 而不雜形氣之私요 一以
守之하여 而純乎義理之正이니 道心이 常爲之主하고 而人心이 聽命焉이면 則危者
安하고 微者著하여 動靜云爲가 自無過不及之差하여 而信能執其中矣라 堯之告
舜엔 但曰 允執其中[31]이나 今舜命禹엔 又推其所以而詳言之하시니 蓋古之聖人이
將以天下與人에 未嘗不以其治之之法으로 幷而傳之하시니 其見(현)於經者如此라
後之人君은 其可不深思而敬守之哉아

　　마음이란 사람의 지각이니, 내면에 주인이 되어 외물에 응수하는 것이다. 形氣에
서 나오는 측면을 가리켜 말할 때는 '人心'이라 이르고, 義理에서 나오는 측면을 가
리켜 말할 때는 '道心'이라 이르니, 인심은 偏私하기는 쉽고 公平하기는 어렵기 때
문에 위태롭고, 도심은 밝기는 어렵고 어두워지기는 쉽기 때문에 미세한 것이다.
오직 정밀하게 살펴서 形氣의 偏私와 섞이지 않게 하고, 전일하게 지켜서 의리의
공평함을 순수하게 유지해야 하니, 도심이 항상 주체가 되고 인심이 도심의 명령을
따르면 위태한 인심이 편안해지고 미세한 도심이 드러나서 행동하고 말하는 것이
저절로 過·不及의 차이가 없어서 진실로 그 중용의 도리를 가지게 될 것이다.

　　堯임금이 舜임금에게 알려줄 적에는 단지 "그 중용의 도리를 가질 수 있을 것이
다.[允執其中]"라고만 하셨는데, 이제 舜임금이 禹임금에게 명할 적에는 또 그 까
닭을 미루어서 자세하게 말씀하였으니, 옛날 聖人이 장차 천하를 남에게 넘겨주려
고 할 적에는 천하를 다스리는 방법까지 아울러 전해주지 않음이 없었으니, 經에
나타난 것이 이와 같다. 후세의 인군은 깊이 생각하고 경건하게 지키지 않을 수 있

31　允執其中 : 《論語》〈堯曰〉에 보인 것을 말한다.

겠는가.

字義 指 : 가리킬 지   易 : 쉬울 이   見 : 나타날 현

16. 無稽之言을 勿聽①하며 弗詢之謀를 勿庸②하라

① 書經 無稽之言勿聽 : 상고함이 없는 말을 듣지 말며
　 一般 勿聽無稽之言 : 상고함이 없는 말을 듣지 말며
② 書經 弗詢之謀勿庸 : 물어보지 않은 謀慮를 쓰지 말라.
　 一般 勿庸弗詢之謀 : 물어보지 않은 謀慮를 쓰지 말라.

상고함이 없는 말을 듣지 말며, 물어보지 않은 謀慮를 쓰지 말라.

無稽者는 不考於古요 弗詢者는 不咨於衆이니 言之無據와 謀之自專은 是皆一人
之私心이요 必非天下之公論이니 皆妨政害治之大者也라 言은 謂泛言이니 勿聽이
可矣요 謀는 謂計事라 故로 又戒其勿用也라 上文에 旣言存心出治之本하고 此又
告之以聽言處事之要하니 內外相資而治道備矣라

無稽는 옛일에 상고함이 없는 것이고, 弗詢은 남에게 물어보지 않은 것이니, 근거
없는 말과 스스로 독단한 謀慮는 모두 한 사람의 私心이요, 반드시 천하의 公論이
아니니, 모두 정치를 방해하는 것 중에 큰 것이다. 言은 범연하게 하는 말을 이르니
듣지 않는 것이 좋고, 謀는 일을 계획하는 것을 이르기 때문에 또 "쓰지 말라."고 경
계하신 것이다. 윗글에서는 이미 마음을 바르게 간직해서 정치를 구상하는 근본을
말하였고, 여기서는 또 말을 듣고 일을 처리하는 요령을 알려주었으니, 안팎이 서
로 도와서 정치하는 도리가 갖추어졌다.

字義 稽 : 상고할 계   詢 : 물을 순   庸 : 쓸 용   咨 : 물을 자   據 : 근거할 거   專 : 독단할 전
　　　資 : 힘입을 자

17. 可愛는 非君이며 可畏는 非民가 衆非元后면 何戴며 后非衆이면 罔與守邦하리니
欽哉하여 愼乃有位하여 敬脩其可願하라 四海困窮하면 天祿이 永終³²하리라 惟口는

─────────────

32　四海困窮 天祿永終 : 孔傳은 단지 '困窮'을 '天民의 호소할 데 없는 자'로, '永終'을 '길이 마칠 것'
　　으로만 풀이했을 뿐인데, 孔疏는 "저 四海의 곤궁한 백성들을 양육하여 모두 존립할 수 있도록
　　한다면 하늘의 祿籍이 길이 너의 몸과 함께 끝나리라.〔養彼四海困窮之民 使皆得存立 則天之祿籍長

出好하며 興戎하나니 朕言은 不再하리라

　사랑할 대상은 군주가 아니겠으며, 두려워할 대상은 민중이 아니겠는가. 민중은 元后(군주)가 아니면 누구를 떠받들겠으며, 원후는 민중이 아니면 함께 나라를 지킬 수 없을 것이니, 절대 공경하여 네가 소유한 임금의 자리를 신중히 지켜서 민중의 바라는 것을 공경히 닦도록 하라. 四海〈의 백성들이〉 곤궁하면 하늘이 내린 祿이 영영 끊어질 것이다. 입으로 하는 한 마디 말이 우호를 맺게 하기도 하고, 전쟁을 일으키기도 하는 것이다. 朕은 더 말하지 않겠노라."

　可愛非君乎며 可畏非民乎아 衆非君이면 則何所奉戴며 君非民이면 則誰與守邦이리오 欽哉는 言不可不敬也라 可願은 猶孟子所謂可欲[33]이니 凡可願欲者皆善也라 人君이 當謹其所居之位하여 敬脩其所可願欲者니 苟有一毫之不善이 生於心하여 害於政이면 則民不得其所者多矣라 四海之民이 至於困窮이면 則君之天祿이 一絶而不復續이리니 豈不深可畏哉아 此又極言安危存亡之戒하여 以深警之하시니 雖知其功德之盛이 必不至此나 然이나 猶欲其戰戰兢兢하여 無敢逸豫하여 而謹之於毫釐之間케하시니 此其所以爲聖人之心也라 好는 善也요 戎은 兵也라 言發於口면 則有二者之分하니 利害之幾 可畏如此라 吾之命汝 蓋已審矣니 豈復更有他說이리오 蓋欲禹受命而不復辭避也시니라

　사랑할 대상은 군주가 아니겠으며, 두려워할 대상은 민중이 아니겠는가. 민중은 군주가 아니면 누구를 떠받들겠으며, 군주는 민중이 아니면 누구와 함께 나라를 지키겠는가. 欽哉는 공경하지 않을 수 없음을 말한 것이다. 可願은 孟子의 이른바 '可欲'이란 것과 같으니, 무릇 '바라는 것'과 '하고 싶어 하는 것'은 모두 善이다. 군주는 마땅히 차지한 자리를 신중히 지켜서 민중의 바람직한 일과 하고 싶어 함직한 일을 공경히 닦아야 하니, 만약 털끝만한 不善이 마음에 생겨서 정사를 해치는 일이 있다면 백성 중에 살 곳을 얻지 못하는 자가 많을 것이다. 사해의 백성들이 곤궁에 빠지게 되면 하늘이 내린 군주의 祿이 한번 끊어져서 다시는 이어지지 못할 것이니, 어찌 깊이 두려워할 일이 아니겠는가. 이는 또한 安危와 存亡에 관한 경계를 극도로 말해서 깊이 깨우친 것이니, 비록 그 功德의 성대함이 반드시 이에 이르지 않을

終汝身矣."라고 하여 孔傳의 뜻을 분명하게 하였다.

33　可欲 :《孟子》〈盡心 下〉에 "하고 싶어 함직한 것을 善이라 이른다.(可欲之謂善)"라고 보인다.

줄은 알지만, 외려 전전긍긍하여 감히 안일하고 즐거워하지 말아서, 털끝만한 사이에서 신중하게 하고자 하신 것이니, 이는 바로 聖人의 마음의 본색인 것이다.

好는 善(좋음)의 뜻이요, 戎은 兵의 뜻이다. 말이 입에서 나오면 두 가지의 구분이 있으니, 利와 害의 기미가 두려워할 만한 점이 이와 같은 것이다. 내가 너에게 명한 것이 이미 자세하니, 어찌 다시 다른 말을 하겠는가. 이는 禹가 명령을 받고서 다시는 辭避하지 못하게 하려고 하신 것이다.

字義 戴 : 떠받을 대 戎 : 병장기 융, 전쟁할 융 戰 : 두려워할 전 兢 : 조심할 긍
釐 : 터럭끝만 할 리 兵 : 병장기 병 幾 : 기미 기

18. 禹曰 枚卜功臣하사 惟吉之從①하소서 帝曰 禹아 官占은 惟先蔽志오사 昆命于元龜하나니 朕志先定이어늘 詢謀僉同하며 鬼神이 其依하여 龜筮協從하니 卜不習吉이니라 禹拜稽首하여 固辭한대 帝曰 毋하라 惟汝라사(사) 諧니라

---

① 書經 惟吉之從 : 오직 길한 사람을 따르소서
一般 惟從其吉 : 오직 길한 사람을 따르소서

禹가 말하기를 "功臣들을 일일이 차례로 점을 치셔서 오직 길한 사람을 따르소서."라고 하니, 帝舜이 말씀하기를 "禹야. 官占을 치는 것은 먼저 뜻을 정하고 나서 큰 거북에게 지정하도록 명령하는 것이니, 짐의 뜻이 먼저 정해졌는데 사람들에게 의논함에 모두 의견이 같았으며, 귀신들도 그에 순종하여 거북점과 시초점이 똑같이 따랐으니, 점은 길한 것을 거듭 점치지 않는 법이다."라고 하셨다. 禹가 절하여 머리를 조아린 채 굳이 사양하자, 帝舜이 말씀하기를 "그러지 말라. 오직 너만이 제왕의 자리에 합당하다."라고 하셨다.

枚卜은 歷卜之也라 帝之所言은 人事已盡하니 禹不容復辭일새 但請歷卜有功之臣하여 而從其吉이라하여 冀自有以當之者하여 而己得遂其辭也라 官占은 掌占卜之官[34]也라 蔽는 斷이요 昆은 後요 龜는 卜이요 筮는 著요 習은 重也라 帝言 官占之法은 先斷其志之所向然後에 令之於龜하나니 今我志旣先定이어늘 而衆謀皆同하고 鬼神

---

34 官占 掌占卜之官 : 孔傳은 '官占'을 "帝王께서 점치는 벼슬아치를 세우기 때문에 '官占'이라 한다.[帝王立卜占之官 故曰官占]"라고 하였고, 孔疏는 "벼슬을 점치는 점[卜官之占]"이라고 하였다.

依順하여 而龜筮已協從矣니 又何用更枚卜乎아 況占卜之法은 不待重吉也라 固
辭는 再辭也라 毋者는 禁止之辭라 言惟汝라야 可以諧此元后之位也라

枚卜은 일일이 차례로 점치는 것이다. 帝舜이 하신 말씀은 인력으로 할 수 있는 일을 이미 다하였으니 禹는 다시 사양할 수 없어서 단지 "공이 있는 신하들을 일일이 차례로 점을 치셔서 길한 사람을 따르소서."라고만 청하여, 스스로 이에 해당하는 자가 있어서 자기의 사양하려는 목적을 이룰 수 있기를 바란 것이다.

龜筮協從圖

官占은 점치는 일을 맡는 벼슬아치다. 蔽는 斷(결단)의 뜻이요, 昆은 後의 뜻이요, 龜는 거북으로 치는 점이요, 筮는 시초로 치는 점이요, 習은 重(거듭)의 뜻이다. 帝舜이 말씀하기를 "官占을 치는 방법은 먼저 그 뜻이 향하는 바를 단정한 뒤에 거북에게 지정하도록 명령한다. 이제 내 뜻이 이미 먼저 정해졌는데 사람들에게 의논함에 모두 의견이 일치하였고, 귀신들도 그에 순종하여 거북점과 시초점이 이미 똑같이 따랐으니, 또 어찌 다시 일일이 차례로 점을 칠 필요가 있겠는가. 더구나 점을 치는 법은 길한 것을 거듭 점치지 않는 법이다."라고 하신 것이다. 固辭는 두 번 사양하는 것이다. 毋는 금지하는 말이다. "오직 너만이 이 元后의 자리에 합당하다."라고 말씀하신 것이다.

字義 枚 : 낱 매   蔽 : 결정할 폐   昆 : 뒤 곤   元 : 클 원   詢 : 물을 순   龜 : 거북점 구
筮 : 시초점 시   協 : 같을 협   習 : 거듭 습   毋 : 말 무   諧 : 합당할 해   歷 : 내릴 역
冀 : 바랄 기   掌 : 맡을 장   重 : 거듭 중

19. 正月朔旦에 受命于神宗하사 率百官하시되(하사대) 若帝之初[35]하시다

---

[35]   若帝之初 : 孔傳은 '若'을 順(따름)의 뜻으로 보아 "舜이 처음에 帝位를 섭행한 故事를 따라 奉行

正月 초하루 아침에 神宗의 〈廟堂에서〉 명을 받아 百官을 통솔하시되, 帝舜이 처음 〈제왕의 자리를 받으셨을 때와〉 같이 하셨다.

神宗은 堯廟也라 蘇氏曰 堯之所從受天下者曰文祖요 舜之所從受天下者曰神宗이니 受天下於人이면 必告於其人之所從受者라하니라 禮曰 有虞氏禘黃帝而郊嚳하고 祖顓頊而宗堯라하니 則神宗爲堯 明矣라 正月朔旦에 禹受攝帝之命于神宗之廟하사 總率百官하시되 其禮一如帝舜受終之初等事也[36]라

神宗은 堯임금의 廟堂이다. 蘇氏는 말하기를 "堯가 천하를 전해 받은 곳을 '文祖'라 하고, 舜이 천하를 전해 받은 곳을 '神宗'이라 하니, 천하를 남에게서 받게 되면 반드시 그 사람이 전해 받은 곳에 고한다."라고 하였다. 《禮記》〈祭法〉에 이르기를 "有虞氏는 黃帝에게 禘祭를 지내고 帝嚳에게 郊祀를 지내며 顓頊을 祖로 삼고 堯임금을 宗으로 삼았다."라고 하였으니, 神宗이 堯임금이라는 것이 분명하다. 정월 초하루 아침에 禹가 神宗의 묘당에서 帝位를 섭행하라는 명을 받아 백관을 통솔하시되 그 禮를 한결같이 帝舜이 처음 마무리한 제왕의 자리를 물려받았을 때의 일과 같이 한 것이다.

字義 禘 : 체제사 체   嚳 : 제왕의 이름 고   顓 : 사람의 이름 전   頊 : 사람의 이름 욱   等 : 같을 등

20. 帝曰 咨禹아 惟時有苗弗率하나니 汝徂征하라 禹乃會群后하여 誓于師曰 濟濟有衆아 咸聽朕命하라 蠢玆有苗[37] 昏迷不恭하여 侮慢自賢하며 反道敗德하여 君子在野하고 小人在位한대 民棄不保[38]하며 天降之咎하실새 肆予以爾衆士로 奉辭伐罪하노니 爾尚[39]一乃心力이라사 其克有勳하리라

帝舜이 말씀하기를 "아, 禹야. 오직 이 有苗만이 따르지 않고 있으니, 네가 가서

하였다.〔順舜初攝帝位故事 奉行之〕"라고 풀이하였다.

36 其禮一如帝舜受終之初等事也 : 朴文鎬는 《朱子大全》을 살펴보면 七政을 정제하고 群祀를 수행하고 諸侯를 조회하는 등의 일이다. 이와 같은 곳은 예전처럼 명백하게 준비하지 못할까 싶어했다."라고 하였다.

37 有苗 : 林之奇(《尙書全解》)는 "그 君長을 지칭하면 '有苗', 그 군장과 백성을 겸칭하면 '苗民', 종류로써 말하면 '三苗'라 했다."라고 하였다.

38 民棄不保 : 孔疏는 "백성들은 그 군장을 버리고 배반하며, 군장은 그 백성들을 보호하지 않으니〔民棄叛之 不保其有衆〕"라고 풀이하였다.

39 尚 : 당부하거나 기대하는 뜻으로 쓰인 경우는 孔傳과 孔疏가 모두 '庶幾'로 풀이하였다.

정벌하도록 하라."고 하시니, 禹가 곧 여러 제후들을 모아놓고 군사들에게 맹세하기를 "많은 여러 장사들아. 모두 나의 명령을 들어라. 蠢動하는 有苗의 군장은 혼미하고 불공하여 남을 업신여기고 스스로 현명한 체하며, 도를 어기고 덕을 무너뜨리어 군자는 초야에 묻혀있고 소인은 높은 자리에 있으니, 〈아래서는〉 백성들이 그 有苗의 군장을 버리고 보호하지 않으며, 〈위에서는〉 하늘이 〈그 有苗의 군장에게〉 재앙을 내리신다. 그러므로 내가 너희 여러 장사들과 함께 황제의 말씀을 받들어 죄를 지은 자를 정벌하려 하노니, 너희들은 부디 마음과 힘을 하나로 뭉쳐야 한다. 그래야만 승리의 공을 세울 수 있을 것이다."라고 하셨다.

徂는 往也라 舜咨嗟言今天下에 惟是有苗之君이 不循教命하니 汝往征之하라하시니라 征은 正也니 往正其罪也라 會는 徵會也라 誓는 戒也니 軍旅曰誓라 有會有誓는 自唐虞時已然하니 禮言商作誓하고 周作會[40]는 非也라 禹會諸侯之師하여 而戒誓以征討之意라 濟濟는 和整衆盛之貌라 蠢은 動也니 蠢蠢然無知之貌라 昏은 闇이요 迷는 惑也라 不恭은 不敬也라 言苗民이 昏迷不敬하여 侮慢於人하고 妄自尊大하며 反戾正道하고 敗壞常德하여 用舍顚倒하니 民怨天怒라 故로 我以爾衆士로 奉帝之辭하여 伐苗之罪하니 爾衆士는 庶幾同心同力이라야 乃能有功이라하니 此上은 禹誓衆之辭也라

徂는 往의 뜻이다. 舜임금이 탄식하고 말씀하기를 "지금 천하에 오직 이 有苗의 군장만이 教命을 따르지 않고 있으니, 네가 가서 정벌하라."고 하셨다. 征은 正의 뜻이니, 가서 그 죄를 바로잡는 것이다. 會는 徵會(불러 모음)의 뜻이요, 誓는 戒의 뜻이니, 軍旅에서 맹세하는 것을 '誓'라고 한다. 會의 의식이 있고 誓의 의식이 있는 것은 唐虞時代부터 이미 그러했던 것이니, 《禮記》〈檀弓〉에서 "商(殷)나라가 誓의 의식을 마련하고 周나라가 會의 의식을 마련했다."라고 한 것은 잘못이다. 禹가 제후의 군사들을 모아놓고 征討의 뜻으로써 훈시한 것이다.

濟濟는 질서정연하고 많은 모양이다. 蠢은 動의 뜻이니, 우매하고 무지한 모양이다. 昏은 闇(어둠)의 뜻이요, 迷는 惑(미혹)의 뜻이다. 不恭은 곧 不敬의 뜻이다. "苗民이 혼암하고 불경하여 남을 업신여기고 함부로 잘난 체하며, 正道를 어기고 常德

---

40 禮言商作誓周作會 : 《禮記》〈檀弓 下〉에 "殷나라 사람이 맹세하는 의식을 마련하자 백성들이 이반하기 시작하였고, 周나라 사람이 불러 모으는 의식을 마련하자 백성들이 의심하기 시작하였다.〔殷人作誓而民始畔 周人作會而民始疑〕"라고 보인다.

을 무너뜨리어 인재를 등용하고 폐기함이 전도되게 하니, 백성들이 원망하고 하늘
이 노여워하였다. 그래서 내가 너희 여러 장사들과 함께 황제의 말씀을 받들어 有
苗의 죄를 정벌하려 하노니, 너희들은 부디 마음과 힘을 하나로 뭉쳐야만 승리의
공을 세울 수 있을 것이다."라고 하신 것이니, 이상은 禹가 군사들에게 훈시하신 말
씀이다.

林氏曰 堯老而舜攝者는 二十有八年이요 舜老而禹攝者는 十有七年이니 其居攝也에
代總萬機之政이로되 而堯舜之爲天子는 蓋自若也라 故로 國有大事면 猶稟命焉이라
禹征有苗는 蓋在夫居攝之後어늘 而稟命於舜하고 禹不敢專也라 以征有苗로 推
之면 則知舜之誅四凶도 亦必稟堯之命은 無疑니라

林氏(林之奇)는 말하기를 "堯임금이 늙어서 舜이 섭정한 기간이 28년이었고, 舜임
금이 늙어서 禹가 섭정한 기간이 17년이었는데, 섭정의 자리에 앉아서 정치상의 모
든 일들을 대신해서 총괄하였지만, 堯임금과 舜임금은 여전히 天子였다. 그러므로
국가에 대사가 있을 경우에는 아직도 堯임금과 舜임금에게 여쭈었던 것이다. 禹가
有苗를 정벌한 시기는 대개 섭위한 뒤인데도 舜임금에게 여쭈었고, 禹가 감히 자기
마음대로 하지 못하였다. 有苗를 정벌한 일로 미루어보면 舜이 四凶을 주벌할 때에
도 반드시 堯임금에게 여쭈었으리라는 것은 의심할 필요도 없이 알 수 있다."라고
하였다.

[字義] 濟 : 많고 성한 모양 제   蠢 : 꿈틀거릴 준   反 : 어길 반   侮 : 업신여길 모   慢 : 거만할 만
        敗 : 무너뜨릴 패   肆 : 그러므로 사   尙 : 부디 상   徇 : 따를 순   徵 : 부를 징   闇 : 어두울 암
        顚 : 엎어질 전   倒 : 꺼꾸러질 도   乃 : 너 내   稟 : 여쭐 품   專 : 마음대로 할 전

21. 三旬을 苗民이 逆命[41]이어늘 益이 贊于禹曰 惟德은 動天이라 無遠弗屆(계)하나니

---

41 三旬苗民逆命 : 孔疏에서 "大舜처럼 군사를 부리는 방법에 달통하신 분이 文辭로 고하는 명을
하지 않고 그들로 하여금 구실거리를 만들어내게 한 것은, 有苗는 자주 王誅(法)를 범한지라, 거
역하는 자는 말로 복종시키기 어렵기 때문에 威武를 가지고 위협해서 그들이 구실거리를 만들어
내도록 맡겨두고, 그들이 구실거리를 만들어내기를 기다려서 군사를 일으켰을 때 저들이 만일
군사를 물려 복종한다면 우리(舜임금 쪽)는 다시 무엇을 구할 일이 있겠는가. 군사가 물러갔으나
또 항복하지 않았을 때 다시 군사를 일으켜 가면 반드시 구실 삼을 말이 없을 것이다. 불공하면
정벌하고 구실 삼는 말을 하면 놓아두는 이것이 바로 유화적으로 복종시키는 방법이다. 먼저 문
사를 가지고 고한다 하더라도 반드시 즉각 명을 따르지 않는다. 명을 따르지 않은 뒤에 군사를
일으킨다면 반드시 장차 크게 살육을 가하게 될 것이다. 그러니 文誥를 하지 않고 德에 감화되어
스스로 오게 하는 것이 바로 대성인의 원대한 謀慮다.(夫以大舜足達用兵之道 而不爲文告之命 使之

滿招損하고 謙受益이 時乃天道니이다 帝初于歷山에 往于田하사 日號泣于旻天과
于父母하사 負罪引慝하사 祗載見(현)瞽瞍하시되(하시대) 夔夔齊(齋)慄하신대 瞽亦允
若하니 至誠은 感神이온 矧兹有苗이릿가(이따녀) 禹拜昌言曰 俞라 班師振旅어늘 帝乃
誕敷文德하사 舞干羽于兩階러니 七旬에 有苗格하니라

　　30일 동안 苗民이 명을 거역하자, 益이 禹를 도와 이르기를 "오직 德만이 하늘을
감동시키는지라 〈그 感通함이〉 아무리 멀어도 이르지 않음이 없나니, 가득함은 덜
어냄을 부르고 겸손함은 보탬을 받는 것이 바로 天道입니다. 帝舜께서 처음에 歷
山에서 밭에 가시어 〈농사지으실 때에〉 날마다 하늘과 父母께 부르짖어 울며 죄를
떠맡고 잘못을 끌어가져서, 자식 된 직분의 일을 경건히 수행하여 아버지인 瞽瞍를
뵙되 조심스럽게 공손하면서 떠는 용모를 지으시니, 瞽叟 또한 믿고 따랐습니다.
지극한 정성은 귀신도 감동시키거늘 하물며 苗民이야 말할 것이 있겠습니까."라고
하였다. 禹가 이 훌륭한 말에 절을 하며 "옳은 말씀이외다."라고 하고는 군대를 정
리하여 돌아왔다. 帝舜이 이에 文德을 크게 펴시어 방패와 깃 일산으로 두 섬돌 사
이에서 춤을 추었더니, 70일 만에 苗民이 〈마음을 돌려 귀화하러〉 붙좇아왔다.

　　三旬은 三十日也니 以師臨之閱月에도 苗頑하여 猶不聽服也라 贊은 佐요 届는 至也라
是時에 益이 蓋從禹出征이러니 以苗負固恃强하여 未可威服이라 故로 贊佐於禹하여
以爲惟德이 可以動天이라 其感通之妙 無遠不至라하니 蓋欲禹還兵而增脩其德
也라 滿損謙益은 卽易所謂天道虧盈而益謙者라 帝는 舜也라 歷山은 在河中府河
東縣이라 仁覆閔下를 謂之旻이라 日은 非一日也라 言舜耕歷山往于田之時에 以不
獲順於父母之故로 而日號呼于旻天과 于其父母하시니 蓋怨慕之深也라 負罪는 自
負其罪하여 不敢以爲父母之罪요 引慝은 自引其慝하여 不敢以爲父母之慝也라 祗는
敬이요 載는 事也요 瞍는 長老之稱이니 言舜敬其子職之事하여 以見瞽瞍也라 齊는
莊敬也요 慄은 戰慄也요 夔夔는 莊敬戰慄之容也니 舜之敬畏小心而盡於事親者

　　得生辭者 有苗數干王誅(法) 逆者難以言服 故憚之以威武 任其生辭 待其有辭 爲之振旅 彼若師退而服 我復
更有何求 爲退而又不降 復往必無辭說 不恭而征之 有辭而舍之 正是柔服之道也 若先告以辭 未必卽得從命
不從而後行師 必將大加殺戮 不以文誥 感德自來 固是大聖之遠謀也"라고 풀이하였는데, 이에 대하여
林之奇는 "이 말을 믿는다면 이는 舜・禹・益의 용병술은 모두 권모술수의 謀慮에서 나온 것인
데, 어찌 그리도 성인이 얄팍한 수작을 했겠는가. 요컨대 苗民이 명을 거역한 것은 다만 昏迷해
서 불공했을 뿐일 것이다.〔信斯言也 則是舜禹益 用師進退 皆出於權譎變詐之謀 何期聖人之淺邪 要之苗
民逆命 但是昏迷不恭耳〕"라고 하였다.《尙書全解》

如此라

三旬은 30일이니, 군대를 가지고 有苗에 임한 지 한 달이 넘도록 苗民이 완악하여 아직도 복종하지 않았다. 贊은 佐의 뜻이요, 屆는 至의 뜻이다. 이때에 益이 아마 禹를 따라 출정하였는데, 有苗가 지세의 險固함에 의지하고 강함을 믿어서 위엄으로 복종시킬 수 없다고 여긴 모양이다. 그러므로 益이 禹를 도와 이르기를 "오직 德만이 하늘을 감동시킬 수 있는데, 그 감응하여 통하는 묘리는 아무리 멀어도 이르지 않음이 없다."라고 하였으니, 아마 禹가 회군하여 더욱 그 德을 닦게 하고자 했던 것이다. 滿損謙益은 곧《周易》謙卦의 이른바 "天道는 가득 찬 것을 이지러지게 하고 겸허한 것을 더 보태준다."란 것이다.

帝는 바로 舜이다. 歷山은 河中府 河東縣에 있다. 仁이 온 천하를 덮어서 下民을 불쌍히 여기는 것을 '旻'이라 이른다. 日은 하루 이틀이 아닌 곧 '매일'이란 뜻이다. 舜이 歷山에서 농사짓기 위하여 밭에 가셨을 때에 부모에게 孝順할 기회를 얻지 못하였기 때문에 날마다 하늘과 父母에게 울부짖었으니, 이는 아마도 怨慕하는 마음이 깊었기 때문이었으리라. 負罪는 스스로 그 죄를 떠맡아서 감히 부모의 죄로 여기지 않는 것이고, 引慝은 스스로 惡을 끌어당겨서 감히 부모의 惡으로 여기지 않는 것이다. 祗는 敬(공경)의 뜻이요, 載는 事의 뜻이요, 瞍는 長老의 칭호이니, 舜이 자식된 직분의 일을 경건히 행해서 瞽瞍를 뵘을 말한 것이다. 齊는 莊敬의 뜻이요, 慄은 戰慄의 뜻이요, 夔夔는 莊敬하고 戰慄하는 모습이니, 舜이 경건하고 조심스럽게 부모를 극진히 섬기는 태도가 이와 같았던 것이다.

允은 信이요 若은 順也라 言舜以誠孝感格하니 雖瞽瞍頑愚나 亦且信順之니 卽孟子所謂底(지)豫[42]也라 誠感物曰誠이라 益이 又推極至誠之道하여 以爲神明도 亦且感格이온 而況於苗民乎아하니라 昌言은 盛德之言이라 拜는 所以敬其言也라 班은 還이요 振은 整也니 謂整旅以歸也라 或謂 出曰班師요 入曰振旅니 謂班師於有苗之國하여 而振旅於京師也라하니라 誕은 大也라 文德은 文命德敎也라 干은 楯이요 羽는 翳也니 皆舞者所執也라 兩階는 賓主之階也라 七旬은 七十日也라 格은 至也니 言班師七旬에 而有苗來格也라 舜之文德이 非自禹班師而始敷요 苗之來格이 非以舞干羽而後至로되 史臣이 以禹班師而歸하여 弛其威武하고 專尙德敎하여 干羽之舞가 雍

---

42 孟子所謂底(지)豫 :《孟子》〈離婁 上〉에 "舜盡事親之道而瞽瞍底豫"라고 보인다.

容不迫하니 有苗之至가 適當其時라 故로 作史者 因卽其實하여 以形容有虞⁴³之
德하니 數千載之下에도 猶可以是而想其一時氣象也라

允은 信(믿음)의 뜻이요, 若은 順(따를 순)의 뜻이다. 舜이 誠孝로써 感格시키자,
瞽瞍가 비록 완악하고 어리석었으나 또한 믿고 따랐음을 말한 것이니, 곧《孟子》에
이른바 "기뻐함에 이르렀다."란 것이다. 지성이 사물을 감동시키는 것을 '誠'이라 한
다. 益은 또 至誠의 도리를 극도로 미루어서 말하기를 "神明도 감격하는데, 하물며
苗民이야 말할 것이 있겠습니까."라고 한 것이다. 昌言은 盛德의 말이다. 拜는 그
말을 공경하기 위한 것이다. 班은 還(돌아옴)의 뜻이요, 振은 整(정돈)의 뜻이니, 군
대를 정돈하여 돌아옴을 이른다. 혹자는 이르기를 "출병하는 것을 '班師'라 하고 들
어오는 것을 '振旅'라 하니, 有苗의 나라에 출병하였다가 군대를 거두어 京師에 들
어온 것이다."라고 한다.

誕은 大의 뜻이다. 文德은 文命과 德敎다. 干은 楯(방패)의 뜻이요, 羽는 翳(깃으
로 꾸민 일산)의 뜻이니, 모두 춤추는 자가 잡는 것이다. 兩階는 손님과 주인의 섬돌
이다. 七旬은 70일이다. 格은 至의 뜻이니, 군대를 이끌고 돌아온 지 70일 만에 有
苗가 좇아왔음을 말한 것이다. 舜의 文德이 禹가 군대를 이끌고 돌아온 이후부터
비로소 펴진 것도 아니요, 有苗가 좇아온 것이 방패와 깃 일산으로 춤을 춘 뒤에 온
것도 아니건만, 史臣은 禹가 군대를 이끌고 돌아와서 위엄과 무력을 풀고 오로지
德敎만을 숭상하여 방패와 깃 일산을 가지고 추는 춤이 여유작작하게 和樂하였는
데, 有苗가 좇아온 시기가 마침 이때와 맞아떨어진 것으로 보았다. 그러므로 역사
를 짓는 자가 따라서 그 실제를 가지고 有虞의 德을 형용하였으니, 수천 년의 뒤에
도 외려 이것을 가지고 한때의 기상을 상상할 수 있다.

字義 届 : 이를 계 時 : 이 시 旻 : 가을하늘 민 慝 : 간사할 특 祗 : 공경 지 載 : 일 재, 해 재
瞽 : 장님 고 瞍 : 장님 수 夔 : 조심할 기 齊 : 공손할 재 慄 : 두려울 률 允 : 믿을 윤
若 : 따를 약 誠 : 정성 함 矧 : 하물며 신 班 : 돌아올 반 振 : 정리할 진 旅 : 군사 려
誕 : 클 탄 敷 : 펼 부 階 : 뜰 계 格 : 이를 격 閱 : 지날 열 頑 : 완악할 완 恃 : 믿을 시
蓋 : 아마 개 虧 : 이지러질 휴 戰 : 두려울 전 莊 : 씩씩할 장 底 : 이를 지 豫 : 기쁠 예
整 : 정돈할 정 翳 : 깃 일산 예 執 : 가질 집 弛 : 풀 이 尙 : 숭상할 상 容 : 화할 용
迫 : 급박할 박 適 : 마침 적 當 : 맞닿을 당 想 : 상상할 상

43 有虞 : '有'는 助辭이다. 예컨대 有苗·有夏·有商·有殷·有周·有漢·有唐·有宋·有元·有明 등의
'有'는 모두 助辭이다.

皋陶謨

今文古文에 皆有니라

〈皋陶謨〉는 《今文尙書》와 《古文尙書》에 모두 들어 있다.

1. 曰若稽古皋陶한대 曰 允迪厥德하면 謨明하며 弼諧[44]하리이다 禹曰 兪라 如何오 皋陶曰 都라 愼厥身修[①]하며 思永[②][45]하며 惇敍九族하며 庶明이 勵翼[46]하면 邇可遠이 在玆하니이다 禹拜昌言曰 兪라

> ① 書經 愼厥身修 : 삼가 그 몸을 닦을 것이며
> 一般 愼修厥身 : 삼가 그 몸을 닦을 것이며
> ② 書經 思永 : 생각하기를 심원하게 하며
> 一般 永思 : 생각하기를 심원하게 하며

옛 皋陶의 말씀을 상고하건대, 〈그가〉 말하기를 "〈군주가〉 진실로 그 德을 이행하

---

44 允迪厥德謨明弼諧 : 孔傳은 "임금은 마땅히 옛사람의 德을 신실하게 이행하여 그 총명한 성품을 모책으로 넓혀서 자기의 정사를 도와야 한다.〔人君當信蹈行古人之德 謀廣聰明 以輔諧其政〕"라고 풀이하였고, 蔡傳은 孔傳과 다르게 풀이하였는데, 蔡傳에 대하여 조선시대 朴世堂(《思辨錄》)은 "蔡傳에 '신하들의 계획하는 바가 밝지 않음이 없을 것이고 보필하는 바가 화합하지 않음이 없을 것이다.' 하고, 또 '여러 명철한 이가 힘써 보필하면 여러 명철한 신하들이 면려하고 보필한다.'고 하였는데, 모두 본뜻을 잃은 듯하다. 이는 바로 皋陶가 禹에게 이 道를 잘 이행하도록 바란 것이다. '謨明'은 본디 아랫사람이 하는 일이 아니고, '弼諧' 또한 바로 윗사람이 하는 일이다. 그 '愼厥身修' 이하는 또 윗사람이 말한 바를 밝힌 것이다. 그러므로 '思永'이라 한 것은 곧 '謨明'의 뜻을 거듭 밝히기 위한 것이었다.〔蔡傳 臣之所謀者 無不明 所弼者無不諧 又曰 庶明勵翼 則群哲勉輔 恐皆失之 此乃皋陶欲禹之能此道也 謨明固非下之事 而弼諧亦是上所爲 其愼厥身修以下 則又明上所言者 故曰思永者 卽所以申謨明之義〕"라고 하였다.

45 愼厥身修思永 : 孔傳은 "몸을 신중히 닦아 장구히 지속될 방법을 생각해야 한다.〔愼修其身 思爲長久之道〕"라고 풀이하였다.

46 庶明勵翼 : 孔傳은 "여러 사람이 모두 그 가르침을 밝게 깨달아서, 각자 면려하여 윗사람의 命을 떠받들 것이니〔衆庶皆明其敎 而自勉勵翼戴上命〕"라고 풀이하였는데, 鄭玄은 '厲'를 '作'의 뜻으로 보아 "여러 현명한 사람을 輔翼하는 신하로 삼았다.〔以衆賢明 作輔翼之臣〕"로, 王肅도 "여러 현명한 사람을 砥礪로 삼고 羽翼으로 삼았다.〔以衆賢明 爲砥礪爲羽翼〕"라고 하여 孔傳과 다르게 해석하였으며, 夏僎의 《尙書詳解》에는 王安石 등이 풀이한 "여러 명철한 신하들이 勉勵하고 輔翼하면 나라가 다스려지고 천하가 평정하게 된다.〔庶明勵翼 國治而天下平〕"라는 말을 소개하였고, 兪樾(《群經平議》)은 '明'자는 '萌'자와 통하고 '萌'자는 '氓'자와 통한 것으로 보아 '庶明勵翼'은 "서민이 勉勵하여 윗사람을 돕는 일을 말한 것이다.〔言庶民勉勵以助上也〕"라고 풀이하였다.

면, 〈신하들이〉 모획하는 일이 밝게 될 것이며, 보필하는 이들이 화해하게 될 것입니다.”라고 하자, 禹가 말하기를 “옳은 말씀이외다. 어떻게 하는 것인가?”라고 물으니, 皐陶가 말하기를 “아, 〈훌륭한 질문이십니다.〉 삼가 그 몸을 닦으며 생각하기를 심원하게 하며 九族과의 관계를 돈독하게 하며, 여러 명철한 이가 힘써 보필하면 가까운 곳으로부터 먼 곳까지 잘 다스려질 수 있는 것이 바로 이(道)에 달려 있습니다.”라고 하자, 禹가 이 훌륭한 말에 대해 절을 하며 “옳은 말씀이구려.”라고 하였다.

稽古之下는 卽記皐陶之言者니 謂考古皐陶之言이면 如此也라 皐陶言爲君而信蹈其德이면 則臣之所謀者 無不明이요 所弼者 無不諧也라 兪如何者는 禹然其言而復問其詳也요 都者는 皐陶美其問也라 愼者는 言不可不致其謹也라 身修則無言行之失이요 思永則非淺近之謀며 厚敍九族이면 則親親恩篤而家齊矣요 庶明勵翼이면 則群哲勉輔而國治矣라 邇는 近이요 玆는 此也라 言近而可推之遠者 在此道也니 蓋身修家齊國治而天下平矣라 皐陶此言은 所以推廣允迪謨明之義라 故로 禹復兪而然之也시니라

‘稽古’의 아래는 皐陶의 말을 기록한 것이니, 옛날 皐陶의 말을 살펴보면 이(아래)와 같음을 이른 것이다. 皐陶가 말하기를 “임금이 되어 진실로 덕을 실행하면 신하들의 모획하는 바가 밝지 않음이 없을 것이고 보필하는 바가 화합하지 않음이 없을 것입니다.”라고 한 것이다. 兪如何는 禹가 皐陶의 말을 시인하고 다시 상세한 조목을 물은 것이다. 都는 皐陶가 禹의 물음을 찬미한 것이다. 愼은 신중하지 않을 수 없음을 말한 것이다. 몸이 닦여지면 言行의 잘못이 없고, 생각이 심원하면 천근한 모획이 아니며, 九族과의 관계를 돈독하게 하면 친족이 친해지고 은혜가 돈독해져서 집안이 잘 整齊되어질 것이고, 여러 명철한 이가 힘써 보필하면 여러 명철한 이가 힘써

皐陶圖

보필하여 나라가 잘 다스려진다는 것이다.

邇는 近의 뜻이요, 玆는 此의 뜻이다. 가까운 곳으로부터 먼 곳까지 잘 다스려질 수 있는 것이 바로 이 道에 달려있음을 말한 것이니, 대개 몸이 닦여지고 집안이 정제되고 나라가 다스려져서 천하가 평안하게 될 것이란 뜻이다. 皐陶의 이 말은 '진실로 덕을 실행하면 모획하는 일이 밝아진다.'는 뜻을 미루어 넓히기 위한 것이다. 그러므로 禹가 다시 "옳은 말씀이구려."라고 하여 그 말을 시인한 것이다.

○又按 典謨에 皆稱稽古로되 而下文所記則異하니 典은 主記事라 故로 堯舜은 皆載其實이요 謨는 主記言이라 故로 禹皐陶則載其謨라 后克艱厥后하고 臣克艱厥臣은 禹之謨也요 允迪厥德謨明弼諧는 皐陶之謨也라 然이나 禹謨之上에 增文命敷于四海祗承于帝者는 禹受舜天下하니 非盡皐陶比例라 立言輕重을 於此可見이라

○또 살펴보건대, 典과 謨에서 모두 '稽古'라 칭하였으나 아래에 기록된 내용은 다르니, 典은 주로 일을 기록했기 때문에 堯임금과 舜임금의 경우는 모두 그 사실을 기재하였고, 謨는 주로 말을 기록했기 때문에 禹와 皐陶의 경우는 그 모획을 기재하였다. "임금은 임금 노릇 하는 일을 어렵게 여기고 신하는 신하 노릇 하는 일을 어렵게 여겨야 한다."는 것은 禹의 모획이고, "진실로 그 德을 실행하면 모획하는 일이 밝아지게 될 것이며, 보필하는 이들이 화해하게 될 것입니다."라는 것은 皐陶의 모획이다. 그러나 〈大禹謨〉의 위에 "文命을 四海에 펼쳐 경건하게 帝舜을 받드셨다."라고 더 보탠 것은 禹가 舜에게 천하를 받았기 때문이니, 모두 皐陶가 의거할 만한 사례가 아니다. 글을 쓰는 輕重을 여기에서 볼 수 있다.

字義 若 : 따를 약   迪 : 행할 적   弼 : 보필할 필   諧 : 화해할 해   都 : 아름다울 도   惇 : 돈독할 돈
敍 : 펼 서   勵 : 힘쓸 려   翼 : 도울 익   邇 : 가까울 이   蹈 : 이행할 도   淺 : 옅을 천
載 : 기재할 재   艱 : 어려울 간   增 : 더할 증

2. 皐陶曰 都라 在知人하며 在安民하니이다 禹曰 吁[47]라 咸若時는(홀든) 惟帝[48]도 其

---

47 禹曰吁 : 蔡傳에서 "禹가 '吁'라고 하신 것은 탄식하여 깊이 시인하지 않는 말씀이다.〔禹曰吁者 歎而未深然之辭也〕"라고 풀이하였는데, 이에 대하여 洪奭周는 "나는 가만히 생각하건대, '吁'는 그 어려움을 깊이 탄식한 말이다. 治道가 사람을 올바로 알아보고 백성들을 편안하게 해주는 데 달려 있음은 바꿀 수 없는 大經인데 어떻게 깊이 인정하지 않을 수 있겠는가.〔愚竊謂吁者 深歎其難之辭耳 治道之在知人安民 不易之大經也 安得曰未深然耶〕"라고 하였다.《尙書補傳》

48 禹曰……惟帝 : '帝'를 孔傳과 蔡傳에서 모두 '堯'로 보았는데, 朴世堂은 '舜'으로 보아 "蔡傳은 '帝'를 堯로 보았으니, 아마 禹와 皐陶가 舜의 앞에서 서로 문답하면서 응당 면전에서 그 임금을

難之러시니 知人則哲이라 能官人하며 安民則惠라 黎民이 懷之하리니 能哲而惠면 何憂乎驩兜며 何遷乎有苗며 何畏乎巧言令色孔壬[49]이리오

皐陶가 말하기를 "아, 〈훌륭하신 말씀입니다.〉 사람을 잘 알아보는 데 달려 있으며, 백성들을 편안하게 해주는 데 달려 있습니다."라고 하니, 禹가 말하였다. "아, 가능할까요? 다 이와 같이 하는 것은 帝堯도 어렵게 여기셨으니, 사람을 알아보면 명철한 것이라 훌륭한 사람을 벼슬시킬 수 있을 것이며, 백성을 편안하게 하면 은혜로운지라 백성들이 그리워할 것이니, 임금이 명철하고 은혜롭다면 驩兜 같은 자를 어찌 걱정하겠으며, 有苗의 군장을 귀양 보낼 일이 어찌 생기겠으며, 말을 듣기 좋게 늘어놓고 얼굴빛을 보기 좋게 잘 꾸며 크게 간악한 마음을 품은 사람을 어찌 두려워하겠는가."

皐陶因禹之兪하여 而復推廣其未盡之旨라 歎美其言하여 謂在於知人하며 在於安民二者而已니 知人은 智之事요 安民은 仁之事也라 禹曰吁者는 歎而未深然之辭也라 時는 是也요 帝는 謂堯也라 言旣在知人이요 又在安民이니 二者兼擧는 雖帝堯라도 亦難能之라 哲은 智之明也요 惠는 仁之愛也니 能哲而惠는 猶言能知人而安民也라 遷은 竄이요 巧는 好요 令은 善이요 孔은 大也니 好其言하고 善其色하여 而大包藏凶惡之人也라 言能哲而惠면 則智仁兩盡하여 雖黨惡如驩兜者라도 不足憂요 昏迷如有苗者라도 不足遷이요 與夫好言善色大包藏姦惡者라도 不足畏하여 是三

───────────────

칭찬하여 아첨에 가까운 짓을 하지 않았을 것으로 생각했을 것이다. 그러나 驩兜를 내치고 三苗를 옮긴 것은 바로 舜이 한 일이었고, 더구나 이것은 또 그 어려운 점을 말하고 그 아름다움을 칭찬할 뿐만이 아니거늘, 무엇이 혐의쩍어서 피했겠는가. 또 '吁'를 깊이 인정하지 않는 말로 본 것은 본의를 잃은 듯하다.〔蔡傳 以帝爲堯 蓋以爲禹與皐陶 在舜之前 相與問答 不當面譽其君近於諂 然放驩兜遷三苗 乃舜之事 況此又是言其所難 非直稱譽其美而已 則何嫌而避之也 又以吁爲未深然之辭 恐失之〕라고 하였다.《思辨錄》

49 壬 : 孔傳은 '佞'의 뜻으로 보고, 蔡傳은 '흉악한 마음을 품은 것'으로 해석하였는데, 이에 대하여 洪奭周는 "옛글자는 대부분 서로 비슷한 것을 가지고 통용하였으니, 이를테면 '辟'이 '僻'이 됨과, '孫'이 '遜'이 됨과 같은 것이 이것이다. '壬'도 마땅히 '色屬內荏'과 '荏染柔木'의 荏처럼 柔弱으로 풀이해야 한다. 임금이 마땅히 두려워해야 할 대상은 剛嚴한 신하가 아니고 바로 柔弱한 사람이다. 李林甫와 秦檜가 왕명을 마음대로 한 것이나, 田常과 王莽이 나라를 훔친 것은, 그 시초에는 모두 柔弱으로 진출하지 않는 자가 없었으니, 참으로 두려워할 대상이다.〔古字多以相近通用 如辟之爲僻 孫之爲遜是也 壬當如色屬內荏荏染柔木之荏 其訓爲柔弱 人主之所當畏者 不在乎剛嚴之臣 而在乎柔弱之人 李林甫秦檜之擅命 田常王莽之竊國 其始也 皆未嘗不以柔弱進 眞可畏也哉〕"라고 하였다.《尙書補傳》

者 擧不足害吾之治니 極言仁智功用이 如此其大也라 或曰 巧言令色孔壬은 共工也라 禹言三凶而不及鯀者는 爲親者諱[50]也라하니라

皐陶가 禹의 "옳은 말씀이구려."라고 한 것으로 인하여 다시 미진한 뜻을 미루어 확장한 것이다. 皐陶가 禹의 말을 탄미하여 "사람을 잘 알아보고 백성을 편안하게 해주는 두 가지 일에 달려 있을 뿐이다."라고 말하였으니, 사람을 잘 알아보는 것은 智의 일이고 백성을 편안하게 해주는 것은 仁의 일이다. 禹가 "아, 가능할까요?"라고 한 것은 탄식하고 깊이 시인하지는 않은 말이다. 時는 是의 뜻이요, 帝는 堯를 이른다. 이미 사람을 잘 알아보는 데 달려 있고 또 백성을 편안하게 해주는 데 달려 있다고 했으니, 이 두 가지를 겸하여 거행하는 것은 비록 帝堯라 하더라도 잘하기 어려운 점을 말한 것이다.

哲은 지혜가 밝은 것이요, 惠는 仁의 사랑이니, 명철하고 은혜롭다는 것은 사람을 잘 알아보고 백성을 편안하게 해준다는 말과 같다.

遷은 竄(귀양)의 뜻이요, 巧는 好(좋음)의 뜻이요, 令은 善(잘함)의 뜻이요, 孔은 大의 뜻이니, 말을 듣기 좋게 늘어놓고 얼굴빛을 보기 좋게 꾸며 크게 간악한 마음을 품은 사람이다. 능히 명철하고 은혜롭다면 智와 仁 두 가지가 모두 극진하여 비록 惡을 편드는 驩兜와 같은 자라도 족히 걱정할 것이 없고, 혼미함이 有苗와 같은 자라도 굳이 귀양 보낼 것이 없고, 말을 듣기 좋게 늘어놓고 얼굴빛을 보기 좋게 꾸며 크게 간악한 마음을 품은 자라도 두려워할 것이 없어서 이 세 가지가 다 나의 정치를 해칠 수 없음을 말한 것이니, 仁과 智의 功用이 이와 같이 큼을 극도로 말한 것이다.

혹자는 말하기를 "말을 듣기 좋게 늘어놓고 얼굴빛을 보기 좋게 꾸며 크게 간악한 마음을 품은 자는 바로 共工이다. 禹가 三凶만 말하고 鯀을 언급하지 않은 것은 어버이를 위하여 숨긴 것이다."라고 한다.

○楊氏曰 知人安民은 此皐陶一篇之體要也라 九德而下는 知人之事也요 天敍有典而下는 安民之道也니 非知人而能安民者는 未之有也니라

○楊氏는 말하기를 "사람을 잘 알아보고 백성을 편안하게 해주는 것은 〈皐陶謨〉

---

50 爲親者諱:《春秋穀梁傳》魯 成公 9년 조에 "尊者를 위해서는 부끄러운 일을 숨겨주고, 賢者를 위해서는 과실을 숨겨주고, 어버이를 위해서는 병을 숨겨준다.〔尊者諱恥 爲賢者諱過 爲親者諱疾〕"라는 내용이 보이며,《春秋公羊傳》魯 閔公 원년 조에도 저본과 같은 내용이 보인다.

한 편의 要諦이다. '九德' 이하는 사람을 잘 알아보는 일이고, '天敍有典' 이하는 백성을 편안하게 해주는 도리이니, 사람을 잘 알아보지 못하고서 백성을 편안하게 해줄 자는 있지 않다."라고 하였다.

字義 時 : 이 시   遷 : 귀양갈 천   孔 : 클 공   壬 : 간사할 임   竄 : 귀양갈 찬   包 : 포장할 포
諱 : 숨길 휘

3. 皐陶曰 都라 亦[51]行有九德하니 亦言其人의 有德인대 乃言曰載采采니이다 禹曰 何오 皐陶曰 寬而栗하며 柔而立하며 愿而恭하며 亂而敬하며 擾而毅하며 直而溫하며 簡而廉하며 剛而塞하며 彊而義니 彰厥有常이 吉哉[52]니이다

皐陶가 말하기를 "아, 〈훌륭한 말씀입니다.〉 통틀어서 말하면 행실에 아홉 가지 德이 있으니, 그 사람이 소유한 덕을 통틀어서 말할 때에는 곧 무슨 일과 무슨 일을 행한다고 말해야 되는 것입니다."라고 하였다. 禹가 "무엇인가?"라고 묻자, 皐陶가 말하였다. "관대하면서도 엄숙하며, 유순하면서도 꼿꼿하며, 근엄하면서도 공손하며, 다스리는 재주가 있으면서도 경외하며, 순응하면서도 의연하며, 곧으면서도 온화하며, 소탈하면서도 모나며, 강건하면서도 충실하며, 굳세면서도 의리가 있는 것이니, 그 〈몸에〉 창연히 드러나고 〈시종일관〉 항상 소유함이 吉士(善士)일 것입니다.

---

51 亦 : 孔傳에서는 풀이하지 않고 孔疏에서는 本字(또한)로 풀이하였는데, 蔡傳은 總字로 풀이하고 있다.

52 彰厥有常 吉哉 : 孔傳은 '彰'은 明의 뜻으로, '吉'은 善의 뜻으로 보아 "아홉 가지 德의 일정함을 밝게 알아서 사람을 택하여 벼슬을 시키면 정사가 잘 될 것이다.〔明九德之常 以擇人而官之 則政之善〕"라고 풀이하였고, 蔡傳은 '彰'을 著의 뜻으로 보아 "成德이 몸에 드러나고 또 始終(처음부터 끝까지) 常德을 가진 자가 그 吉士이다.〔成德著之於身 而又始終有常 其吉士矣哉〕"라고 풀이하였는데, 조선 후기 吳熙常은 蔡傳에 대하여 "'彰厥有常'의 常은 마땅히 '典常'의 常으로 보아야 하는데, 蔡傳은 '始終'을 가지고 '有常'을 해석하였으니, 아마도 뜻에 단점이 된 듯하다.〔彰厥有常之常 當以典常之常看 蔡傳以始終釋有常 竊恐於義爲短也〕"라고 하였다.《老洲集》〈讀書隨記〉〕

洪奭周는 "'彰'은 顯用의 뜻이니, 〈畢命〉에서 말한 '선한 사람에게는 표창을 하고 악한 사람에게는 불이익을 준다.'는 것과 《孟子》〈告子 下〉에서 말한 '어진 이를 존중하고 인재를 육성하여 德을 가진 사람을 표창하라.'는 것이 이것이다. 실제로 이 德을 가진 자는 반드시 항구적으로 가지고 변하지 않는 법이니, 가지고도 능히 항구적으로 보유하지 않으면 實德이 아니다. 그러므로 '彰厥有常'이라 한 것이니, 반드시 그 常德을 가진 자를 임용함을 말한 것이다. 蔡傳에서 '몸에 드러나고 또 始終 常德을 가진다.'고 한 것은, 뜻은 또한 통할 수 있으나 '厥'자의 해석에 순조롭지 못한 듯하다.〔彰者顯用之意 畢命所謂彰善癉惡 孟子所謂尊賢育才 以彰有德是也 實有是德者 必恒而不變 有之而不能恒 非實德也 故曰彰厥有常 言必用其有常德者也 蔡傳以爲著之于身 而又始終有常 意亦可通 然恐未順於厥字之釋也〕"라고 하였다.《尚書補傳》〕

亦은 總也니 亦行有九德者는 總言德之見(현)於行者인댄 其凡有九也요 亦言其人有德者는 總言其人之有德也라 載는 行이요 采는 事也니 總言其人有德인댄 必言其行某事某事하여 爲可信驗也라 禹曰何者는 問其九德之目也라 寬而栗者는 寬弘而莊栗也요 柔而立者는 柔順而植立也요 愿而恭者는 謹愿而恭恪也라 亂은 治也니 亂而敬者는 有治才而敬畏也요 擾는 馴也니 擾而毅者는 馴擾而果毅也라 直而溫者는 徑直而溫和也요 簡而廉者는 簡易而廉隅也요 剛而塞者는 剛健而篤實也요 彊而義者는 彊勇而好義也라 而는 轉語辭也라 正言而反應者는 所以明其德之不偏이니 皆指其成德之自然이요 非以彼濟此之謂也[53]라 彰은 著也니 成德이 著之於身하고 而又始終有常이 其吉士矣哉인저

　亦은 總(총괄함)의 뜻이니, 亦行有九德은 德이 행실에 나타난 것을 통틀어서 말한다면 모두 아홉 가지가 있다는 것이고, 亦言其人有德은 그 사람이 가진 덕을 통틀어서 말하는 것이다. 載는 行의 뜻이요, 采는 事의 뜻이니, 그 사람이 가진 덕을 통틀어서 말한다면 반드시 무슨 일과 무슨 일을 행한다고 말해서 믿고 징험할 수 있게 해야 한다는 것이다.

　禹曰何者는 아홉 가지 德의 조목을 물으신 것이다. 寬而栗은 관대하면서도 장엄한 것이고, 柔而立은 유순하면서도 꼿꼿한 것이고, 愿而恭은 근엄하면서도 공손한 것이다. 亂은 治의 뜻이니 亂而敬은 다스리는 재주가 있으면서도 경외하는 것이고, 擾는 馴의 뜻이니 擾而毅는 순종하면서도 의연한 것이고, 直而溫은 곧으면서도 온화한 것이고, 簡而廉은 소탈하면서도 모난 것이고, 剛而塞은 강인하면서도 충실한 것이고, 彊而義는 굳세면서도 의리가 있는 것이다.

　而는 말을 전환하는 어조사이다. 바르게 말하고 반대로 응하는 것은 그 德이 치우치지 않음을 밝히기 위한 것이니, 모두 그 자연스러운 成德을 가리킨 것이고, 저것으로써 이것을 구제함을 이른 것이 아니다. 彰은 著의 뜻이니, 成德이 몸에 드러나고, 또 시종 常德을 가진 자가 吉士일 것이다.

字義　亦 : 총체 역　載 : 행할 재　采 : 일 채　栗 : 장엄할 률　立 : 꼿꼿할 립　愿 : 근엄할 엄
　　　亂 : 다스릴 란　擾 : 길들일 요　毅 : 굳셀 의　簡 : 경편할 간　廉 : 모날 염　塞 : 독실할 실

53　正言而反應者……非以彼濟此之謂也 : 朴文鎬는 "〈舜典〉의 '直溫寬栗'은 가르치는 자를 위주로 말했기 때문에 저것으로써 이것을 구제하는 뜻이 되고, 이 경우는 그 덕을 가진 자를 위주로 말했기 때문에 자연히 덕을 이루는 뜻이 된다. 그러나 이미 '氣質之性'이라 했으면 또한 本然의 온전한 것에 간격이 있으니, 보아 오건대, 위의 여섯 가지 일에는 서로 구제하는 뜻이 있고, 아래세 가지 일에는 서로 이루는 뜻이 있다."라고 하였다.(《書集傳詳說》)

彊 : 용감할 강　彰 : 드러낼 창　見 : 나타날 현　驗 : 징험 험　恪 : 삼갈 각　馴 : 길들일 순
徑 : 곧을 경　隅 : 모날 우　轉 : 굴을 전　偏 : 치우칠 편　濟 : 구제할 제

4. 日宣三德하린 夙夜에 浚明有家[54]하리며 日嚴祗敬六德하린 亮采有邦[55]하리니 翕
受敷施하면 九德이 咸事하여 俊乂[56]在官하여 百僚師師[57]하며 百工이 惟時[58]로 撫于
五辰(신)하여 庶績이 其凝[59]하리이다

　나날이 〈아홉 가지 德 중에〉 세 가지 德을 밝히는 사람은 밤낮으로 有家(大夫)의
일을 다스려 밝힐 것이며, 나날이 엄격히 여섯 가지 德을 공경히 행하는 사람은 有
邦(諸侯)의 일을 밝힐 것이니, 이들을 모두 수용하여 적재적소에 임용하면 아홉 가
지 德을 가진 사람들이 모두 일을 하기 때문에 준수한 인재와 영걸한 인재가 각각

54　日宣三德……浚明有家 : 孔傳은 '宣'을 布(펴다), '浚'을 須(기다림)의 뜻으로, '有家'를 卿大夫의
　　뜻으로 보아 "능히 날마다 세 가지 德을 펼쳐 행하되 밤새도록 생각했다가 날이 밝기를 기다려서
　　행하면 卿大夫가 될 수 있을 것이며〔能日日布行三德 早夜思之 須明行之 可以爲卿大夫〕"라고 풀이하
　　였다. '浚'을 馬融은 大의 뜻으로 보았다.

55　日嚴祗敬六德 亮采有邦 : 孔傳은 '亮'을 信治, '采'를 政事, '有邦'을 諸侯의 뜻으로 보아 "날마다
　　그 몸을 엄하고 경건하게 가지고, 여섯 가지 德을 경건하게 행하여 정사를 다스리면 諸侯가 될
　　수 있다.〔日日嚴敬其身 敬行六德 以信治政事 則可以爲諸侯〕"라고 풀이하였다.

56　俊乂 : 孔傳은 '준수한 덕을 가지고 잘 다스릴 인사들〔俊德治能〕'로 보았다.

57　師師 : 淸代 兪樾은 《詩經》에 있는 "濟濟多士"의 '濟濟'처럼 衆盛의 뜻으로 보았다.《群經平議》

58　百工惟時 : 孔傳은 '時'를 是(옳음)의 뜻으로 보아 "'百官皆是'는 정사에 그릇됨이 없음을 말한 것
　　이다.〔百官皆是 言政無非〕"라고 풀이하였다.

59　日宣三德……其凝 : 아홉 가지 德은 올바른 사람을 알아볼 수 있는 척도인데, 사람은 또한 반드
　　시 아홉 가지 덕을 구비하지 못하는 법이다. 아홉 가지 덕 중에 그 세 가지 덕을 가진 사람은 나
　　날이 새롭게 할 공을 가하여 일정하게 소유한 이 세 가지 덕을 더욱 드러낼 수 있는 사람이다. 그
　　러니 만일 그 사람을 大夫로 삼아 집을 소유하게 한다면 반드시 밤낮으로 게으름을 부리지 않고
　　소유한 집의 일을 밝게 다스릴 수 있다. 아홉 가지 덕 중에 여섯 가지 덕을 가진 사람은 나날이
　　스스로 엄격히 경건한 공을 가하여 일정하게 소유한 이 여섯 가지 덕을 더욱 견고하게 할 수 있
　　는 사람이다. 그러니 만일 그 사람을 諸侯로 삼아 나라를 소유하게 한다면 반드시 근신하여 게으
　　름을 부리지 않고 소유한 나라의 일을 밝게 다스릴 수 있다. 아홉 가지 덕의 많고 적음은 같지 않
　　지만, 모두 쓰임에 따라 베풀 수 있다. 그러므로 天子는 마땅히 그들을 모두 수용하여 비축해두
　　었다가 재질에 따라서 적재적소에 임용해야 한다는 것이다.
　　　이렇게 임용된 관원들은 서로 존중하는 미덕을 보이면서 시절에 따라 일을 처리해 나간다. 天
　　時에 따라 人事를 수행하므로 木에 속한 봄의 경우는 은덕을 펼침으로써 木의 성질을 따르고,
　　火에 속한 여름의 경우는 백성에게 농사를 권장함으로써 火의 성질을 따르고, 金에 속한 가을의
　　경우는 暴慢을 禁誅함으로써 金의 성질을 따르고, 水에 속한 겨울의 경우는 거두어 저장함으로
　　써 水의 성질을 따르며, 土는 四時에 붙여 왕성한 것이니, 사시의 일을 종합적으로 닦음으로써
　　土의 성질을 따른다는 것이다.

관직에 포진해 있어서 百僚가 서로 스승으로 삼고, 百工이 제때에 미쳐서 〈四時에 배열된〉 五辰(五行)의 성질을 따라 작업해서 모든 공적이 이루어질 것입니다.

宣은 明也라 三德과 六德者는 九德之中에 有其三하고 有其六也라 浚은 治也라 亮亦明也라 有家는 大夫也요 有邦은 諸侯也라 浚明과 亮采는 皆言家邦政事明治之義로되 氣象則有大小之不同하니 三德而爲大夫와 六德而爲諸侯는 以德之多寡와 職之大小로 槪言之也라 夫九德에 有其三이면 必日宣而充廣之하여 而使之益以著요 九德에 有其六이면 尤必日嚴而祗敬之하여 而使之益以謹也라 翕은 合也라 德之多寡 雖不同이나 人君이 惟能合而受之하여 布而用之하니 如此면 則九德之人이 咸事其事하여 大而千人之俊과 小而百人之乂가 皆在官使하여 以天下之才로 任天下之治니 唐虞之朝에 下無遺才而上無廢事者는 良以此也라 師師는 相師法也니 言百僚가 皆相師法하고 而百工이 皆及時以趨事也라 百僚와 百工은 皆謂百官이니 言其人之相師면 則曰百僚요 言其人之趨事면 則曰百工이니 其實은 一也라 撫는 順也요 五辰은 四時也라 木火金水는 旺於四時하고 而土則寄旺於四季也[60]니 禮運曰 播五行於四時者 是也라 凝은 成也니 言百工趨時하여 而衆功皆成也라

宣은 明의 뜻이다. 三德과 六德은 九德 가운데에서 그 세 가지를 가지고 그 여섯 가지를 가진 것이다. 浚은 治의 뜻이다. 亮 또한 明의 뜻이다. 有家는 大夫이고, 有邦은 諸侯이다. 浚明과 亮采는 모두 家와 邦의 정사가 밝게 다스려지는 뜻을 말한 것이지만 氣象은 크고 작은 차이가 있으니, 세 가지 德을 가져서 大夫가 되고 여섯 가지 德을 가져서 諸侯가 됨은 덕의 많고 적음과 직책의 크고 작음을 가지고 대략적으로 말한 것이다. 아홉 가지 덕 중에 세 가지를 가진 사람이라면 나날이 밝혀서 채우고 넓혀서 더욱 드러나게 해야 하고, 아홉 가지 덕 중에 여섯 가지를 가진 사람이라면 반드시 나날이 엄격히 공경해서 더욱 삼가야 할 것이다.

翕은 合의 뜻이다. 德의 많고 적음이 비록 같지 않으나 임금이 모두 수용하여 적재적소에 임용하니, 이와 같이 하면 아홉 가지 德을 가진 사람이 모두 그 일에 종사

---

60 木火金水……土則寄旺於四季也 : 1년 360일 중에서 木氣는 立春 뒤 72일 동안 왕성하고, 火氣는 立夏 뒤 72일 동안 왕성하고, 金氣는 立秋 뒤 72일 동안 왕성하고, 水氣는 立冬 뒤 72일 동안 왕성하며, 季春인 3월 중순 이후부터 立夏 전까지의 18일 동안과 季夏인 6월 중순 이후부터 立秋 전까지의 18일 동안과 季秋인 9월 중순 이후부터 立冬 전까지의 18일 동안과 季冬인 12월 중순 이후부터 立春 전까지의 18일 동안은 土氣가 四時에 붙어 왕성하기 때문에 이렇게 말한 것이다.(《蔡邕月令注》)

하여 크게는 천 명 중에 뛰어난 준재와 작게는 백 명 중에 뛰어난 영재가 모두 관직에 있어서 천하의 인재로 천하의 정사를 맡게 할 것이니, 唐(堯)·虞(舜)의 조정에서 아래에는 버려진 인재가 없고 위에는 폐기된 일이 없었던 것은 진실로 이 때문이었다.

師師는 서로 스승을 삼아 본받는 것이니, 百僚가 모두 서로 스승을 삼아 본받고, 百工이 모두 제때에 미쳐 일에 달려가는 것을 말한다. 百僚와 百工은 다 百官을 이르니, 사람이 서로 스승을 삼는 것으로 말하면 '百僚'라 하고, 사람이 일에 달려가는 것으로 말하면 '百工'이라 하니, 실제는 하나인 것이다. 撫는 順(따름)의 뜻이요, 五辰(五行)은 곧 四時이다. 木·火·金·水는 四時에 왕성하고 土는 四季에 붙어 왕성하니, 《禮記》〈禮運〉에 "五行을 四時에 분배한다."라고 한 것이 이것이다. 凝은 成의 뜻이니, 百工이 제때에 달려가서 모든 공이 다 이루어지게 됨을 말한 것이다.

字義 浚 : 다스릴 준 祗 : 공경 지 亮 : 밝을 량 翕 : 모일 흡 俊 : 준걸 준 乂 : 영재 예
僚 : 관료 료 撫 : 순할 무 辰 : 때 신 績 : 공 적 凝 : 이룰 응 槪 : 대략 개
趨 : 달려갈 추 旺 : 왕성할 왕 寄 : 붙일 기 播 : 뿌릴 파

5. 無敎逸欲有邦하사 兢兢業業하소서 一日二日에 萬幾[61]니이다 無曠庶官하소서 天工[62]을 人其代之하나니이다

안일과 탐욕을 有邦(諸侯)이 본받지 말도록 유념하시어 근신하고 두려워하소서. 하루 이틀 사이에도 만 가지 기미가 생기는 것입니다. 모든 관직을 폐기하지 마소서. 하늘의 일을 사람이 대신하는 것입니다.

無는 與毋通이니 禁止之辭라 敎는 非必敎令이니 謂上行而下效也라 言天子當以勤儉率諸侯요 不可以逸欲導之也라 兢兢은 戒謹也요 業業은 危懼也라 幾는 微也니 易曰 惟幾也라 故로 能成天下之務라하니라 蓋禍患之幾는 藏於細微하니 而非常人之所豫見이요 及其著也하여는 則雖智者라도 不能善其後라 故로 聖人이 於幾則兢

---

61 無敎逸欲有邦……萬幾 : 孔傳은 '有邦'을 '나라를 소유한 자'로 보아 "안일함과 탐욕을 가르치지 않는 것이 바로 나라를 소유한 자의 常道이니, 근신하고 두려워하시어 〈하루 이틀 사이에도〉 만 가지 일의 기미를 생각하셔야 합니다.[不爲逸豫貪欲之敎 是有國者之常 當戒懼萬事之微]"라고 풀이하였다.

62 工 : 孔傳은 '官'(벼슬)의 뜻으로 보았다.

業以圖之하니 所謂圖難於其易(이)하고 爲大於其細者 此也라 一日二日者는 言其日之至淺이요 萬幾者는 言其幾事之至多也니 蓋一日二日之間에 事幾之來 且至萬焉이니 是可一日而縱欲乎아 曠은 廢也니 言不可用非才하여 而使庶官曠廢厥職也라 天工은 天之工也라 人君이 代天理物하니 庶官所治 無非天事라 苟一職之或曠이면 則天工廢矣니 可不深戒哉아

無는 毋와 통하니, 금지하는 말이다. 敎는 꼭 敎令만이 아니니, 위에서 행하면 아래에서 본받는 것을 이른다. 天子는 마땅히 부지런함과 검소함을 가지고 諸侯를 거느려야 하지, 안일과 탐욕을 가지고 인도해서는 안 된다는 점을 말한 것이다. 兢兢은 경계하고 근신함이고, 業業은 위태로워하고 두려워함이다.

幾는 微(은미)의 뜻이니, 《周易》〈繫辭傳 上〉에 "오직 기미를 살피기 때문에 능히 천하의 일을 이룬다."라고 하였다. 대개 禍患의 기미는 세미한 데에 감춰져 있으므로 보통사람이 미리 볼 수 있는 것이 아니며, 드러남에 미쳐서는 비록 지혜로운 자라도 그에 대한 뒷갈망을 잘할 수 없다. 그러므로 聖人이 기미에 대하여 삼가고 두려워함으로써 도모한 것이니, 《老子》恩始章에 이른바 "쉬운 데서 어려운 일을 도모해야(풀어야) 하고, 작은 데서 큰일을 치르도록 해야 한다."란 것이 이것이다. 一日二日은 날짜가 지극히 짧은 기간을 말한 것이고, 萬機는 기미의 일이 지극히 많은 점을 말한 것이니, 하루 이틀 사이에도 닥쳐오는 일의 기미가 만 가지에 이르니, 하루라도 탐욕을 부릴 수 있겠는가.

曠은 廢의 뜻이니, 적격자가 아닌 사람을 등용하여 여러 관원이 그 직책을 폐기하게 만들어서는 안 된다는 점을 말한 것이다. 天工은 하늘의 일이다. 임금은 하늘을 대신하여 사물을 다스리니, 여러 관원이 다스리는 것은 하늘의 일이 아닌 게 없다. 만일 한 직책이라도 혹 폐기된다면 하늘의 일이 폐기되는 것인데, 깊이 경계하지 않을 수 있겠는가.

字義 兢 : 근신할 긍   業 : 두려워할 업   曠 : 폐기할 광   導 : 인도할 도   危 : 위태할 위
懼 : 두려울 구   務 : 일 무   著 : 나타날 저   藏 : 감출 장   豫 : 미리 예   圖 : 도모할 도, 풀 도
易 : 쉬울 이   至 : 지극할 지   縱 : 부릴 종, 놓을 종

6. 天敍有典하시니 勅我五典하사 五를 惇哉하시며 天秩有禮하시니 自[63]我五禮[64]하사

---

63   自 : 孔傳은 用의 뜻으로 보았다.

64   五禮 : 孔安國은 公·侯·伯·子·男 5등의 禮로, 先儒들은 吉禮·凶禮·軍禮·賓禮·嘉禮로 보았는

(有)〔五〕를 庸哉⁶⁵하소서 同寅協恭하사 和
衷⁶⁶哉하소서 天命有德이어시든 五服으로
五章哉하시며 天討有罪어시든 五刑으로 五
用哉⁶⁷하사 政事를 懋哉懋哉하소서

하늘이 〈인륜을〉 차례로 펴서 典(典範)
을 두셨으니, 우리 五典을 바로잡아 다
섯 가지를 〈각각〉 도탑게 하시고, 하늘이
〈등급을〉 차례로 펴서 禮(禮節)를 두셨으
니, 우리 五禮부터 써서 다섯 가지가 〈각
각〉 일정한 법도를 따르게 하소서. 또한
임금과 신하가 다 함께 경건하고 조심해
서 〈하늘이 내려준〉 衷을 잘 어울리게 하
소서. 그리고 하늘이 덕이 있는 이들을 명
하시거든 다섯 가지 복장으로 다섯 가지
등급을 표장하시고, 하늘이 죄 있는 자를
토벌하시거든 다섯 가지 형벌로 다섯 가
지 등급을 써서 징계하시어 정사를 〈잘하도록〉 힘쓰고 힘쓰소서.

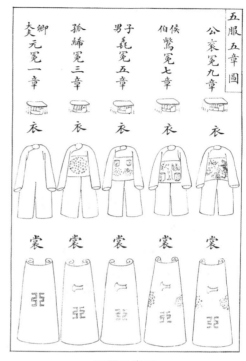

五服五章圖

敍者는 君臣父子兄弟夫婦朋友之倫敍也요 秩者는 尊卑貴賤等級隆殺(쇄)之品秩
也라 勑은 正이요 惇은 厚요 庸은 常也라 有庸은 馬本에 作五庸이라 衷은 降衷⁶⁸之衷이니
卽所謂典禮也라 典禮雖天所敍秩이나 然이나 正之하여 使敍倫而益厚하고 用之하여 使
品秩而有常은 則在我而已라 故로 君臣이 當同其寅畏하고 協其恭敬하여 誠一無間하고

데, 蔡傳은 五倫에 관한 禮로 다루었다.

65 (有)〔五〕庸哉 : 孔傳은 '庸'을 常의 뜻으로 보아 "常道가 있게 해야 한다.〔使有常〕"로 풀이하였다.

66 同寅協恭 和衷 : 孔傳은 '衷'을 善(좋게)의 뜻으로 보아 "五禮를 가지고 諸侯를 바로잡아 다 함께
공경해서 좋게 화합하도록 하라.〔以五禮正諸侯 使同敬合恭而善〕"로 풀이하였다.

67 天討有罪 五刑五用哉 : 孔傳은 "하늘이 다섯 가지 형벌을 가지고 죄 있는 자를 討罰하거든 다
섯 가지의 형벌을 쓰기를 반드시 합당하게 해야 한다.〔天以五刑討五罪 用五刑宜必當〕"라고 풀이하
였다.

68 降衷 : 〈湯誥〉에 보이는데, '衷'을 孔傳은 善의 뜻으로 보고, 蔡傳은 典禮의 뜻으로 보았다.

融會流通하여 而民彝物則이 各得其正이니 所謂和衷也라 章은 顯也라 五服은 五等之服이니 自九章以至一章[69]이 是也라 言天命有德之人이어든 則五等之服으로 以彰顯之하고 天討有罪之人이어든 則五等之刑으로 以懲戒之라 蓋爵賞刑罰은 乃人君之政事니 君主之하고 臣用之하여 當勉勉而不可怠者也라

敍라는 것은 君臣·父子·兄弟·夫婦·朋友의 倫敍요, 秩이란 것은 尊卑와 貴賤에 대한 등급의 높고 낮은 品秩이다. 勅은 正(바로잡음)의 뜻이요, 惇은 厚의 뜻이요, 庸은 常(떳떳함)의 뜻이다. 有庸은 馬氏本에 '五庸'으로 되어 있다. 衷은 '降衷'이란 衷이니, 곧 이른바 '典과 禮'이다. 典과 禮는 비록 하늘이 펴고 차례를 정한 것이지만 이것을 바로잡아 차례로 펴서 더욱 도탑게 하고 이것을 써서 질서정연하게 차례를 정하여 일정하게 〈유지해 나가도록〉 하는 것은 우리에게 달려 있을 뿐이다. 그러므로 임금과 신하는 마땅히 다 함께 경건하고 조심하여 성실과 전일함이 간단이 없고 融會하고 流通하여 백성의 성품과 사물의 법칙이 각각 그 올바름을 얻게 해야 하니, 이것이 이른바 '和衷'이다.

章은 顯(드러남)의 뜻이다. 五服은 다섯 등급의 옷이니, 9章부터 1章까지가 이것이다. 하늘이 〈아홉 가지〉 덕이 있는 사람을 명하거든 다섯 등급의 옷으로 표장하고, 하늘이 죄 있는 사람을 討罰하거든 다섯 등급의 형벌로 징계함을 말한 것이다. 대개 관작으로 상을 주고 형벌로 징계를 하는 것은 바로 인군의 정사이니, 임금은 이를 주관하고 신하는 이를 써서 마땅히 힘써야 하고 태만해서는 안 된다는 것이다.

○楊氏曰 典禮는 自天子出이라 故로 言勅我自我요 若夫爵人於朝는 與衆共之하고 刑人於市는 與衆棄之[70]니 天子不得而私焉이라 此其立言之異也[71]라

○楊氏는 말하기를 "典과 禮는 天子로부터 나오는 것이기 때문에 '勅我'·'自我'라

---

69 自九章以至一章 : 章은 그림이나 수를 놓은 것을 말하는데, 公의 九章服은 上衣에 龍, 山, 華蟲, 火, 宗彝의 다섯 가지 그림을 그리고 下衣에 藻, 粉米, 黼, 黻의 수를 놓으며, 侯·伯의 鷩冕七章은 龍과 山을 뺀 것이며, 子·男의 毳冕五章은 華蟲과 火를 더 뺀 것이며, 孤의 希冕三章은 上衣에 粉米를 下衣에 黼·黻을 수놓은 것이며, 大夫의 玄冕一章은 下衣에 黻을 수놓은 것으로 되어 있다. 〈益稷〉에 자세히 보인다.

70 爵人於朝……與衆棄之 : 이 내용은 《禮記》〈王制〉에 보인다.

71 此其立言之異也 : '典'·'禮'에 대해서는 我를 말하고 '服'·'刑'에 대해서는 我를 말하지 않은 점을 가리킨 것이다. 이 節은 文勢가 '賡歌'의 文勢와 약간 같으니 아마 責難(임금에게 어려운 일을 권면함)하기 위한 뜻일 것이다.

말하였고, 조정에서 사람을 벼슬시키는 것은 여러 사람과 함께 하는 일이고 시장에서 사람을 처벌하는 것은 여러 사람과 함께 버리는 일이니, 천자가 사사로이 할 수 없는 것이다. 그래서 이 節은 그 立言을 달리한 것이다."라고 하였다.

字義 敍 : 차례 서　勅 : 바로잡을 칙　惇 : 도타울 돈　秩 : 차례 질　庸 : 떳떳할 용　寅 : 공경 인
　　和 : 어울릴 화　衷 : 가운데 중　討 : 討罰할 토　懋 : 힘쓸 무　隆 : 높을 융　殺 : 낮을 쇄
　　彝 : 떳떳할 이　則 : 법 칙　彰 : 드러낼 창　朝 : 조정 조

7. 天聰明이 自我民聰明하며 天明畏 自我民明威[72]라 達于上下[73]하니 敬哉어다 有土아

　하늘이 듣고 보시는 것은 우리 백성들이 듣고 보는 것을 통해서 듣고 보시고, 하늘이 착한 자를 드러내주고 악한 자를 두렵게 하시는 것은 우리 백성들이 드러내주고 두렵게 하는 것을 통해서 드러내주고 두렵게 하시는 것입니다. 그리하여 하늘과 백성은 통하니(民心이 곧 天理라는 말이다.) 공경할지어다. 백성과 社稷을 소유한 군주들이여!"

視聽自民圖

威는 古文作畏하니 二字通用이라 明者는 顯其善이요 畏者는 威其惡이라 天之聰明이 非有視聽也요 因民之視聽하여 以爲聰明하며 天之明畏 非有好惡(오)也요 因民之好惡하여 以爲明畏라 上下는 上天下民也라 敬은 心無所慢也라 有土는 有民社也라 言天人一理라 通達無間하니 民心所存이 卽天理之所在요 而吾心之敬이 是又合天民而一之者也라 有天下者는 可不知所以敬之哉아

72　天明畏 自我民明威 : 孔傳은 "하늘이 위엄을 밝힘도 역시 백성들을 통해서 그 위엄을 이룬다. 백성들이 배반하는 자는 하늘이 토벌하니, 이것은 하늘이 위엄을 밝힌 효험이다.〔天明可畏 亦用民成其威 民所叛者는 天討之 是天明可畏之效〕"라고 풀이하였다.

73　達于上下 : 孔傳은 '上下'를 貴賤으로 보아 "하늘이 賞罰을 주는 것은 오직 善惡의 소재만을 따르고 貴賤을 피하지 않는다.〔天所賞罰 惟善惡所在 不避貴賤〕"라고 풀이하였다.

威는 古文에 畏로 되어 있는데, 두 글자는 통용한다. 明은 선한 자를 드러내는 것이고, 畏는 악한 자를 두렵게 하는 것이다. 하늘의 듣고 봄은 직접 보고 듣는 것이 아니라 백성들의 보고 들음을 통하여 보고 듣는 것이며, 하늘의 드러내고 두렵게 함은 직접 좋아하고 미워함이 있는 것이 아니라 백성들의 좋아하고 미워함을 통하여 드러내고 두렵게 하는 것이다. 上下는 위에 있는 하늘과 아래에 있는 백성이다. 敬은 마음에 태만한 바가 없는 것이다. 有土는 백성과 사직을 소유한 것이다. 하늘과 사람은 한 이치인지라 통달하여 간격이 없으니 民心이 있는 곳은 곧 天理가 있는 곳이요, 내 마음의 敬은 또 하늘과 백성을 합하여 하나로 만드는 것이다. 천하를 소유한 자가 공경할 바를 알지 않을 수 있겠는가.

字義 惡 : 미워할 오   社 : 사직 사

8. 皐陶曰 朕言惠[74]하여 可底(지)行이리이다 禹曰 兪라 乃言이 底(지)可績이로다 皐陶曰 予未有知어니와 思(曰)〔日〕贊贊襄哉[75]하노이다

皐陶가 말하기를 "저의 말은 사리에 맞는 것이어서 실행에 옮길 수 있을 것입니다."라고 하니, 禹가 말하기를 "옳은 말이외다. 당신의 말은 실행에 옮기면 공이 있을 것이다."라고 하자, 皐陶가 말하기를 "제가 아는 것은 없지만, 나날이 돕고 도와서 다스리는 일을 이루기만을 생각할 뿐입니다."라고 하였다.

思曰之曰은 當作日[76]이라 襄은 成也라 皐陶謂 我所言은 順於理하여 可致之於

---

74 惠 : 孔傳은 "옛 도를 따른 것이어서〔順於古道〕"로 풀이하였다.

75 予未有知 思(曰)〔日〕贊贊襄哉 : 孔傳은 思, 哉에 句를 끊어서 "나는 아는 바가 있지 못하여 능히 善에 이를 것은 생각지 못하고 한갓 또한 상고시대에 행한 일만을 贊奏해서 말씀드릴 뿐이다.〔我未有所知 未能思致於善 徒亦贊奏上古行事而言之〕"라고 풀이하였다.

76 思曰之曰 當作日 : '曰'을 蘇軾을 포함하여 張載·林之奇 등 諸儒들은 거의 日로 보았는데, 유독 元代의 王充耘만은 "傳者들이 '思日의 日은 曰로 보아야 한다.'고 주장한 것은 〈益稷〉편에 '思日孜孜'란 말이 있기 때문이다. 그러나 曰로 본 것은 옳고 日로 본 것은 잘못이다. 아마 皐陶는 순수한 신하였기 때문에 스스로 말하기를 '공이 있다는 것은 내가 어찌 감당하겠는가. 내가 생각하는 것은 또한 임금을 도와 공을 이룰 뿐이다.'라고 한 것이리라. 만일 '날마다 부지런히 일할 것을 생각했다.'라고 한다면 문리를 이루지 못하고 또한 아무런 의의도 없다.〔傳者謂思曰之曰當作日 以益稷篇有思日孜孜之語故也 然作日者是而作曰者非 蓋皐陶純乎臣道 故言自云 有功則吾豈敢 吾所思者 亦曰助君以成功耳 若云思日孜孜 則不成文理 且無意義〕"라고 하였다.《讀書管見》

行이라하니 禹然其言하사 以爲致之於行하면 信可有功[77]이라하니라 皐陶謙辭하여 我未有所知라하니 言不敢計功也요 惟思日贊助於帝하여 以成其治而已라

'思曰'의 曰은 당연히 '日'이 되어야 한다. 襄은 成의 뜻이다. 皐陶가 말하기를 "저의 말은 사리에 맞는 것이어서 실행에 옮길 수 있을 것입니다."라고 하니, 禹가 그 말을 시인하며 말하기를 "실행에 옮기면 참으로 공이 있을 것이다."라고 하였다. 皐陶가 겸손하게 사양하며 "저는 아는 것이 없습니다."라고 하였으니, 감히 공은 따질 수 없고 오직 나날이 황제를 돕고 도와서 그 다스리는 일을 이루기만을 생각할 뿐임을 말한 것이다.

字義 惠 : 맞을 혜   底 : 이를 지   贊 : 도울 찬   襄 : 이룰 양   致 : 이를 치   然 : 시인할 연

益稷

今文古文에 皆有로되 但今文은 合於皐陶謨하니 帝曰來禹汝亦昌言은 正與上篇末文勢接續이라 古者엔 簡冊을 以竹爲之하여 而所編之簡을 不可以多라 故로 釐而二之니 非有意於其間也라 以下文禹稱益稷二人佐其成功으로 因以名篇이라

〈益稷〉은 《今文尙書》와 《古文尙書》에 모두 들어 있으나 다만 《今文尙書》는 〈皐陶謨〉와 합쳐져 있으니, "帝舜이 말씀하기를 '가까이 오라. 禹야! 너도 훌륭한 말을 해보라.〔帝曰來禹汝亦昌言〕'고 했다."란 것은 바로 上篇 끄트머리의 文勢와 접속된다. 옛날에는 簡冊을 대나무로 만들다보니, 엮는 竹簡을 많이 연결할 수가 없기 때문에 나누어서 둘로 만든 것이지, 그 사이에 다른 뜻이 있는 것은 아니다. 아랫글에서 禹가 益과 稷 두 사람이 그 성공을 도운 점을 말했기 때문에 그로 인하여 篇名을 한 것이다.

字義 接 : 접할 접   續 : 이을 속   簡 : 대쪽 간   釐 : 다스릴 리

---

77 致之於行 信可有功 : 조선 중기 金長生은 "'乃言底可績'에 대해 栗谷(李珥)은 '너의 말이 장차 공적을 이룰 수 있겠다.'라고 해석하여 蔡註와 다르게 보았다. 그러나 經文에 대하여 문리가 매우 순하니 뜻을 터득한 듯하다.〔栗谷釋乃言將至於可績 與蔡註不同 然於本經 文理甚順 恐爲得也〕"라고 하였다.(《經書辨疑》〈書傳〉)

伯益圖

后稷圖

1. 帝曰 來하라 禹아 汝亦昌言하라 禹拜曰 都라 帝아 予何言하리잇가 予思曰孜孜하노이다 皐陶曰 吁라 如何오 禹曰 洪水滔天하여 浩浩懷山襄陵하니(하여) 下民昏墊(점)이어늘 予乘四載하여 隨山刊木하고 曁(기)益으로 奏庶鮮[78]食하며 予決九川하여 距四海하며 濬畎澮하여 距川하고 曁稷으로 播하여 奏庶艱食鮮食[79]하고 懋遷有無하여 化居[80]하니 烝民이 乃粒하여 萬邦이 作乂하니이다 皐陶曰 俞라 師汝의 昌言하노라

　帝舜이 말씀하기를 "가까이 오라. 禹야! 너도 훌륭한 말을 해보라."고 하시니, 禹

78　鮮 : 孔傳은 "새·짐승·물고기 등이 갓 죽은 것을 '鮮(날고기)'이라 한다."라고 하였고, 蔡傳은 "날로 먹는 것〔血食〕을 '鮮(날고기)'이라 한다."라고 하였다.

79　曁稷播 奏庶艱食鮮食 : 孔傳은 "민중이 먹을거리를 얻기 어려운 곳은 稷과 함께 백성들에게 播種하는 일을 가르쳤고, 하천을 틀 때에 魚鱉이 있으면 백성들로 하여금 날로 먹게 하였다.〔衆難得食處 則與稷教民播種之 決川有魚鱉 使民鮮食之〕"라고 풀이하였다.

80　化居 : 孔傳은 "化는 易(교역)의 뜻이요, 居는 쌓아두어야 할 것을 이른다.〔化易也 居謂所宜居積者〕"라고 풀이하였다.

가 절하고 나서 말하기를 "아, 〈皐陶
의 말이 훌륭했습니다.〉皇帝시여! 제
가 무슨 말씀을 아뢰겠습니까. 저는
날마다 부지런히 일에 힘쓸 것을 생
각했을 따름입니다."라고 하였다. 皐
陶가 "아, 무슨 일을 부지런히 힘썼던
가요?"라고 묻자, 禹가 말하기를 "홍
수가 하늘에 닿을 듯이 가득해서 浩
浩茫茫하게 산을 품고 언덕을 능가하
니, 백성들이 혼란에 빠져 어찌할 바
를 모르고 있었는데, 제가 네 가지의
탈것을 타고서 산을 따라 돌며 나무를
제거하였고, 益과 함께 여러 가지 날
로 먹을 수 있는 〈새와 짐승과 물고기
등을 서민들에게〉 지급하였으며, 제
가 九州의 하천을 터서 四海로 흘러
가게 하였고, 밭도랑과 봇도랑을 깊
이 파서 물이 하천으로 흘러들게 하

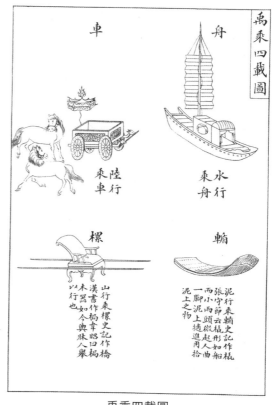

禹乘四載圖

였으며, 稷과 함께 파종하여 어렵게 사는 서민에게 식량을 공급하고 〈새와 짐승과
물고기 등〉 날로 먹을 수 있는 것들을 〈백성들에게〉 공급하였으며, 힘써 있는 것
을 없는 곳으로 옮겨서 쌓여 있는 財貨들을 교역하여 변화하게 하니, 여러 백성들
이 쌀밥을 먹을 수 있게 되고, 萬邦이 잘 다스려질 수 있게 되었습니다."라고 하시
자, 皐陶가 말하기를 "아, 옳은 말이다. 당신의 훌륭한 말을 師法으로 삼겠소."라
고 하였다.

孜孜者는 勉力不怠之謂라 帝以皐陶旣陳知人安民之謨일새 因呼禹하여 使陳其
言케하시니 禹拜而歎美하여 謂皐陶之謨至矣어늘 我更何所言이리오 惟思日勉勉하여
以務事功而已라하시니라 觀此則上篇禹皐陶答問者는 蓋相與言於帝舜之前也라
如何者는 皐陶問其孜孜者何如也라 禹言 往者에 洪水泛溢하여 上漫于天하고 浩
浩盛大하여 包山上陵하니 下民昏瞀墊溺하여 困於水災 如此之甚也라 四載는 水乘

舟하고 陸乘車하고 泥乘輴하고 山乘樏也라 輴은 史記에 作橇(취)하고 漢書에 作毳하니 以板爲之하여 其狀如箕하니 擿行泥上이라 樏는 史記에 作橋하고 漢書에 作梮하니 以鐵爲之하여 其形似錐하니 長半寸을 施之履下하여 以上山하면 不蹉跌也라 蓋禹治水之時에 乘此四載하여 以跋履山川하고 踐行險阻者라 隨는 循이요 刊은 除也라 左傳云 井堙木刊[81]이라하니 刊은 除木之義也라 蓋水涌不洩하여 泛濫瀰漫하니 地之平者는 無非水也요 其可見者山耳라 故로 必循山伐木하여 通蔽障하고 開道路而後에 水工可興也라

孜孜는 힘써서 게을리하지 않음을 이른다. 帝舜은 皐陶가 이미 〈임용할 만한〉 사람을 잘 알아보고 백성을 편안하게 해주는 방법을 말하였기 때문에 인하여 禹를 불러서 그의 말을 진술하게 하니, 禹가 절하고 탄미하여 이르기를 "皐陶의 말이 지극한데, 제가 무슨 말씀을 다시 아뢰겠습니까. 저는 날마다 부지런히 일에 힘쓸 것을 생각했을 따름입니다."라고 하였다. 이것을 보면 上篇에서 禹와 皐陶가 문답한 것은 아마도 帝舜의 앞에서 서로 더불어 말한 것 같다. 如何는 皐陶가 "부지런히 일에 힘썼다는 것은 무슨 일인가?"라고 물은 것이다. 그러자 禹는 '왕년에 홍수가 범람하여 위로 하늘에 닿을 듯이 가득해서, 호호망망하게 산을 에워싸고 언덕을 능가하니, 백성들은 혼란에 빠져서 水災에 고생을 한 것이 이와 같이 심했다.'고 말씀한 것이다.

'네 가지 탈 것'이란 물에서는 배를 타고 육지에서는 수레를 타고 진흙에서는 진흙 썰매를 타고 산에서는 산 썰매를 타는 것이다. 輴이 《史記》〈夏本紀〉에는 '橇'로 되어 있고, 《漢書》〈溝洫志〉에는 '毳'로 되어 있는데, 판자로 만들어서 그 모양이 키〔箕〕와 같으니, 진흙 위를 다닐 수 있는 것이다. 樏가 《史記》에는 '橋'로 되어 있고 《漢書》에는 '梮'으로 되어 있는데, 쇠로 만들어서 그 모양이 송곳과 같으니, 길이가 반 치쯤 되는 것을 신발 밑에 설치하고 산에 올라가면 넘어지지 않는 것이다. 아마 禹가 홍수를 다스릴 때에 이 네 가지의 탈 것을 타고서 山川을 다니고 험한 곳을 돌아다녔을 것이다.

隨는 循(따르다)의 뜻이요, 刊은 除의 뜻이다. 《春秋左氏傳》襄公 25년 조에 "우물을 메우고 나무를 베어내다.〔井堙木刊〕"라고 하였으니, '刊'은 나무를 베어낸다는 뜻이다. 물이 용솟음치고 빠지지 않아 범람하고 넘쳐서 평평한 땅은 물 아닌 곳이 없

---

81 刊 : 杜預의 注에 "刊은 除(베어내다)의 뜻이다."라고 하였다.

었고, 볼 수 있는 것은 산뿐이었다. 그러므로 반드시 산을 따라 돌며 나무를 베어서 가리고 막힌 곳을 트고 도로를 개통한 뒤에야 홍수를 다스리는 일을 일으킬 수 있었던 것이다.

奏는 進也요 血食曰鮮이니 水土未平에 民未粒食일새 與益으로 進衆鳥獸魚鼈之肉於民하여 使食以充飽也라 九川은 九州之川也라 距는 至요 濬은 深也라 周禮에 一畝之間에 廣尺深尺曰畎이요 一同之間에 廣二尋深二仞曰澮라 畎澮之間에 有遂有溝有洫하니 皆通田間水道하여 以小注大라 言畎澮而不及遂溝洫者는 擧小大하여 以包其餘也라 先決九川之水하여 使各通于海하고 次濬畎澮之水하여 使各通于川也라 播는 布也니 謂布種五穀也라 艱은 難也니 水平播種之初엔 民尙艱食也라 懋는 勉也니 懋勉其民하여 徙有於無하여 交易變化其所居積之貨也라 烝은 衆也라 米食曰粒이라 蓋水患悉平하여 民得播種之利하고 而山林川澤之貨를 又有無相通하여 以濟匱乏하니 然後에 庶民이 粒食하고 萬邦이 興起治功也라 禹因孜孜之義하여 述其治水本末先後之詳하나 而警戒之意 實存於其間이라 蓋欲君臣上下 相與勉力不怠하여 以保其治於無窮而已라 師는 法也니 皐陶以其言으로 爲可師法也라

奏는 進(공급)의 뜻이요, 날로 먹을 수 있는 것〔血食〕을 '鮮(날고기)'이라 하니, 水土가 다스려지지 못하여 백성들이 쌀밥을 먹을 수 없으므로 益과 함께 여러 가지 새와 짐승과 물고기와 자라의 고기를 백성들에게 공급해서 이것을 먹어 배부르게 한 것이다. 九川은 九州의 하천이다. 距는 至의 뜻이요, 濬은 深의 뜻이다.

《周禮》〈考工記 匠人〉에 "1畝의 사이에 〈있는〉 너비 1尺에 깊이 1尺인 도랑을 '畎'이라 하고, 1同의 사이에 〈있는〉 너비 2尋에 깊이 2仞인 도랑을 '澮'라 한다."라고 하였다. 畎과 澮 사이에 遂가 있고 溝가 있고 洫이 있으니, 이는 모두 밭 사이의 물길을 터서 작은 것을 큰 것에 注入시키는 것이다. 畎·澮만 말하고 遂·溝·洫을 말하지 않은 것은 작은 것과 큰 것을 들어서 그 나머지를 포함시킨 것이다. 먼저 九川의 물을 터서 각각 바다로 흐르게 하고, 다음에 畎과 澮의 물을 깊이 파서 각각 하천으로 흐르게 한 것이다.

播는 布(펴다)의 뜻이니, 五穀을 布種(播種)하는 것을 이른다. 艱은 難의 뜻이니, 홍수가 다스려졌으나 〈오곡을〉 파종하는 초기에는 백성들이 아직도 먹고 살기가 어려웠던 것이다. 懋는 勉의 뜻이니, 힘써 백성들을 권면하여 있는 것을 없는 곳으로 옮겨서 쌓인 財貨들을 交易하여 유통시키는 것이다. 烝은 衆의 뜻이다. 쌀밥을 먹는 것을 '粒'이라 한다. 홍수의 폐해가 모두 다스려져서 백성들이 파종하는 이익

을 얻고, 山林과 川澤의 재화를 또 있는 것과 없는 것을 서로 통하여 궁핍함을 구제하였으니, 그런 뒤에야 庶民들이 쌀밥을 먹게 되고 萬邦이 다스려지는 공을 일으키게 된 것이다.

　禹가 부지런히 일에 힘썼다는 뜻으로 인하여 홍수를 다스린 本末과 先後의 상세한 내용을 말하였는데, 경계하는 뜻이 실로 이 사이에 담겨 있으니, 아마 군신과 상하가 서로 힘쓰고 게을리하지 아니하여 다스림을 무궁히 보존시키고자 했을 것이다. 師는 法의 뜻이니, 皐陶가 그 말을 師法으로 삼을 만하다고 여긴 것이다.

字義 　昌 : 훌륭할 창　都 : 훌륭할 도　滔 : 물이 그득 퍼져 흐를 도　襄 : 능가할 양　墊 : 빠질 점
　　　載 : 탈것 재　刊 : 제거할 간　曁 : 및 기　奏 : 지급할 주　決 : 틀 결　距 : 이를 거
　　　濬 : 팔 준　畎 : 밭도랑 견　澮 : 봇도랑 회　居 : 쌓을 거　烝 : 여러 증　粒 : 쌀밥 입
　　　孜 : 부지런할 자　泛 : 범람할 범　溢 : 넘칠 일　漫 : 가득할 만　瞀 : 어두울 무　泥 : 진흙 니
　　　輴 : 진흙썰매 순(橁)　　 : 썰매 루　橇 : 진흙썰매 교　毳 : 진흙썰매 절　箕 : 키 기
　　　摘 : 던질 적　梮 : 썰매 국　錐 : 송곳 추　蹉 : 넘어질 차　跌 : 넘어질 질　跋 : 뺄 발
　　　堙 : 막을 인　濫 : 넘칠 람　瀰 : 가득할 미　障 : 막을 장　進 : 공급할 진　鼈 : 자라 별
　　　仞 : 길 인　遂 : 밭도랑 수　溝 : 밭도랑 구　洫 : 밭도랑 혁　注 : 쏟을 주　匱 : 다할 궤
　　　乏 : 다할 핍

2. 禹曰 都라 帝아(하) 愼乃在位하소서 帝曰 兪라 禹曰 安汝止[82]하사 惟幾惟康하며 其弼直[83]하면 惟動에 丕應徯(혜)志하리니 以昭受上帝어든 天其申命用休하시리이다

　禹가 말하기를 "아, 〈훌륭하십니다.〉 황제시여! 당신께서 계시는 〈天子의〉 자리를 삼가소서."라고 하니, 帝舜이 말씀하기를 "옳거니!"라고 하였다. 禹가 말하기를 "당신 마음이 그치는 바에 편안하시어 일의 기미를 살피시고 일의 편안함을 살피시며, 보필하는 신하들도 〈황제의 잘못을 바로잡는 직책을 다하여 황제의 일에 타당하지 못한 것이〉 정직하게 되면 〈동하지 않으면 그만이지만〉 일단 동했다(무슨 일을 행했다) 하면 온 천하가 크게 호응하여 〈황제께서 아직〉 생각하지 않은 일까지도 앞서서 기다릴 것이니, 이것으로 〈上帝께 검증되어〉 上帝의 명을 밝게 받으시면 하

82　安汝止 : 孔傳은 "마땅히 먼저 좋아하고 미워함의 그칠 바를 편안히 해야 한다.〔當先安好惡所止〕"라고 풀이하였고, 孔疏에서는 "마땅히 모름지기 먼저 당신 마음의 좋아하고 미워함의 그칠 바를 안정해야 한다.〔當須先安定汝心好惡所止〕"라고 부연 설명하였다. '止'를 蔡傳에서는 《大學》에 있는 "止於至善"의 止와 같이 보았다.

83　其弼直 : 孔傳은 "그 보필하는 신하들을 반드시 정직한 사람으로 써야 한다.〔其輔臣 必用直人〕"라고 풀이하였다.

늘이 거듭 명을 내리어 축복할 것입니다."라고 하였다.

禹旣歎美하고 又特稱帝以告之는 所以起其聽也라 愼乃在位者는 謹其在天子之位也라 天位惟艱하니 一念不謹이면 或以貽四海之憂하고 一日不謹이면 或以致千百年之患이라 帝深然之하고 而禹又推其所以謹在位之意를 如下文所云也[84]라 止者는 心之所止也라 人心之靈이 事事物物에 莫不各有至善之所而不可遷者언만 人惟私欲之念이 動搖其中하여 始有昧於理而不得其所止者라 安之云者는 順適乎道心之正하여 而不陷於人欲之危하고 動靜云爲가 各得其當하여 而無有止而不得其止者라 惟幾는 所以審其事之發이요 惟康은 所以省其事之安이니 即下文庶事康哉之義라 至於左右輔弼之臣하여도 又皆盡其繩愆糾繆之職하여 內外交修하여 無有不至니 若是則是惟無作이언정 作則天下無不丕應하여 固有先意而後我者라 以是로 昭受于天이면 天豈不重命而用休美乎아

禹가 이미 탄미하고 또 특별히 '帝'라고 칭하여 고한 것은 〈帝舜의〉 들음을 환기시키기 위해서였다. 愼乃在位는 天子가 계시는 자리를 삼가라는 것이다. 天子의 자리는 지키기 어려운 것이니, 한순간의 생각이라도 삼가지 않으면 혹 四海에 근심을 끼칠 수도 있고, 하루라도 삼가지 않으면 혹 천년 백년 장구한 기간의 근심을 부를 수도 있는 것이다. 帝舜이 이 말을 깊이 시인하였고, 禹는 또 천자가 계시는 자리를 삼가라는 뜻을 유추하기를 아랫글에서 말한 바와 같이 하였다.

'止'는 마음이 그치는 바이다. 사람 마음의 신령스런 것이 사물마다에 모두 각각 至善의 곳이 있어 옮길 수 없는 것인데, 사람은 私欲의 잡념이 그 마음을 동요시켜 비로소 이치에 어두워져서 그 그칠 바를 얻지 못함이 있는 것이다. '편안히 한다.'는 것은 道心의 올바른 데로 순조롭게 나아가고 人欲의 위태로움에 빠지지 아니하여 動靜과 云爲가 각각 그 마땅함을 얻어 그칠 때에 그칠 곳을 얻지 못함이 없는 것이다.

惟幾는 그 일의 발함을 살피는 것이고, 惟康은 그 일의 편안함을 살피는 것이니, 아랫글의 "모든 일이 편안히 잘될 것이다."란 뜻이다. 좌우에서 보필하는 신하의 경우도 모두 임금의 허물을 다스리고 임금의 잘못을 바로잡는 직책을 다하여 안팎이 서로 닦여져서 지극하지 않음이 없게 하는 것이니, 이와 같이 된다면 이것은 일어

---

84 如下文所云也: 夏僎은 "'安汝止' 이하가 모두 〈천자의〉 자리에 있음을 삼가는 일이다.〔安汝止以下 皆謹在位之事〕"라고 하였다.(《尙書詳解》)

나지 않으면 그만이지만 일어났다 하면 온 천하가 크게 호응하지 않음이 없어, 진실로 아직 생각지 않은 일까지도 앞서서 나(帝舜)를 기다리는 자가 있을 것이다. 이 것으로 하늘의 명을 밝게 받으면 하늘이 어찌 거듭 명을 내리어 축복을 하지 않겠는가라는 것이다.

字義 조 : 클 비   後 : 기대할 혜, 기다릴 혜   昭 : 밝을 소   申 : 거듭 신   休 : 아름다울 휴
貽 : 끼칠 이   搖 : 흔들 요   陷 : 빠질 함   繩 : 다스릴 승   愆 : 허물 건   糾 : 바로잡을 규
繆 : 잘못할 류

3. 帝曰 吁라 臣哉隣哉며 隣哉臣哉[85]니라 禹曰 俞라

帝舜이 말씀하기를 "아, 신하가 바로 이웃이고 이웃이 바로 신하이다."라고 하니, 禹가 말하기를 "아, 지당한 말씀입니다."라고 하였다.

隣은 左右輔弼也라 臣은 以人言이요 隣은 以職言[86]이라 帝深感上文弼直之語라 故曰吁라 臣哉隣哉며 隣哉臣哉라하사 反復歎詠하여 以見弼直之義 如此其重而不可忽하니 禹卽俞而然之也니라

隣은 좌우에서 보필하는 것이다. 臣은 사람을 가지고 말하고 隣은 직책을 가지고 말한 것이다. 帝舜이 윗글의 '弼直'이란 말에 깊이 감동하였다. 그러므로 말씀하기를 "아, 신하가 바로 이웃이고 이웃이 바로 신하이다."라고 하여 반복해 감탄하고 읊조려서 '弼直'의 뜻이 이와 같이 소중하여 소홀히 할 수 없음을 나타내니, 禹가 즉시 "아, 지당한 말씀입니다."라고 하여 시인한 것이다.

字義 隣 : 이웃 린   然 : 시인할 연

---

85 臣哉隣哉 隣哉臣哉 : 孔傳은 '隣'을 近의 뜻으로 보아 "임금과 신하의 道가 가까워서 서로 기다려(의지해서) 이룬다는 점을 말한 것이다.〔言君臣道近 相須而成〕"라고 풀이하였는데, 林之奇(《尙書全解》)는 "이 說은 통하지 않는다. 아랫글의 '欽四隣'이라고 한 말에 의거하면, 그것이 가리킨 바는 禹의 僚屬인 좌우전후에서 협력하여 임금을 섬기는 자들이다. '臣哉'란 '반드시 너희 신하들의 도움을 힘입을 것'임을 말한 것이니, 이는 아마도 禹를 가리켜 말한 것일 테다. '隣哉'란 '너는 또 응당 그 요속인 좌우전후의 사람들을 거느리고 나의 보조를 해야 한다.'고 말한 것이다.〔此說未通 據下文曰欽四隣 則其所指 禹之僚屬 左右前後所與協力以事君者 臣哉者 言必賴爾臣之助 此盖指禹而言之也 隣哉者 言汝又當率其僚屬左右前後之人 以爲我之助也〕"라고 하였으며, 蘇軾(《書傳》)은 '隣'을 조정에 있는 신하들(在朝之臣)로 보았다.

86 臣以人言隣以職 : 조선 후기 李顯益은 "'臣哉'는 地分을 가지고 말하고, '隣哉'는 親近을 가지고 말한 것인데, 集傳에서는 이런 뜻을 빠뜨렸다.〔臣哉以地分言 隣哉以親近言 而集傳欠此義〕"라고 하였다.《正菴集》〈書傳說〉

4. 帝曰 臣은 作朕股肱耳目이니 予欲左右有民이어든 汝翼하며 予欲宣力四方이어든 汝爲하며 予欲觀古人之象하여 日月星辰山龍華蟲을 作會(繪)하며 宗彝[87]藻火粉米黼黻을 絺繡하되(하여) 以五采로 彰施于五色하여 作服이어든 汝明하며 予欲聞六律五聲八音하여 在治忽하여 以出納五言[①]이어든 汝聽하라

> ① 書經 以出納五言 : 五言으로 출납하려 하거든
> 一般 以五言出納 : 五言으로 출납하려 하거든

帝舜이 말씀하였다. "신하는 바로 짐의 다리와 팔과 귀와 눈의 역할을 하니, 내가 백성들을 도우려고 하거든 너희는 나를 도와주며, 내가 사방에 힘을 펴려고 하거든 너희는 힘써 그 일을 해주며, 내가 옛사람의 법상을 관찰하여 해와 달과 별과 산과 용과 꿩을 〈上衣에〉 그림을 그리며, 宗彝와 마름과 불과 흰쌀과 黼와 黻을 〈바늘로〉 떠서 〈下裳에〉 수를 놓되, 다섯 가지 색을 섞어서 비단에 다섯 가지 색깔을 드러내서 의복을 만들려고 하거든 너희는 〈그 大小·尊卑의 차등을〉 밝혀주며, 내가 六律과 五聲과 八音을 듣고서 다스려짐과 다스려지지 않음을 살피어 五言으로 출납하려 하거든 너희는 樂을 살펴서 〈정사의 득실을〉 들어보도록 하라.

---

87 宗彝 : 孔傳은 宗廟의 彝樽으로 보아 "宗廟의 彝樽에도 산과 용과 꿩으로 꾸몄다.〔亦以山龍華蟲爲飾〕"라고 풀이하고, 鄭玄은 범〔虎〕으로 보았고, 蔡傳은 범과 원숭이로 보아 "'宗彝'는 虎彝(범을 새겨 꾸민 祭器)와 蜼彝(원숭이를 새겨 꾸민 祭器)인데, 그 孝를 취한 것이다.〔宗彝虎蜼 取其孝也〕"로 풀이하였는데, 金長生은 "살펴보건대, '宗彝'는 宗廟의 제기로서 범과 원숭이를 그린 것인데, 범을 그린 뜻은 그 孝를 취한 것이지만, 원숭이 경우는 그 孝를 취한 증거를 보지 못하겠다. 어떤 이는 '여기서 이른바「그 孝를 취한 것」이란 대개 이 그릇이 본래 宗廟 祭享의 쓰임이 된 때문에 그렇게 말한 것이다.'라고 하는데, 그것이 옳고 그른지를 모르겠다.〔按宗彝宗廟之器 而畫虎蜼者 其畫虎固取其孝 而蜼則未見其取孝之證 或曰 此所謂取其孝者 蓋是器本爲宗廟祭享之用 故云爾 未知是否〕"라고 하였다.《經書辨疑》〈書傳〉
孔疏에서 "글이 '作會'의 아래를 이었기 때문에 〈孔傳에서〉 '宗廟의 彝樽에도 산과 용과 꿩으로 꾸몄다.'고 한 것이다. 해와 달과 별로 꾸미지 않음을 안 것은 孔安國이 三辰의 존귀함은 응당 器物에 베풀지 않아야 된다고 여겼기 때문이다.〔文承作會之下故 云宗廟 彝樽亦以山龍華蟲爲飾 知不以日月星爲飾者 孔以三辰之尊 不宜施於器物也〕"라고 하였는데,《尙書注疏考證》에서 "그(孔安國)가 '宗廟의 彝樽에도 산과 용과 꿩으로 꾸몄다.'고 한 것은 鄭玄이 '범과 원숭이로 꾸몄다.'고 말한 것과 같을 뿐이니, '作會'에 대한 글을 이어받지 않았다. 그런데 孔疏에서는 傳의 뜻을 잘못 이해하고 결국 '作會宗彝'로 句를 하였으니, 변별하지 않을 수 없다.〔其言亦以山龍華蟲爲飾 猶鄭言以虎蜼爲飾耳 不蒙作會之文也 孔疏誤解傳意 遂以作會宗彝爲句 不可不辨〕"라고 하였다.

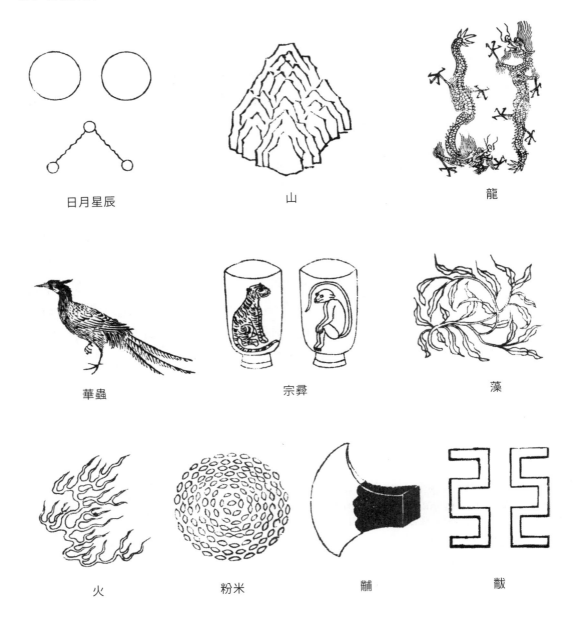

日月星辰　　　　　　　　　　山　　　　　　　　　　龍

華蟲　　　　　　　　宗彝　　　　　　　　藻

火　　　　　粉米　　　　　黼　　　　　黻

此는 言臣所以爲隣之義也라 君은 元首也라 君資臣以爲助는 猶元首須股肱耳目
以爲用也니 下文의 翼, 爲, 明, 聽이 卽作股肱耳目之義라 左右者는 輔翼也니 猶
孟子所謂輔之翼之하여 使自得之也라 宣力者는 宣布其力也라 言我欲左右有
民이어든 則資汝以爲助하고 欲宣力四方이어든 則資汝以有爲也라 象은 像也니 日月
以下物象이 是也라 易日 黃帝堯舜이 垂衣裳而天下治는 蓋取諸乾坤이라하니 則上

衣下裳之制는 創自黃帝而成於堯舜也라 日月星辰은 取其照臨也요 山은 取其鎮
也요 龍은 取其變也요 華蟲은 雉니 取其文也라 會는 繪也라 宗彝는 虎蜼니 取其孝
也요 藻는 水草니 取其潔也요 火는 取其明也요 粉米는 白米니 取其養也요 黼는 若
斧形하니 取其斷也요 黻은 爲兩己相背하니 取其辨也라 絺는 鄭氏讀爲黹(치)하니 紩
也라 紩以爲繡也라 日也, 月也, 星辰也, 山也, 龍也, 華蟲也六者는 繪之於衣하고
宗彝也, 藻也, 火也, 粉米也, 黼也, 黻也六者는 繡之於裳이니 所謂十二章也라
衣之六章은 其序自上而下하고 裳之六章은 其序自下而上이라 采者는 靑黃赤白黑
也라 色者는 言施之於繪帛也라 繪於衣하고 繡於裳은 皆雜施五采하여 以爲五色也라
汝明者는 汝當明其小大尊卑之差等也라

　이는 신하가 이웃이 되는 뜻을 말한 것이다. 임금은 元首(머리)이니, 임금이 신하
에게 의뢰하여 도움을 받는 것은 마치 다리와 팔과 귀와 눈을 필수적으로 사용하는
것과 같으므로, 아랫글의 翼·爲·明·聽은 곧 "다리와 팔과 귀와 눈의 역할을 한다."
라는 뜻이다. 左右는 곧 輔翼하는 것이니, 《孟子》〈滕文公 上〉에 이른바 "돕고 도
와서 스스로 본성을 얻게 하라."는 것과 같은 말이다. 宣力은 그 힘을 펴는 것이다.
내가 백성들을 도우려고 하거든 너희에게 의뢰해서 도움을 받고 사방에 힘을 펴고
자 하거든 너희에게 의뢰해서 하겠다는 것이다.

　象은 像의 뜻이니, 해와 달 이하의 物象이 바로 이것이다. 《周易》〈繫辭傳 下〉
에 "黃帝와 堯·舜이 衣裳을 드리움에 천하가 다스려졌는데, 이는 乾·坤에서 취했
다."라고 하였으니, '上衣下裳'의 제도는 黃帝로부터 시작되어 堯·舜 시대에 이루
어진 것이다. 해와 달과 별은 그 照臨(위에서 내리비침)을 취한 것이고, 산은 그 鎭
重함을 취한 것이고, 용은 그 변화를 취한 것이고, 華蟲은 바로 꿩이니 그 문채를
취한 것이다. 會는 繪(그림)의 뜻이다. 宗彝는 虎彝와 蜼彝이니 그 孝를 취한 것이
고, 藻는 水草이니 그 깨끗함을 취한 것이고, 불은 그 밝음을 취한 것이고, 粉米는
白米이니 사람을 보양함을 취한 것이고, 黼는 문양이 도끼 모양과 같으니 결단함
을 취한 것이고, 黻은 문양이 두 '己'자가 서로 등지고 있는 모양이니 분변함을 취
한 것이다. 絺를 鄭氏는 '黹'로 읽었으니, 곧 '紩'의 뜻인데, 바늘로 떠서 수를 놓는
것이다. 해와 달과 星辰과 산과 용과 꿩 등 여섯 가지는 上衣에 그림으로 그리는
문양이고, 宗彝와 마름과 불과 흰쌀과 黼와 黻의 무늬 등 여섯 가지는 下衣에 수
를 놓는 문양이니, 이른바 '12章'이라는 것이다. 상의의 여섯 가지 문양은 그 순서
가 위에서 아래로 내려오고, 하의의 여섯 가지 문양은 그 순서가 아래에서 위로 올
라간다.

采는 청색과 황색과 적색과 백색과 흑색이다. 色은 비단에 채색하는 것을 이른다. 상의에 그림을 그리고 하의에 수를 놓는 것은 모두 다섯 가지 색을 함께 사용하여 다섯 가지 색깔을 만드는 것이다. 汝明은 너희가 마땅히 大小와 尊卑의 차등을 밝혀야 한다는 것이다.

又按周制에 以日月星辰으로 畵於旂하며 冕服九章은 登龍於山하고 登火於宗彝하여 以龍山華蟲火宗彝五者로 繪於衣하고 以藻粉黼黻四者로 繡於裳하며 袞冕九章은 以龍爲首하고 鷩冕七章은 以華蟲爲首하고 毳冕五章은 以虎蜼爲首하니 蓋亦增損有虞之制而爲之耳라 六律은 陽律也니 不言六呂者는 陽統陰也라 有律而後有聲하고 有聲而後에 八音得以依據라 故로 六律, 五聲, 八音이라하니 言之叙如此也라 在는 察也라 忽은 治之反也라 聲音之道 與政通이라 故로 審音以知樂하고 審樂以知政하여 而治之得失을 可知也라 五言者는 詩歌之協於五聲者也라 自上達下를 謂之出이요 自下達上을 謂之納이라 汝聽者는 言汝當審樂하여 而察政治之得失者也라

또 살펴보면 周나라 제도에 해와 달과 星辰은 旂에 그리고, 冕服 9章은 용을 산에 올리고 불을 宗彝에 올려 용과 산과 꿩과 불과 宗彝 등 다섯 가지를 상의에 그리고, 마름과 흰쌀과 黼와 黻의 무늬 등 네 가지는 하의에 수를 놓으며, 袞冕 9章은 용을 첫 번째로 삼고, 鷩冕 7章은 꿩을 첫 번째로 삼고, 毳冕 5章은 虎蜼를 첫 번째로 삼았으니, 이 또한 有虞(舜)의 제도를 가감하여 만든 것이다.

六律은 陽律이니, 六呂를 말하지 않은 것은 陽이 陰을 통솔하기 때문이다. 律이 있은 뒤에 聲이 있고, 聲이 있은 뒤에 八音이 의거할 수 있다. 그러므로 六律, 五聲, 八音의 순으로 배열하였으니, 말의 순서가 이와 같은 것이다. 在는 察의 뜻이다. 忽은 治의 반대이다. 聲音의 道는 정치와 통한다. 그러므로 音을 살펴서 樂을 알고 樂을 살펴서 정치를 알기 때문에 정치의 득실을 알 수 있는 것이다. 五言은 詩歌를 五聲에 맞춘 것이다. 위로부터 아래에 이르는 것을 '出'이라 하고, 아래로부터 위에 이르는 것을 '納'이라 한다. 汝聽은 "너희가 마땅히 음악을 살펴서 정치의 득실을 살펴야 한다."라고 말한 것이다.

字義 股:다리 고　肱:팔 굉　翼:도울 익　蟲:벌레 충　繪:그림 회　彝:술준 이
藻:마름 조　粉:가루 분　黼:수 보　黻:수 불　絺:바느질할 치　繡:수놓을 수
采:채색 채　彰:드러날 창　在:살필 재　忽:다스려지지 않을 홀　須:기다릴 수
資:의뢰할 자　裳:치마 상　鎭:진중할 진　雉:꿩 치　潔:깨끗할 결　斧:도끼 부
黹:바느질할 치　紩:꿰맬 질　繒:비단 증　旂:깃발 기　袞:곤룡포 곤　冕:면류관 면
鷩:붉은 꿩 별　毳:제왕의 정복이름 취

5. 予違를 汝弼^①이니 汝無面從하고 退有後言하여 欽四隣⁸⁸하라

> ① 書經 予違汝弼 : 나의 도리에 어그러지는 일을 너희가 보필해야 하니
> 一般 汝弼予違 : 너희는 나의 도리에 어그러지는 일을 보필해야 하니

나의 도리에 어그러지는 일을 너희는 보필해야 하니, 너희는 면전에서는 따르고 물러나서는 뒷말을 하지 말아서, 너희〈전후좌우의〉네 이웃(輔弼)이 된〈직책을〉경건히 수행하도록 하라.

違는 戾也라 言我有違戾於道어든 爾當弼正其失이니 爾無面諛以爲是하고 而背毀以爲非하여 不可不敬爾隣之職也⁸⁹라 申結上文弼直隣哉之義하여 而深責之禹者如此시니라

違는 戾의 뜻이다. "내가 도리에 어그러지는 일을 함이 있거든 너희는 마땅히 그 잘못을 보필하여 바로잡아야 하니, 너희는 면전에서는 아첨하여 옳다고 하고 등을 돌려서는 헐뜯어 그르다고 하지 말아서, 너희 이웃(輔弼)이 된 직책을 경건히 수행하지 않으면 안 된다."는 점을 말한 것이다. 윗글의 '弼直'과 '隣哉'의 뜻을 거듭 맺어서 깊이 禹에게 책임지운 것이 이와 같았다.

字義 戾 : 어그러질 려　諛 : 아첨할 유　背 : 등 돌릴 배　毀 : 헐뜯을 훼

6. 庶頑讒說이 若不在時⁹⁰어든 侯以明之⁹¹하며 撻以記之하며 書用識(지)哉하여 欲竝生哉니 工以納言⁹²으로 時⁹³而颺(양)之⁹⁴하여 格則承之庸之하고 否(부)則威之니라

모든 頑愚한 讒說을 하는 자들이 만약 이〈忠直함에〉있지 않거든 과녁을 적중

88　欽四隣 : 孔傳은 "前·後·左·右 사방 가까이 있는 신하들은 경계하여 그 직책을 경건히 닦게 해야 한다.〔四近前後左右之臣 勅使敬其職〕"라고 풀이하였다.

89　不可不敬爾隣之職也 : 元代 陳師凱는 "'欽四隣'에 대한 蔡傳의 말이 분명하지 못하니, 마땅히 '너희〈전후좌우의〉네 이웃 近臣이 된 직책을 경건히 수행하지 않으면 안 된다.'고 해야 한다. 또 살펴보건대 '欽四隣' 위아래에 빠진 글이 있는 듯하다. 朱子도 일찍이 의심했던 것이다.〔欽四隣 傳語欠明 當云 不可不敬爾爲四隣近臣之職也 又按欽四隣上下疑有闕文 朱子嘗疑之〕"라고 하였다.(《書蔡氏傳旁通》)

90　庶頑讒說 若不在時 : 孔傳은 '時'를 是(옳음)의 뜻으로 보아 "모든 頑愚한 讒說을 하는 사람들이 행하는 바가 옳은 일에 있지 않고 그른 것일 경우는 마땅히 살펴야 한다.〔衆頑愚讒說之人 若所行不在於是而爲非者 當察之〕"라고 풀이하였다.

시키는 확률로써 그들을 밝혀내며, 종아리를 쳐서 잘못을 기억하게 하며, 장부에 과오를 기재하여 〈뉘우쳐 깨닫게 해서 忠直한 자와 천지 사이에〉 함께 살게 하려고 노력할 것이니, 樂工으로 하여금 그들이 바친 말을 樂에 올려 수시로 드날리게 해서 〈頑愚한 참설을 하는 자가 忠直으로 바뀌어 善에〉 이르면 천거해서 등용하고, 그렇지 않으면 처벌하여 위엄을 보여야 한다."

此는 因上文而慮庶頑讒說之不忠不直也라 讒說은 即舜所聖者라 時는 是也니 在是는 指忠直爲言이라 侯는 射侯也라 明者는 欲明其果頑愚讒說與否也라 蓋射는 所以觀德이라 頑愚讒說之人이 其心不正이면 則形乎四體하고 布乎動靜하여 其容體必不能比於禮하고 其節奏必不能比於樂하여 其中必不能多하리니 審如是면 則其爲頑愚讒說也必矣라 周禮에 王大射면 則供虎侯, 熊侯, 豹侯하고 諸侯는 供熊侯, 豹侯하고 卿大夫는 供麋侯하여 皆設其鵠하고 又梓人爲侯에 廣與崇方하고 三分其廣而鵠居一焉하니 應古制亦不相遠也라 撻은 扑也라 即扑作敎刑者니 蓋懲之하여 使記而不忘也라

이는 윗글을 인하여 모든 頑愚한 讒說을 하는 자들의 不忠하고 不直함을 염려한 것이다. 讒說은 바로 舜이 미워한 것이다. 時는 是의 뜻이니, 在時는 忠直을 가리켜 말한 것이다. 侯는 활을 쏘는 과녁이다. 明은 과연 頑愚한 讒說을 하는 자인가의 여부를 밝히려고 한 것이다. 대개 활쏘기란 德을 관찰하기 위한 것이다. 頑愚한 讒說을 하는 사람이 그 마음이 바르지 못하면 四肢에 드러나고 動靜에 베풀어져서 그 容體가 반드시 禮에 합하지 못하고 節奏가 반드시 음악에 합하지 못하여 과녁을 맞히는 확률이 반드시 높지 못할 것이니, 참으로 이와 같다면 頑愚한 讒說임이 틀림없는 것이다.

《周禮》〈天官 司裘〉에 王이 大射禮를 행할 경우 虎侯와 熊侯와 豹侯를 제공하고, 諸侯에게는 熊侯와 豹侯를 제공하고, 卿이나 大夫에게는 麋侯를 제공하여 모두 鵠(정곡)을 설치하게 하였으며, 또한 《周禮》〈考工記〉에서 梓人이 과녁을 만들

---

91 侯以明之 : 孔傳은 "마땅히 射侯禮를 행하여 善惡에 대한 가르침을 밝혀야 한다.〔當行射侯之禮 以明善惡之敎〕"라고 풀이하였다.

92 納言 : 孔傳은 樂官이 諫言을 들이는 것으로 보았다.

93 時 : 孔傳은 '是正'의 뜻으로 보았다.

94 庶頑讒說……時而颺(양)之 : 朱子는 "당시에 이런 제도가 있었던 모양인데, 지금은 알 수 없다. 또한 억측을 해서는 안 되니, 그냥 두어야 한다.〔當時有此制度 今不能知 又不當杜撰 只得置之〕"라고 하였다.《朱子語類》

적에는 〈射布의〉 너비와 높이를 균등하게 하고 〈사포의〉 너비를 3등분하여 鵠이 3분의 1을 차지하게 하였으니, 응당 옛날의 제도도 이와 동떨어지지 않았을 것이다. 撻은 扑의 뜻이다. 곧 〈舜典의〉 '종아리 치는 것으로 학교의 형벌을 삼았다.'는 것이니, 징계하여 기억해서 잊지 않게 하기 위한 것이다.

識(지)는 誌也라 錄其過惡하여 以識于冊이니 如周制鄕黨之官이 以時로 書民之孝悌睦婣有學者也라 聖人은 不忍以頑愚讒說而遽棄之하고 用此三者之敎하여 啓其憤하고 發其悱하여 使之遷善改過하여 欲其竝生於天地之間也라 工은 掌樂之官也라 格은 有恥且格之格이니 謂改過也라 承은 薦也라 聖人이 於庶頑讒說之人에 旣有以啓發其憤悱遷善之心하고 而又命掌樂之官하여 以其所納之言으로 時而颺之하여 以觀其改過與否하여 如其改也어든 則進之用之하고 如其不改然後에 刑以威之하여 以見聖人之敎 無所不極其至하여 必不得已焉而後威之니 其不忍輕於棄人也如此라 此는 卽龍之所典이어늘 而此命伯禹는 總之也일새라

識는 誌(기록)의 뜻이다. 그 과실과 악행을 기록하여 책에 올리는 것이니, 곧 周나라 제도에서 鄕黨의 관원이 수시로 백성의 효도하고 공경하며 동성친척간에 화목하고 이성친척간에 화목하며 학문이 있는 사람을 책에 적는 것과 같은 것이다.

聖人은 차마 완우한 참설이라 해서 대번에 버리지 않고, 이 세 가지의 가르침을 이용해서 분발하고 노력할 기회를 만들어 주어 그들로 하여금 개과천선해서 천지의 사이에 함께 살게 하고자 했던 것이다. 工은 음악을 관장하는 관원이다. 格은 《論語》〈爲政〉에 "부끄러워할 줄도 알고 또 善에 이를 것이다.〔有恥且格〕"란 格과 같으니, 허물을 고침을 이른다. 承은 薦(천거)의 뜻이다. 聖人이 모든 완우한 참설을 하는 사람에 대하여, 이미 분발하고 노력하여 개과천선할 마음을 가질 기회를 만들어 주었고, 또 음악을 관장한 관원에게 명하여 그가 바친 말을 수시로 드날리게 해서 허물을 고쳤는가의 여부를 관찰하여 만일 허물을 고쳤으면 천거해서 등용하고, 만일 허물을 고치지 않은 뒤에야 처벌하여 위엄을 보인 것이다. 이는 聖人의 가르침이 그 지극함을 다하지 않는 바가 없어서 반드시 부득이한 뒤에 위엄을 보인 점을 나타낸 것이니, 차마 사람을 가볍게 버리지 않음이 이와 같았다. 이는 곧 龍이 맡은 일인데, 여기에서 伯禹에게 명한 것은 伯禹가 총괄하고 있었기 때문이다.

字義 頑 : 미련할 완 讒 : 참소할 참 侯 : 과녁 후 撻 : 종아리 칠 달 識 : 기록할 지
颺 : 드날릴 양 格 : 이를 격 承 : 천거할 승 庸 : 쓸 용 聖 : 미워할 즉(즐) 比 : 합할 비
麛 : 고라니 미 鵠 : 과녁 곡 扑 : 종아리채 복 識 : 기록할 지 悌 : 공경 제 睦 : 화목할 목
婣 : 화목할 인 啓 : 열 계 憤 : 분낼 분 悱 : 분낼 비 薦 : 천거할 천

7. 禹曰 兪哉나 帝光天之下_{하사} 至于海隅蒼生[95]_{하시면} 萬邦黎[96]獻이 共惟帝臣_{하리니} 惟帝時擧_{니이다} 敷納以言①_{하시며} 明庶以功②_{하시어(하시며)} 車服以庸③[97]_{하시면} 誰敢不讓_{하며} 敢不敬應_{하리잇고} 帝不時_{하시면} 敷同[98]_{하여} 日奏罔功_{하리이다}

> ① 書經 敷納以言 : 진언하거든 받아들이기를 말로써 하시며
> 一般 敷以納言 : 진언하거든 그들의 말을 받아들이시며
> ② 書經 明庶以功 : 여러 사람의 직무성과를 밝히되 공적으로써 하시며
> 一般 以功明庶 : 공적을 가지고 여러 사람의 직무성과를 밝히시며
> ③ 書經 車服以庸 : 수레와 의복을 공적으로써 하시면
> 一般 以庸車服 : 공적이 있을 경우, 수레와 의복으로 표창하시면

禹가 말하였다. "지당한 말씀이오나 황제께서 德이 하늘 아래에 빛나서 바다 끝의 〈초목의 빛이〉 蒼蒼然하게 나는 아득한 곳까지 이르게 하신다면 萬邦의 여러 백성 중의 어진 이들이 모두 황제의 신하가 되려는 생각을 가질 것이니, 황제께서는 이들을 등용하시기만 하면 될 뿐입니다. 그들이 각각 진언하거든 그들의 말을 받아들이시며, 공적을 가지고 여러 사람의 직무성과를 밝히시어 〈공적이 있을 경우〉 수레와 의복으로 그 공적을 표창하시면 누가 감히 〈善한 이에게〉 양보하지 않겠으며, 누가 감히 경건하게 응하지 않겠습니까. 황제께서 이렇게 하지 않으시면 부화뇌동하여 날로 공적이 없는 지경으로 나아갈 것입니다.

兪哉者는 蘇氏曰 與春秋傳公曰諾哉[99]意同이니 口然而心不然之辭也라 隅는 角也라 蒼生者는 蒼蒼然而生이니 視遠之義也라 獻은 賢也니 黎獻者는 黎民之賢者也라 共은 同이요 時는 是也라 敷納者는 下陳而上納也요 明庶者는 明其衆庶也라

---

95 蒼生 : 孔傳은 '무성하게 초목이 자라는 곳'으로 보았다.

96 黎 : 孔傳은 衆의 뜻으로, 蔡傳은 民의 뜻으로 보았다.

97 明庶以功 車服以庸 : 孔傳은 "여러 신하를 밝게 드러내되 모두 功의 크고 작음으로써 차등을 정하여 수레와 옷을 가지고 그들의 功能과 事用을 표창하였다.〔明之皆以功大小爲差 以車服旌其能用〕"라고 풀이하였다.

98 敷同 : 부화뇌동과 같이 쓴 것이다.

99 公曰諾哉 : 魯 哀公 16년에 衛나라 太子가 渾良夫를 죽이기를 청한 일에 대해 衛侯가 부득이 승낙한 것을 《春秋左氏傳》에서는 "公曰 諾哉"로 적고 있다.

禹雖俞帝之言이나 而有未盡然之意하여 謂庶頑讒說에 加之以威는 不若明之以德하여 使帝德光輝로 達於天下하여 海隅蒼生之地 莫不昭灼이니 德之遠著如此면 則萬邦黎民之賢이 孰不感慕興起리오 而皆有帝臣之願하리니 惟帝時擧而用之爾라 敷納以言하여 而觀其蘊하고 明庶以功하여 而考其成하고 旌能命德하여 以厚其報니 如此면 則誰敢不讓於善하고 敢不精白一心하여 敬應其上이리까 而庶頑讒說을 豈足慮乎리오 帝不如是면 則今任用之臣이 遠近敷同하여 率爲誕慢하여 日進於無功矣리니 豈特庶頑讒說이 爲可慮哉리오

俞哉는 蘇氏(蘇軾)가 말하기를 "《春秋左氏傳》의 '公曰諾哉(公이 그러겠다고 승낙하였다.)'란 것과 뜻이 같으니, 입으로는 옳다고 하나 마음속으로는 옳게 여기지 않는 말이다."라고 하였다. 隅는 角(귀퉁이)의 뜻이다. 蒼生은 〈초목의 빛이〉 蒼蒼然하게 나는 것이니, 시야가 아득하다는 뜻이다. 獻은 賢의 뜻이니, 黎獻은 黎民 중에 어진 사람이다. 共은 同의 뜻이요, 時는 是(이것)의 뜻이다. 敷納은 아랫사람이 진언하면 윗사람이 받아들이는 것이고, 明庶는 여러 사람의 공적을 밝히는 것이다.

禹는 비록 帝舜의 말씀을 옳다고 하였으나 다 옳게 여기지는 않는 뜻이 있어서 이르기를 "여러 완우한 참설을 하는 자에게 위엄을 가하는 것은 德을 밝혀 황제의 덕이 빛나서 바다 끝의 〈초목의 빛이〉 창창연하게 나는 아득한 곳까지 미쳐가 밝지 않음이 없게 하는 것만 못하니, 德이 멀리 드러남이 이와 같으면 萬邦 黎民의 어진 이가 누구인들 사모하고 흥기하지 않겠습니까. 그리하여 모두 황제의 신하가 되려는 소원을 가질 것이니, 황제께서는 이들을 등용하기만 하면 될 뿐입니다. 아랫사람이 진언하거든 받아들여 그 온축한 학덕을 관찰하고, 공적을 가지고 여러 사람의 직무성과를 밝혀 그 성적을 상고하며, 유능한 이를 표창하고 덕 있는 이에게 관작을 명하여 보답을 후하게 할 것이니, 이와 같이 하면 누가 감히 선한 자에게 양보하지 않겠으며, 〈누가〉 감히 한 마음을 순수하고 깨끗이 하여 경건히 윗사람에게 응하지 않겠습니까. 그렇게 되면 완우한 참설을 어찌 족히 염려할 것이 있겠습니까. 황제께서 이와 같이 하지 않으시면 지금 등용한 신하들로서 먼 곳에 있는 자와 가까운 곳에 있는 자가 부화뇌동하여 모두 허탄하고 태만해져서 날로 공이 없는 데로 나아갈 것이니, 어찌 다만 여러 완우한 참설이 우려할 정도일 뿐이겠습니까."라고 한 것이다.

字義 隅 : 귀퉁이 우   黎 : 검을 려   獻 : 어질 헌   時 : 이 시   奏 : 나아갈 주   諾 : 부득이 승낙할 낙
灼 : 밝을 작   蘊 : 온축할 온   誕 : 허탄할 탄   慢 : 태만할 만   特 : 다만 특

8. 無若丹朱傲하소서 惟慢遊를 是好①하며 傲虐을 是作②하여(하며) 罔晝夜額額하며

罔水行舟하며 朋淫于家하여 用殄厥世하니이다 予創若時하고(하여) 娶于塗山하여 辛壬
癸甲이며 啓呱呱而泣이어늘 予弗子[100]하고 惟荒度(탁)土功하여 弼成五服[101]호되 至
于五千하고 州十有二師하며 外薄四海히 咸建五長호니 各迪有功이어늘 苗頑하여 弗
卽工[102]하나니 帝其念哉하소서 帝曰 迪朕德은 時乃功惟敍니 皐陶方祗厥敍하여 方
施象刑호되 惟明[103]하나니라

---

① 書經 慢遊是好 : 태만하게 노는 것을 이에 좋아하며
　 一般 是好慢遊 : 이에 태만하게 노는 것을 좋아하며
② 書經 傲虐是作 : 오만함과 포악함을 이에 행하여
　 一般 是作傲虐 : 이에 오만함과 포악함을 행하여

　丹朱처럼 오만하지 마소서. 〈丹朱는〉 오직 이에 태만하게 노는 것을 좋아하고,
이에 오만함과 포악함을 행하여 밤낮없이 쉬지 않고 하며, 물이 없는 곳에도 배를
띄우며, 무리를 지어 집안에서 음탕하게 놀아대어, 그 代를 끊고 말았습니다.
　저는 일찍이 이와 같은 것을 경계하였고, 塗山氏의 딸에게 장가들고서 겨우 辛·壬·
癸·甲의 4일밖에 집에 못 있었으며, 啓가 앙앙 울었으나 저는 그를 자식답게 돌볼 틈
도 없이 오직 水土를 다스리는 일을 크게 헤아려 五服의 제도를 도와 이루되 〈땅의 넓
이가 사방〉 5천 리에 이르렀고, 州마다 열두 師를 두었으며, 밖으로는 사방의 바다에
닿기까지 모두 다섯 우두머리를 세우니, 각각 나아가 공을 이루게 되었건만, 오직 三

100　予弗子 : 孔傳은 "자식의 이름을 지을 겨를이 없었고(不暇子名之)"라고 풀이하였다.

101　弼成五服 : '弼成'을 孔傳은 "홍수를 다스려서 도와 이루었다.(治洪水輔成之)"로, 蔡傳은 "五服의
　　제도를 도와 이루게 하였다.(輔成五服之制)"로 풀이하였는데, 유독 蔡傳에 대하여 洪奭周는 "'弼'
　　은 輔의 뜻으로 풀이하고, 또한 正의 뜻으로도 풀이하는데, '弼成五服'의 弼은 마땅히 正의 뜻으
　　로 풀이해야 하니, 法度를 가지고 단속하고 政敎를 가지고 정제하는 것이 이른바 '正'이다. 그런
　　데 蔡傳은 '宇內를 구획하고 다스리는 것은 신하가 독단으로 할 수 있는 것이 아니기 때문에「도
　　와서 이루게 했다.」라고 한 것이다.' 하였는데, 迂廻를 면치 못한 듯하다.(弼訓爲輔 亦訓爲正 弼成
　　五服之弼 當訓以正 約之以法度 齊之以政敎 所謂正也 蔡傳謂 疆理宇內 非人臣之所當專 故曰弼成 恐未免
　　於迂廻也)"라고 하였다.(《尙書補傳》)

102　工 : 孔傳에서 官의 뜻으로 보았다.

103　皐陶方祗厥敍……惟明 : 孔傳은 따로 떼어내서 위의 方은 四方의 뜻으로 보고 아래의 方은 又
　　의 뜻으로 보아 "皐陶가 그 九德과 考績의 차서를 사방에 경건하게 행하고, 또 그 法刑을 시행함
　　이 모두 명백하였다.(皐陶敬行其九德考績之次序於四方 又施其法刑 皆明白)"라고 풀이하였고, 孔疏에
　　서는 帝舜의 말씀이 아니고 사관의 기록이라고 설명하였다.

苗만이 완악하여 일하러 나가지 않고 있으니, 황제께서는 이를 유념하소서."

帝舜이 말씀하였다. "〈지금 천하가〉 짐의 德敎를 이행한 것은 너의 공이 펴졌기 때문이니, 〈비록 三苗의 완악함이 있더라도〉 皐陶가 바야흐로 네가 편 공을 경건히 이어서 바야흐로 5등의 象刑을 베풀되 〈德敎를 돕고 또한 형벌을 경중에 맞추어 쓰기를〉 명백히 하고 있다."

漢志에 堯處子朱於丹淵하여 爲諸侯라하니 丹은 朱之國名也라 額額은 不休息之狀이라 罔水行舟는 如羿盪舟[104]之類라 朋淫者는 朋比小人而淫亂于家也라 殄은 絶也요 世者는 世堯之天下也니 丹朱不肖하여 堯以天下與舜而不與朱라 故로 曰殄世라 程子曰 夫聖莫聖於舜이어늘 而禹之戒舜에 至曰無若丹朱 好慢遊하고 作傲虐이라하시니 且舜之不爲慢遊傲虐은 雖愚者라도 亦當知之어늘 豈以禹而不知乎아 蓋處崇高之位면 所以儆戒者는 當如是也라 創은 懲也니 禹自言懲丹朱之惡하여 而不敢以慢遊也라 塗山은 國名으로 在今壽春縣東北하니 禹娶塗山氏之女也라 辛壬癸甲은 四日也라 禹娶塗山하여 甫及四日에 卽往治水也라 啓는 禹之子라 呱呱는 泣聲이라 荒은 大也라 言娶妻生子는 皆有所不暇顧念이요 惟以大相度(탁)平治水土之功으로 爲急也라 孟子言禹八年於外에 三過其門而不入[105]이 是也라 五服은 甸, 侯, 綏, 要, 荒也니 言非特平治水土라 又因地域之遠近하여 以輔成五服之制也라 疆理宇內는 乃人君之事요 非人臣之所當專者라 故로 曰弼成也라하니라

《漢書》〈律曆志〉에 "堯임금이 아들 朱를 丹淵에 거처시켜 諸侯를 삼았다."라고 하였으니, 丹은 朱의 나라 이름이다. 額額은 쉬지 않는 모양이다. 罔水行舟는 羿가 육지에서 뭍배질을 하던 것과 같은 따위이다. 朋淫은 소인들과 어울려 집에서 음란한 짓을 한 것이다. 殄은 絶의 뜻이요, 世는 堯임금의 천하를 대대로 잇는 것인데, 丹朱가 불초하여 堯임금이 천하를 舜에게 전해주고 朱에게 전해주지 않았기 때문에 "대를 끊었다."라고 한 것이다.

程子가 말씀하기를 "성인으로 말하면 舜보다 더한 성인이 없었는데, 禹가 舜을 경계할 적에 '丹朱처럼 태만하게 노는 것을 좋아하지 말고 오만과 포악을 행하지 말라.'고 하였으니, 舜이 慢遊와 傲虐을 하지 않는다는 것은 비록 어리석은 자라도 응

---

104 羿盪舟:《論語》〈憲問〉의 "羿는 활을 잘 쏘는 기술을 가졌고, 奡는 육지에서 뭍배질을 할 정도로 힘이 셌지만 모두 제대로 죽지 못하였다.〔羿善射 奡盪舟 俱不得其死〕"라고 한 데 보인다.

105 孟子言禹八年於外 三過其門而不入 : 이 내용은《孟子》〈滕文公 上〉에 보인다.

당 알 터인데, 어찌 禹로서 이것을 몰랐겠는가. 숭고한 자리에 있으면 경계하는 것이 마땅히 이와 같아야 할 것이다."라고 하였다.

創은 懲의 뜻이니, 禹가 스스로 말하기를 "단주의 악행을 경계하여 감히 慢遊하지 않았다."라고 한 것이다. 塗山은 나라 이름으로 지금의 壽春縣 동북쪽에 있었으니, 禹가 塗山氏의 딸에게 장가들었던 것이다. 辛壬癸甲은 4일이다. 禹가 塗山氏에게 장가든 지 겨우 4일 만에 곧 집을 떠나 홍수를 다스렸던 것이다. 啓는 禹의 아들이다. 呱呱는 울음소리이다. 荒은 大의 뜻이다. 妻를 맞이하고 자식을 낳는 일에는 모두 顧念할 겨를이 없었고, 오직 水土를 平治할 일에 대하여 크게 헤아리는 것만을 급선무로 삼았다는 것이다. 孟子가 말씀하기를 "禹는 8년 동안 밖에 있으면서 세 번이나 자기 집 문 앞을 지나면서도 들어가지 않았다."라는 것이 이것이다.

五服은 甸服·侯服·綏服·要服·荒服이니, 단지 수토를 平治할 뿐만 아니라 또한 지역의 원근에 따라 五服의 제도를 도와 이루게 하였음을 말한 것이다. 宇內를 구획하고 다스리는 것은 바로 임금이 하는 일이고, 신하가 독단으로 할 수 있는 것이 아니기 때문에 "도와서 이루게 하였다."라고 말한 것이다.

五千者는 每服五百里니 五服之地는 東西南北이 相距五千里也라 十二師者는 每州立十二諸侯하여 以爲之師하고 使之相牧하여 以糾群后也라 薄은 迫也라 九州之外 迫於四海히 每方에 各建五人하여 以爲之長하여 而統率之也라 聖人經理之制 其詳內略外者 如此니라 卽은 就也라 謂十二師와 五長, 內而侯牧과 外而蕃夷가 皆蹈行有功이언만 惟三苗頑慢不率하여 不肯就工하니 帝當憂念之也라 帝言四海之內가 蹈行我之德敎者는 是汝功惟敍之故니 其頑而弗率者는 則皐陶方敬承汝之功敍하여 方施象刑호되 惟明矣라 曰明者는 言其刑罰當罪하여 可以畏服乎人也라 上文禹之意는 欲舜弛其鞭扑之威하고 益廣其文敎之及이어늘 而帝以禹之功敍 旣已如此로되 而猶有頑不卽工如苗民者하니 是豈刑法之所可廢哉리오하시니라 或者는 乃謂苗之凶頑은 六師征之로되 猶且逆命이어늘 豈皐陶象刑之所能致리오하니 是未知聖人兵刑之敍와 與帝舜治苗之本末也라 帝之此言은 乃在禹未攝位之前이요 非徂征後事라 蓋威以象刑호되 而苗猶不服然後에 命禹征之하시고 征之不服이어늘 以益之諫而又增修德敎하시고 及其來格然後에 分背之하시니 舜之此言은 雖在三謨[106]之末이나 而實則禹未攝位之前也니라

---

106 三謨: 〈大禹謨〉, 〈皐陶謨〉, 〈益稷〉을 가리킨다.

五千은 服마다 500리이니, 五服의 땅은 〈王畿로부터〉 동·서·남·북의 거리가 5,000리인 것이다. 12師는 州마다 〈한 명씩〉 12명의 諸侯를 세워 師(우두머리)를 삼아서 이들로 하여금 살피고 통치하여 제후들의 기강을 바로잡게 한 것이다. 薄은 迫(닿다)의 뜻이다. 九州의 밖으로부터 사방 바다에 닿기까지 方마다 각각 5명을 세워 우두머리로 삼아서 통솔하게 한 것이니, 聖人이 經理한 제도가 안을 상세히 하고 밖을 소략히 한 것이 이와 같았다.

卽은 就(나아가다)의 뜻이다. 12師와 5長 그리고 안으로는 侯牧과 밖으로는 蕃夷가 모두 책임을 이행하여 공을 세웠는데, 오직 三苗만은 완악하고 거만해서 따르지 않아 일하러 나가려 하지 않으니, 황제는 마땅히 憂慮해야 한다는 것이다. 帝舜이 말씀하기를 "사해의 안이 나의 德敎를 이행하는 것은 너의 공이 펴졌기 때문이니, 그 완악하여 따르지 않는 자들에 대해서는 皋陶가 바야흐로 네가 편 공을 경건히 이어서 바야흐로 象刑을 〈경중에 맞추어〉 베풀되 분명히 하고 있다."라고 하였다.

明이라고 한 것은 형벌이 죄에 알맞아서 사람들을 두렵게 하고 복종시킬 수 있음을 말한 것이다. 윗글에서 禹의 생각은 舜으로 하여금 鞭扑의 위엄을 풀고 文敎의 파급을 더욱 넓히고자 한 것이었는데, 帝舜은 "禹의 공이 펴짐이 이미 이와 같은데도 苗民처럼 외려 완악하여 일하러 나가지 않는 자가 있으니, 어찌 형법을 폐지할 수 있겠는가."라고 한 것이다.

혹자는 말하기를 "苗民의 흉악하고 완악함으로 말하면, 六師(六軍)를 가지고 정벌하였는데도 외려 명을 거역하고 있는데, 어찌 皋陶의 象刑이 그들을 다스릴 수 있겠는가."라고 하니, 이는 聖人이 兵과 刑을 쓰는 순서와 帝舜이 苗民을 다스린 본말을 알지 못한 것이다. 帝舜의 이 말씀은 바로 禹가 攝位하기 전에 하신 것이고, 가서 정벌한 뒤에 하신 것이 아니니, 이는 象刑으로 위엄을 보였어도 苗民이 외려 복종하지 않은 뒤에야 禹에게 명하여 정벌하게 하셨고, 정벌했어도 복종하지 않자, 益의 諫言에 따라 또 德敎를 더 닦으셨으며, 苗民이 와서 복종할 때에 가서야 그들을 떼어내 귀양 보내신 것이니, 舜임금의 이 말씀은 비록 三謨의 끝에 있으나 실제로는 禹가 아직 攝位하기 이전에 하신 말씀이다.

字義 額 : 쉬지 않을 액 朋 : 무리 붕 殄 : 끊을 진 創 : 징계할 창 娶 : 장가갈 취
呱 : 울음소리 고 荒 : 클 황 度 : 헤아릴 탁 師 : 우두머리 사 薄 : 닿을 박 迪 : 밟을 적
卽 : 나갈 즉 工 : 벼슬 공 祗 : 공경 지 象 : 법 상 昦 : 사람이름 오 盪 : 물배질할 탕
特 : 다만 특 疆 : 지경 강 距 : 거리 거 糾 : 바로잡을 규 迫 : 닿을 박 蹈 : 밟을 도
弛 : 풀 이 鞭 : 채찍 편 扑 : 종아리채 복 徂 : 갈 조

9. 夔曰 戛(알)擊鳴球하며 搏拊(부)琴瑟[107]하여 以詠호니 祖考來格하시며 虞賓이 在位하여 群后로 德讓[108]하나이다(하나다) 下管鼗(도)鼓하고 合止柷敔(축어)하며 笙鏞以間호니 鳥獸蹌蹌하며 簫韶九成에 鳳凰이 來儀하나이다(하나다)

夔가 말하였다. "鳴球를 치고 거문고와 비파를 어루만지면서 노래를 부르니, 조상들의 혼령이 내려오시고, 虞賓이 자리에 있으면서 여러 제후들과 德으로 사양하였나이다. 堂下의 악기로는 피리를 불고 鼗鼓를 흔들었고, 柷과 敔를 가지고 음악을 합주하게 하고 멈추게 하며, 생황과 큰 종을 번갈아 울리니, 새와 짐승들이 너울너울 춤을 추며, 簫韶를 아홉 번 연주하자, 봉황이 와서 〈춤을 추는데〉儀容(품위)이 있었습니다."

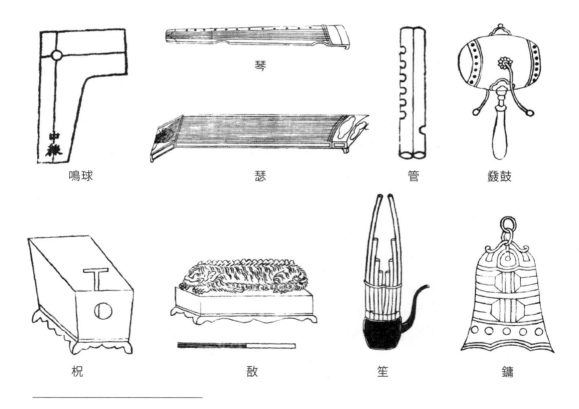

鳴球　　　　瑟　　　　管　　　鼗鼓

柷　　　　敔　　　　笙　　　鏞

---

107 搏拊琴瑟 : 孔傳은 "搏拊는 가죽으로 만들어 거기에 겨를 채우니 음악의 박자를 맞추기 위한 것이다.〔搏拊 以韋爲之 實之以糠 所以節樂〕"라고 하여 악기로 보았고, 孔疏에서는 "搏拊를 치고 거문고와 비파를 튕기다.〔擊搏拊 鼓琴瑟〕"라고 하였다.

108 群后德讓 : 孔傳은 "丹朱가 王者의 후예이기 때문에 '賓'이라 칭하였다. 諸侯들과 함께 제사를 도울 때에 나이와 벼슬이 같을 경우는 선대에 德이 있는 쪽을 추대하는 것을 말한다.〔丹朱爲王者後 故稱賓 言與諸侯助祭 年爵同 推先有德〕"라고 풀이하였다.

戛擊은 考擊也라 鳴球는 玉磬名也라 搏은 至요 拊는 循也라 樂之始作에 升歌於堂
上하면 則堂上之樂에 惟取其聲之輕淸者하여 與人聲相比라 故로 曰以詠이라하니 蓋
戛擊鳴球하고 搏拊琴瑟하여 以合詠歌之聲也라 格은 神之格思之格이라 虞賓은 丹
朱也[109]라 堯之後爲賓於虞하니 猶微子作賓於周也라 丹朱在位하여 與助祭群后로
以德相讓하니 則人無不和를 可知矣라 下는 堂下之樂也라 管은 猶周禮所謂陰竹
之管과 孤竹之管과 孫竹之管[110]也라 鼗鼓는 如鼓而小하니 有柄하여 持而搖之면 則
旁耳自擊이라 柷敔는 郭璞云 柷은 如漆桶하니 方二尺四寸이요 深一尺八寸이요 中
有椎柄連底하니 撞之令左右擊이라 敔는 狀如伏虎하고 背上에 有二十七鉏鋙(서어)
刻하니 以籈(진)擽之니라 籈은 長一尺이니 以木爲之라하니라 始作也에 擊柷以合之하고
及其將終也에 則擽敔以止之하니 蓋節樂之器也라 笙은 以匏爲之하니 列管於匏
中하고 又施簧於管端이라 鏞은 大鐘也라 葉氏曰 鐘이 與笙相應者曰笙鐘이요 與歌
相應者曰頌鐘이라 頌은 或謂之鏞하니 詩賁鼓維鏞이 是也라 大射禮에 樂人이 宿縣
(懸)于阼階東하되 笙磬西面이요 其南은 笙鐘이며 西階之西엔 頌磬東面이요 其南은
頌鐘[111]이라하니 頌鐘은 卽鏞鐘也라 上言以詠하고 此言以間은 相對而言이니 蓋與詠
歌迭奏也라 鄕飮酒禮云 歌鹿鳴하고 笙南陔하며 間歌魚麗(리)하고 笙由庚이라하니 或
其遺制也라 蹌蹌은 行動之貌라 言樂音이 不獨感神人이라 至於鳥獸無知하여도 亦
且相率而舞蹌蹌然也라

戛擊은 치는 것이다. 鳴球는 옥 경쇠의 이름이다. 搏은 至(살짝 대다)의 뜻이요, 拊
는 循(어루만지다)의 뜻이다. 樂이 시작될 때 堂上에 올라가 노래를 부르면 堂上의
악기 중에 오직 소리가 가볍고 맑은 것만을 취하여 사람의 목소리와 서로 어울리게
하므로 '以詠'이라 하였으니, 鳴球를 치고 거문고와 비파를 퉁기어 詠歌의 소리와
화합하게 하는 것이다. 格은 바로 《詩經》〈大雅 抑〉의 "신이 이르다.〔神之格思〕"란
格의 뜻이다. 虞賓은 丹朱이다. 堯임금의 후손이 虞나라에 손님이 된 것이니, 微子

---

109 虞賓 丹朱也: 明代 王夫之는 "앞에서 禹가 이미 '丹朱는 대를 끊었다.'고 말하였으니, 여기 '虞
賓'은 丹朱가 아님을 알 수 있는데, 舊說(孔傳)에서 미처 상고하지 못한 것이다. 丹朱가 不道하
므로 堯임금이 그를 丹淵에 거처시켰으니, '虞賓'은 堯임금의 딴 아들로서 孟子가 말한 '아홉 아
들' 중 한 사람이었을 것이다.〔前禹已言丹朱殄世 則此虞賓 非朱可知 舊說未之考也 丹朱不道 堯處之于
丹淵 而堯之別子 如孟子所言九男者〕"라고 하였다.(《尙書稗疏》)

110 陰竹之管……孫竹之管: '陰竹'은 산 북쪽에서 자란 대나무, '孤竹'은 우뚝 자란 대나무, '孫竹'은
뿌리 끝에서 돋아난 대나무다.

111 其南頌鐘:《儀禮》〈大射儀〉에는 '其南鐘'으로 되어 있고, '頌'자는 보이지 않는다.

가 周나라에 손님이 된 경우와 같은 것이다. 丹朱가 자리에 있으면서 제사를 돕는 여러 제후들과 德으로 서로 사양하였으니, 사람들이 화합하지 않음이 없었음을 알 수 있다.

下는 堂下의 악기이다. 管은 《周禮》〈春官 大司樂〉에서 말한 陰竹管, 孤竹管, 孫竹管과 같은 것이다. 鼗鼓는 북과 같으면서 작은 것인데, 자루가 달려 있으며 자루를 잡고 흔들면 곁에 있는 귀가 저절로 두드리게 된다. 柷과 敔에 대해서는 郭璞이 "柷은 漆桶과 같은데 모서리가 2자 4치이고 깊이가 1자 8치이며, 가운데에 밑바닥까지 닿은 몽치(방망이) 자루가 있어 그것을 밀었다 당겼다 하여 좌우로 쳐지게 한다. 敔는 모양이 엎드린 호랑이와 같은데 등 위에 27개의 톱니조각이 있으니 籈(敔를 긁어 소리를 내는 채)으로 긁는다. 籈의 길이는 1자인데 나무로 만든다."라고 하였다.

樂이 시작될 때에는 柷을 쳐서 합하고, 樂이 끝나려 할 때에는 敔를 문질러서 그치니, 이는 음악의 拍節(박자)을 맞추는 악기이다. 생황은 바가지로 만드는데, 대통을 바가지 속에 늘어놓고 또 생황의 혀(떨림판)를 대통 끝에 설치한다.

鏞은 큰 종이다. 葉氏는 말하기를 "鐘이 생황과 서로 응하는 것을 '笙鐘'이라 하고, 노래와 서로 응하는 것을 '頌鐘'이라 한다. 頌은 혹 鏞이라고도 하니, 《詩經》〈大雅 靈臺〉에 '큰 북과 큰 종이로다.〔賁鼓維鏞〕'란 것이 이것이다."라고 하였다. 《儀禮》〈大射禮儀〉에 "樂工이 〈활쏘기 대회가 있기〉 하루 전날 동쪽 섬돌의 동쪽에 악기를 매달되 笙磬은 서쪽을 향하게 하고 그 남쪽에는 笙鐘을 진열하며, 서쪽 섬돌의 서쪽에 〈악기를 매달되〉 頌磬은 동쪽을 향하게 하고 그 남쪽에는 頌鐘을 진열한다."라고 하였으니, 頌鐘이 곧 鏞鐘이다. 위에서는 '以詠'이라 하고 여기서는 '以間'이라 한 것은 상대해서 말한 것이니, 詠歌와 함께 번갈아 연주한 것이다.

《儀禮》〈鄕飮酒禮〉에 "〈鹿鳴〉을 노래 부르고 〈南陔〉를 생황으로 연주하며, 번갈아 〈魚麗〉를 노래 부르고 〈由庚〉을 생황으로 연주한다."라고 하였으니, 혹시 예로부터 전해오는 제도였던 것 같다. 蹌蹌은 춤추는 모습이다. 음악은 단지 神과 사람만을 감동시킬 뿐 아니라, 무지한 鳥獸의 경우에도 또한 서로 거느리고 너울너울 춤을 춘 점을 말한 것이다.

簫는 古文作箾하니 舞者所執之物이라 說文云 樂名箾韶[112]라하고 季札觀周樂에 見

---

112 箾韶 : 《春秋左氏傳》에는 '韶箾'로 되어 있다.

舞韶箾者[113]라하니 則箾韶는 蓋舜樂之總名也라 今文作簫라 故로 先儒誤以簫管釋之하니라 九成者는 樂之九成也라 功以九敍라 故로 樂以九成이니 九成은 猶周禮所謂九變也라 孔子曰 樂者는 象成者也라하시다 故로 曰成이니라 鳳凰은 羽族之靈者니 其雄爲鳳이요 其雌爲凰이라 來儀者는 來舞而有容儀也라 戞擊鳴球하고 搏拊琴瑟以詠은 堂上之樂也요 下管鼗鼓하고 合止柷敔하며 笙鏞以間은 堂下之樂也라 唐孔氏曰 樂之作也에 依上下而遞奏하고 間合而後曲成이라하니라 祖考는 尊神이라 故로 言於堂上之樂하고 鳥獸는 微物이라 故로 言於堂下之樂하며 九成致鳳은 尊異靈瑞라 故로 別言之하니 非堂上之樂은 獨致神格하고 堂下之樂은 偏能舞獸也라 或曰 笙之形은 如鳥翼하고 鏞之簨는 爲獸形이라 故로 於笙鏞以間에 言鳥獸蹌蹌이라 風俗通曰 舜作簫笙하여 以象鳳이라한대 蓋因其形聲之似하여 以狀其聲樂之和니 豈眞有鳥獸鳳凰而蹌蹌來儀者乎아 曰 是未知聲樂感通之妙也라 瓠巴鼓瑟에 而游魚出聽하고 伯牙鼓琴에 而六馬仰秣[114]하니 聲之致祥召物이 見於傳者多矣라 況舜之德이 致和於上하고 虁之樂이 召和於下하니 其格神人과 舞獸鳳을 豈足疑哉리오

簫는 《古文尙書》에 '箾'로 되어 있는데, 춤추는 사람이 가지는 물건이다. 《說文解字》에는 "樂의 이름을 '箾韶'라 했다."라고 하고, 또 "季札이 周나라의 樂을 관찰할 적에 '韶箾로 춤추는 것을 보았다.'고 했다."라고 하였으니, 箾韶는 아마도 舜임금의 樂에 대한 총칭인 듯하다. 《今文尙書》에는 '簫'로 되어 있기 때문에 先儒들이 簫管(퉁소)으로 잘못 해석하였다. 九成은 樂이 아홉 번 끝난 것이다. 功이 아홉 번 펴졌기 때문에 樂을 '九成'이라 하였는데, 九成은 《周禮》〈春官 大司樂〉에서 말한 '九變(아홉 번 변함)'과 같은 것이다. 《禮記》〈樂記〉에서 孔子는 말씀하기를 "樂이란 성공을 상징한 것이다."라고 하셨다. 그러므로 '成'이라 한 것이다. 鳳凰은 羽族의 영물이니, 수컷을 '鳳'이라 하고 암컷을 '凰'이라 한다. 來儀는 와서 춤을 추며 容儀를 드러낸 것이다. 鳴球를 치고 거문고와 비파를 퉁기며 노래를 부르는 것은 堂上의 음악이고, 堂下에 피리를 불고 鼗鼓를 흔들었고, 柷과 敔를 가지고 음악을 합주하게 하고 멈추게 하며, 생황을 불고 큰 종을 번갈아 울리는 것은 堂下의 음악이다. 唐나라 孔氏(공영달)가 말하기를 "樂이 시작할 때에는 당상과 당하의 음악이 교대로

113 季札觀周樂 見舞韶箾者:《春秋左氏傳》襄公 29년 조에 자세히 보인다.
114 瓠巴鼓瑟……六馬仰秣:《荀子》〈勸學〉에 자세히 보인다.

연주되고, 번갈아 합주된 뒤에 가서야 곡조가 이루어진다.”라고 하였다.

祖考는 높으신 神이므로 당상의 음악에서 말하였고 鳥獸는 미물이므로 당하의 음악에서 말하였으며, 簫韶를 아홉 번 연주하자 봉황이 이르렀다는 신령스러움과 상서로움을 높이고 특이하게 여겼기 때문에 따로 말한 것이니, 당상의 음악은 단지 神이 이르게만 하고 당하의 음악은 단지 짐승을 춤추게만 하는 것은 아니다.

혹자는 말하기를 “생황의 모양은 새의 날개와 같고 큰 종의 틀은 짐승의 모양과 같기 때문에 ‘생황과 큰 종을 번갈아 울리니, 새와 짐승이 너울너울 춤을 춘다.’고 말한 것이다. 《風俗通》에 ‘舜임금이 簫笙을 만들어 봉황을 상징했다.’고 하였으니, 아마 그 모습과 소리가 비슷함으로 인하여 聲樂의 화평을 상징한 것이지, 어찌 참으로 조수와 봉황이 와서 너울너울 춤을 출 리가 있겠는가.”라고 한다. 그러나 이는 聲樂이 감통하는 묘리를 알지 못하는 것이다. 瓠巴가 비파를 뜯자 물속에서 놀던 물고기가 나와서 들었고, 伯牙가 거문고를 타자 여섯 필의 말이 먹이를 먹다가 머리를 들었으니, 소리가 상서로움을 이루어 물상을 불러온 사실이 經傳에 많이 나타나 있다. 더구나 舜임금의 德이 위에서 화기가 이르게 하고 夔의 樂이 아래에서 화기를 불렀거늘, 神과 사람을 감동시키고 짐승과 봉황을 춤추게 한 것을 어찌 의심할 수 있겠는가.

今按季札이 觀周樂에 見舞韶箾者하고 曰 德至矣盡矣라 如天之無不覆하고 如地之無不載하니 雖甚盛德이나 蔑以加矣라하니 夫韶樂之奏에 幽而感神이면 則祖考來格하고 明而感人이면 則群后德讓하고 微而感物이면 則鳳儀獸舞하니 原其所以能感召如此者컨대 皆由舜之德이 如天地之無不覆燾也라 其樂之傳이 歷千餘載로되 孔子聞之於齊하고 尙且三月不知肉味하사 曰 不圖爲樂之至於斯[115]라하시니 則當時感召를 從可知矣라 又按此章에 夔言作樂之效는 其文이 自爲一段이니 不與上下文勢相屬이라 蓋舜之在位五十餘年에 其與禹皐陶夔益으로 相與答問者多矣라 史官이 取其尤彰明者하여 以詔後世하니 則是其所言者 自有先後어늘 史官이 集而記之하니 非其一日之言也라 諸儒之說은 自皐陶謨로 至此篇末에 皆謂文勢相屬이라하니라 故로 其說이 牽合不通하니 今皆不取하노라

지금 살펴보건대, 季札이 周나라의 음악을 관찰할 때에 韶箾로 춤추는 것을 보고 말하기를 “덕이 지극하고 극진하도다! 마치 하늘이 〈하나의 물건이라도〉 덮어주지

---

115 孔子聞之於齊……不圖爲樂之至於斯 : 《論語》〈述而〉에 보인다.

않는 것이 없고 땅이 〈하나의 물건이라도〉 실어주지 않는 것이 없는 것과 같으니, 비록 매우 성대한 덕일지라도 이보다 더할 수는 없다."라고 하였으니, 韶樂을 연주함에 있어 幽界에서 神을 감동시키면 祖考가 이르고, 明界에서 사람을 감동시키면 여러 제후들이 덕으로 사양하며, 미물세계에서 짐승을 감동시키면 봉황이 容儀를 드러내고 짐승이 춤을 추었으니, 이처럼 감동시켜 불러올 수 있는 그 원인을 파보면, 모두 舜임금의 德이 하늘과 땅이 덮어주고 실어주지 않음이 없는 것과 같았기 때문이다.

그 음악이 전해진 지가 천여 년이 넘었는데도 孔子께서 齊나라에서 韶樂을 들으시고, 석 달 동안 심취하여 고기의 맛도 모르시더니, 말씀하시기를 "순임금의 음악이 이처럼 〈지극히 아름답고 지극히 선한〉 경지에 이른 줄은 미처 몰랐다."라고 하셨으니, 당시에 감동시켜 부른 것을 따라서 알 수 있다.

또한 이 章을 살펴보건대, 夔가 음악을 연주한 효과를 말한 것은 그 글이 따로 한 단락이 되어야 하는데, 위아래의 文勢와 서로 연결되지 않는다. 아마 舜임금의 재위 50여 년 동안은 禹, 皐陶, 夔, 益과 서로 문답한 것이 많았을 것인데, 史官이 그 중에서 더욱 밝게 드러난 것만을 취하여 후세에 알려주었을 것이니, 여기에 말한 것은 자연 先後의 차이가 있을 것이다. 그런데 사관이 이것을 모아 기록하였으니, 이는 하루에 한 말이 아닐 것이다. 諸儒의 說은 〈皐陶謨〉로부터 이 편의 끝에 이르기까지 모두 문세가 서로 연결된다고 하였다. 그러므로 그 말이 억지로 끌어다 맞춰서 통하지 않으니, 이제 모두 취하지 않는다.

字義 戛 : 칠 알 球 : 옥경쇠 구 拊 : 칠 부 格 : 이를 격 管 : 관아기 관 鼗 : 소고 도
柷 : 악기이름 축 敔 : 악기이름 어 笙 : 생황 생 鏞 : 큰종 용 間 : 번갈을 간
蹌 : 춤출 창 簫 : 풍류 소, 퉁소 소 韶 : 순임금의 풍류 소 至 : 살짝 댈 지 徇 : 어루만질 순
思 : 어조사 사 桶 : 나무통 통 椎 : 몽치 추 撞 : 칠 당 鉏 : 어긋날 서 鋙 : 어긋날 어
籈 : 그칠 풍류채 진 擽 : 칠 력 匏 : 박 포 簧 : 생황의 혀 황 管 : 대통 관 賁 : 클 분
懸 : 달 현 迭 : 교대할 질 陔 : 생황시 이름 해 箾 : 퉁소 소 遞 : 번갈아 체 簴 : 종틀 거
瓠 : 성 호 巴 : 사람이름 파 秣 : 말먹일 말 覆 : 덮을 부 載 : 실을 재 蔑 : 없을 멸
燾 : 덮을 도 載 : 해 재

10. 夔曰 於[116]予擊石拊石에 百獸率舞하며 庶尹이 允諧하나이다

夔가 말하였다. "아! 제가 경쇠를 치고 두드릴 적에 온갖 짐승들이 따라서 춤을

---

116 於 : 孔疏에는 감탄사로 보았고, 官吐와 諺解는 前置詞로 보았다.

추었으며, 庶尹이 잘 화합하게 되었습니다."

重擊曰擊이요 輕擊曰拊라 石은 磬也니 有大磬하고 有編磬하고 有歌磬하니 磬有小大라 故로 擊有輕重이라 八音에 獨言石者는 蓋石音屬角하여 最難諧和니 記曰 磬以立辨[117]이라하니라 夫樂은 以合爲主어늘 而石聲獨立辨者는 以其難和也라 石聲既和면 則金絲竹匏土革木之聲이 無不和者矣라 詩曰 既和且平하여 依我磬聲이라하니 則知言石者는 總樂之和而言之也라 或曰 玉振之也者는 終條理之事[118]라 故로 擧磬以終焉이라하니라 上言鳥獸하고 此言百獸者는 考工記曰 天下大獸五니 脂者, 膏者, 嬴者, 羽者, 鱗者[119]라하니 羽鱗을 總可謂之獸也라 百獸舞면 則物無不和를 可知矣라 尹은 正也니 庶尹者는 衆百官府之長也라 允諧者는 信皆和諧也니 庶尹諧면 則人無不和를 可知矣라

세게 치는 것을 '擊'이라 하고, 가볍게 치는 것을 '拊'라 한다. 石은 磬(경쇠)의 뜻이다. 大磬·編磬·歌磬이 있는데, 경쇠에 큰 것과 작은 것이 있기 때문에 치는 데 輕重의 차이가 있는 것이다. 八音 중에 오직 경쇠만을 말한 것은 경쇠 소리는 角에 속하여 가장 조화시키기 어렵기 때문이니, 《禮記》〈樂記〉에 "'쟁그랑' 하는 소리는 확실하게 변별할 수 있다."라고 하였다. 음악은 화합하는 것을 위주로 하는데, 돌 소리만이 유독 확실하게 변별할 수 있다는 것은 화합하기 어렵기 때문이다. 돌 소리가 이미 화합했으면 金·絲·竹·匏·土·革·木의 소리가 화합되지 못할 이치가 없을 것이다. 《詩經》〈商頌 那〉에 "이미 화합하고 또 고르게 해서 우리의 경쇠 소리를 따른다."라고 하였으니, 石을 말한 것은 음악의 화함을 총괄해서 말한 것임을 알 수 있다. 혹자는 말하기를 "玉磬으로 거두는 것은 여러 소리의 조리를 끝내기 위한 것이기 때문에 石磬을 들어 마친 것이다."라고 한다.

---

117 磬以立辨 : 《禮記》〈樂記〉에 "돌 소리는 '쟁그랑' 하고 울린다. '쟁그랑' 하는 소리는 변별할 수 있다.〔石聲磬 磬以立辨〕"라고 보이는데, 鄭玄의 注에 "磬은 마땅히 䃺의 誤字로 보아야 한다.〔磬 當 爲䃺字之誤〕"라고 하였으니, '䃺'은 소리가 堅緻함을 나타낸 글자이기 때문이다.

118 玉振之也者 終條理之事 : 《孟子》〈萬章 下〉에 "공자를 집대성했다고 이르니, '집대성'이란 것은 〈음악 연주에 비할 때 연주가 아직 시작되기 전에는〉 金鐘으로 소리를 울려서 〈연주를 시작하고 이미 연주가 시작된 뒤에는〉 玉磬으로 여러 소리를 거두니, 金鐘으로 소리를 울리는 것은 여러 소리의 조리를 시작하기 위함이고, 玉磬으로 거두는 것은 여러 소리의 조리를 끝내기 위함이다.〔孔子之謂集大成 集大成也者 金聲而玉振之也 金聲也者 始條理也 玉振之也者 終條理也〕"라고 한 적이 있기 때문에 이렇게 말한 것이다.

119 脂者……鱗者 : '脂'는 소와 양의 등속이고, '膏'는 돼지 등속이고, '嬴'는 범·표범·곰·교룡의 등속이고, '羽'는 새의 등속이고, '鱗'은 물고기와 뱀의 등속이다.

위에서는 鳥獸를 말하고 여기서는 百獸를 말한 것은 《周禮》〈考工記 梓人〉에 "천하에 큰 짐승이 다섯이니 비계가 있는 동물, 기름이 있는 동물, 털이 짧은 동물, 깃이 있는 새, 비늘이 있는 동물이다."라고 하였으니, 깃과 비늘이 있는 것을 모두 '짐승〔獸〕'이라고 이를 수 있다. 온갖 짐승이 춤을 추었다면 화합하지 않은 물종이 없다는 것을 알 수 있다. 尹은 正(장관)의 뜻이니, 庶尹은 여러 官府의 우두머리이다. 允諧는 진실로 모두 화합한 것이니, 서윤이 화합했다면 화합하지 않은 사람이 없다는 것을 알 수 있다.

字義 尹 : 바를 윤　允 : 진실로 윤　諧 : 화합 해　編 : 엮을 편　振 : 거둘 진　脂 : 비계 지
膏 : 기름 고　臝 : 벗을 라　羽 : 깃 우　鱗 : 비늘 린

11. 帝庸作歌曰 勅天之命인댄(혼대) 惟時惟幾[120]라하시고 乃歌曰 股肱喜[121]哉면 元首起哉하여 百工熙哉하리라 皐陶拜手稽首하여 颺言曰 念哉하사 率作興事하사되 慎乃[122]憲하사 欽哉하시며 屢省乃成하사 欽哉하소서 乃賡(갱)載歌曰 元首明哉하시면 股肱良哉하여 庶事康哉하리이다 又歌曰 元首叢脞(좌)哉하시면 股肱惰哉하여 萬事墮哉하리이다 帝拜曰 兪라 往[123]欽哉하라

帝舜은 노래를 지으면서 말씀하기를 "하늘의 명을 戒勅하려고 하거든 수시로 삼가야 하고 무슨 일이든 그 기미를 살펴야 한다."라고 하시고, 곧 노래를 부르시기를 "股肱(신하)이 일을 즐겁게 하면 元首(임금)의 정치가 발전되어 百官의 工(功)이 모두 넓혀질 것이다."라고 하셨다. 皐陶가 손을 이마에 얹고 머리를 땅에 대어 큰절을 하면서 큰소리로 높여 빨리 말하기를 "유념하시어 신하들을 거느리고 일을 하시되, 그 成憲을 삼가 지키어 언제나 경건하게 하시며, 일이 이루어지는지를 자주 살피시어 경건하게 하소서."라고 하고는, 곧 〈帝舜의〉 노래를 이어서 그 뜻을 이루기를 "원수가 현명하시면 고굉도 어질어서 모든 일이 편안히 잘 될 것입니다."라고 하였다. 皐陶가 또 노래하기를 "元首가 좀스러우시면 股肱이 태만해져서 만사가 무

---

120 勅天之命 惟時惟幾 : 孔傳은 '勅'을 正의 뜻으로 보아 "天命을 받들어 정제하여 백성들에게 임하는 것은 오직 때를 따르는 데에 달려 있고, 기미를 삼가는 데에 달려 있을 뿐이다.〔奉正天命以臨民 惟在順時 惟在慎微〕"라고 풀이하였다.

121 喜 : 孔傳은 "기쁜 마음으로 충성을 다하여야〔喜樂盡忠〕"로 풀이하였다.

122 乃 : 孔傳은 下句의 "乃成"의 乃와 함께 汝의 뜻으로 보았다.

123 往 : 孔傳은 "自今以往"의 往으로 풀이하였다.

너질 것입니다."라고 하였다. 帝舜이 절을 하며 말씀하기를 "옳은 말이다. 가서 경건하게 직무를 수행하도록 하라."고 하셨다.

庸은 用也라 歌는 詩歌也라 勅은 戒勅也요 幾는 事之微也라 惟時者는 無時而不戒勅也요 惟幾者는 無事而不戒勅也라 蓋天命無常하여 理亂安危가 相爲倚伏[124]하니 今雖治定功成하고 禮備樂和나 然이나 頃刻謹畏之不存이면 則怠荒之所自起요 毫髮幾微之不察이면 則禍患之所自生이니 不可不戒也라 此는 舜將欲作歌에 而先述其所以歌之意也라 股肱은 臣也요 元首는 君也라 人臣이 樂於趨事赴功이면 則人君之治 爲之興起하여 而百官之功이 皆廣也라 拜手稽首者는 首至手하고 又至地也라 大言而疾曰颺이라 率은 總率也라 皐陶言 人君이 當總率群臣하여 以起事功이요 又必謹其所守之法度라하니 蓋樂於興事者는 易(이)至於紛更이라 故로 深戒之也라

庸은 用의 뜻이다. 歌는 곧 詩歌이다. 勅은 곧 戒勅이요, 幾는 일의 기미이다. 惟時는 계칙하지 않을 때가 없는 것이고, 惟幾는 계칙하지 않을 일이 없는 것이다. 대개 天命은 무상한 것이어서 治亂과 安危가 서로 맞물려 돌고 도니, 지금 비록 정치가 안정되고 공이 이루어지며 禮가 갖추어지고 樂이 화평해졌다 하나 잠시라도 삼가고 두려워하는 마음을 갖지 않으면 怠荒이 이로 말미암아 일어나게 되고 털끝만치라도 기미를 살피지 않으면 禍患이 이로 말미암아 일어나게 되니, 경계하지 않을 수 없는 것이다. 이는 舜임금이 장차 노래를 지으려 하면서 노래에 담을 뜻을 먼저 말씀하신 것이다.

股肱은 곧 신하요, 元首는 곧 임금이다. 신하가 事功을 이루기를 즐기면 임금의 정치가 발전되고 百官의 공이 모두 넓어진다. 拜手稽首는 머리가 손에 닿고 또 땅에 이르는 것이다. 큰소리로 빨리 말하는 것을 '颺'이라 한다. 率은 곧 통솔하는 것이다. 皐陶가 말하기를 "임금은 마땅히 신하들을 통솔하여 事功을 일으켜야 하고, 또한 반드시 지킬 법도를 삼가야 한다."라고 하였으니, 아마 사공을 일으키기를 즐길 경우에는 분분하게 변경하는 지경에 이르기 쉽기 때문에 깊이 경계시킨 것인 듯하다.

屢는 數(삭)也니 興事而數考其成이면 則有課功覈實之效하여 而無誕慢欺蔽之失이라 兩言欽哉者는 興事考成二者는 皆所當深敬而不可忽者也라 此는 皐陶將欲廣

---

[124] 倚伏 : 禍와 福이 서로 맞물려 돌고 도는 일이다. 禍는 福에 의지해 있고, 福은 禍에 잠복되어 있다는 뜻이다.(《老子》58章)

歌에 而先述其所以歌之意也라 賡은 續이요 載는 成也니 續帝歌以成其義也라 皐
陶言 君明則臣良하여 而衆事皆安이라하니 所以勸之也라 叢脞는 煩碎也요 惰는 懈
怠也요 墮는 傾圮也라 言君行臣職하여 煩瑣細碎면 則臣下懈怠하여 不肯任事하여
而萬事廢壞니 所以戒之也라 舜作歌而責難於臣하고 皐陶賡歌而責難於君하여 君
臣之相責難者如此하니 有虞之治 玆所以爲不可及也歟인저 帝拜者는 重其禮也라
重其禮하고 然其言而曰 汝等이 往治其職하되 不可以不敬也라하시니라 林氏曰 舜
與皐陶之賡歌는 三百篇之權輿[125]也니 學詩者當自此始라하니라

屢는 數(자주)의 뜻이니, 事功을 일으키되 일이 이루어지는지를 자주 살피면 공적
을 考課하고 사실을 조사하는 효과가 있어서 허탄하고 태만하며 속이고 은폐하는
잘못이 없게 되는 것이다. 두 번 '欽哉'를 말한 것은, 사공을 일으킴과 성공을 상고
하는 두 가지는 모두 마땅히 깊이 경계해야 할 바이고 소홀히 해서는 안 되기 때문
이다. 그래서 皐陶가 장차 〈舜임금의〉 노래를 이으려 하면서 노래에 담을 뜻을 먼
저 말한 것이다.

賡은 續(잇다)의 뜻이요, 載는 成의 뜻이니, 舜임금의 노래를 이어서 그 뜻을 이루
는 것이다. 皐陶가 말하기를 "임금이 현명하면 신하가 어질어서 모든 일이 편안히
잘 될 것이다."라고 하였으니, 이는 권면하기 위한 것이다. 叢脞는 좀스러운 것이
고, 惰는 게으른 것이고, 墮는 기울고 무너진 것이니, 곧 "임금이 신하의 직무를 행
하는 좀스러운 짓을 하면 신하가 게을러져서 일을 맡으려 하지 않아 만사가 폐지되
고 무너지게 될 것이다."라고 말하였으니, 경계하기 위한 것이다.

舜임금은 노래를 지어 신하에게 어려운 일을 책임지우고, 皐陶는 노래를 이어서
임금에게 어려운 일을 책임지웠다. 군신간에 서로 어려운 일을 책임지움이 이와 같
았으니, 이래서 有虞의 정치는 따를 수 없나 보다. 황제가 절을 한 것은 그 禮를 존
중한 것이다. 그 禮를 존중하고 그 말을 시인하면서 말씀하기를 "너희들은 가서 직
무를 수행하되 경건히 하지 않으면 안 된다."라고 하신 것이다.

林氏(林之奇)는 말하기를 "舜임금과 皐陶의 '賡歌'는 《詩》300편의 始發이니, 《詩》
를 배우는 자들은 마땅히 이로부터 시작하여야 할 것이다."라고 하였다.

字義 庸 : 쓸 용 勅 : 신칙할 칙 幾 : 기미 기 起 : 발전될 기 熙 : 넓힐 희 颺 : 드날릴 양

---

125 三百篇之權輿 : 《詩》는 총 311편이다. 權輿는 저울대와 수레의 깔판으로서, 저울을 만들 경우에
는 저울대를 먼저 만들고 수레를 만들 경우에는 수레의 깔판을 먼저 만들기 때문에, 일의 시작이
나 발단을 비유한 것이다.

賡 : 이를 갱   載 : 이룰 재   叢 : 좀스러울 총   脞 : 좀스러울 좌   墮 : 무너뜨릴 타
用 : 지을 용   倚 : 의지할 의   易 : 쉬울 이   數 : 자주 삭   覈 : 조사할 핵   蔽 : 은폐할 폐
續 : 이을 속   煩 : 번거로울 번   碎 : 부서질 쇄   傾 : 기울어질 경   圮 : 무너질 비
廢 : 폐할 폐   壞 : 무너질 괴   權 : 저울대 권   輿 : 수레의 깔판 여

書經集傳 卷三

夏 書

夏는 禹有天下之號也라 書凡四篇이라 禹貢은 作於虞時로되 而繫之夏書者는 禹之
王이 以是功也일새니라

　夏는 禹가 天下를 소유한 호칭이다. 夏書는 모두 4篇이다. 〈禹貢〉은 虞나라 때에
지어진 것인데, 夏書에 편입시킨 것은 禹가 王이 된 동기가 이 功 때문이어서이다.

字義　繫 : 이을 계

禹貢[1]

上之所取를 謂之賦요 下之所供을 謂之貢이라 是篇은 有貢有賦로되 而獨以貢名篇
者는 孟子曰 夏后氏는 五十而貢하니 貢者는 較數歲之中하여 以爲常[2]이라하시니 則
貢又夏后氏田賦之總名이라 今文古文에 皆有하니라

　위에서 취하는 것을 ‘賦’라 하고, 아래에서 바치는 것을 ‘貢’이라 한다. 이 篇에는
貢도 있고 賦도 있는데 유독 貢으로 편명을 한 것은, 孟子가 말씀하기를 "夏后氏
는 50畝에 貢法을 썼으니, 貢이란 몇 년 동안의 〈풍년과 흉년의〉 중간치를 비교하

1　禹貢 : 〈禹貢〉편은 주로 治水에 관한 내용을 담고 있기 때문에 여러 가지 물 이름이 등장한다.
　　이들 물을 흡수통합한 양대 물줄기가 있었으니 다음과 같다.
　　　중국 靑海省 바옌카라 산맥의 북쪽 기슭에서 발원하여 남하하면서 汾水·渭水·洛水 등의 大支
　　流를 합하여 渤海로 유입되는 큰 물줄기는 중국 제2의 河로서 黃河·大河·河라고 통칭하며, 중
　　국 티베트 고원의 북동부에서 발원하여 동중국해로 유입되는 큰 물줄기는 아시아 제1의 江으로
　　서 揚子江·大江·江이라고 통칭하는데, 본 번역에서는 특별한 경우 외에 河는 이미 대중화가 된
　　‘黃河’로 江은 ‘揚子江’으로 각각 대표적인 명칭을 하였고, 〈우공〉편에 이미 기록되어 있는 大河
　　와 大江은 각각 괄호 안에 黃河와 揚子江을 넣었다.
2　孟子曰……以爲常 : 이 내용은 《孟子》〈滕文公 上〉에 보인다.

여 백성에게 취하는 일정한 조세제도를 삼은 것이다."라고 하였으니, 貢은 또한 夏后氏時代 田賦의 총칭인 것이다. 〈禹貢〉은 《今文尙書》와 《古文尙書》에 모두 들어 있다.

字義 賦 : 구실 부 貢 : 구실 공 較 : 비교할 교 常 : 일정할 상

1. 禹[3]敷土하시고 隨山刊木하사 奠高山大川하시다

禹는 토지를 분할하시고 산의 형세에 따라 나무를 베어 〈길을 틔우시고〉 높은 산과 큰 하천을 정하셨다.

敷는 分也니 分別土地하여 以爲九州也라 奠은 定也니 定高山大川하여 以別州境也라 若兗之濟河와 靑之海岱와 揚之淮海와 雍之黑水西河와 荊之荊衡과 徐之海岱淮와 豫之荊河와 梁之華陽黑水가 是也라 方洪水橫流하여 不辨區域에 禹分九州之地하고 隨山之勢하여 相其便宜하여 斬木通道以治之하시고 又定其山之高者와 與其川之大者하여 以爲之紀綱하시니 此三者는 禹治水之要라 故로 作書者首述之하니라

敷는 分의 뜻이니, 土地를 분별하여 九州를 만든 것이다. 奠은 定의 뜻이니, 높은 산과 큰 강을 정하여 州의 경계를 구별한 것이다. 이를테면 兗州의 濟水와 黃河, 靑州의 바다와 岱山, 揚州의 淮水와 바다, 雍州의 黑水와 西河, 荊州의 荊山과 衡山, 徐州의 바다와 岱山과 淮水, 豫州의 荊山과 黃河, 梁州의 華山 남쪽과 黑水 같은 경우가 이것이다.

홍수가 마구 흘러 구역을 분별할 수 없을 때에 禹가 九州의 지역을 분별하고 산의 형세에 따라 그 편의를 보아서 나무를 베어 길을 틔워서 잘 다스렸으며, 또 그 지역에 있는 산 중에서 제일 높은 산과 하천 중에서 제일 큰 하천을 정하여 紀綱을 삼았으니, 이 세 가지는 禹가 홍수를 다스리는 요점이다. 그러므로 글을 지은 자가 맨 먼저 서술한 것이다.

---

3 禹 : 權近은 "〈禹貢〉을 夏書에 배열할 때에 '禹'라고 일컫고 '王'이라 일컫지 않은 것은 貢法을 만든 것이 堯임금 때에 정해졌기 때문이다. 〈湯誓〉와 〈泰誓〉는 아직 내치거나 정벌하기 전인데도 벌써 '王'이라 일컬은 것은 이름을 정하는 것을 桀과 紂의 죄를 바로잡는 것을 가지고 했기 때문이다. 《書》 필법의 謹嚴하기가 이와 같았다.〔禹貢列於夏書 稱禹不稱王者 作貢定於堯時也 湯誓泰誓 猶未放伐之前 而已稱王者 定名以正桀紂之罪也 書之謹嚴如此〕"라고 하였다.(《書淺見錄》)

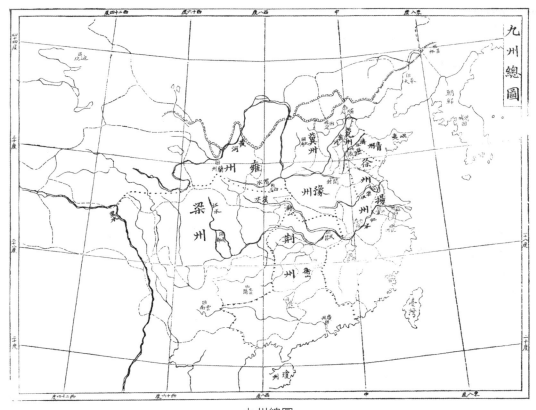

九州總圖

○曾氏曰 禹別九州는 非用其私智요 天文地理에 區域各定이라 故로 星土之法[4]은 則有九野하고 而在地者는 必有高山大川이 爲之限隔하여 風氣爲之不通하니 民生其間에 亦各異俗이라 故로 禹因高山大川之所限者하여 別爲九州하고 又定其山之高峻과 水之深大者하여 爲其州之鎭[5]하고 秩其祭而使其國主之也시니라

○曾氏는 말하기를 "禹가 九州를 분별한 것은 사적인 지혜를 쓴 것이 아니요 天文과 地理에 區域이 각각 정해져 있었다. 그러므로 星土法에는 九野가 있고, 땅에 있는 것은 반드시 높은 산과 큰 하천이 막혀 있어서 風氣가 통하지 않으니, 백성들이 그 사이에 삶에 또한 각각 풍속이 다르다. 그러므로 禹가 높은 산과 큰 하천의

---

4 星土之法 : 별자리가 땅의 구역을 주관하는 법이다. 《周禮》〈春官 保章氏〉에 "星土의 법으로 九州 땅의 封界를 변별하였고, 封域에는 모두 分星을 두어 妖祥을 관찰하였다.〔以星土辨九州之地所封 封域皆有分星 以觀妖祥〕"라고 하였다.

5 鎭 : 여기서는 高山과 大川을 겸칭한다.

한계를 따라 구별하여 九州를 만들고, 또 산 중에서 제일 높은 산과 물 중에서 제일 깊고 큰 하천을 정하여 그 州의 鎭으로 삼고 그 祭祀를 차례로 정해서 그 나라로 하여금 주관하게 하신 것이다."라고 하였다.

字義 敷 : 분별할 부 刊 : 벨간 奠 : 정할 전 兗 : 믿을 연 岱 : 산이름 대 淮 : 물이름 회
雍 : 화목할 옹 荊 : 가시 형 衡 : 저울대 형 豫 : 미리 예 梁 : 물 양 橫 : 비낄 횡
相 : 볼 상 斬 : 벨 참 限 : 한계 한 隔 : 막을 격 鎭 : 고산과 대천 진 秩 : 질서 질

2. 冀州라

冀州이다.

冀州는 帝都之地라 三面距河하니 兗河之西요 雍河之東이요 豫河之北이니 周禮職方에 河內曰冀州가 是也라 八州에 皆言疆界로되 而冀不言者는 以餘州所至로 可見일새라 呂氏曰 亦所以尊京師니 示王者無外之意라하니라

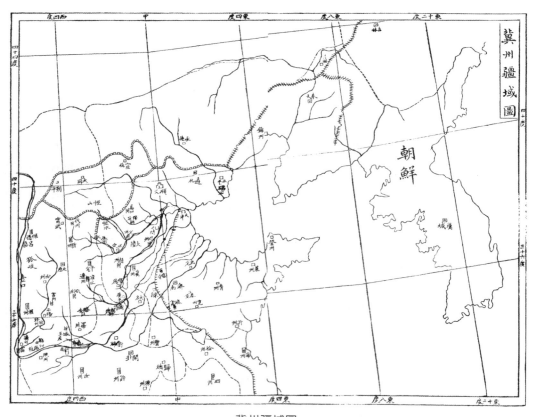

冀州疆域圖

冀州는 帝都(京師) 땅이다. 三面이 黃河에 접해 있으니, 兗河의 서쪽이고 雍河의 동쪽이고 豫河의 북쪽이니, 《周禮》〈夏官 職方〉에 "河內를 冀州라 한다."라고 한 것이 이것이다. 8州에 모두 疆界(境界)를 말했으나 冀州에서 말하지 않은 것은 다른 州와 맞닿은 곳으로〈말하지 않아도〉알 수 있기 때문이다.

晁氏(晁以道)는 말하기를 "이는 또한 京師를 높이기 위한 것이니, 王者는 밖이〈정해진 것이〉없다는 뜻을 보인 것이다."라고 하였다.

字義 冀 : 바랄 기   距 : 이를 거   晁 : 성 조

3. 旣載⁶壺口하사

벌써 壺口山에서부터〈물을 다스리기〉시작하여

經始治之를 謂之載⁷라 壺口는 山名이니 漢地志⁸에 在河東郡北屈縣東南이라하니 今 隰州吉鄕縣也라

공사를 시작해서 다스리는 것을 '載'라 한다. 壺口는 산 이름이니, 《漢書》〈地理志〉에 "河東郡 北屈縣 동남쪽에 있다."라고 하였으니, 지금의 隰州 吉鄕縣이다.

○今按旣載云者는 冀州는 帝都之地니 禹受命治水所始에 在所當先이라 經始壺 口等處하여 以殺(쇄)河勢라 故로 曰旣載라 然이나 禹治水施功之序는 則皆自下流

---

6   旣載 : 孔傳은 '載'를 記載의 뜻으로 보아 윗글의 '冀州'에 붙여서 "冀州를 이미 서적에 기재하였다."로 풀이하였다.

7   經始治之 謂之載 : 兪樾은 "'旣載壺口 治梁及岐'는 아랫글의 '旣修太原 至于岳陽'과 글 뜻이 동일하니, 예전에 '冀州旣載'를 1句로 읽은 것은 잘못이다. 蔡傳에서 '공사를 시작해서 다스리는 것을 「載」라 한다.'고 하였는데, '旣'라 말하고, 또 '始'라 말한 것은 너무도 말이 안 된다. 《白虎通》〈四時篇〉에 '「載」는 「成」의 뜻을 말한 것이다.'라고 하였으니, '旣載壺口'는 '禹가 壺口를 다스려 이미 이루고 나서 이에 梁山과 岐山을 다스린 일'을 말한 것이다. 壺口에서 '다스림'을 말하지 않은 것은 관련된 글이 아랫글에 나타났기 때문에 윗글에서 생략한 것이다. 그것은 마치 아랫글에서 '이미 太原을 닦아나가 太岳山 남쪽에까지 이르렀다.'고만 하고, 岳陽에서는 '닦음'을 말하지 않은 것은 관련된 글이 윗글에 나타났기 때문에 아랫글에서 생략한 것과 같다. 이것이 바로 옛사람의 글 짓는 방법이다.〔旣載壺口 治梁及岐 與下文旣修太原 至于岳陽 文義一律 舊讀以冀州旣載爲句非也 蔡傳曰 經始治之 謂之載 言旣又言始 甚爲不詞 白虎通四時篇曰 載之言成也 旣載壺口 言禹治壺口旣成 乃治梁岐也 壺口不言治者 文見于下 故省于上也 猶下文旣修太原 至于岳陽 岳陽不言修者 文見于上 故省于下也 此古人屬辭之法也〕라고 하였다.(《群經平議》)

8   漢地志 : 《漢書》〈地理志〉를 가리킨다. 여기서는 처음 인용하기 때문에 '漢'자를 머리에 붙였고 이하는 地志라고만 하였다.

始라 故로 次兗次靑次徐次揚次荊次豫次梁次雍이니 兗最下라 故로 所先이요 雍最高라 故로 獨後라 禹言予決九川하며 距四海하며 濬畎澮하여 距川이라하시니 卽其用工之本末이라 先決九川之水하여 以距海면 則水之大者有所歸요 又濬畎澮하여 以距川이면 則水之小者有所泄이니 皆自下流로 以疏殺(쇄)其勢라 讀禹貢之書하고 求禹功之序인댄 當於此詳之[9]니라

○지금 살펴보건대, '旣載'라고 한 것은 冀州는 帝都의 땅이니, 禹가 명을 받아 물을 다스리기 시작할 때에 마땅히 먼저 착수하여야 할 곳이다. 壺口山 등지에서 공사를 시작하여 黃河의 형세를 줄여나갔기 때문에 '旣載'라고 한 것이다. 그러나 禹가 물을 다스릴 때 공사를 한 순서는 모두 下流로부터 시작하였다. 그러므로 冀州 다음은 兗州, 靑州, 徐州, 揚州, 荊州, 豫州, 梁州, 雍州 순이었으니, 兗州가 가장 지역이 낮았기 때문에 먼저 공사를 하였고, 雍州가 가장 지역이 높았기 때문에 맨 뒤에 공사를 하였던 것이다. 禹가 말씀하기를 "내 九州의 하천을 터서 사방의 바다로 흘러가게 하였고, 밭도랑과 봇도랑을 깊이 파서 하천으로 흘러가게 했다."라고 하셨으니, 이것이 바로 공사를 한 〈과정의〉本末이다.

먼저 九州 하천의 물을 터서 바다로 흘러가게 했다면 물 중에 큰 것이 돌아갈 곳이 있을 것이고, 또 밭도랑과 봇도랑을 깊이 파서 하천으로 흘러가게 했다면 물 중에 작은 것이 빠질 곳이 있을 것이니, 이는 모두 하류로부터 물의 형세를 틔워 줄여나간 것이다. 〈禹貢〉의 글을 읽고 禹가 공사한 순서를 찾아보려고 한다면 마땅히 여기에서 자세히 살펴보아야 할 것이다.

字義 載 : 비로소 재 壺 : 병 호 屈 : 굴할 굴 隰 : 진펄 습 岐 : 산 이름 기 詞 : 말씀 사
殺 : 줄일 쇄 徐 : 천천히 서 揚 : 들칠 양 決 : 틀 결 距 : 이를 거 濬 : 팔 준
畎 : 밭도랑 견 澮 : 봇도랑 회 泄 : 샐 설

---

9 今按旣載云者……當於此詳之 : 王夫之는 "先儒들은 모두 '禹의 治水는 壺口로부터 시작했다.'고 하였는데, 朱熹와 蔡沈만이 治水는 응당 낮은 곳에서부터 먼저 착수해야 하는 것으로 생각했기 때문에 '먼저 九川의 물을 터서 바다에 통하게 했다.'라고 하였는데,……실제 상황으로 보면 그렇지 않았던 것이다.……지금 帝都(冀州)가 물에 잠겨서 인민이 물속에 빠져있는데, 멀리 다른 고을 밭도랑과 봇도랑의 물을 터서 점점 바다로 흘러가게 한 뒤에 冀州의 上流를 다스리려고 하였으니, 이는 마치 악창이 머리에 있는데 발을 침으로 찌르는 것과 같은 격이니, 또한 전도된 일이 아니겠는가.〔先儒俱云 禹治水 始自壺口 朱蔡獨以爲治水 當先從低處下手 故先決九川之水 使通於海……以實求之 固不爾也……今帝都淪汙 人民墊隘 乃欲遠疏他州畎澮之水 待其漸歸于海 而後治冀州之上流 此猶癰在頭而刺其足 不亦償乎〕"라고 하였다.(《尙書稗疏》)

4. 治梁及岐[10]하시며

呂梁山과 狐岐山을 다스리셨으며,

梁岐는 皆冀州山이라 梁山은 呂梁山也니 在今石州離石縣東北이라 爾雅云 梁山은 晉望이라하니 卽冀州呂梁也라 呂不韋曰 龍門未闢하고 呂梁未鑿에 河出孟門之 上이라하고 又春秋에 梁山崩이라하여늘 左氏穀梁이 皆以爲晉山이라하니 則亦指呂梁 矣라 酈道元謂 呂梁之石이 崇竦에 河流激盪하여 震動天地라하니 此는 禹旣事壺 口하고 乃卽治梁也라 岐山은 在今汾州介休縣하니 狐岐之山으로 勝水所出이니 東 北流하여 注于汾이라 酈道元云 後魏於胡岐에 置六壁하여 防離石諸胡하고 因爲 大鎭이라하니 今六壁城은 在勝水之側하니 實古河逕之險阨이라 二山은 河水所 經이니 治之는 所以開河道也라 先儒以爲雍州梁岐者는 非是라

梁과 岐는 모두 冀州의 산이다. 梁山은 呂梁山이니, 지금의 石州 離石縣 동북쪽 에 있다. 《爾雅》〈釋山〉에 이르기를 "梁山은 晉나라가 望祭를 지내는 산이다."라고 하였는데, 바로 冀州의 呂梁山이다. 呂不韋가 말하기를 "龍門을 뚫지 않고 呂梁山 을 파기 전에는 黃河가 孟門의 위로 나왔다."라고 하였으며, 또 《春秋》 成公 5년에 "梁山이 무너졌다."라고 하였는데, 《左氏傳》과 《穀梁傳》에 모두 晉나라 산이라 하 였으니, 그렇다면 이 또한 呂梁山을 가리킨 것이다. 《水經》의 注를 낸 酈道元은 이르기를 "呂梁山의 돌이 우뚝 솟음에 黃河의 흐르는 물이 부딪쳐서 천지를 진동한 다."라고 하였으니, 이는 禹가 壺口山에서 이미 공사를 시작하고 나서 곧바로 梁山 을 다스렸던 것이다.

岐山은 지금의 汾州 介休縣에 있었으니, 狐岐山으로서 勝水가 나오는 곳이니 동 북쪽으로 흘러 汾水로 들어간다. 酈道元이 이르기를 "後魏가 胡岐山(狐岐山)에 六 壁城을 설치하여 離石의 여러 胡族을 막았고, 큰 鎭을 만들었다."라고 하였는데, 지금 六壁城은 勝水의 곁에 있으니, 실로 옛날 黃河의 水路 중에 험한 곳이다. 두 산은 河水가 경유하는 곳이니, 이를 다스린 까닭은 黃河의 水路를 열기 위한 것이 다. 先儒(孔安國)가 雍州의 梁山과 岐山이라고 한 것은 옳지 않다.

[字義] 韋 : 가죽 위　闢 : 열 벽　鑿 : 팔 착　崩 : 무너질 붕　穀 : 곡식 곡　梁 : 기장 량　酈 : 성 역
崇 : 높을 숭　竦 : 높을 송　激 : 물결 부딪칠 격　盪 : 일렁일 탕　介 : 낱 개　狐 : 여우 호

---

10 治梁及岐 : 孔傳은 '及'을 延의 뜻으로 보아 "梁山을 다스려 岐山으로 미쳐간 것이다."라고 풀이
하였다. 蔡傳은 '及'을 竝列의 표시인 '및'의 뜻으로 보았다.

魏 : 나라이름 위　汾 : 물 이름 분　防 : 막을 방　離 : 떠날 리　逕 : 길 경

5. 旣修太原하사 至于岳陽하시며

이미 太原을 닦아서 太岳山 남쪽에 이르게 하셨으며

修는 因鯀之功而修之也라 廣平曰原이니 今河東路太原府也라 岳은 太岳也라 周職方에 冀州其山鎭曰霍山이라하고 地志에 謂 霍太山은 卽太岳이니 在河東郡彘(체)縣東이라하니 今晉州霍邑也라 山南曰陽이니 卽今岳陽縣地也라 堯之所都라 揚子雲冀州箴曰 岳陽是都가 是也라 蓋汾水는 出於太原하여 經於太岳하여 東入于河하니 此則導汾水也라

修는 鯀의 공적을 인하여 닦은 것이다. 넓고 평평한 곳을 '原'이라 하니, 지금의 河東路 太原府이다. 岳은 太岳이다. 《周禮》〈夏官 職方〉에 "冀州는 산들의 鎭山이 霍山이다."라고 하였고, 《漢書》〈地理志〉에 "霍太山은 곧 太岳이니 河東郡 彘縣의 동쪽에 있다."라고 하였으니, 지금의 晉州 霍邑이다. 산의 남쪽을 '陽'이라 하니, 〈岳陽은〉 곧 지금의 岳陽縣 지역으로, 堯임금이 도읍한 곳이다. 揚子雲(揚雄)의 〈冀州箴〉에 "岳陽이 도읍이다."란 것이 이것이다. 汾水는 太原에서 나와서 太岳山을 경유하여 동쪽으로 黃河에 들어가니, 이는 汾水를 인도한 것이다.

字義　鯀 : 사람이름 곤　霍 : 빠를 곽　彘 : 돼지 체　箴 : 경계 잠　導 : 인도할 도

6. 覃懷에 底(지)績하사 至于衡(횡)漳하시다

覃懷에서 功績을 이루시어 衡漳에 이르셨다.

覃懷는 地名이니 地志에 河內郡에 有懷縣이라하니 今懷州也라 曾氏曰 覃懷는 平地也라 當在孟津之東, 太行之西하니 涷水[11]出乎其西하고 淇水出乎其東이라하니라 方洪水懷山襄陵之時에 而平地致功爲難이라 故로 曰底績이라 衡漳은 水名이니 衡은 古橫字라 地志에 漳水二라 一은 出上黨沽縣大黽(민)谷이라하니 今平定軍樂平縣少山也라 名爲淸漳이요 一은 出上黨長子縣鹿谷山이라하니 今潞州長子縣發鳩山也라 名爲濁漳이라 酈道元은 謂之衡水라하고 又謂之橫水라하니 東至鄴하여 合淸漳하고 東

11　涷水 : 元代 陳師凱는 "涷水는 응당 懷孟의 서쪽에 있지 않았을 것이니, '涷'자는 '濟'자의 오류인 듯하다.〔涷水不應在懷孟之西 涷字恐是濟字之誤〕"라고 하였다.《書蔡氏傳旁通》

北至阜城하여 入北河라하니라 鄴은 今潞州涉縣也요 阜城은 今定遠軍東光縣也라

覃懷는 地名이다. 《漢書》〈地理志〉에 "河內郡에 懷縣이 있다."라고 하였으니, 지금의 懷州이다. 曾氏는 말하기를 "覃懷는 평지이므로 응당 孟津의 동쪽, 太行의 서쪽에 있었을 것이니, 湅水는 그 서쪽에서 나오고, 淇水는 그 동쪽에서 나온다."라고 하였다. 홍수가 산을 품고 언덕을 올라탔을 때에 평지에서는 공적을 이루기가 어렵기 때문에 '底績'이라 한 것이다. 衡漳은 물 이름인데, 衡은 橫의 古字이다. 《漢書》〈地理志〉에 漳水가 둘이다. 하나는 "上黨郡 沾縣 大黽谷에서 나온다."라고 하였으니 지금의 平定軍 樂平縣 少山〈에서 나온 것으로〉 이름은 '淸漳'이라 하고, 다른 하나는 "上黨郡 長子縣 鹿谷山에서 나온다."라고 하였으니 지금의 潞州 長子縣 發鳩山〈에서 나온 것으로〉 이름은 '濁漳'이라 한다. 酈道元은 "이 물을 '衡水'라 하고 또 '橫水'라 이르니, 동쪽으로 鄴에 이르러 淸漳과 합류하고, 동북으로 阜城에 이르러 北河로 들어간다."라고 하였다. 鄴은 지금의 潞州 涉縣이고, 阜城은 지금의 定遠軍 東光縣이다.

○又按桑欽云 二漳異源而下流相合하여 同歸于海라하고 唐人亦言漳水能獨達于海하여 請以爲瀆하고 而不云入河者는 蓋禹之導河에 自洚水大陸[12]으로 至碣石入于海는 本隨西山下東北去[13]니라 周定王五年에 河徙砯礫(영력)이러니 則漸遷而東하고 漢初에 漳猶入河라가 其後에 河徙日東하여 而取漳水益遠이라 至欽時에 河自大伾而下는 已非故道요 而漳自入海矣라 故로 欽與唐人所言者如此니라

○또 살펴보건대,〈漢나라 때 《水經》을 지었다는〉桑欽은 말하기를 "두 漳水가 근원은 다르나 하류가 서로 합하여 바다로 들어간다."라고 하였고, 唐나라 사람도 漳水가 홀로 바다에 도달한 점을 말하여 '瀆'으로 삼을 것을 청하고 黃河로 들어간 점은 말하지 않았으니, 禹가 黃河를 인도할 때에 洚水와 大陸으로부터 碣石에 이르러 바다로 들어간 것은 본래 西山의 아래를 따라 동북쪽으로 갔기 때문이다. 周定王 5년에 黃河가 砯礫으로 옮겨가더니 점점 옮겨가서 동쪽으로 이동하였다. 漢나라 초기에도 漳水는 외려 黃河로 들어갔는데, 그 후 黃河가 옮겨져 날로 동쪽으

---

12 大陸 : 못 이름이다. 廣河澤 또는 鉅鹿澤이라고도 하였다.

13 本隨西山下東北去 : 漢나라 王衡(횡)도 "禹가 河水(黃河)를 인도한 것은 본래 西山의 아래를 따라 동북쪽으로 갔고, 周 定王 때부터 黃河가 옮겨갔으니, 지금 흐르는 것은 禹가 뚫은 것이 아니다.〔禹之行河水 本隨西山下東北去 自周定王時河徙 則今之所行 非禹之所穿〕"라고 한 말이 《禹貢論》 등에 보인다.

로 이동해가서 漳水와의 거리가 더욱 멀어졌다. 桑欽 때에 와서는 黃河가 大伾로부터 이하는 벌써 옛 길이 아니었고 漳水는 스스로 바다로 들어갔다. 그러므로 桑欽과 唐나라 사람의 말이 이와 같았던 것이다.

字義 覃 : 깊을 담   厎 : 이룰 지   衡 : 비낄 횡   漳 : 물이름 장   淶 : 물이름 래   淇 : 물이름 기
襄 : 능가할 양   沾 : 젖을 첨   黽 : 힘쓸 민   潞 : 땅이름 로   鳩 : 비둘기 구   鄴 : 땅이름 업
涉 : 건널 섭   阜 : 언덕 부   欽 : 공경 흠   瀆 : 물이름 독   洚 : 물이름 강   碣 : 산이름 갈
徙 : 옮길 사   砱 : 돌구멍 령   礫 : 자갈 력   伾 : 산이름 비

7. 厥土는 惟白壤이요

土質은 색깔이 희고 부드러웠으며,

漢孔氏曰 無塊曰壤이라하고 顔氏曰 柔土曰壤이라하고 夏氏曰 周官에 大司徒는 辨十有二壤之物하여 而知其種하여 以敎稼穡樹藝하고 以土均之法으로 辨五物九等하여 制天下之地征[14]이라하니 則夫敎民樹藝와 與因地制貢은 固不可不先於辨土也라 然이나 辨土之宜有二하니 白은 以辨其色이요 壤은 以辨其性也라 蓋草人糞壤之法에 騂剛用牛하고 赤緹(제)用羊하고 墳壤用麋하고 渴澤用鹿하니 糞治田疇에 各因色性하여 而辨其所當用也[15]라하고 曾氏曰 冀州之土 豈皆白壤이리오 云然者는 土會之法[16]이 從其多者論也라하니라

　　漢나라 孔氏(孔安國)는 "덩어리가 없는 흙을 '壤'이라 한다."라고 하였고, 顔氏는 "부드러운 흙을 '壤'이라 한다."라고 하였고, 夏氏는 말하기를 "《周官》〈地官 司徒〉에 '大司徒가 열두 가지의 토양에서 나는 생물들을 분변하여 거기에 심을 종자를 알아내서 〈백성들에게〉 稼穡과 樹藝를 가르치고, 土均法으로 五物과 九等을 분별하여 天下의 地征을 제정한다.'고 하였으니, 백성들에게 樹藝를 가르침과 땅에 따라 貢物을 제정함은 토지를 구분하는 일을 먼저 하지 않을 수 없다. 그러나 토지의 적합함을 분별하는 방법은 두 가지가 있으니, 白은 흙의 색깔을 분별하는 것이고,

---

14　土均之法……制天下之地征 : 鄭玄의 注에 의하면, '五物'은 山林·川澤·邱陵·墳衍·原隰 등 다섯 종류 땅의 산물이고, '九等'은 騂剛·赤緹의 등속이고, '征'은 稅를 가리킨다. 宋代 王昭禹는 '九等'을 九州의 田賦에 대한 上, 中, 下로, '征'을 貢賦와 稅斂의 總名으로 보았다.

15　夏氏曰……而辨其所當用也 : 蔡傳에서 夏僎의 《尙書詳解》를 인용한 글은 자의적으로 간추려 재구성한 것이어서 원문과 너무도 차이를 보이니, 반드시 이해가 안 되는 부분은 《尙書詳解》의 본문을 참고하기 바란다.

16　土會之法 : '會'는 計와 같으니, 곧 貢稅를 부과하기 위한 土産物의 多寡를 계산하는 법이다.

壤은 흙의 성질을 분별하는 것이다. 《周官》〈地官 草人〉에서 토양에 따라 씨앗을
담그는 법에 대하여 '붉고 단단한 토양에는 소의 뼈를 끓인 물에 씨앗을 담그고, 붉
은 토양에는 양의 뼈를 끓인 물에 씨앗을 담그고, 검고 부드러운 토양에는 고라니
뼈를 끓인 물에 씨앗을 담그고, 마른 늪지대에는 사슴 뼈를 끓인 물에 씨앗을 담근
다.'고 하였으니, 농토에 따라 씨앗을 담그고 다스릴 적에 각각 색깔과 성질을 인하
여 마땅히 그 사용해야 할 바를 분별한 것이다."라고 하였고, 曾氏는 말하기를 "冀
州의 땅이 어찌 다 백색 토양이겠는가. 그러나 이렇게 말한 것은 土會法이 그 많은
쪽을 따라 논하기 때문이다."라고 하였다.

字義 質 : 바탕 질　壤 : 흙덩이 양　塊 : 흙덩이 괴　種 : 씨앗 종　稼 : 심을 가　穡 : 심을 색
樹 : 심을 수　藝 : 심을 예　征 : 세금 정　糞 : 똥 분　騂 : 붉을 성　剛 : 굳셀 강
緹 : 붉을 제　墳 : 흙이 부풀어 오를 분　麋 : 고라니 미　鹿 : 사슴 록　疇 : 밭두둑 주

8. 厥賦는 惟上에 上이니 錯하며 厥田은 惟中에 中이니라

賦의 등급은 上에 上이지만 〈上에 中을〉 섞어서 내기도 하며, 田의 등급은 中에
中이다.

賦는 田所出穀米兵車之類라 錯은 雜也니 賦第一等而錯出第二等也라 田第五等
也니 賦高於田四等者는 地廣而人稠也라 林氏曰 冀州先賦後田者는 冀는 王畿之
地로 天子所自治라 倂與場圃園田漆林之類而征之를 如周官載師所載니 賦 非盡
出於田也라 故로 以賦屬于厥土之下요 餘州는 皆田之賦也라 故로 先田而後賦니라
又按 九州九等之賦는 皆每州歲入總數를 以九州多寡相較하여 而爲九等이요 非
以是等田而責其出是等賦也라 冀獨不言貢篚者는 冀는 天子封內之地라 無所事
於貢篚也[17]라하니라

賦는 田에 따라 내는 米穀과 兵車의 따위이다. 錯은 雜(섞이다)의 뜻이니, 冀州의
賦는 제1등급이지만 제2등급을 섞어서 내기도 한다. 冀州의 田은 제 5등급이니, 賦
가 田보다 4등급이 높은 것은 땅이 넓고 사람이 밀집했기 때문이다.

林氏(林之奇)는 말하기를 "冀州에서 賦를 앞에 적고 田을 뒤에 적은 것은, 冀州는
王畿의 땅으로 天子가 직접 다스리는 곳이니, 場圃와 園田과 漆林 따위를 아울러

---

17 冀州先賦後田者……無所事於貢篚也 : 蔡傳에서 林之奇의 《尙書全解》를 인용한 글은 선후를 바
꾸어가며 자의적으로 문구와 글자를 보태기도 하고 빼기도 하고 바꾸기도 해서 재구성한 것이
다. 그러므로 이해되지 않을 경우는 《尙書全解》를 참고하기 바란다.

서 세금을 내게 하기를 《周官》〈地官 載師〉에 기재된 바와 같이 한 것이니, 賦가 모두 田에서만 나오는 것이 아니다. 그러므로 賦를 '厥土'의 아래에 붙였고, 나머지 州는 모두 田에서 나오는 賦이기 때문에 田을 앞에 적고 賦를 뒤에 적은 것이다. 또 살펴보건대, 九州에 9등급의 賦는 모두 州마다 歲入의 총수를 九州의 많고 적음을 가지고 서로 비교하여 9등급을 만든 것이고, 이러한 등급의 田이라 해서 이러한 등급의 賦를 내게 한 것은 아니다. 冀州에서 유독 貢物과 幣帛을 말하지 않은 것은 冀州는 天子의 封內 땅이라서 貢物과 幣帛에 주력할 필요가 없기 때문이다."라고 하였다.

字義 錯 : 섞을 착　雜 : 섞일 잡　稠 : 빽빽할 조　倂 : 아우를 병　場 : 채마밭 장　圃 : 채마밭 초
園 : 동산 원　漆 : 옻 칠　較 : 비교할 교　篚 : 폐백 비, 광주리 비

9. 恒衛旣從하며 大陸旣作하니라

恒水와 衛水가 벌써 물길을 따르고, 大陸이 벌써 농사를 짓게 되었다.

恒衛는 二水名이라 恒水는 地志에 出常山郡上曲陽縣恒山北谷이라하니 在今定州 曲陽縣西北恒山也요 東入滱水라 薛氏曰 東流合滱水하여 至瀛州高陽縣하여 入 易水라하고 晁氏曰 今之恒水는 西南流하여 至眞定府行唐縣하여 東流入于滋水하고 又南流入于衡水라하니 非古逕矣라 衛水는 地志에 出常山郡靈壽縣東北이라하니 卽 今眞定府靈壽縣也요 東入滹沱河라 薛氏曰 東北合滹沱河하여 過信安軍하여 入 易水라하니라 從은 從其道也라

　恒과 衛는 두 물 이름이다. 恒水는 《漢書》〈地理志〉에 "常山郡 上曲陽縣 恒山 北谷에서 나온다."라고 하였으니, 지금의 定州 曲陽縣 서북쪽 恒山이며, 동쪽으로 滱水로 들어간다. 薛氏(薛季宣)는 말하기를 "동쪽으로 흘러 滱水와 합류해서 瀛州 高陽縣에 이르러 易水로 들어간다."라고 하였고, 晁氏는 말하기를 "지금의 恒水는 서남쪽으로 흘러가다가 眞定府 行唐縣에 이르러서 동쪽으로 흘러 滋水로 들어가며, 또 남쪽으로 흘러 衡水로 들어간다."라고 하였으니, 이는 옛날의 물길이 아니다. 衛水는 《漢書》〈地理志〉에 "常山郡 靈壽縣 동북쪽에서 나온다."라고 하였으니, 곧 지금의 眞定府 靈壽縣이며, 동쪽으로 滹沱河로 들어간다. 薛氏는 말하기를 "동북쪽으로 滹沱河와 합류해서 信安軍을 지나 易水로 들어간다."라고 하였다. 從은 그 길을 따른다는 것이다.

大陸은 孫炎曰 鉅鹿北廣阿澤이니 河所經也라하고 程氏曰 鉅鹿은 去古河絶遠하여
河未嘗逕邢以行하니 鉅鹿之廣阿는 非是라하니라 按爾雅컨대 高平曰陸이라하니 大陸
云者는 四無山阜하여 曠然平地라 蓋禹河自澶相以北으로 皆行西山之麓이라 故로
班馬王橫이 皆謂載之高地¹⁸하니 則古河之在貝冀以及枯洚之南히 率皆穿西山
踵趾以行이라가 及其已過信洚之北¹⁹하여는 則西山勢斷하여 曠然四平일새 蓋以此
地를 謂之大陸하니 乃與下文北至大陸者合이라 故로 隋改趙之昭慶하여 以爲大陸
縣하고 唐又割鹿城하여 置陸渾縣하니 皆疑鉅鹿之大陸이 不與河應하여 而亦求之
向北之地하니 杜佑李吉甫以爲邢趙深三州爲大陸者得之라 作者는 言可耕治니
水患旣息에 而平地之廣衍者 亦可耕治也라 恒衛는 水小而地遠하고 大陸은 地平
而近河라 故로 其成功於田賦之後라

大陸에 대해서 孫炎은 이르기를 "鉅鹿의 북쪽에 있는 廣阿의 늪으로 黃河가 지나
는 곳이다."라고 하였고, 程氏(程大昌)는 말하기를 "鉅鹿은 옛날 黃河와 거리가 매
우 멀어서 黃河가 일찍이 邢州를 경유해 흘러간 적이 없으니, '鉅鹿의 廣阿'라는 건
옳지 않다."라고 하였다.

《爾雅》〈釋地〉를 살펴보건대, "높고 평평한 곳을 '陸'이라 한다."라고 하였으니,
'大陸'이란 사방에 산과 언덕이 없어서 넓은 평지인 것이다. 禹 때에 黃河는 澶州와
相州 이북으로부터 모두 西山(太行山)의 기슭으로 흘러갔기 때문에 班固와 司馬遷,
그리고 王橫이 모두 높은 지대에 실었다고 생각하였으니, 貝州와 冀州로부터 枯洚
의 남쪽에 이르기까지에 있었던 옛 黃河는 대체로 모두 西山의 기슭을 뚫고 흘러가
다가 信洚의 북쪽을 지날 때에 가서는 西山의 산세가 끊겨서 사방이 드넓은 평지이
기 때문에 이 땅을 '大陸'이라 일렀으니, 바로 아랫글에 "북쪽으로 大陸에 이른다."
라는 것과 합치된다. 그러므로 隋나라는 趙州의 昭慶을 고쳐서 '大陸縣'이라 하였
고, 唐나라는 또 鹿城을 떼어서 陸渾縣을 설치하였으니, 모두 鉅鹿의 大陸이 黃河
와 응하지 않을 것이라 의심하여 또한 북쪽 지역에서 찾았는데, 杜佑와 李吉甫가
"邢州·趙州·深州 세 고을이 大陸이었다."라고 한 것이 맞는 말이다.

---

18 載之高地 : 呂祖謙《增修東萊書說》은 "이른바 '높은 지대에 실었다.'고 한 것은 黃河의 흐르는
물을 西土의 곁으로 운행시킴을 이른 것이다.〔所謂載之高地者 謂行河流於西土之旁也〕"라고 하였다.

19 信洚之北 : 元代 陳師凱《書蔡氏傳旁通》는 "信字 아래에 '都古' 두 글자가 빠졌다.……信都는 冀
州요, 古洚은 곧 枯洚이다.〔信字下脫都古二字……信都冀州也 古洚卽枯洚也〕"라고 하였고, 조선시대
金長生《經書辨疑》은 《漢書》〈地理志〉에 冀州 信都縣에 洚水가 있기 때문에 '信洚'이라 했
다.〔漢志冀州信都縣有洚水 故曰信洚〕"라고 하였다.

作은 경작할 만함을 말한 것이니, 水害가 이미 끝남에 따라 평지의 넓은 곳이 또한 경작할 만한 것이다. 恒水와 衛水는 물은 적으나 지역이 멀고, 大陸은 땅이 평평하고 黃河와 가깝기 때문에 그 功을 田賦의 뒤에 갖춰놓은 것이다.

字義 澅 : 물이름 구   瀛 : 큰 바다 영   易 : 물이름 역   滋 : 물이름 자, 더할 자   逕 : 길 경
澅 : 물이름 호   沱 : 물이름 타   鉅 : 클 거   阿 : 언덕 아   邢 : 땅이름 형   曠 : 횅할 광
澶 : 물이름 전   麓 : 산기슭 록   貝 : 자개 패   枯 : 마를 고   洚 : 물이름 강   穿 : 뚫을 천
踵 : 발꿈치 종   趾 : 발꿈치 지   衍 : 넓을 연

10. 島夷는 皮服[20]이로다

島夷는 皮服을 바쳤도다.

海曲曰島니 海島之夷는 以皮服來貢也라

바다의 굽이를 '島'라 하니, 海島의 오랑캐는 皮服을 가지고 와서 바친 것이다.

11. 夾右碣石하여 入于河[21]하나니라

〈다른 州의 貢賦가〉 오른쪽으로 碣石을 끼고 黃河로 들어왔다.

碣石은 地志에 在北平郡驪城縣西南河口之地라하니 今平州之南也라 冀州는 北方貢賦之來에 自北海入河하여 南向西轉而碣石在其右轉屈之間이라 故로 曰夾右也라 程氏曰 冀爲帝都에 東西南三面距河하니 他州貢賦가 皆以達河爲至라 故로 此三方을 亦不必書요 而其北境則漢遼東西右北平漁陽上谷之地니 其水如遼濡潞易이 皆中高하여 不與河通이라 故로 必自北海然後에 能達河也라 又按 酈道元言驪城枕海에 有石如甬道數十里요 當山頂에 有大石하여 如柱形하니 韋昭以爲碣石이라하니라 其山이 昔在河口海濱이라 故로 以誌其入貢河道러니 歷世旣久에 爲水所漸淪하여 入于海하니 已去岸五百餘里矣라 戰國策에 以碣石在常山郡九門縣者[22]는 恐名偶同이요 而鄭氏以爲九門無此山也라하니라

---

20 島夷 皮服 : 孔傳은 "섬에 사는 오랑캐가 다시 皮服을 입었다는 것은 수해가 제거됨을 밝힌 것이다.[居島之夷 還服其皮 明水害除]"라고 풀이하였다.

21 夾右碣石 入于河 : 孔傳은 禹가 홍수를 다스리는 경로로 보았고, 蔡傳은 貢賦가 冀州로 들어오는 경로로 보았다. 이하도 같다.

22 以碣石在常山郡九門縣者 : 이 내용이 《戰國策》에는 나오지 않고, 《史記》〈蘇秦傳〉의 索隱에 나온다. 閻若璩《尙書古文疏證》는 "《戰國策》〈燕策〉의 '南有碣石雁門之饒'에 대한 註에 이 내용이

碣石은 《漢書》〈地理志〉에 "北平郡 驪城縣 서남쪽 河口의 지역에 있다."라고 하였으니, 지금 平州의 남쪽이다. 冀州는 北方에서 貢賦를 수송해 올 때에 北海로부터 河로 들어와서 남쪽으로 향하여 서쪽으로 돌 때 碣石이 오른쪽으로 도는 사이에 있기 때문에 "오른쪽으로 〈碣石을〉 낀다."라고 한 것이다.

程氏는 말하기를 "冀州는 帝都가 됨에 東·西·南 3면이 黃河와 접해 있으니, 다른 州의 貢賦는 모두 黃河에 도달함을 이르는〔至〕 것이라고 여겼다. 그러므로 이 세 방면은 또한 굳이 적을 것이 없고, 북쪽 경계는 漢나라 때의 遼東郡·遼西郡·右北平·漁陽·上谷 지역이니, 그 遼河·濡水·滹沱河·易水와 같은 물들은 모두 중간 지역이 높아서 黃河와 통하지 못한다. 그러므로 반드시 北海로부터 온 뒤에야 黃河에 도달할 수 있는 것이다."라고 하였다.

또 살펴보건대, 酈道元이 말하기를 "驪城의 바닷가에 甬道와 같은 돌이 수십 리가 있으며, 산마루에 큰 돌이 있는데 기둥의 모양과 같으니, 韋昭가 이것을 '碣石'이라 하였다. 이 산이 옛날에는 河口의 바닷가에 있었기 때문에 貢物을 들여오는 黃河의 길을 기록한 것인데, 세월이 이미 오래됨에 따라 물에 침몰되어 바닷물 속에 잠겼으니, 이미 江岸과 거리가 500여 리나 된다."라고 하였다. 《戰國策》에 "碣石이 常山郡 九門縣에 있다."라고 한 것은 이름이 우연히 같은 것인 듯하며, 鄭氏는 "九門縣에 이런 山이 없다."라고 하였다.

字義　遼 : 멀 요　驪 : 검은말 려　濡 : 젖을 유　枕 : 베개 침　甬 : 양쪽에 담쌓은 길 용
　　　頂 : 정수리 정　誌 : 기록할 지　濱 : 물가 빈　漸 : 담글 점　淪 : 빠질 륜　岸 : 언덕 안

12. 濟河에 惟兗州라

濟水와 黃河 사이에 兗州가 자리잡고 있다.

兗州之域은 東南據濟하고 西北距河하니라 濟河는 見導水라 蘇氏曰 河濟之間은 相去不遠이라 兗州之境은 東南跨濟하니 非止於濟也라하니라 愚謂 河昔北流하니 兗州之境이 北盡碣石河右之地라가 後에 碣石之地는 淪入於海하고 河益徙而南이라 濟河之間이 始相去不遠이니 蘇氏之說이 未必然也라

兗州 지역은 동남쪽은 濟水에 의거하고 서북쪽은 黃河에 이르렀다. 濟水와 黃河는 '導水' 쪽에 보인다. 蘇氏는 말하기를 "黃河와 濟水의 사이는 거리가 멀지 않

있다."고 하였으나 고작 《戰國策校註》에 "碣石山은 平州에 있다."란 말이 보일 뿐이다.

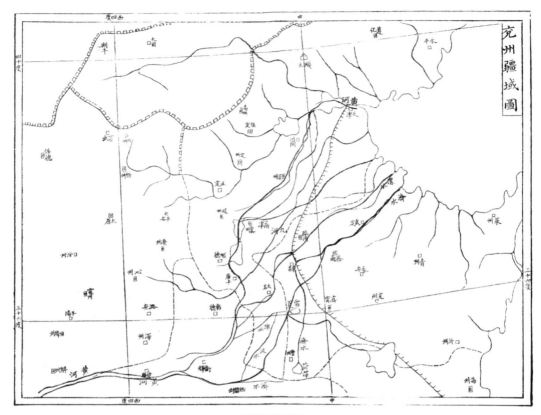

兗州疆域圖

兗州의 지경은 동남쪽으로 濟水를 걸쳐 있으니, 濟水에만 그치지 않는다."라고 하였다. 내가 생각하건대, 黃河가 옛날에는 북쪽으로 흘렀기 때문에 兗州 지역이 북쪽으로 碣石과 黃河 서쪽 지역까지 다 차지하였는데, 뒤에 碣石 지역은 바닷물 속에 잠기고 黃河는 더욱 남쪽으로 옮겨 가서 濟水와 黃河의 사이가 비로소 거리가 멀지 않게 된 것이니, 蘇氏의 말이 반드시 옳지는 않다.

○林氏曰 濟는 古文作泲하니 說文註云 此는 兗州之濟也라하니라 其從水從齊者는 說文註云 出常山房子縣贊皇山이라하니라 則此二字는 音同義異하니 當以古文爲正이라

　○林氏는 말하기를 "濟는 古文에 '泲'로 되어 있으니, 《說文解字》의 註에 '이것은 兗州의 濟水이다.'라고 하였다. 물수(水) 변에 齊를 한 '濟'의 물은 《說文解字》의 註에 '常山의 房子縣 贊皇山에서 나온다.'고 하였다. 이 두 글자는 音은 같으나 뜻은 다르니, 마땅히 古文의 것을 바른 것으로 삼아야 한다."라고 하였다.

字義   據：의거할 거   跨：걸터탈 과   沛：물이름 제

13. 九河既道하며

아홉 갈래의 黃河가 이미 물길을 따랐으며,

九河는 爾雅에 一曰徒駭요 二曰太史요 三曰馬頬이요 四曰覆鬴(복부)요 五曰胡蘇요
六曰簡潔이요 七曰鉤盤이요 八曰鬲津이요 其一則河之經流也언만 先儒는 不知河
之經流하고 遂分簡潔爲二하니라 既道者는 既順其道也[23]라

九河는 《爾雅》〈釋水〉에 첫째는 徒駭, 둘째는 太史, 셋째는 馬頬, 넷째는 覆鬴,
다섯째는 胡蘇, 여섯째는 簡潔, 일곱째는 鉤盤, 여덟째는 鬲津이며, 그중 하나는
黃河의 經流(큰 물줄기)로 되어 있다. 그런데 先儒는 黃河의 經流임을 알지 못하고
서 마침내 簡과 潔을 나누어 둘로 만들었다. 既道란 이미 그 예전의 물길을 따르는
것이다.

○按 徒駭河는 地志云 滹沱河라하고 寰宇記云 在滄州淸池南이라하고 許商云 在
平城이라하니라 馬頬河는 元和志[24]에 在德州安德平原南東이라하고 寰宇記[25]云 在
棣州滴河北이라하고 輿地記[26]云 卽篤馬河也라하니라 覆鬴河는 通典[27]云 在德州安
德이라하고 胡蘇河는 寰宇記云 在滄之饒安, 無棣, 臨津三縣이라하고 許商云 在東
光이라하니라 簡潔河는 輿地記云 在臨津이라하고 鉤盤河는 寰宇記云 在樂陵東南하니 從
德州平昌來라하고 輿地記云 在樂陵이라하니라 鬲津河는 寰宇記云 在樂陵東하니 西
北流入饒安이라하고 許商云 在鬲縣이라하고 輿地記云 在無棣라하니라 太史河는 不
知所在라

○살펴보건대, 徒駭河는 《漢書》〈地理志〉에는 "滹沱河이다."라고 하였고, 《太平
寰宇記》에는 "滄州의 淸池 남쪽에 자리잡고 있다."라고 하였으며, 許商은 "平城에

---

23 既道者 既順其道也 : 靑州의 "濰淄其道"에 대한 蔡傳에서는 "上文言既道者 禹爲之道也 此言其
道也 泛濫既去 水得其故道也"라고 하고, '既道'를 "禹가 낸 물길이다."라고 말하고, 여기서는
"그 물길을 따르는 것이다."라고 풀이하고 있으니, 착각한 것 같다.

24 元和志 : 《元和郡縣志》. 唐나라 李吉甫가 편찬한 지리서이다.

25 寰宇記 : 《太平寰宇記》. 北宋 樂史가 편찬한 지리서이다.

26 輿地記 : 《輿地廣記》. 宋나라 歐陽忞이 편찬한 지리서이다.

27 通典 : 唐나라 杜佑가 劉秩의 《政典》을 확대한 역사서이다.

있다."라고 하였다. 馬頰河는 《元和郡縣志》에는 "德州의 安德과 平原 남동쪽에 있다."라고 하였고, 《太平寰宇記》에는 "棣州의 滴河 북쪽에 있다."라고 하였으며, 《興地廣記》에는 "곧 篤馬河이다."라고 하였다. 覆鬴河는 《通典》에 "德州의 安德에 있다."라고 하였다. 胡蘇河는 《太平寰宇記》에는 "滄州의 饒安과 無棣와 臨津 3縣에 있다."라고 하였고, 許商은 "東光에 있다."라고 하였다. 簡潔河는 《興地廣記》에 "臨津에 있다."라고 하였다. 鉤盤河는 《太平寰宇記》에 "樂陵의 동남쪽에 있으니, 德州의 平昌으로부터 흘러온다."라고 하였고, 《興地廣記》에는 "樂陵에 있다."라고 하였다. 鬲津河는 《太平寰宇記》에 "樂陵의 동쪽에 있으니, 서북쪽으로 흘러 饒安으로 들어간다."라고 하였고, 許商은 "鬲縣에 있다."라고 하였으며, 《興地廣記》에는 "無棣에 있다."라고 하였다. 太史河는 소재처를 알지 못하겠다.

自漢以來로 講求九河者甚詳이나 漢世近古로되 止得其三이러니 唐人이 集累世積傳之語하여 遂得其六하고 歐陽忞輿地記에 又得其一[28]이라 或新河而載以舊名하고 或一地而互爲兩說하니 要之컨대 皆似是而非하여 無所依據요 至其顯然謬誤者하여는 則班固以溝沱爲徒駭하니 而不知溝沱不與古河相涉이요 樂史는 馬頰을 乃以漢篤馬河로 當之니라 鄭氏는 求之不得일새 又以爲九河는 齊桓이 塞其八流以自廣이라하나 夫曲防은 齊之所禁[29]이니 塞河는 宜非桓公之所爲也니라 河水는 可塞이어니와 而河道를 果能盡平乎아 皆無稽考之言也라 惟程氏以爲九河之地는 已淪於海라하고 引碣石爲九河之證하여 以謂今滄州之地는 北與平州接境하여 相去五百餘里하니 禹之九河는 當在其地나 後爲海水淪沒이라 故로 其迹不存이라하니라

漢代 이후로 九河에 대한 연구가 매우 상세한 편이었으나 漢代는 옛날과의 거리가 가까웠는데도 단지 셋만을 찾아냈을 뿐이었는데, 唐나라 사람이 여러 대에 걸쳐 전해오는 말들을 모아서 드디어 여섯을 찾아냈으며, 歐陽忞의 《輿地廣記》에 또 그 하나를 찾아냈다. 그런데 혹은 새로운 河인데도 옛 이름으로 기재하기도 하고, 혹은 한 지역인데도 서로 두 가지 말을 하기도 하였으니, 결과적으로는 모두 옳은 것 같으나 옳지 못하므로 의거할 곳이 없으며, 드러난 오류로 말하면 班固는 溝沱河를

---

28 又得其一 : 一은 簡潔河를 가리킨다.

29 夫曲防 齊之所禁 : 魯 僖公 9년 葵丘에서 諸侯들이 모여 盟約할 때에 五霸의 하나인 齊 桓公이 막강한 세력을 가지고 다섯 가지 조약을 체결하였는데, 그중 하나가 '無曲防'으로서, 제방을 구부러지게 쌓아 샘을 막아서 물을 퍼 올려 이익을 독점함으로써 이웃 나라에 피해를 줄 수 없게 한 것을 가리킨다.

'徒駭'라 하였으니, 滹沱河는 옛 황하와 아무런 관계가 없다는 사실을 알지 못한 것이고, 樂史는 馬頬을 漢나라 적의 篤馬河에 해당시킨 점이다.

鄭氏는 찾아보아도 찾을 수 없자, 또 이르기를 "九河는 齊 桓公이 여덟 곳의 흐르는 물을 막아 스스로 땅을 넓힌 것이다."라고 하였는데, 〈물을 독차지하기 위해〉제방을 구불구불하게 쌓는 것은 齊나라가 금한 조항이니, 黃河를 막는 것은 응당 桓公이 하지 않았을 것이다. 河水는 막을 수 있으나 黃河의 물길을 모두 평평하게 할수 있겠는가. 이는 모두 근거가 없는 말이다. 오직 程氏만은 "九河 지역은 이미 바다 속에 잠겨버렸다."라고 하고서 碣石이 九河가 된 증거를 인용하여 "지금 滄州의 지역은 북쪽으로 平州와 접경하여 서로의 거리가 500여 리이니, 禹의 九河는 응당 이 지역에 있었을 것이나, 뒤에 바다 속에 잠겼기 때문에 그 자취가 남아있지 않다."라고 하였다.

方九河未沒於海之時엔 從今海岸하여 東北更五百里平地니 河播爲九는 在此五百里中이라 又上文言夾右碣石이라하니 則九河入海之處에 有碣石在其西北岸이라 九河는 水道變遷하여 難於推考로되 而碣石은 通趾頂皆石이니 不應仆沒이어늘 今兗冀之地에 旣無此石이요 而平州正南에 有山而名碣石者 尙在海中하니 去岸五百餘里요 卓立可見이니 則是古河自今以爲海處로 向北斜行하여 始分爲九니 其河道已淪入於海가 明矣라 漢王橫은 言昔天常連雨하고 東北風하여 海水溢西南하여 出浸數百里하니 九河之地는 已爲海水所漸이라하고 酈道元도 亦謂九河碣石이 苞淪於海라하니라 後世儒者는 知求九河於平地하고 而不知求碣石有無하여 以爲之證이라 故로 前後異說이 竟無歸宿이라 蓋非九河之地而强鑿求之하니 宜其支離而不能得也니라

九河가 아직 바다에 침몰되기 전에는 지금의 해안으로부터 동북쪽으로 다시 500리가 평지였으니, 하수가 나뉘어 아홉 가닥이 된 것이 이 500리 가운데에 있을 것이다. 또 윗글에 "오른쪽으로 碣石을 낀다."라고 말하였으니, 九河가 바다로 들어가는 곳에 碣石이 그 서북쪽 벼랑에 있었을 것이다. 九河는 물길이 변천했기 때문에 미루어 상고하기가 어려우나 碣石은 산기슭과 정상을 통틀어 모두가 돌이므로 쓰러지거나 침몰되지 않았을 텐데, 지금 兗州나 冀州 지역에 이미 이러한 돌이 없으며, 平州의 정남쪽에 '碣石'이라 부르는 산이 아직도 바다 속에 있는데, 〈滄州의〉江岸과 500여 리의 거리이며 우뚝 솟아서 볼 수가 있으니, 그렇다면 옛 황하가 지금 바다가 된 곳으로부터 북쪽으로 향해 비스듬히 흘러가서 비로소 나뉘어 아홉 갈래가 된 것이니, 황하의 물길이 이미 바다로 빠져 들어간 것이 분명하다.

漢나라의 王橫은 말하기를 "옛날에 하늘에서 계속 비가 내리고 동북풍이 불어 바닷물이 서남쪽으로 넘쳐서 수백 리를 침몰시켰으니, 九河 지역이 이미 바닷물에 침식이 된 것이다."라고 하고, 酈道元도 역시 "九河와 碣石이 바다에 둘러싸여 침몰되었다."라고 말하였다. 후세의 儒者들은 九河를 평지에서 찾을 줄만 알고, 碣石의 있고 없음을 찾아서 증거로 삼을 줄은 알지 못하였다. 그러므로 전후를 통하여 異說이 끝내 歸結되지 못하였다. 九河의 땅이 아닌 곳에서 억지로 천착하여 찾았으니, 지리멸렬하여 찾을 수 없는 것은 당연한 일이다.

字義 駭 : 놀랄 해 頰 : 뺨 협 覆 : 덮을 복 鬴 : 가마솥 부 鉤 : 갈고리 구 鬲 : 막을 격
寰 : 대궐담 환 饒 : 넉넉할 요 棣 : 아가위 체 滴 : 물방울 적 忞 : 강할 민 互 : 서로 호
沒 : 빠질 몰 播 : 뿌릴 파 仆 : 쓰러질 부 鑿 : 팔 착

14. 雷夏旣澤하니(하며)

雷夏가 이미 못 구실을 하니,

澤者는 水之鍾也라 雷夏는 地志에 在濟陰郡城陽縣西北이라하니 今濮州雷澤縣西北也라 山海經云 澤中有雷神하니 龍身而人頰하여 鼓其腹則雷라하니 然則本夏澤也어늘 因其神하여 名之曰雷夏也니라 洪水橫流而入于澤에 澤不能受하니 則亦泛濫奔潰라 故로 水治而後에 雷夏爲澤이라

澤은 물이 모인 것이다. 雷夏는 《漢書》〈地理志〉에 "濟陰郡 城陽縣 서북쪽에 있다."라고 하였으니, 지금의 濮州 雷澤縣 서북쪽이다. 《山海經》에 "못 가운데 雷神이 있으니 용의 몸에 사람의 얼굴을 하고 배를 두드리면 우레가 울렸다."라고 하였으니, 그렇다면 본래 夏澤이었으나 이 神으로 인하여 이름을 '雷夏'라고 한 것이다. 홍수가 마구 흘러 못으로 들어감에 못이 물을 받아들이지 못하니, 물이 또 범람하여 어지러이 흘렀다. 그러므로 물이 다스려진 이후에 雷夏가 못 구실을 하게 된 것이다.

字義 鍾 : 모일 종 濮 : 물이름 복 泛 : 넘칠 범 濫 : 넘칠 람 奔 : 치달릴 분 潰 : 무너질 궤

15. 灉沮會同[30]이로다

---

30 雷夏旣澤 灉沮會同 : 孔傳에서 이미 '雷夏'를 못 이름으로 보아 "雷夏가 이미 못 구실을 하니, 灉水와 沮水가 모여서 함께 〈이 못으로〉 흘러 들어간다."라고 풀이하였다.

灉水와 沮水가 모여서 함께 〈이 못으로〉 흘러 들어갔다.

灉沮는 二水名이라 灉水는 曾氏曰 爾雅에 水自河出爲灉이라하고 許愼云 河灉水는 在宋이라하고 又曰 汳水는 受陳留浚儀陰溝하여 至蒙爲灉水하여 東入于泗라하고 水經에 汳水出陰溝하여 東至蒙爲狙獲이라하니 則灉水는 卽汳水也라 灉之下流는 入于睢水하니라 沮水는 地志에 睢水出沛國芒縣이라하니 睢水其沮水歟아 晁氏曰 爾雅云 自河出爲灉이요 濟出爲濋라하니 求之於韻컨대 沮有楚音이요 二水는 河濟之別也라하니 二說이 未詳孰是라 會者는 水之合也요 同者는 合而一也라

灉과 沮는 두 물 이름이다. 灉水는 曾氏가 말하기를 "《爾雅》〈釋水〉에는 '물이 黃河로부터 나온 것을 '灉'이라 한다.'고 하였고, 許愼은 '黃河의 灉水는 宋에 있다.'고 하였으며, 또 '汳水는 陳留郡 浚儀縣의 陰溝를 받아 들이고 蒙에 이르러 灉水가 되어서 동쪽으로 泗水에 들어간다.'고 하였고, 《水經》에는 '汳水는 陰溝에서 나와 동쪽으로 蒙에 이르러 狙獲이 된다.'고 하였으니, 灉水가 곧 汳水이다. 灉水의 하류는 睢水로 들어간다. 沮水는 《漢書》〈地理志〉에 '睢水는 沛國의 芒縣에서 나온다.'고 하였으니, 睢水가 아마도 沮水인 듯하다."라고 하였다. 晁氏는 말하기를 "《爾雅》〈釋水〉에 '황하로부터 나온 것을 灉이라 하고, 濟水에서 나온 것을 濋라 한다.'고 하였으니, 韻에서 찾아보면 沮에는 楚의 音이 있으니, 두 물은 황하와 濟水의 구별이다."라고 하였다. 두 말이 누가 옳은지는 자세히 알 수 없다. 會는 물이 합치는 것이고, 同은 합쳐 하나로 흐르는 것이다.

字義 灉 : 물이름 옹   沮 : 물이름 저   泗 : 물이름 사   汳 : 물이름 반   溝 : 개천 구
狙 : 땅이름 처, 원숭이 저   獲 : 땅이름 권, 너구리 환   睢 : 물이름 수   沛 : 땅이름 패
濋 : 물넘쳐흐를 초   韻 : 음운 운

16. 桑土旣蠶하니 是降丘宅土로다

뽕나무가 잘 자라는 곳에 이미 누에를 칠 수 있게 되었으니, 이에 사람들이 丘陵으로부터 내려와 평지에 산다.

桑土는 宜桑之土라 旣蠶者는 可以蠶桑也라 蠶性惡(오)濕이라 故로 水退而後에 可蠶이라 然이나 九州皆賴其利로되 而獨於兗言之者는 兗地宜桑하니 後世之濮上桑間[31]에 猶可驗也라 地高曰丘라 兗地多在卑下하여 水害尤甚하여 民皆依丘陵以居러니 至是에 始得下居平地也라

桑土는 뽕나무가 잘 자라는 토질이다. 旣蠶이란 뽕잎으로 누에를 칠 수 있는 것

이다. 누에의 성질은 습기를 싫어한다. 그러므로 홍수가 물러간 뒤에 누에를 칠 수 있는 것이다. 그러나 九州가 모두 그 이익을 입었는데, 유독 兗州에서 이 점을 말한 이유는 兗州 지역이 뽕나무가 자라기에 알맞기 때문이니, 후세의 '濮上桑間'이란 말에서도 외려 이것을 징험할 수 있다. 땅이 높은 곳을 '丘'라 한다. 兗州 지역은 대부분 낮은 곳에 있어서 수해가 특히 심하므로 백성들이 모두 丘陵에 의지해 살았는데, 이때에 와서야 비로소 내려와 평지에 거주하게 된 것이다.

字義 蠶 : 누에 잠   惡 : 싫어할 오   濕 : 젖을 습   賴 : 힘입을 뢰   丘 : 언덕 구

17. 厥土는 黑墳[32]이니 厥草는 惟繇(요)요 厥木은 惟條로다

토질은 색깔이 검고 부풀어 오르니, 풀은 무성하고 나무는 자랐다.

墳은 土脈墳起也니 如左氏所謂祭之地에 地墳이 是也라 繇는 茂요 條는 長也라

墳은 土脈(土壤)이 부풀어 오르는 것이니, 《春秋》僖公 4년 조에서〉 左氏가 말한 "毒酒를 땅에 붓자 땅이 부풀어 올랐다."라는 것이 이것이다. 繇는 茂(무성하다)의 뜻이요, 條는 長(자라다)의 뜻이다.

○林氏曰 九州之勢는 西北多山하고 東南多水하니 多山則草木爲宜는 不待書也라 兗徐揚三州는 最居東南下流하여 其地卑濕沮洳하니 洪水爲患하여 草木不得其生이라가 至是에 或繇或條或夭或喬而或漸苞라 故로 於三州에 特言之하여 以見(현)水土平에 草木亦得遂其性也라

○林氏는 말하기를 "九州의 지세는 서북쪽은 산이 많고 동남쪽은 물이 많으니, 산이 많으면 초목이 잘 자란다는 점은 굳이 적을 필요가 없는 것이다. 兗州·徐州·揚州 등 세 州는 가장 동남쪽의 하류에 위치해 있어 그 땅들이 비습하고 질퍽하므로 홍수가 해를 입혀서 초목이 제대로 생장하지 못하였다가, 이때에 와서 무성하기도 하고 가지가 뻗기도 하고, 여리게 자라 싱싱하기도 하고 높게 자라기도 하고 점점 덤불을 이루기도 하였다. 그러므로 이 세 州에서 특별히 말하여 水土가 다스려짐에 초목 또한 그 본성을 이룰 수 있게 되었음을 나타낸 것이다."라고 하였다.

---

31   濮上桑間 : '濮水 위 桑林 사이'란 뜻이다. 《禮記》〈樂記〉에 "桑間濮上의 音은 亡國의 音이다.〔桑間濮上之音 亡國之音〕"라는 말이 보인다.

32   墳 : 孔傳은 〈흙이〉 부풀어 일어나는 것〔墳起〕으로, 韋昭는 '起'의 뜻으로, 馬融은 〈땅이〉 걸차는 것〔膏肥〕으로 풀이하였다.

字義 繇 : 무성할 요　條 : 자랄 조　濕 : 젖을 습　沮 : 축축할 저　洳 : 축축할 여　夭 : 고을 요
　　　喬 : 높을 교　苞 : 덤불 포

18. 厥田은 惟中에 下요 厥賦는 貞[33]이로소니 作十有三載라사 乃同이로다

厥田의 등급은 中에 下요, 賦의 등급은 貞(正則)이니, 13년을 다스려야 다른 州와 똑같게 되리로다.

田은 第六等이요 賦는 第九等이라 貞은 正也라 克賦最薄하니 言君天下者는 以薄賦爲正也라 作十有三載乃同者는 兗當河下流之衝하여 水激而湍悍하고 地平而土疎하여 被害尤劇하니 今水患雖平이나 而卑濕沮洳는 未必盡去하고 土曠人稀하여 生理鮮少하니 必作治十有三載然後에 賦法同於他州라 此는 爲田賦而言이라 故로 其文屬於厥賦之下라 先儒는 以爲禹治水所歷之年이라하고 且謂此州治水 最在後畢하여 州爲第九成功이라하고 因以上文厥賦貞者로 謂賦亦第九가 與州正爲相當이라하니 殊無意義라 其說非是[34]니라

────────────────

33 貞 : 孔傳이 正의 뜻으로 보아 "州가 제9등급이니, 賦는 '正'으로서 9등급의 州와 서로 걸맞게 했다.〔州第九 賦正與九相當〕"라고 풀이하자, 孔疏는 "그 賦 또한 제9등급이 되므로 賦를 九州의 차등에 배열하여 제9등급의 州와 서로 걸맞게 했다.〔其賦亦爲第九 列賦於九州之差 與第九相當〕"라고 부연 설명하였는데, 林之奇(《尙書全解》)는 "응당 先儒(孔安國)의 說을 따라야 한다.〔當從先儒之說〕"라고 하였다.
　　夏僎(《尙書詳解》)은 "孔氏(孔安國)는 〈貞을〉 正의 뜻으로 보아 '州가 제9등급이니, 賦가 제9등급인 것은 州와 서로 걸맞다.'고 하였는데, 唐나라 孔氏(孔穎達)는 확대 해석하기를 '이 州(兗州)의 治水가 가장 뒤에 끝났으므로 州가 제9번째 공을 이루게 된 셈이니, 賦 또한 제9인 것은 州와 서로 걸맞기 때문에 「貞」이라 한 것이다.'라고 하였다. 曾氏는 '賦가 제9등급이니, 賦를 매긴 것이 가장 薄하다. 天下에 임금 노릇 하는 이는 부세를 박하게 매기는 것을 貞(正則)으로 삼기 때문에 문법을 변경해서 「貞」이라 한 것이다.'라고 하였으니, 이 두 說은 모두 '貞'을 제9등급의 賦로 여긴 것이지만, 요컨대 孔氏는 曾氏의 간단명료하게 풀이한 說만 못하다.〔孔氏云 正也 州第九 賦第九 與州相當 唐孔氏 廣之云 此州治水最後畢 州爲第九成功 賦亦第九 與州適相當 故云貞 曾氏謂 賦第九 所賦最薄 君天下者 以薄賦爲貞 故變文云貞 此二說 皆以貞爲第九之賦 要之 孔氏不若曾氏之說簡易也〕"라고 하였다.
　　蘇軾(《書傳》)은 "賦는 응당 田의 高下에 따라야 하니, 이것이 그 正의 뜻이다.〔賦當隨田高下 此其正也〕"라고 하였는데, 陳經(《尙書詳解》)은 蘇軾의 說이 孔安國의 說보다 나은 것으로 평가하였다. 貞을 孔傳과 蔡傳이 다같이 正의 뜻으로 풀이하였으나 孔傳은 州의 등급과 걸맞은 9등급의 뜻으로 보고 蔡傳은 正則의 뜻으로 본 점이 달랐다.

34 先儒……其說非是 : 朴世堂은 "朱子가 '禹의 홍수를 다스림은 먼저 낮은 곳으로부터 했다.……'고 하였는데, 蔡傳은 이를 따랐다. 그 '旣載壺口'에 대한 傳에서 '禹가 홍수를 다스릴 때 공사를 하는 순서는 모두 下流로부터 시작하였다. 그러므로 '冀州' 다음은 兗州, 靑州……순이었으니, 兗州가 가장 지역이 낮았기 때문에 먼저 공사를 하였고, 〈雍州가 가장 지역이 높기 때문에〉 맨

田은 제6등급이고 賦는 제9등급이다. 貞은 正의 뜻이다. 兗州는 賦稅가 가장 박하니 天下에 임금 노릇 하는 이는 賦稅를 박하게 함을 '正則'으로 삼는 점을 말한 것이다. "13년을 다스려야 다른 州와 똑같게 된다."는 것은 兗州는 黃河 하류의 물결이 충돌하는 곳에 해당하여, 물이 격동하고 여울이 사나우며, 지대가 평지이고 흙이 거칠어서 피해가 더욱 심하니, 지금 수해가 비록 다스려졌다 해도 비습하고 질퍽함은 반드시 다 제거되지 못했을 뿐더러, 땅은 넓고 인구는 적어서 살아가기가 무척 힘드니, 반드시 13년을 다스린 뒤에야 부세를 다른 州와 똑같이 부과할 수 있다는 것이다. 이는 田賦를 위해 말하였기 때문에 그 글을 '厥賦'의 아래쪽에 붙인 것이다. 〈13년을〉 先儒는 '禹가 홍수를 다스리는 데 걸린 햇수'라고 하고, 또 '이 州의 홍수 다스리는 일이 가장 뒤에 끝나서 州가 아홉 번째로 공을 이루었다.' 하고, 따라서 윗글의 '厥賦貞'이란 것에 대하여 '賦 또한 제9등급이어서 州正(州의 9등급)과 서로 걸맞게 했다.'고 하였는데, 이는 자못 의의가 없는 것이라 그 말이 옳지 않다.

字義 貞 : 정칙 정　載 : 해 재　衝 : 충돌할 충　激 : 격동할 격　湍 : 여울 단　悍 : 사나울 한
劇 : 심할 극　曠 : 넓을 광　稀 : 드물 희

19. 厥貢은 漆絲요 厥篚[35]는 織文이로다

貢物은 옻칠과 生絲요, 광주리에 담아서 바치는 물건은 무늬가 있는 직물이었다.

貢者는 下獻其土所有於上也라 兗地는 宜漆宜桑이라 故로 貢漆絲也라 篚는 竹器니 筐屬也라 古者에 幣帛之屬을 則盛之以筐篚而貢焉하니 經曰 篚厥玄黃[36]이 是也라 織

뒤에 공사를 하였던 것이다.'라고 하였으니, 그 師說에서 얻은 것이 이와 같았다. 그러나 단지 師說을 지킬 줄만 알고 어떻게 해야 할 줄은 몰랐기 때문에 이와 같은 오류를 면치 못하고, 도리어 先儒를 그르다고 하였는데, 先儒의 말은 하나도 그른 점이 없다. 무릇 홍수를 다스려 그 공을 이루자면, 반드시 낮은 곳을 먼저하고 높은 곳을 뒤에 하며, 하류를 먼저하고 상류를 뒤에 하며, 물이 빠질 때에 가서 그 공을 거두려면, 또 반드시 높은 곳을 먼저하고 낮은 곳을 뒤에 하는 것이니, 이 일은 쉽게 볼 수 있는 것이건만, 蔡氏만이 생각지 못한 것이다.〔朱子以爲禹之治水 先從低處……蔡傳從之 其旣載壺口之傳曰 禹治水施功之序 則皆自下流始 故 次兗次靑……最下 故所先 其所得於師說者如此 然但知師說之可守 而不知其所以謂 故又不免有此誤 乃反以先儒爲非 先儒之言 亦未嘗非也 夫治水而致其功者 必先低而後高 先下流而後上流 及其水落而收其功 則又必高先而低後 上流先而下流後 此事之易見者 而蔡氏獨未之思也〕"라고 하였다.《思辨錄》)

35　篚 : 광주리. 대그릇으로서 方形은 '筐', 圓形은 '篚'이다.

36　篚厥玄黃 : 〈武成〉에 "士女들이 검은 비단과 누런 비단을 광주리에 담아서〔惟其士女篚厥玄黃〕"라고 보인다.

文者는 織而有文이니 錦綺之屬也라 以非一色이라 故로 以織文總之라 林氏曰 有
貢又有篚者는 所貢之物을 入於篚也[37]라하니라

貢은 아랫사람이 그 지역에 나오는 물품을 윗사람에게 바치는 것이다. 兗州 지역
은 옻나무와 뽕나무가 잘 자라므로 옻칠과 생사를 바친 것이다. 篚는 대나무로 만
든 그릇이니, 광주리 등속이다. 옛날에 幣帛 등속을 광주리에 담아서 바쳤으니, 經
에서 말한 "篚厥玄黃"이 이것이다. 織文은 직물에 무늬가 있는 것이니, 錦·綺 등속
이다. 한 가지 색깔이 아니기 때문에 '織文'을 가지고 총괄한 것이다. 林氏는 말하기
를 "貢이 있고 또 篚가 있는 것은 바칠 물건을 광주리에 넣은 것이다."라고 하였다.

字義 篚 : 광주리 비   織 : 짤 직   筐 : 광주리 광   盛 : 담을 성   綺 : 비단 기

20. 浮于濟漯(탑)하여 達于河하나니라

濟水와 漯水에 배를 띄워 黃河에 도달하였다.

舟行水曰浮라 漯者는 河之枝流也라 兗之貢賦를 浮濟浮漯하여 以達於河也라 帝
都冀州는 三面距河하니 達河則達帝都矣라 又按地志曰 漯水는 出東郡東武陽하여
至千乘하여 入海라하고 程氏는 以爲此乃漢河니 與漯殊異라하니라 然이나 亦不能明
言漯河[38]所在하니 未詳其地也[39]라

배가 물에 떠가는 것을 '浮'라고 한다. 漯은 黃河의 枝流이다. 兗州의 貢賦를 실은
배를 濟水와 漯水에 띄워서 黃河에 도달한 것이다. 帝都인 冀州는 三面이 黃河와
접해 있으니, 黃河에 도달하면 바로 帝都에 도달한 것이다. 또 살펴보건대,《漢書》
〈地理志〉에는 "漯水는 東郡의 東武陽縣에서 나와 千乘縣에 이르러 바다로 들어간
다."라고 하였고, 程氏(程大昌)는 "이것은 바로 漢河이니, 漯水와는 영 다르다."라고
하였다. 그러나 또한 漯河의 소재처를 분명히 말하지 않았으니, 그 지역을 상세히

---

37 古者……入於篚也 : 林之奇의《尙書全解》에 있는 "有貢又有篚 乃入貢之物 盛於篚爲貢也 古者
幣帛之屬 皆盛於篚 蘇氏引篚厥玄黃爲證是也 織文者 錦繡之屬 曾氏曰 織文因織而有文者 錦
繡之屬不一 故言織文以包之"를 적절하게 배열한 것이다.

38 漯河 : 一名 '源河'라고도 하고 세속에서는 또 '土河'라고 했다고 한다.

39 程氏……未詳其地也 :《欽定書經傳說彙纂》에서는 "蔡傳은……程大昌이 '이 河는 바로 漢河이
지, 원래 禹의 河가 아니다.'란 말을 잘못 해석하여 끝내 漯水의 소재처를 알지 못했다.(蔡傳……
誤解程大昌此河乃漢河 元非禹河之語 竟不知漯水所在)"라고 하였다.《欽定書經傳說彙纂》에서는 "漯
水가 본래 漢代의 高唐縣에서 나와서 千乘縣에 이르러 바다로 들어가는 것으로 비정하고 있다.

알지 못하겠다.

字義 浮 : 뜰 부   濟 : 물이름 제   漯 : 물이름 탑   達 : 도달할 달

21. 海岱에 惟靑州라

바다와 岱山 사이에 靑州가 자리잡고 있다.

靑州之域은 東北至海하고 西南距岱라 岱는 泰山也니 在今襲慶府奉符縣西北
三十里라

　靑州 지역은 동북쪽으로 바다에 이르고, 서남쪽으로 岱山에 이른다. 岱는 泰山이
니, 지금의 襲慶府 奉符縣 서북쪽 30리 지점에 있다.

字義 襲 : 옷껴입을 습   符 : 병부 부

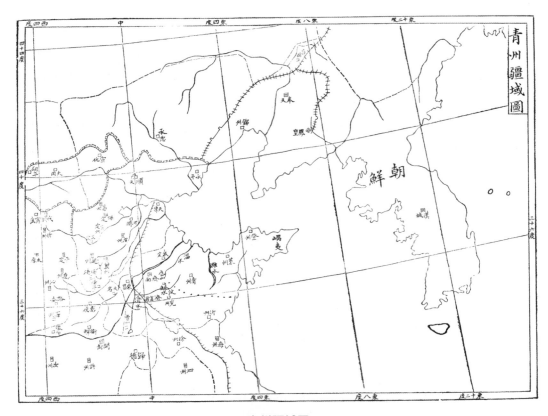

靑州疆域圖

22. 嵎夷旣略[40]하니

嵎夷가 이미 다스려졌으니,

嵎夷는 薛氏曰 今登州之地라하니라 略은 經略하여 爲之封畛也라 卽堯典之嵎夷라

嵎夷는 薛氏가 "지금의 登州 지역이다."라고 하였다. 略은 다스려서 두둑을 만드는 것이다. 곧 〈堯典〉의 嵎夷인 것이다.

字義　嵎 : 해돋는 곳 우　略 : 다스릴 략

23. 濰淄其道하도다

濰水와 淄水가 〈예전의〉 물길을 따랐다.

濰淄는 二水名이라 濰水는 地志云 出瑯琊郡箕縣이라하니 今密州莒縣東北濰山也요 北至都昌하여 入海라하니 今濰州昌邑也라 淄水는 地志云 出泰山郡萊蕪縣原山이라하니 今淄州淄川縣東南七十里原山也요 東至博昌縣하여 入濟라하니 今靑州壽光縣也라 其道者는 水循其道也라 上文言旣道者는 禹爲之道也[41]요 此言其道者는 泛濫旣去에 水得其故道也라 林氏曰 河濟下流는 兗受之하고 淮下流는 徐受之하고 江漢下流는 揚受之라 靑雖近海나 然不當衆流之衝이라 但濰淄二水 順其故道면 則其功畢矣니 比之他州에 用力最省(생)者也라하니라

濰와 淄는 두 물 이름이다. 濰水는 《漢書》〈地理志〉에 "琅琊郡 箕縣에서 나온다."라고 하였으니, 지금의 密州 莒縣 동북쪽에 있는 濰山이고, "북쪽으로 昌都에 이르러 바다로 들어간다."라고 하였으니, 지금의 濰州 昌邑이다. 淄水는 《漢書》〈地理志〉에 "泰山郡 萊蕪縣 原山에서 나온다."라고 하였으니, 지금의 淄州 淄川縣 동남쪽 70리 지점에 있는 原山이고, "동쪽으로 博昌縣에 이르러 濟水로 들어간다."라고 하였으니, 지금의 靑州 壽光縣이다. 其道는 물이 그 물길을 따르는 것이다. 윗글에서 말한 '旣道'는 禹가 낸 물길이고, 여기에서 말한 '其道'는 범람한 해독이 이미 제거되자 물이 그 옛길을 찾은 것이다.

林氏는 말하기를 "河水와 濟水의 하류는 兗州에서 받고, 淮水의 하류는 徐州에

40　略 : 孔傳은 "공(노력)을 적게 들인 것을 '略'이라 한다.〔用功少曰略〕"로 풀이하였다.

41　上文言旣道者 禹爲之道也 : 箕州의 九河旣道에 대한 蔡傳에서는 "旣道者 旣順其道也"라고 풀이하였다.

서 받고, 江水와 漢水의 하류는 揚州에서 받는다. 靑州는 비록 바다와 가깝지만 여러 물에 충돌을 당하지 않는다. 濰水와 淄水 두 물만이 옛 길을 따르면 그 功이 끝나니, 다른 州에 비해서 힘이 가장 적게 든 것이다.”라고 하였다.

字義 濰 : 물이름 유   淄 : 물이름 치   瑯 : 땅이름 랑   琊 : 땅이름 야   箕 : 키 기   莒 : 감자 거
蕪 : 거칠 무

24. 厥土는 白墳이니 海濱은 廣斥이로다

토질은 색깔이 희고 부풀어 오르니, 바닷가는 넓고 염분이 많은 갯벌이었다.

濱은 涯也니 海涯之地는 廣漠而斥鹵라 許愼曰 東方謂之斥이요 西方謂之鹵니 斥鹵는 鹹地可煮爲鹽者也라하니라

濱은 涯의 뜻이니, 바닷가의 땅은 넓고 염분이 있다. 許愼이 말하기를 “〈갯벌을〉 東方에서는 ‘斥’이라 이르고 西方에서는 ‘鹵’라 이르는데, 斥鹵는 염분이 있는 땅으로 소금을 구울 수 있는 것이다.”라고 하였다.

字義 斥 : 갯벌 척   涯 : 물가 애   漠 : 멀 막   鹵 : 소금밭 로   鹹 : 짤 함   煮 : 구울 자   鹽 : 소금 염

25. 厥田은 惟上에 下요 厥賦는 中에 上이로다

田의 등급은 上에 下요, 賦의 등급은 中에 上이다.

田은 第三이요 賦는 第四也라

田의 등급은 제3등급이고, 賦의 등급은 제4등급이다.

26. 厥貢은 鹽絺요 海物은 惟錯이로다 岱畎에 絲枲와 鉛松과 怪石이로다 萊夷[42]作牧하니 厥篚는 檿絲로다

貢物은 소금과 가는 갈포요, 해물은 여러 가지를 섞어서 바친다. 岱山의 골짜기에서 나오는 것은 生絲와 모시와 납과 소나무와 괴이한 돌들이다. 萊州의 오랑캐가 방목을 하니, 광주리에 담아서 바치는 물건은 산뽕나무에서 나오는 生絲였다.

---

42 萊夷 : 孔傳은 地名으로 보았는데, 《尙書注疏考證》에서는 “孔傳에서 단지 지명이라고만 한 것은 잘못이다.〔孔傳但謂地名非也〕”라고 하였으니, ‘萊州의 오랑캐’라고 하지 않은 점을 문제 삼은 것이다. 蔡傳은 萊州 지역의 오랑캐로 보았다.

鹽은 斥地所出이라 絺는 細葛也라 錯은 雜也니 海物非一種이라 故로 曰錯이라하니라
林氏曰 旣總謂之海物이면 則固非一物矣라 此與揚州齒革羽毛惟木으로 文勢正
同이라 錯은 蓋別爲一物이니 如錫貢磬錯之錯이라하니 理或然也라 畎은 谷也니 岱
山之谷也라 枲는 麻也라 怪石은 怪異之石也라 林氏曰 怪石之貢은 誠爲可疑니
意其必須以爲器用之飾하여 而有不可闕者요 非特貢其怪異之石하여 以爲玩
好也라하니라 萊夷는 顔師古曰 萊山之夷라하니라 齊有萊侯萊人하니 卽今萊州之
地[43]라 作牧者는 言可牧放이니 夷人以畜牧爲生也라 檿은 山桑也니 山桑之絲는
其靭이 中琴瑟之絃이라 蘇氏曰 惟東萊爲有此絲하니 以之爲繒이면 其堅靭異常하니
萊人謂之山繭이라하니라

鹽은 염분이 있는 땅에서 나오는 소금이다. 絺는 가는 갈포이다. 錯은 雜(섞다)의
뜻이니, 해물이 한 종류가 아니므로 '錯'이라 말한 것이다. 林氏는 말하기를 "일단
총괄하여 '해물'이라고 일렀으면 진실로 한 물건이 아닌 것이다. 이는 揚州의 '齒革
羽毛惟木'과 文勢가 서로 같다. 錯은 별도로 한 물건이 되니, '錫貢磬錯'의 '錯'(숫돌)
과 같다."라고 하였으니, 이치상 혹 그럴 듯하다.

畎은 골짜기이니, 岱山의 골짜기이다. 枲는 麻(삼)의 뜻이다. 怪石은 괴이한 돌이
다. 林氏는 말하기를 "怪石을 바치는 것은 진실로 의심쩍은 일이니, 짐작컨대 필시
그릇을 꾸미는 재료로 썼기 때문에 없어서는 안 될 것이었고, 단지 괴이한 돌을 바
쳐서 노리개로 삼은 것은 아니었을 것이다."라고 하였다.

萊夷는 顔師古는 말하기를 "萊山의 夷狄이다."라고 하였다. 齊나라에 萊侯와 萊
人이 있었으니, 바로 지금의 萊州 지역이다. 作牧은 방목할 수 있음을 말한 것이니,
夷狄은 목축을 생업으로 삼았다.

檿은 산뽕나무이니, 산뽕나무 生絲는 그 질김이 거문고와 비파 줄을 만드는 데 적
합하다. 蘇氏가 말하기를 "오직 東萊에만 이러한 生絲가 있으니, 이것으로 비단을
만들면 견고하고 질겨서 보통 것과 다르다. 萊人들이 이것을 '山繭'이라 한다."라고
하였다.

字義 絺 : 가는 갈포 치　錯 : 섞을 착　畎 : 골짝 견　枲 : 모시 시　鉛 : 납 연　怪 : 괴이할 괴
　　　檿 : 산뽕나무 엄　葛 : 칡 갈　錫 : 바칠 석　貢 : 바칠 공　磬 : 경쇠 경　錯 : 숫돌 착

43　卽今萊州之地 : 《書經傳說彙纂》에서는 "黃縣에 萊山이 있으니 곧 이 땅의 夷狄인 듯하다. 蔡傳
　　은 '萊夷'를 지금의 萊州 지역으로 여겼는데, 〈禹貢〉의 '萊夷' 땅은 유독 萊州府만이 아니었을 것
　　이다.〔黃縣有萊山 恐卽此地之夷 蔡傳以萊夷爲今萊州之地 禹貢萊夷地 不獨萊州府矣〕"라고 하였다.

玩 : 노리개 완　朄 : 질길 인　絃 : 줄 현　繒 : 비단 증　繭 : 고치 견

27. 浮于汶하여 達于濟하나니라

〈貢賦를 실은 배를〉 汶水에 띄워 濟水에 도달한다.

汶水는 出泰山郡萊蕪縣原山하니 今襲慶府萊蕪縣也요 西南入濟하니 在今鄆州中都縣也라 蓋淄水는 出萊蕪原山之陰하여 東北而入海하고 汶水는 出萊蕪原山之陽하여 西南而入濟라 不言達河者는 因於兗也일새라

汶水는 泰山郡 萊蕪縣 原山에서 나오니 지금의 襲慶府 萊蕪縣이며, 서남쪽으로 濟水에 들어가니 지금의 鄆州 中都縣에 있다. 淄水는 萊蕪縣의 原山 북쪽에서 나와 동북쪽으로 바다로 들어가고, 汶水는 萊蕪縣의 原山 남쪽에서 나와 서남쪽으로 濟水로 들어간다. 黃河에 도달한 점을 말하지 않은 것은 兗州를 따랐기 때문이다.

字義　鄆 : 땅이름 운　因 : 따를 인

28. 海岱及淮에 惟徐州라

바다와 岱山과 淮水 사이에 徐州가 자리잡고 있다.

徐州之域은 東至海하고 南至淮하고 北至岱而西不言濟者는 岱之陽濟東은 爲徐요 岱之北濟東은 爲靑이니 言濟면 不足以辨이라 故로 略之也라 爾雅에 濟東曰徐州者는 商無靑하여 幷靑於徐也요 周禮에 正東曰靑州者는 周無徐하여 幷徐於靑也라 林氏曰 一州之境은 必有四至[44]어늘 七州皆止二至[45]는 蓋以隣州互見(현)이나 至此州에 獨載其三邊者는 止言海岱則嫌於靑이요 止言淮海則嫌於揚이라 故로 必曰海岱及淮而後에 徐州之疆境이 始別也라

徐州 지역은 동쪽으로는 바다에 이르고 남쪽으로는 淮水에 이르고 북쪽으로는 岱山에 이르는데, 서쪽으로 濟水를 말하지 않은 것은 岱山의 남쪽과 濟水의 동쪽은 徐州이고, 岱山의 북쪽과 濟水의 동쪽은 靑州이니, 濟水를 말하면 족히 변별할 수 없기 때문에 생략한 것이다. 《爾雅》〈釋水〉에서 濟水의 동쪽을 '徐州'라고 한 것은 商나라는 靑州를 없애어 靑州 지역을 徐州에 겸병하였기 때문이고, 《周禮》〈夏官

44　四至 : 소유지나 경작지 등 동서남북의 경계를 가리킨다.

45　二至 : 동서남북의 경계 중 두 방면의 경계만을 가리킨다.

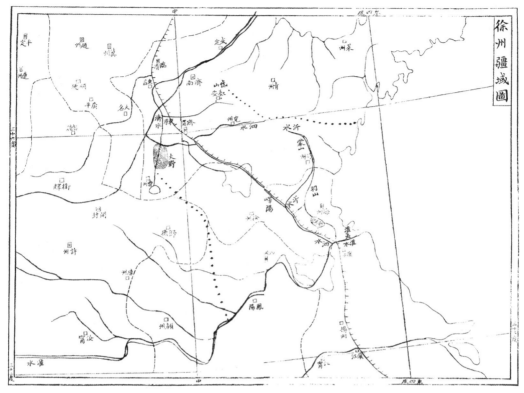

徐州疆域圖

職方氏〉에서 正東을 '靑州'라고 한 것은 周나라는 徐州를 없애어 徐州 지역을 靑州
에 겸병하였기 때문이다.

　　林氏는 말하기를 "한 州의 지경에는 반드시 네 방면의 경계가 있기 마련인데, 7州
에 모두 두 방면의 경계만을 말한 것은 이웃 고을을 가지고 보면 서로 나타나기 때
문이다. 그러나 이 徐州에 와서 유독 세 방면의 경계를 기재한 것은 단지 바다와 岱
山만을 말하면 靑州와 헷갈리고, 단지 淮水와 바다만을 말하면 揚州와 헷갈린다.
그러므로 반드시 바다와 岱山 및 淮水를 말한 뒤에야 徐州의 경계가 비로소 구별되
는 것이다."라고 하였다.

　字義　略 : 생략할 략　載 : 기재할 재　嫌 : 헷갈릴 혐

29. 淮沂其乂하니

　淮水와 沂水가 다스려지니,

淮沂는 二水名이라 淮는 見(현)導水라 曾氏曰 淮之源은 出于豫之境하고 至揚徐之
間始大하니 其泛濫爲患이 尤在於徐라 故로 淮之治를 於徐言之也라하니라 沂水는
地志云 出泰山郡蓋縣艾山이라하니 今沂州沂水縣也라 南至于下邳하고 西南而入
于泗라 曾氏曰 徐州에 水以沂名者非一이니 酈道元謂 水出尼丘山西北하여 徑
魯之雩門도 亦謂之沂水라하고 水出太公武陽之冠石山도 亦謂之沂水[46]라하나 而
沂水之大는 則出於泰山也라하니라 又按 徐之水는 有泗하고 有汶하고 有汴하고 有
濉이로되 而獨以淮沂言者는 周職方氏에 靑州는 其川淮泗요 其浸沂沭이라하니라
周無徐州하여 兼之於靑하니 周之靑은 即禹之徐라 則徐之川이 莫大於淮니 淮乂면
則自泗而下凡爲川者를 可知矣요 徐之浸이 莫大於沂니 沂乂면 則自沭而下凡爲
浸者를 可知矣리라

淮와 沂는 두 물 이름이다. 淮는 ‘導水’ 쪽에 보인다. 曾氏는 말하기를 “淮水의 근
원은 豫州의 경내에서 나오고 揚州와 徐州 사이에 이르러서 비로소 커지니, 범람의
폐해가 徐州에서 더욱 발생하였다. 그러므로 淮水를 다스리는 일을 徐州에서 말한
것이다.”라고 하였다. 沂水는 《漢書》〈地理志〉에 “泰山郡 蓋縣 艾山에서 나온다.”
라고 하였으니 지금의 沂州 沂水縣인데, 남쪽으로 下邳에 이르러 서남쪽으로 泗水
로 들어간다.

曾氏는 말하기를 “徐州에서 물을 ‘沂’로 이름한 것이 한둘이 아니니, 酈道元은 ‘물
이 尼丘山 서북쪽에서 나와 魯나라 때의 雩門을 거쳐 흐르는 것도 ‘沂水’라 한다.’고
하였고, ‘물이 太公 武陽의 冠石山에서 나온 것을 또한 ‘沂水’라 한다.’고 하였으나
沂水의 큰 것은 泰山에서 나온다.”라고 하였다.

또 살펴보건대, 徐州의 물에는 泗水·汶水·汴水·濉水가 있는데, 유독 淮水와 沂
水만을 말한 것은 《周禮》〈夏官 職方氏〉에 “靑州의 하천으로는 淮水와 泗水이고,
호수로는 沂水와 沭水이다.”라고 하였기 때문이다. 周나라는 徐州를 없애고 靑州
에 겸병하였으니, 周나라 때의 靑州는 바로 禹임금 때의 徐州이다. 그렇다면 徐州
의 하천으로는 淮水보다 큰 것이 없으니, 淮水가 다스려졌다면 泗水로부터 이하의
모든 하천이 다스려졌음을 알 수 있으며, 徐州의 호수는 沂水보다 더 큰 것이 없으

---

46 沂水……亦謂之沂水 : 淸代 徐文靖은 “蔡傳에서 艾山이 蓋縣에 있다고 해서 沂水가 나온다고
한 것은 틀린 말이다. 《漢書》〈地理志〉에서는 ‘冠石山은 洛水가 나오는 곳이다.’라고 하였으니,
이에 의거하면 冠石山에서 나온 것은 洛水인데, 曾氏가 ‘沂水’라고 한 것은 틀린 말이고, 蔡傳에
서 한만하게 인용한 것도 틀린 일이다.〔蔡傳以艾山在蓋縣沂水出誤矣 地理志曰 冠石山洛水所出 據此
則出冠石者洛水 曾氏以爲沂水誤 蔡傳漫引之亦誤〕”라고 하였다.(《管城碩記》)

니, 沂水가 다스려졌다면 沭水로부터 이하의 모든 호수가 다스려졌음을 알 수 있을 것이다.

字義 乂: 다스릴 예　邳: 클 비　徑: 거칠 경　雩: 기우제 우　汴: 물이름 변　潔: 물이름 곽
沭: 물이름 술

30. 蒙羽其藝하도다

蒙山과 羽山이 곡종을 심을 수 있게 되었다.

蒙羽는 二山名이라 蒙山은 地志에 在泰山郡蒙陰縣西南이라하니 今沂州費縣也요
羽山은 地志에 在東海郡祝其縣南이라하니 今海州朐山縣也라 藝者는 言可種藝也라

　蒙과 羽는 두 산 이름이다. 蒙山은 《漢書》〈地理志〉에 "泰山郡 蒙陰縣 서남쪽에 있다."라고 하였으니, 지금의 沂州 費縣이며, 羽山은 《漢書》〈地理志〉에 "東海郡 祝其縣 남쪽에 있다."라고 하였으니, 지금의 海州 朐山縣이다. 藝는 곡식을 심을 수 있음을 말한 것이다.

字義 藝: 심을 예　朐: 멀 구　種: 심을 종

31. 大野旣豬(瀦)하니

大野澤에 이미 물이 모였다가 다시 흐르니,

大野는 澤名이니 地志에 在山陽郡鉅野縣北이라하니 今濟州鉅野縣也라 鉅는 卽大
也라 水蓄而復流者를 謂之豬라 按水經에 濟水至乘氏縣하여 分爲二하여 南爲菏하고
北爲濟라 道元謂 一水는 東南流하고 一水는 東北流하여 入鉅野澤이라하니 則大野는
爲濟之所絕하니 其所聚也大矣라 何承天曰 鉅野廣大하여 南導洙泗하고 北連淸
濟라하니 徐之有濟를 於是乎見이라 又鄆州中都西南에 亦有大野陂하니 或皆大野
之地也라

　大野는 못의 이름인데, 《漢書》〈地理志〉에 "山陽郡 鉅野縣 북쪽에 있다."라고 하였으니, 지금의 濟州 鉅野縣이다. 鉅는 곧 大의 뜻이다. 물이 모였다가 다시 흐르는 것을 '豬'라 이른다. 《水經》을 살펴보면, 濟水가 乘氏縣에 이르러 둘로 나뉘어서 남쪽은 菏水가 되고 북쪽은 濟水가 된 것이다.

　酈道元은 이르기를 "물 한 줄기는 동남쪽으로 흐르고 물 한 줄기는 동북쪽으로 흘러 鉅野澤으로 들어간다."라고 하였으니, 大野는 濟水가 끊기는 곳이 되니, 물의

모인 바가 크다. 何承天은 "鉅野가 광대하여 남쪽으로는 洙水와 泗水를 인도하고 북쪽으로는 淸水·濟水와 연결된다."라고 말하였으니, 徐州에 濟水가 있는 것을 여기에서 볼 수 있다. 또 鄆州의 中都 서남쪽에 또한 大野陂가 있으니, 혹시 이 모두가 大野 지역인 듯하다.

字義 豬:둑 저   鉅:클 거   蓄:모일 축   荷:물이름 하   陂:둑 피

32. 東原이 底(지)平⁴⁷하도다

東原이 다스려진 시점에 접어들었다.

東原은 漢之東平國이니 今之鄆州也라 晁氏曰 東平은 自古多水患하여 數(삭)徙其城이라 咸平⁴⁸中에 又徙城於東南하니 則其下濕을 可知라하니라 底平者는 水患已去하여 而底於平也라 後人이 以其地之平이라 故로 謂之東平이라하니라 又按 東原은 在徐之西北이언만 而謂之東者는 以在濟東故也라 東平國은 在景帝에 亦謂濟東國云하니 益知大野東原이 所以志濟也라

東原은 漢나라 때의 東平國이니, 지금의 鄆州이다. 晁氏는 "東平國이 예로부터 수해가 많았기 때문에 자주 城을 옮겼다. 咸平年間에 또다시 동남쪽으로 城을 옮겼으니, 이 지역이 저습지대란 것을 알 수 있다."라고 하였다. 底平은 수해가 이미 제거되어 다스려진 시점에 접어든 것이다. 후인들은 그 지역이 평평하기 때문에 '東平'이라 일렀다. 또 살펴보면 東原이 사실 徐州의 서북쪽에 있건만, '東'이라고 말한 것은 濟水의 동쪽에 있기 때문이다. 東平國은 漢 景帝 때에 또한 '濟東國'이라 하였으니, 大野와 東原은 濟水를 표시하기 위한 것임을 더욱 알 수 있다.

字義 底:이를 지   數:자주 삭   徙:옮길 사   濕:젖을 습

33. 厥土는 赤埴墳이니 草木은 漸包로다

토질은 색깔이 붉으면서 차지고 부풀어 오르니, 초목이 점점 자라 우거졌다.

土黏曰埴이니 埴은 膩也라 黏泥如脂之膩也라 周有搏埴之工⁴⁹하고 老氏言 埏埴以

---

47 底平 : 孔傳은 '底'를 致의 뜻으로 보아 "공을 들여 다스려졌다.(致功而平)"라고 풀이하였다. 蔡傳은 '底'를 至의 뜻으로 보고 있다.

48 咸平 : 宋 眞宗의 연호이다.

爲器[50]라하니 惟土性黏膩細密이라 故로 可搏可埏也라 漸은 進長也라 如易所謂木漸[51]이니 言其日進於茂而不已也라 包는 叢生也라 如詩之所謂如竹包矣니 言其叢生而積也라

흙이 차진 것을 '埴'이라 하니, 埴은 미끄러운 것이다. 차진 진흙이 기름의 미끄러움과 같은 것이다. 周나라에는 진흙을 이겨서 기물을 만드는 工人이 있었고, 老氏는 "진흙을 반죽해서 기물을 만든다."라고 말하였으니, 흙의 성질이 차지고 미끄럽고 몽글기 때문에 이길 수도 있고 반죽할 수도 있는 것이다. 漸은 점점 자라는 것이다. 《周易》에 이른바 '木漸'이란 것과 같으니, 날로 무성하게 자라 그치지 않는 것을 말한다. 包는 떨기로 나는 것이다. 《詩經》〈小雅 斯干〉에 이른바 "대나무가 떨기로 나는 듯하다."라는 것과 같으니, 떨기로 나와 더부룩함을 말한 것이다.

字義 　埴 : 진흙 식　包(苞) : 우거질 포, 떨기 포　黏 : 차질 점　膩 : 미끄러울 이　泥 : 진흙 니
　　　脂 : 기름 지　搏 : 칠 단　埏 : 질그릇 만들 선　叢 : 떨기 총　積 : 빽빽할 진

34. 厥田은 惟上에 中이요 厥賦는 中에 中이로다

田의 등급은 上에 中이고, 賦의 등급은 中에 中이다.

田은 第二等이요 賦는 第五等也라

田의 등급은 제2등급이고, 賦의 등급은 제5등급이다.

35. 厥貢은 惟土五色과 羽畎에 夏翟과 嶧陽에 孤桐과 泗濱에 浮磬이로다 淮夷[52]는 蠙珠曁魚로소니 厥篚는 玄纖縞로다

貢物은 오색의 흙과 羽山 골짝에서 나는 여름철 꿩과 嶧山 남쪽에서 우뚝 자라는 오동나무와 泗水의 물가에 드러난 돌로 만든 경쇠이다. 淮水의 오랑캐들은 조개와 구슬과 어물을 바치고, 광주리에 담아서 바치는 물건은 적흑색의 '纖'과 '縞'였다.

49　搏埴之工 : 《周禮》〈考工記〉에 보인다.

50　埏埴以爲器 : 《老子》 11章에 보인다.

51　木漸 : 《周易》 漸卦〈大象傳〉에 "산 위에 나무가 있는 것이 漸이다.〔山上有木漸〕"라고 보이는데, 孔穎達의 正義에서 "'山上有木漸'이란 것은 나무가 산 위에서 생장하여 산으로 인해 높은 것이지, 아래에서 갑자기 높은 것이 아니다. 그러므로 이것이 바로 '漸'의 뜻이다.〔山上有木漸者 木生山上 因山而高 非是從下忽高 故是漸義也〕"라고 풀이하였다.

52　淮夷 : 孔安國과 馬融은 淮水와 夷水로, 鄭玄은 淮水의 夷民으로 보았다.

徐州之土雖赤이나 而五色之土가 亦間有之라 故로 制以爲貢이라 周書⁵³作雒曰 諸
侯受命于周라야 乃建大(태)社⁵⁴于國中이니 其壝⁵⁵를 東靑土요 南赤土요 西白土요
北驪土요 中央釁以黃土라 將建諸侯에 鑿取其方面之土하여 苞以黃土하고 苴以
白茅하여 以爲土封이라 故로 曰受削土于周室이라하니 此貢土五色도 意亦爲是用
也라 羽畎은 羽山之谷也라 夏翟은 雉具五色이니 其羽中旌旄者也라 染人之職에
秋染夏⁵⁶라한대 鄭氏曰 染夏者는 染五色也라하고 林氏曰 古之車服器用에 以雉爲
飾者多하니 不但旌旄也라하고 曾氏曰 山雉具五色이 出于羽山之畎이라하니 則其名
山以羽者는 以此歟아 嶧은 山名이라 地志云 東海郡下邳縣西에 有葛嶧山한대 古
文에 以爲嶧山이라하니 下邳는 今淮陽軍下邳縣也라 陽者는 山南也라 孤桐은 特生
之桐이니 其材中琴瑟이라 詩曰 梧桐生矣는 于彼朝陽이로다하니 蓋草木之生은 以向
日爲貴也니라

徐州의 흙은 비록 붉지만 오색의 흙이 또한 사이에 섞여 있기 때문에 貢物로 바치
도록 제정한 것이다. 《汲冢周書》〈作雒〉에 이르기를 "諸侯가 周나라에서 命을 받
아야 大社를 國中에 세울 수 있는데, 그 담을 동쪽은 푸른 흙으로, 남쪽은 붉은 흙
으로, 서쪽은 흰 흙으로, 북쪽은 검은 흙으로 쌓고, 중앙은 누런 흙으로 덮는다. 장
차 諸侯를 세우려고 할 때에는 그 방면의 흙을 채취하여 누런 흙으로 싸고 흰 띠로
감아서 土封을 만든다. 그러므로 削土를 周室에서 받는다."라고 하였으니, 여기에
오색의 흙을 바친 것도 짐작컨대 또한 여기에 쓰려고 한 것 같다.

羽畎은 羽山의 골짜기이다. 夏翟은 꿩이 오색을 갖췄으니, 그 깃털이 깃대 장식
에 알맞은 것이다. 染人의 직책은 "가을에 染夏를 한다."라고 하였는데, 鄭氏는 말
하기를 "染夏는 오색으로 물들이는 것이다."라고 하고, 林氏는 말하기를 "옛날에는
車服과 器用에 꿩으로 장식한 것이 많았으니, 단지 깃대만 그렇게 꾸민 것이 아니
었다."라고 하고, 曾氏는 말하기를 "산꿩 중에 오색을 갖춘 놈은 羽山의 골짝에서

---

53 周書:《汲冢周書》이다. 晉나라 때 汲郡의 古冢에서 출토된 先秦古書의 하나로 《逸周書》라고도
한다.

54 大(태)社: 임금이 백성을 위하여 설치한 土神과 穀神에게 제사 지내는 장소이다.(《禮記》〈祭法〉)

55 壝:《五禮通考》에는 '位'로 되어 있고,《書蔡氏傳旁通》에는 "本書에는 '壝'가 '疆'으로 되어 있으
니, 마땅히 '疆'자로 보아야 옳다.〔本書壝作疆 當以疆字爲是〕"라고 하였다.

56 秋染夏:《周禮》〈天官 染人〉에 있는 말인데, 鄭玄의 注에 "'染夏'란 오색으로 물들인 것인데,
'夏'라고 이른 것은 그 색깔을 여름 꿩 깃으로 장식하는 것이다.〔染夏者 染五色 謂之夏者 其色以夏狄
飾也〕"라고 풀이하였다.

나온다."라고 하였으니, 이 산 이름을 '羽'라 한 것은 아마 이 때문이었을 것이다.

嶧은 산 이름이다. 《漢書》〈地理志〉에 이르기를 "東海郡 下邳縣 서쪽에 葛嶧山이 있는데, 古文에서는 '嶧山'이라 했다."라고 하였으니, 下邳는 지금의 淮陽軍 下邳縣이다. 陽은 산의 남쪽이다. 孤桐은 홀로 우뚝 자라는 오동나무이니, 그 재목이 거문고와 비파를 만들기에 적합하다. 《詩經》〈大雅 卷阿〉에 이르기를 "오동나무가 자라는 것은 저 아침 해가 뜨는 곳에서 하도다."라고 하였으니, 草木의 生長은 해를 향하는 것을 제일로 여긴다.

泗는 水名이니 出魯國卞縣桃墟西北陪尾山이라 源有泉四하니 四泉俱導하고 因以爲名이라 西南過彭城하고 又東南過下邳入淮라 卞縣은 今襲慶府泗水縣也라 濱은 水旁也라 浮磬은 石露水濱이 若浮於水然이라 或曰 非也라 泗濱은 非必水中이요 泗水之旁近이라 浮者는 石浮生土中하여 不根著(착)者也라 今下邳에 有石磬山하니 或以爲古取磬之地라하니라 曾氏曰 不謂之石者는 成磬而後貢也라 淮夷는 淮之夷也라 蠙은 蚌之別名也라 曁는 及也라 珠爲服飾하고 魚用祭祀라 今濠泗楚皆貢淮白魚하니 亦古之遺制歟아

泗는 물 이름이니, 魯國의 卞縣 桃墟 서북쪽 陪尾山에서 나온다. 근원에 네 개의 샘물이 있으니, 네 개의 샘물을 함께 인도하고 따라서 물의 이름을 '泗'라고 한 것이다. 서남쪽으로 彭城을 지나고 또 동남쪽으로 下邳를 지나 淮水로 들어간다. 卞縣은 지금의 襲慶府 泗水縣이다. 濱은 물가이다. 浮磬은 돌이 물가에 드러난 것이 마치 돌이 물 위에 떠있는 것 같은 것이다. 혹자는 말하기를 "그것이 아니다. 泗濱은 반드시 水中이 아니고 泗水의 부근이다. 浮란 돌이 흙 가운데 浮生하여 着根하지 않은 것이다."라고 한다. 지금 下邳에 石磬山이 있는데, 혹자는 "옛날 경쇠를 만드는 돌을 취하던 곳이다."라고 한다. 曾氏는 말하기를 "'石'이라 이르지 않은 것은 경쇠를 만든 뒤에 바쳤기 때문이다."라고 하였다.

淮夷는 淮水의 夷狄이다. 蠙은 조개의 별칭이다. 曁는 及의 뜻이다. 眞珠는 服飾(의복의 장식)을 하고 魚物은 祭祀에 사용한다. 지금 濠州·泗州·楚州에서 모두 淮水의 白魚를 바치고 있으니, 이 또한 옛날의 遺制인 듯하다.

夏翟之出于羽畎하고 孤桐之生於嶧陽하고 浮磬之出於泗濱하고 珠魚之出於淮夷하여 各有所産之地하니 非他處所有라 故로 詳其地而使貢也라 玄은 赤黑色幣也라 武成曰 篚厥玄黃이라하니라 纖縞는 皆繒也니 禮曰 (及)〔又〕[57]期而大祥하니 素縞麻衣하고 中月而禫하니 禫而纖이라하고 記曰 有虞氏縞衣而養老라하니 則知纖縞

皆繪之名也라 曾氏曰 玄은 赤而有黑色이니 以之爲袞은 所以祭也요 以之爲端은 所以齊也요 以之爲冠은 以爲首服也라 黑經白緯曰纎이니 纎也와 縞也는 皆去凶卽吉之所服也니라

夏翟은 羽山의 골짝에서 나오고, 孤桐은 嶧山의 남쪽에서 나오고, 浮磬은 泗水의 가에서 나오고, 진주와 어물은 淮水의 夷狄에서 나와 각각 생산되는 지역이 있으니, 다른 곳에 있는 것이 아니다. 그러므로 지역을 상세히 말해서 바치게 한 것이다. 玄은 적흑색의 폐백이다. 〈武成〉에 이르기를 "적흑색 비단과 누런 비단을 광주리에 담는다."라고 하였다. 纎과 縞는 모두 비단이니,《禮記》〈間傳〉에 "또다시 期年이 되면 大祥을 지내는데 흰 깁에 삼베옷을 입으며, 한 달을 건너뛰어서 禫祭를 지내는데 禫祭를 지내고는 纎衣를 입는다."라고 하였으며,《禮記》〈王制〉에 "有虞氏는 縞衣로 노인을 봉양했다."라고 하였으니, 纎과 縞는 모두 비단의 이름이란 것을 알 수 있다. 曾氏는 말하기를 "玄은 붉으면서 흑색이 있는 것이니, 이것으로 袞龍袍를 만드는 것은 제사를 지내기 위함이고, 玄端服을 만드는 것은 재계를 하기 위함이고, 冠을 만드는 것은 首服을 하기 위함이다. 검은 날줄에 흰 씨줄로 된 것을 '纎'이라고 하니, 纎과 縞는 모두 凶한 일을 버리고 吉한 일로 나갈 때 입는 옷이다."라고 하였다.

字義 翟:꿩 적 嶧:산이름 역 蠙:조개 빈 暨:및 기 纎:깁 섬 縞:깁 호 雒:낙수 락 壝:토담 유 驪:검을 려 釐:힘쓸 미 苴:쌀 저 茅:띠 모 削:깎을 삭 旌:기 정 旄:기 모 染:물들인 염 雉:꿩 치 飾:꾸밀 식 彭:땅이름 팽 蚌:조개 방 濠:해자 호 袞:곤룡포 곤 端:현단복 단

36. 浮于淮泗하여 達于河하나니라

〈貢賦를 실은 배를〉 淮水와 泗水에 띄워 黃河에 도달하였다.

許愼曰 汳水는 受陳留浚儀陰溝하여 至夢爲灉水하여 東入于泗라하니 則淮泗之可以達于河者는 以灉至于泗也라 許愼又曰 泗受泲水하여 東入淮라하니 蓋泗水至大野而合泲라 然則泗之上源自泲하여 亦可以通河也라

許愼은 말하기를 "汳水는 陳留의 浚儀縣 陰溝를 받은 다음 夢澤에 이르러 灉水

57　(及)〔又〕: 저본에는 '及'으로 되어 있으나,《禮記》〈間傳〉에 의거하여 '又'로 바로잡았다. 鄭玄의 注에서 '又'를 復(다시)의 뜻으로 풀이하였다.

가 되어서 동쪽으로 泗水에 들어간다."라고 하였으니, 淮水와 泗水가 黃河에 도달할 수 있는 것은 灘水가 泗水에 이르기 때문이다. 許愼은 또 말하기를 "泗水는 沛水를 받아 동쪽으로 淮水에 들어간다."라고 하였으니, 泗水가 大野澤에 이르러 沛水와 합한다. 그렇다면 泗水의 상류는 沛水로부터 근원하여 또한 황하에 통할 수 있는 것이다.

字義 汳 : 물이름 변

37. 淮海에 惟揚州라

淮水와 바다 사이에 揚州가 자리잡고 있다.

揚州之域은 北至淮하고 東南至于海라

揚州 지역은 북쪽으로는 淮水에 이르고 동남쪽으로는 바다에 이른다.

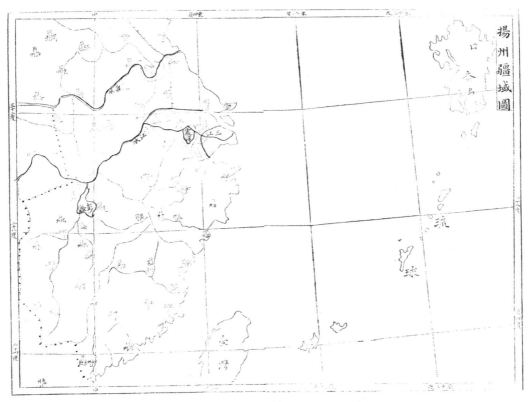

揚州疆域圖

38. **彭蠡既豬**(潴)하니

彭蠡에 이미 물이 모였다가 다시 흐르니

彭蠡는 地志에 在豫章郡彭澤縣東[58]이라하니 合江西江東諸水하여 跨豫章饒州南康軍三州之地하니 所謂鄱陽湖者 是也라 詳見(현)導水라

彭蠡는 《漢書》〈地理志〉에 "豫章郡 彭澤縣 동쪽에 있다."라고 하였는데, 江西와 江東의 여러 물을 합하여 豫章·饒州·南康軍 등 3州의 땅을 걸쳐 흐르니, 이른바 '鄱陽湖'란 것이 이것이다. '導水' 쪽에 자세히 보인다.

字義 彭 : 클 팽   蠡 : 달팽이 려   跨 : 걸터앉을 과   鄱 : 땅이름 파

39. **陽鳥攸居**로다

기러기가 사는 곳이었다.

陽鳥는 隨陽之鳥니 謂雁也라 今惟彭蠡洲渚之間에 千百爲群이라 記陽鳥所居는 猶夏小正에 記雁北鄉(向)[59]也라 言澤水既豬하고 洲渚既平하니 而禽鳥亦得其居止하여 而遂其性也라

陽鳥는 陽氣를 따르는 새이니 기러기를 이른다. 지금 彭蠡의 섬과 물가 사이에 천 마리, 백 마리가 떼를 이루고 있다. 기러기가 사는 곳을 기록함은 《大戴禮記》〈夏小正〉에 '기러기가 북쪽으로 향한다.'고 기록한 경우와 같다. 못물이 이미 모이고 섬과 물가가 이미 다스려지게 되었으니, 새들 또한 거처할 곳을 얻어서 그 본성을 이루었음을 말한 것이다.

字義 渚 : 물가 저   鄉 : 향할 향

40. **三江**이 **既入**하니

三江이 이미 바다로 흘러 들어갔으니,

唐仲初吳都賦註에 松江下七十里分流하여 東北入海者는 爲婁江이요 東南流者는

---

58   彭澤縣東 : 《漢書》〈地理志〉에는 '彭澤縣西'로 되어 있다.

59   記雁北鄉 : 《大戴禮記》〈夏小正〉에서는 때(時)를 위주로 기록하였고 여기서는 땅(地)을 위주로 기록한 것이 다를 뿐이다.

爲東江이요 倂松江爲三江이라하니 其地今亦名三江口라 吳越春秋에 所謂范蠡乘
舟하여 出三江之口者是也라

唐仲初의 〈吳都賦〉 註에 "松江이 70리를 내려가 나뉘어 흘러서 동북쪽으로 바다
로 들어가는 것은 婁江이 되고, 동남쪽으로 흐르는 것은 東江이 되고, 여기에 松江
을 아우르면 三江이 된다."라고 하였으니, 이 지역을 지금도 '三江口'라고 명칭한
다. 《吳越春秋》에 이른바 "范蠡가 배를 타고 三江의 어구로 나갔다."라는 것이 이
것이다.

○又按 蘇氏謂 岷山之江이 爲中江이요 嶓冢之江이 爲北江[60]이요 豫章之江이 爲
南江이니 卽導水所謂東爲北江과 東爲中江者라 旣有中北二江이면 則豫章之江爲
南江을 可知[61]라하니라 今按 此爲三江은 若可依據나 然江漢會於漢陽하여 合流數
百里하여 至湖口而後에 與豫章江會하고 又合流千餘里而後에 入海하니 不復可指
爲三矣라 蘇氏知其說不通일새 遂有味別之說[62]이나 禹之治水는 本爲民去害니 豈
如陸羽[63]輩辨味烹茶하여 爲口腹計耶아 亦可見其說之窮矣니 以其說易(이)以惑
人이라 故로 幷及之하노라 或曰 江漢之水는 揚州巨浸이어늘 何以不書오 曰 禹貢書
法이 費疏鑿者는 雖小나 必記하고 無施勞者는 雖大나 亦略이라 江漢은 荊州而下는
安於故道하니 無俟濬治라 故로 在不書니라 況朝宗于海를 荊州에 固備言之아 是亦
可以互見矣니 此正禹貢之書法也라

○또 살펴보건대, 蘇氏는 이르기를 "岷山의 강이 中江이 되고, 嶓冢의 강이 北江
이 되고, 豫章의 강이 南江이 되니, 이는 곧 '導水' 쪽에 이른바 '동쪽으로 北江이 되
어 바다로 들어갔다.'라고 한 것과 '동쪽으로 中江이 되어 바다로 들어갔다.'란 것이

---

60 嶓冢之江爲北江 : 蔡傳에서 蘇軾의 《書傳》을 자의적으로 재구성한 것이어서 원문과 많은 차이
　　가 난다.

61 蘇氏謂……可知 : 蘇軾의 《書傳》 내용과 다르게 인용하고 있다.

62 味別之說 : 蘇軾의 《書傳》에 "江水는 이미 漢水와 합해졌고, 또 匯水는 彭蠡가 되었는데, 어떻
　　게 본래부터 별도로 中江이 되어서 바다로 들어갈 수 있겠는가. 그것은 물맛으로 구별했음을 알
　　수 있겠다. 漢水가 北江이 되고 岷山의 강이 中江이 되었으면 豫章의 江이 南江이 된다는 것은
　　말하지 않아도 알 수 있을 것이다. '禹가 물맛으로 구별했다는 것을 믿는가.' 濟水가 이미 黃河
　　로 들어가 넘쳐서 滎水가 되었는데, 禹가 물맛으로 구별하지 않았다면 어떻게 滎水가 濟水라는
　　것을 알 수 있겠는가.〔夫江旣已與漢合 且匯爲彭蠡矣 安能自別爲中江以入于海乎 知其以味別也 漢爲北江
　　岷山之江爲中江 則豫章之江爲南江 不言而可知矣 禹以味別信乎 曰濟水旣入于河而溢爲滎 禹不以味別 則
　　安知滎之爲濟也〕"라고 하였다.

63 陸羽 : 唐代 사람. 그가 저술한 《茶經》은 중국의 茶文化를 크게 발전시켰다고 한다.

다. 이미 中江과 北江 두 강이 있다면 豫章의 강이 南江이 된다는 것을 알 수 있겠다.”라고 하였다. 지금 상고하건대, 여기의 세 江은 의거할 만하다. 그러나 江水와 漢水가 漢陽에 모여서 함께 수백 리를 흘러가서 湖口에 이른 뒤에 豫章의 강과 합치고, 또 함께 천여 리를 흘러간 뒤에 바다로 들어가니, 다시 이를 가리켜 셋이라고 할 수 없을 것이다. 蘇氏는 그 말이 통할 수 없음을 알았기 때문에 드디어 “물맛으로 구별했다.”라는 말을 하였으나 禹가 洪水를 다스림은 본래 백성을 위하여 해로움을 제거한 것인데, 어찌 陸羽의 무리처럼 물맛을 구별해 차를 끓여서 口腹에 맞게 하려는 생각을 하였겠는가. 또한 그 말이 궁색함을 엿볼 수 있으니, 이 말이 사람을 미혹하기 쉽기 때문에 아울러 언급한다.

혹자는 “江水와 漢水는 揚州의 큰 호수인데 어찌하여 적지 않았을까?” 하고 의심을 한다. 〈禹貢〉의 글 쓴 법이 물을 소통시키기 위하여 땅을 파는 일에 힘을 들인 것은 비록 작은 물이라도 반드시 적었고, 힘을 들이지 않은 것은 비록 큰물이라도 생략했다. 江水와 漢水는 荊州 이하가 옛 길을 편안히 따라 흐르니, 준설작업을 할 필요가 없었다. 그러므로 적지 않는 범주에 든 것이다. 하물며 바다로 흘러들어가는 경위를 荊州에서 자세히 말해놓지 않았는가. 이 또한 상호간에 서로 미루어볼 수 있으니, 이것이 바로 〈禹貢〉의 글 쓴 법이다.

字義 婁 : 자주 루 吳 : 오나라 오 越 : 월나라 월 岷 : 산이름 민 嶓 : 산이름 파 冢 : 클 총
烹 : 삶을 팽 腹 : 배 복 易 : 쉬울 이 浸 : 잠길 침

41. 震澤이 厎(지)定하도다

震澤이 안정된 시점에 접어들었다.

震澤은 太湖也라 周職方에 揚州藪曰具區라하고 地志에 在吳縣西南五十里라하니 今蘇州吳縣也라 曾氏曰 震은 如三川震[64]之震이니 若今湖翻이 是也라하니라 具區之水는 多震而難定이라 故로 謂之震澤이라 厎定者는 言厎於定而不震蕩也라하니라

震澤은 太湖이다. 《周禮》〈夏官 職方氏〉에 “揚州의 무성한 숲을 ‘具區’라 한다.”라고 하였고, 《漢書》〈地理志〉에 “吳縣의 서남쪽 50리 지점에 있다.”라고 하였으니,

---

64 三川震 : 《春秋左氏傳》昭公 23년 조에 “周나라가 망할 적에 세 하천에 地震이 발생했다.〔周之亡也 其三川震〕라고 하였는데, 杜預의 注에 “幽王 때를 이른다. ‘三川’은 涇水·渭水·洛水이다. 땅이 흔들리자 하천의 언덕이 무너졌다.〔謂幽王時也 三川 涇渭洛水也 地動川岸崩〕라고 풀이하였다.

지금의 蘇州 吳縣이다. 曾氏는 말하기를 "震은 '세 하천에 地震이 발생했다.〔三川震〕'는 震과 같으니, 지금 호수의 물이 거세게 범람하는 것이 이것이다. 具區의 물이 많이 범람하여 안정하기 어렵기 때문에 '震澤'이라고 이른 것이다. 底定이란 안정된 시점에 접어들어 震蕩하지 않음을 말한 것이다."라고 하였다.

字義 藪 : 수풀 수 翻 : 뒤집힐 번 震 : 진동할 진 蕩 : 흔들릴 탕

42. 篠簜이 旣敷하니 厥草는 惟夭며 厥木은 惟喬요 厥土는 惟塗泥로다

살대와 왕대가 이미 퍼져 자라는 시점이 되었으니, 그 풀은 여리게 자라며 나무는 높게 자라고 그 토질은 濕한 진흙이었다.

篠는 箭竹이요 簜은 大竹이라 郭璞曰 竹闊節曰簜이라하니라 敷는 布也라 水去에 竹已布生也라 少長曰夭요 喬는 高也라 塗泥는 水泉濕也라 下地多水하여 其土淖니라

篠는 살대를 말하고, 簜은 왕대를 말한다. 郭璞은 말하기를 "대가 마디의 간격이 넓은 것을 '簜'이라 한다."라고 하였다. 敷는 布(펴다)의 뜻이다. 홍수가 제거되자 대가 벌써 퍼져서 자란 것이다. 여리게 자라는 것을 '夭'라 한다. 喬는 高(높다)의 뜻이다. 塗泥는 水泉이 濕한 것이다. 낮은 지대는 물이 많아 그 흙이 진흙이다.

字義 篠 : 살대 소 簜 : 왕대 탕 敷 : 퍼질 부 夭 : 여릴 요 喬 : 높을 부 塗 : 진흙 도
泥 : 진흙 니 璞 : 옥덩어리 박 闊 : 넓을 활 淖 : 진흙 뇨

43. 厥田은 惟下에 下요 厥賦는 下에 上이로소니 上錯[65]이로다

田의 등급은 下에 下요, 賦의 등급은 下에 上인데, 위의 등급으로 섞어서 낸다.

田은 第九等이요 賦는 第七等이로되 雜出第六等也라 言下上上錯者는 以本設賦九等으로 分爲三品[66]이니 下上與中下는 異品이라 故로 變文하여 言下上上錯也라

田의 등급은 제9등급이고, 賦의 등급은 제7등급이지만, 제6등급으로 섞어서 내기도 한 것이다. '下上上錯'이라 말한 것은 본래 설정한 賦의 9등급을 나누어 3品으로

---

65 下上上錯 :《尙書正義》에서는 "揚州에서 '下上上錯'이라고 말하고, '錯下上'이라고 말하지 않은 것은 본래 9등급을 베풀고 3品으로 나누어 上·中·下를 만들었으니, 下·上이 본시 다른 品等이기 때문에 문체를 변경해서 '下上上錯'이라고 말한 것이다." 하였다.
66 以本設賦九等 分爲三品 : 上上에서 下下까지 아홉 등급(上上, 上中, 上下, 中上, 中中, 中下, 下上, 下中, 下下)으로 만든 것을 말한다.

만든 것이니, 下에 上과 中에 下는 品이 다르다. 그러므로 문제를 변경해서 "下에 上(7등급)인데 위의 등급(6등급)으로 섞어서 낸다."라고 말한 것이다.

44. 厥貢은 惟金三品과 瑤琨篠簜과 齒革羽毛와 惟木이로다 島夷는 卉服[67]이로소니 厥篚는 織貝요 厥包橘柚는 錫貢이로다

貢物은 금속 세 가지와 瑤와 琨과 살대와 왕대와 상아와 가죽과 새 깃털과 짐승 털과 나무이다. 섬의 오랑캐는 卉服을 바치니, 광주리에 담아서 바치는 물건은 織貝이며, 싸가지고 오는 귤과 유자는 〈바치라는 명령을〉 내리면 바쳤다.

三品은 金銀銅也라 瑤琨은 玉石名이니 詩曰 何以舟[68]之오 惟玉及瑤라하니라 琨은 說文云 石之美似玉者라하니 取之可以爲禮器라 篠之材는 中於矢之筈이요 簜之材는 中於樂之管이라 簜은 亦可爲符節이니 周官掌節에 有英簜[69]이라 象有齒하고 犀兕有革하며 鳥有羽하고 獸有毛라 木은 楩梓豫章之屬이라 齒革은 可以成車甲이요 羽毛는 可以爲旌旄요 木은 可以備棟宇器械之用也라 島夷는 東南海島之夷라 卉는 草也니 葛越木綿之屬이라 織貝는 錦名으로 織爲貝文이니 詩曰貝錦이 是也라 今南夷木綿之精好者를 亦謂之吉貝라하니 海島之夷 以卉服來貢하되 而織貝之精者를 則入篚焉이라 包는 裹也라 小曰橘이요 大曰柚라 錫者는 必待錫命而後貢이요 非歲貢之常也라 張氏曰 必錫命乃貢者는 供祭祀와 燕賓客則詔之요 口腹之欲은 則難於出令也라

三品은 金·銀·銅이다. 瑤와 琨은 옥돌 이름이니,《詩經》〈大雅 公劉〉에 "무엇을 허리에 찼는고? 玉과 瑤로다."라고 하였다. 琨은《說文解字》에 "아름다운 돌로 옥과 같은 것이다."라고 하였는데, 이것을 취하여 禮器를 만들 수 있다. 篠의 재료는 화살의 대를 만들기에 알맞고, 簜의 재료는 악기의 管을 만들기에 적합하다. 簜은 또한 符節을 만들 수 있으니,《周官》〈地官 掌節〉에 '英簜'이란 것이 있다. 코끼리에는 상아가 있고, 물소와 외뿔소에는 가죽이 있으며, 새에는 깃털이 있고, 짐승에는 털이 있다. 나무는 楩·梓·豫章 등속이다. 상아와 가죽은 수레와 갑옷을 만들 수

---

67 島夷卉服 : 孔傳은 '南海島夷는 草服과 葛越을 입은 것'으로, 鄭玄은 '島夷는 草服을 天子의 관원에게 바치는 것'으로 풀이하였다.

68 舟 :《詩經》〈大雅 公劉〉의 毛傳에 "舟는 차는 것이다.〔舟 帶也〕"라고 하였다.

69 英簜 : 符節을 담는 畫函. 대나무로 만든다.

있고, 깃털과 짐승 털은 旌旄를 만들 수 있고, 나무는 棟宇와 器械의 용도에 대비할 수 있다.

島夷는 동남쪽 海島의 오랑캐이다. 卉는 풀이니, 갈포와 부들로 짠 베와 木綿 등속이다. 織貝는 비단 이름으로, 짜서 자개 무늬를 만든 것이니, 《詩經》〈大雅 巷伯〉의 '貝錦'이라는 것이 이것이다. 지금 南夷의 木綿 중에 정세하고 좋은 것을 또한 '吉貝'라 이르니, 海島의 오랑캐들이 卉服을 와서 바치되 織貝의 정세한 것을 광주리에 넣어 가지고 온 것이다. 包는 裹(싸다)의 뜻이다. 작은 것을 '橘'이라 하고 큰 것을 '柚'라 한다. 錫은 반드시 명령을 기다려서 바치는 것이고, 해마다 일정하게 바치는 것이 아니다.

張氏는 말하기를 "반드시 바치라는 명령이 내려야 비로소 바치는 것은 祭祀를 지내거나 賓客을 연회하게 되면 바치라고 명령하고, 口腹의 탐욕을 위해서는 명령을 내기를 어렵게 여기는 것이다."라고 하였다.

字義 瑤 : 아름다운옥 요   琨 : 아름다운옥 곤   卉 : 풀 훼   包 : 쌀 포   橘 : 귤 귤   柚 : 유자 유
錫 : 바칠 석   貢 : 바칠 공   笴 : 살대 가   犀 : 물소 서   兕 : 외뿔소 시   桰 : 산느릅나무 경
梓 : 가래나무 재   木 : 무명 목   綿 : 솜 면   燕 : 잔치 연

45. 沿于江海하여 達于淮泗하나니라

〈貢賦를 실은 배를〉揚子江과 바다의 물결을 따라서 淮水와 泗水에 도달하였다.

順流而下曰沿이라 沿江入海하고 自海而入淮泗라 不言達于河者는 因於徐也라 禹時에 江淮未通이라 故로 沿於海러니 至吳始開邗溝하고 隋人廣之하여 而江淮舟船始通也라 孟子言 排淮泗而注之江[70]은 記者之誤也라

물결을 따라 내려가는 것을 '沿'이라 한다. 揚子江을 따라 바다로 들어가고 바다로부터 淮水와 泗水로 들어갔다. 黃河에 도달함을 말하지 않은 것은 徐州의 뒤에 이어서〈말하지 않아도 알 수 있기 때문〉이다. 禹 때에는 江과 淮水가 아직 통하지 못했기 때문에 바다를 따라 내려갔었는데, 吳나라에 와서 비로소 邗溝를 개통하고 隋나라 사람들이 이것을 넓혀서 長江과 淮水의 배들이 비로소 통하게 되었다.

孟子가 "〈禹가〉淮水와 泗水를 배출하여 揚子江으로 주입했다."라고 한 것은 기록한 자의 잘못이다.

---

70   排淮泗而注之江 : 《孟子》〈滕文公 上〉에 보인다.

字義 因 : 이를 인　邗 : 물이름 한　排 : 배출할 배

46. 荊及衡陽에 惟荊州라

荊山과 衡山 남쪽 사이에 荊州가 자리잡고 있다.

荊州之域은 北距南條荊山하고 南盡衡山之陽이라 荊衡은 各見導山이라 唐孔氏曰 荊州가 以衡山之陽으로 爲至[71]者는 蓋南方은 惟衡山爲大하니 以衡陽言之하여 見(현) 其地不止此山하고 而猶包其南也[72]라하니라

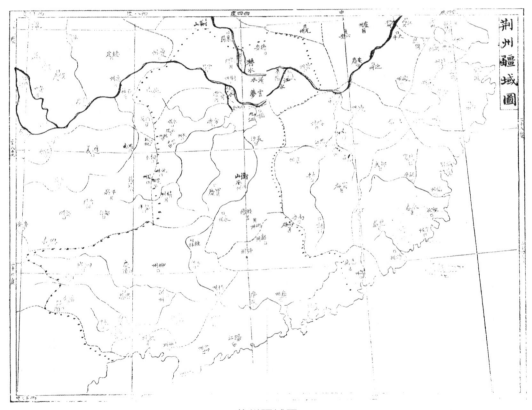

荊州疆域圖

71　至 : 소유지, 경작지 등의 동서남북의 경계를 나타내는 '四至'의 至와 같은 것이다.

72　孔氏曰……而猶包其南也 : 孔疏에서 "그 경계가 衡山을 지나간 것이다. 衡山이 바로 큰 산이고, 그 남쪽에 다시 기록할 만한 名山과 大川이 없기 때문에 '남쪽(陽)'을 말하여 그 남쪽으로 衡山의 남쪽까지 이르렀음을 보인 것이다.〔其境過衡山 也 以衡是大山 其南無復名山大川可以爲記 故言陽見其 南至山南也〕"라고 한 것을 蔡傳이 이렇게 인용한 것이다.

荊州 지역은 북쪽으로는 南條荊山에 이르고, 남쪽으로는 衡山의 남쪽에서 끝난다. 荊山과 衡山은 각각 '導山' 쪽에 보인다. 唐나라 孔氏(孔穎達)는 말하기를 "荊州가 衡山의 남쪽으로 경계를 삼은 것은 대개 남방에는 오직 衡山이 크기 때문에 衡山의 남쪽을 말해서, 그 지역이 이 산에 그치지 않고 외려 그 남쪽을 포함하였음을 보인 것이다.

字義 域 : 지경 역   見 : 드러낼 현

47. 江漢이 朝宗于海하며

揚子江과 漢水가 바다에 祖宗(朝會)하였으며,

江漢은 見(현)導水라 春見曰朝요 夏見曰宗이니 朝宗은 諸侯見天子之名也라 江漢이 合流于荊하니 去海尙遠이나 然水道已安하여 而無有壅塞橫決之患이니 雖未至海나 而其勢已奔趨於海를 猶諸侯之朝宗于王也라

江水와 漢水는 '導水' 쪽에 보인다. 봄에 뵙는 것을 '朝'라 하고 여름에 뵙는 것을 '宗'이라 하니, 朝宗은 諸侯가 天子를 알현하는 것을 이르는 명칭이다. 江水와 漢水가 荊州에서 합류하니, 바다와 거리가 아직 멀다. 그러나 물길이 이미 안정되어 막히거나 마구 터질 염려가 없으니, 비록 바다에 이르지는 못했지만 그 형세는 이미 바다로 달려가는 것이 마치 제후들이 천자에게 朝宗하는 것과 같은 것이다.

字義 朝 : 조회할 조   宗 : 조회할 종   壅 : 막힐 옹   決 : 터질 결   奔 : 달릴 분   趨 : 달려갈 추

48. 九江이 孔殷하도다

九江이 매우 큰 물길을 얻었다.

九江은 卽今之洞庭也라 水經言 九江在長沙下雋西北이라하고 楚地記曰 巴陵瀟湘之淵이 在九江之間이라하니 今岳州巴陵縣이 卽楚之巴陵이요 漢之下雋也라 洞庭이 正在其西北하니 則洞庭之爲九江이 審矣라 今沅水, 漸水, 元水, 辰水, 敍水, 酉水, 澧(예)水, 資水, 湘水 皆合於洞庭이니 意以是名九江也라 孔은 甚이요 殷은 正也니 九江水道가 甚得其正也라

九江은 곧 지금의 洞庭湖이다. 《水經》에는 "九江은 長沙의 下雋 서북쪽에 있다."라고 하였고, 《楚地記》에는 "巴陵 瀟湘의 못이 九江의 사이에 있다."라고 하였으니, 지금의 岳州 巴陵縣이 곧 楚나라 때의 巴陵이자, 漢나라 때의 下雋이다. 洞庭

湖가 바로 그 서북쪽에 있으니, 洞庭湖가 九江임이 분명하다. 지금 沅水·漸水·元水·辰水·敍水·酉水·澧水·資水·湘水가 모두 洞庭湖에서 합류하니, 생각하건대 이 때문에 '九江'이라 명명한 듯하다. 孔은 甚의 뜻이요, 殷은 正의 뜻이니, 九江의 물길이 매우 바른 길을 얻은 것이다.

○按漢志엔 九江이 在廬江郡之尋陽縣이라하고 尋陽記엔 九江之名이 一曰烏江이요 二曰蜯江이요 三曰烏白江이요 四曰嘉靡江이요 五曰畎江이요 六曰源江이요 七曰廩江이요 八曰提江이요 九曰箘江이라하니라 今詳漢九江郡之尋陽은 乃禹貢揚州之境이어늘 而唐孔氏又以爲九江之名이 起於近代라하니 未足爲據라 且九江은 派別取之耶아 亦必首尾短長이 大略均布然後에 可目之爲九라 然이나 其一水之間에 當有一洲니 九江之間에 沙水相間이면 乃爲十有七道리니 而今尋陽之地는 將無所容이라 況沙洲出沒하여 其勢不常하니 果可以爲地理之定名乎아 設使派別爲九인댄 則當曰九江旣道요 不應曰孔殷이며 於導江에 當曰播九江이요 不應曰過九江이라 反復參攷컨대 則九江은 非尋陽이 明甚이니 本朝胡氏 以洞庭爲九江者 得之라 曾氏亦謂 導江曰 過九江하여 至于東陵이라하니 東陵은 今之巴陵이요 今巴陵之上은 卽洞庭也라 因九水所合하여 遂名九江이라 故로 下文導水曰 過九江이라 經之例에 大水合小水를 謂之過라하니 則洞庭之爲九江이 益以明矣라

○살펴보건대, 《漢書》〈地理志〉에는 "九江이 廬江郡의 尋陽縣에 있다."라고 하였고, 《尋陽記》에는 "아홉 개의 江 이름은, 첫째는 烏江, 둘째는 蜯江, 셋째는 烏白江, 넷째는 嘉靡江, 다섯째는 畎江, 여섯째는 源江, 일곱째는 廩江, 여덟째는 提江, 아홉째는 箘江이다."라고 하였다. 이제 자세히 살펴보면, 漢나라 때 九江郡의 尋陽縣은 바로 〈禹貢〉의 揚州 지역이거늘, 唐나라 孔氏(孔穎達)는 또 "九江의 명칭이 近代에 생겼다."라고 하였으니, 족히 근거할 것이 못된다.

또 九江은 물줄기가 나누어진 점을 취한 것인가. 그랬다면 또한 반드시 首尾와 長短이 어느 정도 균등하게 분포된 뒤에야 지목하여 아홉이라 할 수 있는 것이다. 그러나 그 한 강물 사이에는 응당 한 모래섬이 있어야 할 터인데, 九江의 사이에 모래와 물이 서로 번갈아 간격을 이룬다면 곧 17개의 물길이 될 것이니, 지금의 尋陽 지역은 〈그 17개의 물길을〉 수용할 곳이 없다. 하물며 모래섬이 출몰하여 그 형세가 일정하지 않은데, 과연 地理의 일정한 명칭으로 삼을 수 있겠는가. 가령 물줄기가 나뉜 것이 아홉이었다면 응당 "九江이 이미 물길을 따랐다."라고 했을 것이고, "九江이 심히 바른 길을 얻었다."라고 하지 않았을 것이며, '導江' 쪽에서도 응

당 "九江으로 분파했다."라고 했을 것이고, "九江을 지나갔다."라고 하지 않았을 것이다.

반복해서 살펴보면 九江은 尋陽이 아닌 것이 매우 분명하니, 本朝의 胡氏가 洞庭湖를 '九江'으로 삼는 것이 맞다. 曾氏 또한 이르기를 "'導江' 쪽에서 '九江을 지나 東陵에 이른다.'고 하였으니, 東陵은 지금의 巴陵이고, 지금 巴陵의 위가 곧 洞庭湖이다."라고 하였다. 아홉 줄기 물이 합함으로 인하여 드디어 '九江'이라 이름 붙였다. 그러므로 아랫글의 '導水' 쪽에서 '九江을 지난다.'고 한 것이다. 經文의 例에 큰 물이 작은 물과 합한 것을 '過'라 하였으니, 洞庭湖가 九江인 것이 더욱 분명하다.

字義 孔 : 심할 공   殷 : 바를 은   雋 : 땅이름 전   瀟 : 물이름 소   湘 : 물이름 상   審 : 분명할 심
沅 : 물이름 완   澧 : 물이름 례   廬 : 집 려   烏 : 까마귀 오   蚌 : 조개 방   廩 : 곳집 름
提 : 끌 제   箘 : 살대 균   洲 : 물가 주   播 : 뿌릴 파   巴 : 땅이름 파

49. 沱潛이 既道하니

沱水와 潛水가 이미 〈예전의〉 물길을 따랐으니,

爾雅曰 水自江出爲沱요 自漢出爲潛이라하니 凡水之出於江漢者는 皆有此名이니라 此則荊州江漢之出者也라 今按 南郡枝江縣에 有沱水나 然其流入江이요 而非出於江也라 華容縣에 有夏水하여 首出于江하고 尾入于沔하니 亦謂之沱라 若潛水則 未有見(현)也니라

《爾雅》에 이르기를 "물이 江水로부터 갈라져 나온 것을 '沱水'라 하고, 漢水로부터 갈라져 나온 것을 '潛水'라 한다."라고 하였으니, 물이 江水와 漢水에서 나온 것에는 모두 이런 명칭이 있다. 이는 荊州의 江水와 漢水에서 나온 것이다. 지금 살펴보건대, 南郡 枝江縣에 沱水가 있지만 그 流波가 江水로 들어가고 江水에서 나온 것이 아니다. 華容縣에 夏水가 있어 머리는 江水에서 나오고 꼬리는 沔水로 들어가는데, 또한 이것을 '沱水'라고 한다. 潛水 같은 것은 나타나지 않는다.

字義 沱 : 물이름 타   潛 : 물이름 잠   沔 : 물이름 면

50. 雲土요 夢作乂하도다

雲澤에서 흙이 〈드러나고〉 夢澤이 다스려졌다.

雲夢은 澤名이라 周官職方에 荊州其澤藪曰雲夢이라하니라 方八九百里로 跨江南

北하니 華容, 枝江, 江夏, 安陸이 皆其地也라 左傳에 楚子濟江入于雲中이라하고
又楚子以鄭伯으로 田于江南之夢이라하니 合而言之則爲一이요 別而言之則二澤
也[73]라 雲土者는 雲之地는 土見(현)而已요 夢作乂者는 夢之地가 已可耕治也라 蓋
雲夢之澤은 地勢有高卑라 故로 水落有先後요 人工有早晩也라

雲과 夢은 못 이름이다. 《周官》〈夏官 職方氏〉에 "〈정남방은〉 荊州이니 그곳의
澤藪는 '雲夢'이다."라고 하였다. 雲夢은 사방 8, 9백 리나 되어 강남과 강북에 걸
쳐 있으니, 華容·枝江·江夏·安陸이 다 이 지역이다. 《春秋左氏傳》定公 4년 조에
"楚子가 江을 건너 雲澤 가운데로 들어갔다."라고 하였고, 또 《春秋左氏傳》昭公 3
년 조에 "楚子가 鄭伯과 함께 江南의 夢澤에서 사냥했다."라고 하였으니, 합해서
말하면 한 개의 못이고 나누어서 말하면 두 개의 못인 것이다. 雲土는 雲澤 지역은
〈물이 빠져서〉 흙이 보일 뿐이란 말이고, 夢作乂는 夢澤 지역은 이미 경작할 수 있
다는 말이다. 雲澤과 夢澤은 지형에 높고 낮음이 있으므로 〈물이 빠져〉 水位가 떨
어짐에 先後가 있고, 사람이 공력을 들이는 데에도 빠르고 늦음이 있는 것이다.

字義 藪 : 수풀 수 跨 : 걸터앉을 과

51. 厥土는 惟塗泥니 厥田은 惟下에 中이요 厥賦는 上에 下로다

토질은 濕한 진흙이니, 田의 등급은 下에 中이고, 賦의 등급은 上에 下이다.

荊州之土는 與揚州同이라 故로 田比揚에 只加一等이나 而賦爲第三等者는 地闊而
人工修也일새라

荊州의 토질은 揚州와 같다. 그러므로 田은 揚州에 비하여 다만 1등급을 더했을
뿐인데, 賦가 제3등급인 것은 지역이 넓고 사람이 공력을 들이는 것이 닦아졌기 때
문이다.

字義 荊 : 가시 형 闊 : 넓을 활

───────────────────

73 方八九百里……別而言之則二澤也 : 林之奇의 《尙書全解》에는 "雲夢은 사방 8, 9백 리나 되므로
그 못이 강남과 강북에 걸쳐 있다. 《水經》과 《漢書》〈地理志〉 등 여러 책들을 상고해보면 모두
'雲夢澤이 華容縣에 있다.'고 하였다. 그러나 이 못은 워낙 넓어서 곳에 따라 이름을 얻으니, 단
지 이 華容縣 뿐이 아니었다."라고 하였고, 또한 宋代 黃倫의 《尙書精義》에는 "司馬氏(司馬遷)가
말하기를 '雲夢은 사방 9백 리다.'라고 하였으니, 이 못은 강남과 강북에 걸쳐 있어서 곳에 따라
다른 이름이 있지만, 이 '雲'과 '夢'은 한 개의 못이다. 다만 그 疆界가 넓고 멀 뿐이다.〔司馬氏曰
雲夢者 方九百里 則此澤跨江南北 每處名存焉 是雲夢一澤也 特其疆界闊遠耳〕"라고 하였다.

52. 厥貢은 羽毛齒革과 惟金三品과 杶榦[74]栝柏과 礪砥砮丹이로다 惟箘簵楛는 三邦이 厎(지)貢厥名[75]하나니라 包[76]匭菁茅며 厥篚는 玄纁璣組로소니 九江이 納錫大龜[77]하놋다

그 貢物은 새 깃털과 짐승 털과 상아와 가죽, 금속의 세 종류와 참죽나무 줄기와 전나무와 잣나무, 거친 숫돌과 몽근 숫돌과 화살촉과 丹砂이다. 箘簵(箭竹)와 싸리나무는 세 지방에서 유명한 것을 바쳤다. 싸서 상자에 넣는 것은 菁茅요, 광주리에 담아서 바치는 물건은 분홍색 비단과 검은색 비단과 구슬 끈이니, 九江에서는 큰 거북을 얻을 경우 바쳤다.

荊之貢은 與揚州로 大抵多同이라 然이나 荊先言羽毛者는 (漢)〔唐〕孔氏[78]所謂善者爲先也라 按職方氏에 揚州는 其利金錫이요 荊州는 其利丹銀齒革이라하니 則荊揚所産이 不無優劣矣라 杶栝柏은 三木名也라 杶木은 似樗而可爲弓榦[79]이요 栝木은 柏葉松身이라 礪砥는 皆磨石이니 砥는 以細密爲名이요 礪는 以麤糲爲稱이라 砮者는 中矢鏃之用이니 肅愼氏貢石砮者 是也라 丹은 丹砂也라 箘簵는 竹名이요 楛는 木名이니 皆可以爲矢라 董安于之治晉陽也에 公宮之垣을 皆以荻蒿苦楚廧之하니 其高丈餘라 趙襄子發而試之에 其堅則箘簵不能過也라하니 則箘簵는 蓋竹之堅者요 其材中矢之笴라 楛는 肅愼氏貢楛矢者是也라 三邦은 未詳其地라

荊州의 貢物은 揚州와 대체로 같은 것이 많다. 그러나 荊州에서 새 깃털과 짐승 털을 먼저 말한 것은 바로 唐나라 孔氏(孔穎達)가 이른바 "좋은 것을 우선으로 삼는다."는 것이다. 살펴보건대, 《周禮》〈夏官 職方氏〉에 "揚州의 경우 그 이로운 산물은 금과 주석이고, 荊州의 경우 그 이로운 산물은 丹砂와 銀과 상아와 가죽이다."라

---

74 榦 : 孔傳은 柘(산뽕나무)의 뜻으로 보았다.

75 厥名 : 鄭玄은 아래로 '包匭菁茅'에 붙여서 풀이하였다.

76 包 : 孔傳은 따로 떼어서 '橘柚', 곧 귤과 유자를 싼 것으로 풀이하였다.

77 納錫大龜 : 孔傳은 "거북은 항시 쓰는 것이 아니니 바치라는 명령이 있을 때에만 바친다.〔龜不常用 錫命而納〕"라고 풀이하였다.

78 (漢)〔唐〕孔氏 : 저본에는 '漢孔氏'로 되어 있으나, '善者爲先'이 孔安國의 傳이 아니라 孔穎達의 疏에 나오므로 이에 의거하여 '漢'을 '唐'으로 바로잡았다.

79 杶木 似樗而可爲弓榦 : 王夫之는 "'杶'(참죽나무)이 곧 '椿'(참죽나무)이란 것을 알지 못한 것이다. 그 나무는 물러서 꺾어지기 쉽기 때문에 弓榦의 용도로는 맞지 않다.〔不知杶卽椿也 其木脆而易折 不中弓榦之用〕"라고 하였다.《尙書稗疏》》

고 하였으니, 荊州와 揚州에서 생산되는 산물에는 우열이 없지 않았다. 柘·栝·柏
은 세 나무의 이름이니, 柘木은 가죽나무와 비슷한 참죽나무인데 활의 몸체를 만들
수 있고, 栝木은 잣나무 잎에 소나무 몸을 한 전나무이다.

礪와 砥는 다 숫돌이니, 砥는 몽근 숫돌로 명명하고, 礪는 거친 숫돌로 칭한다.
砮는 화살촉으로 쓰기에 알맞은 것이니, 《國語》〈魯語〉에 "肅愼氏가 石砮를 바쳤
다."라는 것이 이것이다. 丹은 丹砂이다. 箘簬는 대나무 이름이고, 楛는 싸리나무
이니, 모두 화살을 만들 수 있다. 《戰國策》〈趙策〉에 "董安于가 晉陽을 다스릴 적
에 公宮의 담을 모두 갈대와 쑥대로 만든 거적자리와 가시나무로 덮으니, 그 높이
가 한 길이 넘었다. 趙襄子가 화살을 쏘아 시험해보니, 그 견고함이 箘簬도 통과하
지 못했다."라고 하였으니, 箘簬는 대 중에 견고한 것으로 그 재질이 화살대에 알맞
은 것이다. 楛는 《國語》〈魯語〉에 "肅愼氏가 楛矢(싸리나무 화살)를 바쳤다."라는 것
이 이것이다. 三邦은 그 지방을 상세히 알 수 없다.

底는 致也니 致貢箘簬楛之有名者也라 匭는 匣也라 菁茅는 有刺而三脊이니 所以
供祭祀縮酒之用이라 旣包而又匭之는 所以示敬也라 齊桓公이 責楚貢包茅不
入하여 王祭不供하여 無以縮酒하고 又管子云 江淮之間에 一茅而三脊[80]을 名曰菁
茅라하니 菁茅는 一物也라 孔氏謂 菁以爲葅者非是라 今辰州麻陽縣苞茅山에 出
苞茅하니 有刺而三脊이라 纁은 周禮染人에 夏纁玄하니 纁은 絳色幣也라 璣는 珠不
圓者요 組는 綬類라 大龜는 尺有二寸이니 所謂國之守龜라 非可常得이라 故로 不
爲常貢이요 若偶得之면 則使之納錫於上이라 謂之納錫者는 下與上之辭니 重其
事也라

底는 致의 뜻이니, 箘簬와 유명한 싸리나무 화살을 바치는 것이다. 匭는 匣의 뜻
이다. 菁茅는 가시가 있고 세모꼴로 되어 있으니, 제사 때 술 거르는 데 사용하기
위해 바치는데, 이미 싸고 또 상자에 넣는 것은 경건함을 보이기 위함이다. 《春秋左
氏傳》僖公 4년 조에 "齊 桓公이 楚나라의 貢物인 包茅가 들어오지 않아, 王의 제
사에 쓰지 못하여 술을 거를 수 없다고 질책했다."는 사실이 있고, 또 《管子》〈封
禪〉에 "江水와 淮水의 사이에서 한 茅草에 모서리가 셋인 것을 '菁茅'라 한다."라고
하였으니, 菁茅는 한 물건이다. 孔氏(孔安國)는 "菁(순무)은 김치를 담그는 것이다."

---

80 三脊 : 세 모서리다. '三脊茅'는 다년생풀의 한 가지인데, 띠의 일종으로서 그 줄기가 세모꼴로
되어 있다.

라고 하였는데, 이것은 옳지 않다. 지금 辰州의 麻陽縣 苞茅山에서 苞茅가 나오는데, 가시가 있고 세모꼴로 되어 있다. 纁은《周禮》〈天官 染人〉에 "여름에는 분홍색과 검은색을 물들인다."라고 하였으니, 纁은 분홍색 비단의 폐백이다. 璣는 둥글지 않은 구슬이다. 組는 끈의 종류이다. 大龜는 1자 2치로서 이른바《春秋左氏傳》昭公 5년 조에 '나라의 守龜'라는 것이니, 항상 얻을 수 있는 물건이 아니다. 그러므로 일정한 공물로 삼지 않고 우연히 얻으면 위에 올리게 하는 것이다. '納錫'이라 이른 것은 아랫사람이 위에 올린다는 말이니, 그 일을 중히 여긴 것이다.

字義 杶 : 참죽나무 춘　榦 : 줄기 간　栝 : 전나무 괄　柏 : 잣나무 백　礪 : 거친숫돌 려
砥 : 몽근숫돌 지　砮 : 돌활촉 노　丹 : 단사 단　箘 : 대나무 균　簵 : 화살대 로
楛 : 싸리나무화살 호　包(苞) : 쌀 포　匭 : 궤 궤　菁 : 세모진띠 정　茅 : 띠 모
纁 : 분홍비단 훈　璣 : 구슬 기　組 : 끈 조　樗 : 가죽나무 저　麤 : 거칠 추　糲 : 거칠 려
鏃 : 살촉 촉(족)　砂 : 주사 사　垣 : 담 원　荻 : 갈대 적　蒿 : 쑥대 호　苫 : 거적자리 점
楚 : 가시나무 초　廩 : 덮을 름, 곳집 름　匣 : 궤 합　縮 : 거를 축　脊 : 등골 척
菹 : 김치 저　刺 : 가시 자　絳 : 붉을 강　綏 : 인끈 수

53. 浮于江沱潛漢하여 逾于洛하여 至于南河하나니라

〈貢賦를 실은 배를〉 江水 · 沱水 · 潛水 · 漢水에 띄워 洛水를 넘어서 南河에 이르렀다.

江沱潛漢은 其水道之出入을 不可詳이나 而大勢則自江沱而入潛漢也라 逾는 越也라 漢與洛不通이라 故로 舍舟而陸하여 以達于洛하고 自洛而至于南河也라 程氏曰 不徑浮江漢하고 兼用沱潛者는 隨其貢物所出之便하여 或由經流하고 或循枝派하여 期於便事而已니라

江水 · 沱水 · 潛水 · 漢水는 물길의 출입을 자세히 알 수 없으나 대세는 江水와 沱水로부터 潛水와 漢水로 들어간다. 逾는 越(넘음)의 뜻이다. 漢水는 洛水와 통하지 않기 때문에 배를 놔두고 육지로 가서 洛水에 도달하고, 洛水로부터 南河에 이르는 것이다. 程氏가 말하기를 "곧장 江水와 漢水에 배를 띄우지 않고 沱水와 潛水를 겸해 이용하는 것은 貢物을 내기(운반하기)에 편리한 곳을 따라서 혹은 經流를 경유하기도 하고 혹은 支流를 따르기도 해서 일을 편리하게 함을 기했을 뿐이다."라고 하였다.

字義 逾 : 넘을 유　越 : 넘을 월　舍 : 놓을 사　徑 : 지레 경　由 : 말미암을 유　循 : 따를 순

54. 荊河에 惟豫州라

荊山과 黃河 사이에 豫州가 자리잡고 있다.

豫州之域은 西南至南條荊山하고 北距大河라

豫州 지역은 서남쪽으로는 南條荊山에 이르고 북쪽으로는 大河(黃河)에 이르렀다.

字義 豫 : 미리 예 條 : 곁가지 조 荊 : 가시 형 距 : 이를 거

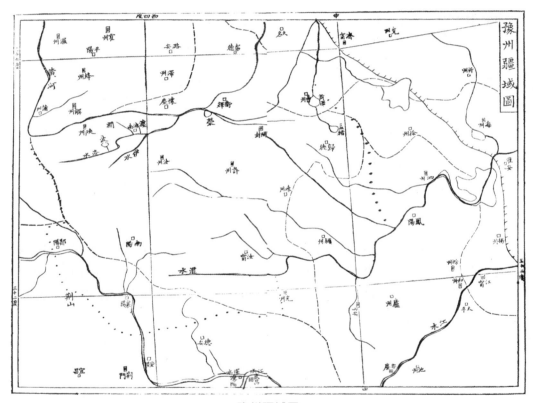

豫州疆域圖

55. 伊洛瀍澗이 旣入于河하며

伊水·洛水·瀍水·澗水가 이미 黃河로 들어갔으며,

伊水는 山海經曰 熊耳之山에 伊水出焉하여 東北至洛陽縣南하고 北入于洛이라하니라
郭璞云 熊耳는 在上洛縣南이라하니 今商州上洛縣也라 地志에 言 伊水出弘農盧

氏之熊耳者는 非是[81]라 洛水는 地志云 出弘農郡上洛縣冢領山이라하고 水經에 謂之讙擧山이라하니 今商州洛南縣冢領山也요 至鞏縣하여 入河라하니 今河南府鞏縣也라 瀍水는 地志云 出河南郡穀城縣替亭北이라하니 今河南府河南縣西北에 有古穀城縣하고 其北山이 實瀍水所出也라 至偃師縣하여 入洛이라하니 今河南府偃師縣也라 澗水는 地志云 出弘農郡新安縣東하여 南入于洛이라하니 新安은 在今河南府新安澠池之間하니 今澠池縣東二十三里新安城이 是也요 城東北에 有白石山하니 卽澗水所出이라 酈道元云 世謂之廣陽山이라하니 然則澗水出今之澠池하여 至新安入洛也라 伊瀍澗水는 入于洛하고 而洛水는 入于河어늘 此言伊洛瀍澗入于河라하여 若四水不相合而各入河者는 猶[82]漢入江하고 江入海하여 而荊州에 言江漢朝宗于海로 意同하니 蓋四水竝流하여 小大相敵故也라 詳見下文하니라

伊水는 《山海經》에 이르기를 "熊耳山에서 伊水가 나와 동북으로 洛陽縣 남쪽에 이르고 북쪽으로 洛水로 들어간다."라고 하였고, 郭璞은 이르기를 "熊耳는 上洛縣 남쪽에 있다."라고 하였으니, 지금의 商州 上洛縣이다. 《漢書》〈地理志〉에서 말한 "伊水가 弘農郡 盧氏縣 熊耳山에서 나온다."라고 한 것은 옳지 않다.

洛水는 《漢書》〈地理志〉에 "弘農郡 上洛縣 冢領山에서 나온다."라고 하였고, 《水經》에 "讙擧山을 이른다."라고 하였으니, 지금의 商州 洛南縣 冢領山이고, "鞏縣에 이르러 황하로 들어간다."라고 하였으니, 지금의 河南府 鞏縣이다.

瀍水는 《漢書》〈地理志〉에 "河南郡 穀城縣 替亭의 북쪽에서 나온다."라고 하였으니, 지금의 河南府 河南縣 서북쪽에 옛 穀城縣이 있고 그 北山이 실로 瀍水가 나오는 곳이다. "偃師縣에 이르러 洛水로 들어간다."라고 하였으니, 지금의 河南府 偃師縣이다.

澗水는 《漢書》〈地理志〉에 "弘農郡 新安縣 동쪽에서 나와 남쪽으로 洛水로 들어간다."라고 하였으니, 新安은 지금의 河南府 新安과 澠池의 사이에 있으므로, 지금의 澠池縣 동쪽 23리 지점인 新安城이 이곳이고, 城 동북쪽에 白石山이 있으니, 곧 澗水가 나오는 곳이다. 酈道元은 이르기를 "세상에서 '廣陽山'이라 이른다."라고 하였으니, 그렇다면 澗水는 지금의 澠池에서 나와서 新安에 이르러 洛水로 들어가는 것이다.

---

81 地志……非是 : 孔穎達의 正義와 蘇軾의 《書傳》에서는 《漢書》〈地理志〉를 따랐는데, 蔡傳은 郭璞의 《山海經注》를 따랐다.

82 猶 : 與(더불어)와 같다.

伊水·瀍水·澗水는 洛水로 들어가고 洛水는 黃河로 들어가는데, 여기서는 "伊水·洛水·瀍水·澗水가 황하로 들어갔다."라고 말하여 마치 네 물이 서로 합류하지 않고 각각 黃河로 들어갈 것처럼 말한 것은, 漢水는 江水로 들어가고 江水는 바다로 들어가서, 荊州에서 "江水와 漢水가 바다에 朝宗한다."라고 말한 것과 뜻이 같으니, 아마 네 물이 나란히 흘러서 크고 작은 물이 서로 敵對하기 때문이었을 것이다. 아랫글에 자세히 보인다.

字義 瀍 : 물이름 전   澗 : 간수 간   熊 : 곰 웅   讙 : 기쁠 환   鞏 : 굳을 공   替 : 교체할 체
偃 : 누울 언   湣 : 물이름 민

56. 滎波[83]旣豬[84]로다

滎水와 波水가 이미 모였다가 다시 흘렀다.

滎波는 二水名이라 濟水는 自今孟州溫縣入河하고 潛行絶河하여 南溢爲滎하니 在今鄭州滎澤縣西五里敖倉東南이요 敖倉者는 古之敖山也라 按今濟水는 但入河하고 不復過河之南하며 滎瀆水受河水에 有石門하니 謂之滎口石門也라 鄭康成謂 滎은 今塞爲平地로되 滎陽民은 猶謂其處爲滎澤이라하니라 酈道元曰 禹塞淫水하고 於滎陽下에 引河東南하여 以通淮泗濟水하고 分河東南流러니 漢明帝使王景으로 卽滎水故瀆하여 東注浚儀하고 謂之浚儀渠라하니 漢志에 謂滎陽縣에 有狼蕩渠하여 首受濟者가 是也라 南曰狼蕩이요 北曰浚儀나 其實은 一也라 波水는 周職方에 豫州는 其川은 滎雒이요 其浸은 波溠라하고 爾雅云 水自洛出爲波라하며 山海經曰 婁涿之山에 波水出其陰하여 北流注于穀이라하여 二說不同하니 未詳孰是라 孔氏以滎波爲一水者는 非也라

滎과 波는 두 물 이름이다. 濟水는 지금의 孟州 溫縣으로부터 黃河로 들어가고 물이 땅속으로 흘러서 황하를 넘어 남쪽으로 넘쳐 滎水가 되었으니, 지금의 鄭州 滎澤縣 서쪽 4, 5리 지점인 敖倉 동남쪽에 있고, 敖倉은 옛날의 敖山이다. 살펴보건대, 지금 濟水는 단지 황하로만 들어가고 다시는 황하의 남쪽을 통과하지 않으며, 滎瀆水가 河水를 받는 곳에 石門이 있으니, 이곳을 '滎口石門'이라 이른다. 鄭

---

83 滎波 : 《史記》〈夏本紀〉에는 '滎播'로 되어 있다.

84 滎波旣豬 : 孔傳은 "滎澤의 波水가 이미 막혀 못을 이룬 것이다.〔滎澤波水 已成遏豬〕"라고 풀이하였다.

康成(鄭玄)은 이르기를 "滎水는 지금 막아서 평지가 되었건만, 滎陽 백성들은 아직도 그곳을 '滎澤'이라 한다."라고 하였고, 酈道元은 말하기를 "禹가 범람하는 물을 막고 滎陽 아래에서 河水를 동남쪽으로 이끌어 淮水와 泗水와 濟水를 통하게 하고 河水를 나눠 동남쪽으로 흐르게 하였는데, 漢 明帝가 王景으로 하여금 滎水의 옛 도랑에 가서 동쪽으로 浚儀에 주입시키고 '浚儀渠'라 일렀다."라고 하였으니, 《漢書》〈地理志〉에서 말한 "滎陽縣에 狼蕩渠가 있어 맨 먼저 濟水를 받는다."는 것이 이것이다. 남쪽을 '狼蕩'이라 하고, 북쪽을 '浚儀'라 하나 실제는 하나인 것이다.

波水는 《周禮》〈夏官 職方氏〉에 "豫州는 그 하천은 滎水와 雒水요, 그 호수는 波水와 溠水이다."라고 하였으며, 《爾雅》에는 "洛水로부터 나온 물을 '波'라 한다."라고 하였고, 《山海經》에는 "婁涿山에 波水가 그 북쪽에서 나와 북쪽으로 흘러 穀水로 주입한다."라고 하여 두 말이 같지 않으니, 누가 옳은지 자세하게 알 수 없다. 孔氏(孔安國)가 滎과 波를 한 물로 여긴 것은 잘못이다.

字義 塞 : 막을 색　敖 : 거만할 오　狼 : 이리 랑　浚 : 퍼낼 준　涿 : 물방울떨어질 탁

57. 導菏澤하사 被孟豬하시다

菏澤을 인도하시어 孟豬에 미치게 하셨다.

菏澤은 地志에 在濟陰郡定陶縣東이라하니 今興仁府濟陰縣南三里라 其地有菏山이라 故로 名其澤爲菏澤也라 蓋濟水所經이니 水經謂 南濟는 東過寃句縣南하고 又東過 定陶縣南하고 又東北에 菏水東出焉이 是也라 被는 及也라 孟豬는 爾雅에 作孟諸라 地志에 在梁國睢陽縣東北이라하니 今南京虞城縣西北孟諸澤이 是也라 曾氏曰 被는 覆也니 菏水衍溢일새 導其餘波하여 入于孟豬하니 不常入也라 故로 曰被라하니라

菏澤은 《漢書》〈地理志〉에 "濟陰郡 定陶縣 동쪽에 있다."라고 하였으니, 지금의 興仁府 濟陰縣 남쪽 3리 지점이다. 이곳에 菏山이 있으므로 그 못 이름을 '菏澤'이라 한 것이다. 濟水가 경유하는 곳이니, 《水經》에 "南濟는 동쪽으로 寃句縣 남쪽을 지나고, 또 동쪽으로 定陶縣 남쪽을 지나고, 또 동북쪽에 菏水가 동쪽에서 나온다."라고 한 것이 이것이다. 被는 及(미치다)의 뜻이다. 孟豬는 《爾雅》에 '孟諸'로 되어 있다. 《漢書》〈地理志〉에 "梁國 睢陽縣 동북쪽에 있다."라고 하였으니, 지금의 南京 虞城縣 서북쪽 孟諸澤이 이곳이다. 曾氏는 말하기를 "被는 覆(덮다)의 뜻이니, 菏水가 넘치므로 그 남은 물줄기를 인도하여 孟豬澤으로 들어가게 한 것이니, 항상 들어가지는 않기 때문에 '被'라 한 것이다."라고 하였다.

字義 被 : 미칠 피   覆 : 덮을 부   衍 : 넘칠 연

58. 厥土는 惟壤이니 下土는 墳壚로다

　토질은 부드러우니 낮은 지역은 부풀어 오르고 푸석푸석하였다.

　　土不言色者는 其色雜也라 壚는 疏也라 顏氏曰 玄而疏者를 謂之壚라하니라 其土有
　高下之不同이라 故로 別言之니라

　　　흙의 색깔을 말하지 않은 것은 색깔이 섞여있기 때문이다. 壚는 疏(푸석푸석)의 뜻
　이다. 顏氏는 말하기를 “검고 푸석푸석한 것을 ‘壚’라 한다.”라고 하였다. 토질에 高
　下의 차이가 있기 때문에 별도로 말한 것이다.

　　字義 壚 : 검은석비레 로   疏 : 푸석푸석할 소

59. 厥田은 惟中에 上이요 厥賦는 錯이로소니 上에 中[85]이로다

　田의 등급은 中에 上이고, 賦의 등급은 섞어서 내니, 上에 中이다.

　　田은 第四等이요 賦는 第二等이로되 雜出第一等也라

　　　田의 등급은 제4등급이고, 賦의 등급은 제2등급인데 제1등급을 섞어서 낸다.

60. 厥貢은 漆枲絺紵요 厥篚는 纖纊이로소니 錫貢磬錯이로다

　貢物은 옻과 삼베와 가는 갈포와 모시이고, 광주리에 담아서 바치는 물건은 가는
　솜이며, 경쇠를 가는 숫돌은 바치라는 명령이 있을 때에만 바쳤다.

　　林氏曰 周官載師에 漆林之征은 二十(有)〔而〕[86]五하니 周以爲征이나 而此乃貢
　者는 蓋豫州在周엔 爲畿內라 故로 載師掌其征而不制貢이요 禹時엔 豫在畿外라
　故로 有貢也라 推此義하면 則冀不言貢者를 可知[87]라하니라 顏師古曰 織紵以爲
　布及練이라하니라 然이나 經但言貢枲與紵하니 成布與未成布를 不可詳也라 纊은 細

85　錯上中 : 冀州의 ‘上上錯’과 서로 호응한다.

86　(有)〔而〕 : 저본에는 ‘有’로 되어 있으나, 《周禮》〈地官 載師〉에 의거하여 ‘而’로 바로잡았다.

87　林氏曰……可知 : 林之奇의 《尙書全解》에는 “周官載師 漆林之征 二十有(而)五 周官以爲征 而
　此則貢之者 蓋禹之時 豫州在於畿外 故有貢也 推此義 則知冀州所以不言貢之意矣”라고 되어
　있다.

綿也라 磬錯은 治磬之錯也라 非所常用之物이라 故로 非常貢이요 必待錫命而後
納也니 與揚州橘柚로 同이라 然이나 揚州先言橘柚하고 而此先言錫貢者는 橘柚言
包하니 則於厥篚之文에 無嫌이라 故로 言錫貢在後하고 磬錯則與厥篚之文으로 嫌
於相屬이라 故로 言錫貢在先이니 蓋立言之法也니라

林氏는 말하기를 "《周官》〈地官 載師〉에 '漆林의 세금은 20분에 5이다.'라고 하였
으니, 《周官》에서는 세금으로 말했으나 여기서는 貢物로 말한 이유는 豫州가 周나
라 시대에 있어서는 畿內가 되었기 때문에 載師가 稅政을 관장하면서 貢物을 제정
하지 않은 것이며, 禹 때에는 豫州가 畿外에 있었기 때문에 공물제도가 있었던 것
이다. 이 뜻을 미루어보면 冀州에서 공물을 말하지 않은 까닭을 알 수 있다."라고
하였다. 顏師古는 말하기를 "모시를 짜서 베와 누인 베를 만든다."라고 하였다. 그
러나 經文에는 단지 枲와 紵를 바친다고만 말하였으니, 成布인지 未成布인지는 상
세히 알 수 없다.

纊은 가는 솜이다. 磬錯은 경쇠를 가는 숫돌이다. 항상 사용하는 물건이 아니므
로 일정한 공물이 아니고, 반드시 바치라는 명령이 내린 뒤에야 바치는 것이니, 揚
州에서 귤과 유자를 바치는 경우와 같다. 그러나 揚州에서는 귤과 유자를 먼저 말
하였는데 여기서 錫貢을 먼저 말한 것은 귤과 유자에 대해서 包(싸다)라고 말하였으
니, '厥篚'란 글에 대해 꺼릴 것이 없다. 그러므로 錫貢에 대한 말을 뒤에 둔 것이고,
磬錯의 경우는 '厥篚'란 글과 서로 연속될까 꺼린다. 그러므로 '錫貢'에 대한 말을
앞에 둔 것이니, 이는 대개 立言하는 방법이다.

字義 絺 : 가는 갈포 치   紵 : 모시 저   纊 : 솜 광   錫 : 바칠 석   貢 : 바칠 공   磬 : 경쇠 경
　　　錯 : 숫돌 착   征 : 세금 정

61. 浮于洛하여 達于河하나니라

〈貢賦를 실은 배를〉 洛水에 띄워 黃河에 도달하였다.

豫州는 去帝都最近하니 豫之東境은 徑自入河하고 豫之西境은 則浮于洛而後에 至
河也라

豫州는 帝都와 거리가 가장 가까우니, 豫州의 동쪽 지역은 곧장 黃河로 들어가
고, 豫州의 서쪽 지역은 洛水에 배를 띄운 뒤에야 黃河에 이를 수 있었다.

字義 徑 : 곧바로 경

62. 華陽黑水에 惟梁州라

華山 남쪽과 黑水 사이에 梁州가 자리잡고 있다.

梁州之境은 東距華山之南하고 西據黑水라 華山은 卽太華니 見導山하고 黑水는 見導水하니라

梁州 지역은 동쪽으로는 華山의 남쪽에 이르고, 서쪽으로는 黑水에 의거하였다. 華山은 곧 太華山이니 '導山' 쪽에 보이고, 黑水는 '導水' 쪽에 보인다.

字義 距 : 이를 거   據 : 의거할 거

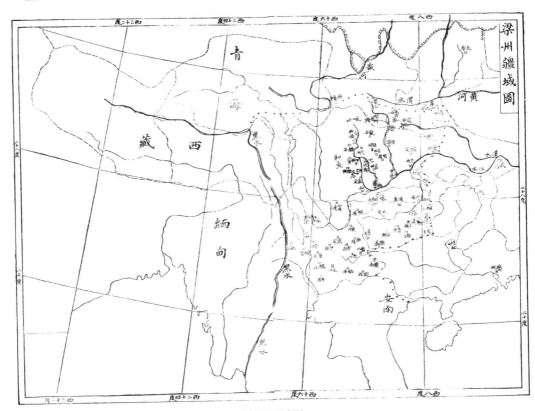

梁州疆域圖

63. 岷嶓旣藝하며

岷山과 嶓冢山에 이미 곡종을 심었으며,

岷嶓는 二山名이라 岷山은 地志에 在蜀郡湔氐道西徼外라하니 在今茂州汶山縣이며

江水所出也라 蔂氏曰 蜀은 以山近江源者를 通爲岷山하니 連峯接岫가 重疊險阻하여 不詳遠近이라 靑城天彭諸山之所環邊가 皆古之岷山이니 靑城은 乃其第一峰也라하니라 嶓冢山은 地志云 在隴西郡氏道縣이라하니 漾水所出이요 又云在西縣이라하니 今興元府西縣三泉縣也라 蓋嶓冢一山이 跨于兩縣云이라 川原旣滌하고 水去不滯하여 而無泛溢之患하니 其山이 已可種藝也라

岷과 嶓는 두 산 이름이다. 岷山은 《漢書》〈地理志〉에 "蜀郡 湔氐道 서쪽 변방 밖에 있다."라고 하였으니 지금의 茂州 汶山縣에 있으며, 江水가 나오는 곳이다. 蔂氏는 말하기를 "蜀에서는 江水의 발원지 근처에 있는 산을 통틀어 '岷山'이라 하는데, 이어진 봉우리들과 접해진 골짝들이 중첩되고 험해서 遠近을 상세히 알 수 없다. 靑城山과 天彭山 등 둘러싼 여러 산들이 모두 옛날의 岷山인데, 靑城山은 곧 그중 첫 번째 봉우리이다."라고 하였다.

嶓冢山은 《漢書》〈地理志〉에 "隴西郡 氐道縣에 있다."라고 하였으니, 漾水가 나오는 곳이고, 또 "西縣에 있다."라고 하였으니, 지금의 興元府 西縣과 三泉縣이다. 嶓冢山 하나가 두 縣에 걸쳐있는 것이다. 하천 바닥이 이미 깨끗하게 세척되어서 물이 잘 흘러 막히지 않아 범람의 폐해가 없으니, 이 산들이 이미 곡식을 심을 수 있게 된 것이다.

字義 藝 : 심을 예   湔 : 씻을 전   氐 : 오랑캐 전   徼 : 변방 요   岫 : 산봉우리 수   疊 : 중첩할 첩
遶 : 두를 요   隴 : 언덕 롱   滌 : 씻을 척   滯 : 막힐 체

64. 沱潛이 旣道하도다

沱水와 潛水가 이미 〈예전의〉 물길을 따랐다.

此는 江漢別流之在梁州者라 沱水는 地志에 蜀郡郫(비)縣에 江沱在東하여 西入大江[88]이라하니 郫縣은 今成都府郫縣也라 又地志云 蜀郡汶江縣에 江沱在西南하여 東入江이라하니 汶江縣은 今永康軍導江縣也라 潛水는 地志云 巴郡宕(탕)渠縣에 潛水西南入江이라하니 宕渠는 今渠州流江縣也라 酈道元謂 宕渠縣에 有大穴하니 潛水入焉하여 通罡(강)山下하고 西南潛出하여 南入于江이라하니라 又地志에 漢中郡安陽縣에 灊(잠)谷水出西南하여 〔北〕[89]入漢이라하니 灊은 音潛이요 安陽縣은 今洋州眞

---

88 江沱在東 西入大江 : 《漢書》〈地理志〉에는 "江沱在西 東入大江"으로 되어 있다.

89 〔北〕 : 저본에는 없으나, 《漢書》에 의거하여 '北'을 보충하였다.

符縣也라

이는 江水와 漢水의 別流로 梁州에 있는 것이다. 沱水는 《漢書》〈地理志〉에 "蜀郡 郫縣은 江沱가 동쪽에 있어 서쪽으로 大江에 들어간다."라고 하였으니, 郫縣은 지금의 成都府 郫縣이다. 또 《漢書》〈地理志〉에 "蜀郡 汶江縣은 江沱가 서남쪽에 있어 동쪽으로 江水에 들어간다."라고 하였으니, 汶江縣은 지금의 永康軍 導江縣이다.

潛水는 《漢書》〈地理志〉에 "巴郡 宕渠縣은 潛水가 서남쪽으로 江水에 들어간다."라고 하였으니, 宕渠는 지금의 渠州 流江縣이다. 酈道元이 이르기를 "宕渠縣에 큰 구멍이 있는데, 潛水가 그곳으로 들어가 罛山 밑을 통과하고 서남쪽으로 땅속으로 흐르다가 밖으로 나와서 남쪽으로 江水에 들어간다."라고 하였다. 또 《漢書》〈地理志〉에 "漢中郡 安陽縣은 灊谷水가 서남쪽에서 나와서 북쪽으로 漢水에 들어간다."라고 하였으니, '灊'은 音이 潛(잠)이고, 安陽縣은 지금의 洋州 眞符縣이다.

○又按 梁州는 乃江漢之原이어늘 此不志者는 岷之藝는 導江也요 嶓之藝는 導漾也라 道沱則江悉矣요 道潛則漢悉矣라 上志岷嶓하고 下志沱潛하니 江漢源流를 於是而見이라

○또 살펴보건대, 梁州는 바로 江水와 漢水의 原流이건만 여기에서 기록하지 않은 것은 다음과 같은 이유에서다.

岷山이 곡식을 심을 수 있게 된 것은 江水를 인도했기 때문이고, 嶓冢山이 곡식을 심을 수 있게 된 것은 漾水를 인도했기 때문이다. 沱水가 물길을 따르게 했다면 江水가 다 정리된 것이고, 潛水가 물길을 따르게 했다면 漢水가 다 정리된 것이다. 그리고 위에서 岷山과 嶓冢山을 기록하였고 아래에서 沱水와 潛水를 기록하였으니, 江水와 漢水의 源流를 여기에서 볼 수 있기 때문이다.

字義　宕 : 방탕할 탕　罛 : 별이름 강　志 : 기록할 지

65. 蔡蒙에 旅平하시며

蔡山과 蒙山에 '旅'제사를 지내어 治水가 끝났음을 고하셨으며,

蔡, 蒙은 二山名이라 蔡山은 輿地記에 在今雅州嚴道縣이라하니라 蒙山은 地志에 蜀郡 靑衣縣이라하니 今雅州名山縣也라 酈道元謂 山이 上合下開하여 沫(말)水逕其間하니 溷崖[90]水脈漂疾하여 歷代爲患이러니 蜀郡太守李冰이 發卒鑿平溷(혼)崖라하니 則此

二山은 在禹에 爲用功多也라 祭山曰旅니 旅平者는 治功畢而旅祭也라

蔡와 蒙은 두 산 이름이다. 蔡山은 《輿地廣記》에 "지금의 雅州 嚴道縣에 있다."라고 하였다. 蒙山은 《漢書》〈地理志〉에 "蜀郡의 青衣縣에 있다."라고 하였으니, 지금의 雅州 名山縣이다. 酈道元은 이르기를 "산이 위쪽은 합하고 아래쪽은 벌어져서 沫水가 그 사이를 통과하니 灘崖의 물살이 빨라서 역대로 걱정거리가 되었는데, 蜀郡太守 李冰이 병력을 동원하여 灘崖를 파서 평평하게 만들었다."라고 하였으니, 이 두 산은 禹 때에도 공력을 많이 들였던 것이다. 산에 제사 지내는 것을 '旅'라 하니, 旅平은 홍수 다스리는 일을 마치고 나서 旅祭를 지낸 것이다.

字義 旅 : 제사이름 려   漂 : 빠를 표   疾 : 빠를 질

66. 和夷에 底(지)績하시다

和夷에서 공적을 이루시었다.

和夷는 地名이라 嚴道以西에 有和川하고 有夷道[91]하니 或其地也라 又按 量氏曰 和夷는 二水名이라 和水는 今雅州 榮經縣北和川이니 水自蠻界羅品(암)州東西來하여 逕蒙山하니 所謂青衣水而入岷江者也라 夷水는 出巴郡魚腹縣하여 東南過很山縣南하고 又東過夷道縣北하여 東入于江이라하니 今詳二說하면 皆未可必이니라 但經言底績者三에 覃懷原隰이 既皆地名[92]이니 則此恐爲地名이요 或地名因水나 亦不可知也라

和夷는 지명이다. 嚴道縣 서쪽에 和川이 있고 夷道가 있으니, 혹 그 지역일 것이다. 또 살펴보건대, 量氏가 "和와 夷는 두 물 이름이다. 和水는 지금의 雅州 榮經縣 북쪽에 있는 和川인데, 물이 蠻界의 羅品州 동서쪽으로부터 흘러와서 蒙山을 경유하니, 이른바 '青衣水'로서 岷江에 들어가는 것이다. 夷水는 巴郡 魚腹縣에서 나와 동남쪽으로 很山縣 남쪽을 지나가고, 또 동쪽으로 夷道縣 북쪽을 지나서 동쪽으로

---

90 灘崖 : 지금의 四川 樂山市 동쪽 2리 지점인 凌雲山 大佛巖에 있다.

91 和夷……有夷道 : 淸代 蔣廷錫은 "蔡傳에서 夷를 嚴道(지금의 榮經縣을 宋代에는 '嚴道'라고 함) 서쪽의 夷道라고 한 것은 잘못이다. 榮經 서쪽에는 夷道가 없다. 時瀾(宋나라 呂祖謙의 제자)의 《書說》에 '〈和夷는〉 嚴道 서쪽의 지명이니 和川 夷人이 산 곳이다.'라고 한 것이 맞는 말이다.〔蔡傳以夷 爲嚴道 - 今榮經縣宋曰嚴道 - 以西之夷道 非是 榮經以西無夷道 時瀾書說云 嚴道以西地名 和川夷人所居 乃爲得之〕"라고 하였다.《尙書地理今釋》

92 底績者三……既皆地名 : 冀山·梁山·雍山 등 세 군데를 가리킨다.

江水에 들어간다."라고 하였으니, 이제 이 두 說을 자세히 살펴보면 모두 기필할 수 없다. 다만 經文에 "공적을 이루었다.〔底績〕"라고 한 것이 세 군데 있는데, 覃懷와 原隰이 이미 모두 지명으로 되어 있으니 이것은 지명일 듯하고, 혹 지명이 물을 따라 지어질 수도 있지만, 또한 알 수 없는 문제이다.

字義 嵒 : 바위 암   逕 : 지날 경   㦲 : 고을이름 한

67. 厥土는 靑黎니

토질은 색깔이 푸르고 검었으니

黎는 黑也라

黎는 검다는 뜻이다.

68. 厥田은 惟下에 上이요 厥賦는 下에 中이로소니 三錯이로다

田의 등급은 下에 上이고 賦의 등급은 下에 中이니, 세 가지의 등급으로 섞어서 냈다.

田은 第七等이요 賦는 第八等이로되 雜出第七第九等也라 按賦雜出他等者를 或以爲歲有豐凶이라하고 或以爲戶有增減이라하니 皆非也라 意者컨대 地力有上下에 年分不同하니 如周官에 田一易再易[93]之類라 故로 賦之等第에 亦有上下年分이니라 冀之正賦는 第一等이로되 而間歲第二等也요 揚之正賦는 第七等이로되 而間歲第六等也요 豫之正賦는 第二等이로되 而間歲第一等也요 梁之正賦는 第八等이로되 而間歲出第七第九等也라 當時엔 必有條目詳具어늘 今不存矣요 書之所載는 特凡例也라 若謂歲之豐凶과 戶之增減이면 則九州皆然이어늘 何獨於冀揚豫梁四州言哉리오

田의 등급은 제7등급이고, 賦의 등급은 제8등급인데, 次上인 제7등급과 次下인 제9등급을 섞어서 내는 것이다. 살펴보건대, 賦稅를 다른 등급으로 섞어서 내는 것을 혹자는 "年事에 豐凶이 있기 때문이다."라고 하고, 혹자는 "戶口에 增減이 있기 때문이다."라고 하는데, 이는 모두 틀린 말이다. 생각건대 地力에 上下가 있음에 年

---

93   一易再易 : '一易'은 1년 걸러서 농사지을 수 있고, '再易'은 2년 걸러서 농사지을 수 있는, 곧 토질의 瘠薄 정도를 나타낸 말이다.

分이 동일하지 않으니, 이를테면《周官》〈地官 大司徒〉에 있는 '田地의 一易·再易'
이라는 것과 같은 따위이다. 그러므로 賦稅의 등급에도 上下의 年分이 있는 것이
니, 冀州의 正賦는 제1등급이지만 격년으로 제2등급을 내고, 揚州의 正賦는 제7등
급이지만 격년으로 제6등급을 내고, 豫州의 正賦는 제2등급이지만 격년으로 제1등
급을 내고, 梁州의 正賦는 제8등급이지만 격년으로 제7등급과 제9등급을 내는 것이
다. 당시에는 반드시 條目이 자세히 갖춰져 있었을 테지만 이제 존재하지 않고,《書
經》에 기재된 것은 다만 凡例일 뿐이다. 만약 연사의 풍흉과 호구의 증감 때문이라
고 한다면 9州가 다 그랬을 것인데, 어찌 冀州·揚州·豫州·梁州의 4州에서만 말했
겠는가.

字義　載 : 기재할 재

69. 厥貢은 璆鐵과 銀鏤와 砮磬과 熊羆와 狐狸이니(와) 織皮[1]로다

① 書經 熊羆狐狸織皮 : 곰과 말곰과 여우와 살쾡이는 그 가죽을 이용해서 갖옷을 만드는
　　것이다.
　一般 熊羆狐狸之皮 製之爲裘 : 곰과 말곰과 여우와 살쾡이의 가죽은 제조하여 갖옷을
　　만든다는 것이다.

　그 貢物은 玉磬과 柔鐵과 銀과 剛鐵과 돌화살과 石磬과 그리고 곰과 말곰과 여
우와 살쾡이〈의 가죽이니 가죽은〉 제조해서 〈갖옷을 만든 것이다.〉

璆는 玉磬이요 鐵은 柔鐵也라 鏤는 剛鐵이니 可以刻鏤者也라 磬은 石磬也라 言鐵而
先於銀者는 鐵之利多於銀也라 後世에 蜀之卓氏程氏가 以鐵冶로 富擬封君하니
則梁之利는 尤在於鐵也라 織皮者는 梁州之地는 山林爲多하니 獸之所走라 熊羆
狐狸四獸之皮는 製之可以爲裘요 其氄毛는 織之可以爲罽也라

　璆는 玉磬이고, 鐵은 柔鐵(正鐵)이다. 鏤는 剛鐵이니, 새길 수 있는 것이다. 磬은
石磬이다. 쇠붙이를 말하면서 銀보다 먼저 쇠를 말한 것은 쇠의 이익이 銀보다 많
기 때문이다. 후세에 蜀의 卓氏와 程氏가 쇠를 불리는 일(織鐵)로 치부한 것이 封君
에 비견되었으니, 梁州의 이익은 더욱 쇠에 있었던 것이다. 織皮란 것은, 梁州 지역
은 산림이 많아서 짐승들이 충분히 달릴 수 있는 곳으로 곰과 말곰, 여우와 살쾡이
이 네 짐승의 가죽은 제조하면 갖옷을 만들 수 있고, 유연한 털은 짜면 털방석을 만

들 수 있다는 것이다.

○林氏曰 徐州는 貢浮磬이요 此州는 旣貢玉磬하고 又貢石磬하며 豫州는 又貢磬錯이라 以此觀之면 則知當時樂器는 磬最爲重이니 豈非以其聲角而在淸濁小大之間하여 最難得其和者哉아

○林氏(林之奇)는 말하기를 "徐州는 浮磬을 바쳤으며, 이 州는 이미 玉磬을 바치고 또 石磬을 바쳤으며, 豫州는 또 磬錯을 바쳤다. 이것으로 본다면 당시 악기는 경쇠가 가장 중요했다는 것을 알 수 있으니, 그 소리가 角音으로 淸濁, 小大의 중간에 있어서 가장 그 화합을 얻기 어렵기 때문이 어찌 아니겠는가."라고 하였다.

字義 璆:아름다운옥 구 鐵:쇠 철 鏤:강철 루 砮:돌살촉 노 磬:돌경쇠 경 熊:곰 웅
罷:큰곰 비 狐:여우 호 狸:살쾡이 리 織:직물 직 皮:피복 피 冶:쇠불릴 야
擬:견줄 의 裘:갖옷 구 毳:솜털 취 罽:모포 계

70. 西傾으로 因桓是來하여 浮于潛하여(하며) 逾于沔하여(하며) 入于渭하여 亂于河하나니라

西傾山으로부터 桓水를 따라 여기로 와서 〈貢賦를 실은 배를〉 潛水에 띄워, 沔水를 넘어 渭水로 들어가서 황하를 횡단하였다.

西傾은 山名이라 地志에 在隴西郡臨洮(조)縣西라하니 今洮州臨潭縣西南이라 桓은 水名이니 水經曰 西傾之南에 桓水出焉이라하니라 蘇氏曰 漢始出爲漾이요 東南流爲沔이요 至漢中하여 東行爲漢沔이라하니라 酈道元曰 自西傾而至葭萌하여 浮于西漢이라하니 西漢이 卽潛水也라 自西漢遡流而屆于晉壽界에 阻漾枝津하여 南歷岡北[94]하고 逶迤接漢沔하며 歷漢川하여 至于褒水하고 逾褒而暨于衙嶺之南溪하여 灌于斜川[95]하고 屆于武功하여 而北以入于渭라하니라 漢武帝時에 人有上書하여 欲通褒斜道及漕어늘 事下張湯하여 問之하니 云 褒水는 通沔하고 斜水는 通渭하니 皆可以漕라 從南陽하여 上[96]沔入褒하면 褒絶水至斜間百餘里는 以車轉하여 從斜下渭니

---

94 岡北:明代 王樵《尙書日記》는 《水經》에 罡穴로 되어 있고 注(酈道元의 注)에 '罡은 山 이름이고 큰 구멍이 있었다.'고 하였으니, 岡北이라고 적은 것은 잘못이다.〔注 罡山名有大穴 作岡北者誤〕라고 하여 蔡傳의 오류를 지적하였다.

95 逾褒而暨于衙嶺之南溪 灌于斜川:林之奇의 《尙書全解》에는 "逾褒暨於衙嶺之南漢川 合褒水 灌於斜川"이라고 되어 있다.

96 上:蘇軾의 《書傳》에는 '下'로 되어 있다.

如此則漢中穀可致라하니라 經言沔渭而不言襃斜者는 因大以見小也라 襃斜之間에
絶水百餘里라 故로 曰逾라 然이나 於經文則當曰逾于渭어늘 今曰逾于沔은 此又未
可曉也라 絶河而渡曰亂이라

西傾은 산 이름이다. 《漢書》〈地理志〉에 "隴西郡 臨洮縣 서쪽에 있다."라고 하였
으니, 지금의 洮州 臨潭縣 서남쪽이다. 桓은 물 이름이니, 《水經》에 "西傾山의 남
쪽에서 桓水가 나온다."라고 하였다. 蘇氏는 말하기를 "漢水가 처음 나와서는 漾水
가 되고, 동남쪽으로 흘러가서는 沔水가 되고, 漢中에 이르러 동쪽으로 흘러가서는
漢水와 沔水가 되었다."라고 하였다. 酈道元은 말하기를 "西傾山으로부터 葭萌에
이르러 西漢水에서 배를 띄웠다."라고 하였으니, 西漢水가 곧 潛水이다. 西漢水로
부터 江流를 거슬러 올라가 晉壽의 경계에 이르렀을 때 漾水의 枝津에 막혀서 남쪽
으로 岡北(罡穴)을 지나 구불구불 돌아서 漢水와 沔水를 접하며, 漢川을 지나 襃水
에 이르고, 襃水를 넘어 衙嶺의 南溪에 이르러서 斜川에 注入되고 武功에 이르러
북쪽으로 渭水에 들어갔다.

〈그리고 《漢書》〈溝洫志〉에 의하면,〉 "漢 武帝 때 어떤 사람이 上書하여 襃水와
斜水 두 물길과 漕運할 뱃길을 통하고자 하므로 그 일을 張湯에게 내려 물으니, 張
湯이 말하기를 '襃水는 沔水와 통하고 斜水는 渭水와 통하니, 모두 조운할 배가 다
닐 수 있습니다. 南陽을 따라 沔水에 오르고 襃水로 들어가면 襃水와 斜水 사이
100여 리는 물이 끊겨 있으므로 수레로 수송하여 斜水를 따라 渭水로 내려가게 되
니, 이와 같이 한다면 漢中의 곡식을 가져올 수 있습니다.'라 했다."라고 하였다.

經文에서 沔水와 渭水는 말하고 襃水와 斜水는 말하지 않은 것은 큰 것을 인하여
작은 것을 나타낸 것이다. 襃水와 斜水의 사이는 물이 100여 리가 끊겨 있기 때문에
'逾'라고 말한 것이다. 그러나 經文에는 마땅히 "渭水를 넘어"라고 말했어야 할 것
인데, 이제 "沔水를 넘어"라고 말한 것은 이 또한 알 수 없는 일이다. 河水를 횡단하
는 것을 '亂'이라 한다.

字義 因 : 따를 인 亂 : 가로지를 란 遡 : 거스를 소 屆 : 이를 계 迆 : 비스듬히 연해갈 이
邐 : 비스듬히 연해갈 리 曁 : 이를 기 灌 : 관주할 관

71. 黑水西河에 惟雍州라

黑水와 西河 사이에 雍州가 자리잡고 있다.

雍州之域은 西據黑水하고 東距西河하니 謂之西河者는 主冀都而言也라

雍州 지역은 서쪽으로는 黑水에 의거하고 동쪽으로는 西河에 이르렀으니, '西河'
라 이른 것은 冀州를 위주로 해서 말한 것이다.

字義 據 : 의거할 거   距 : 이를 거

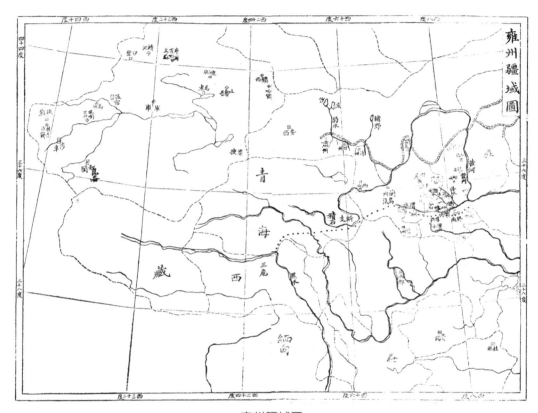

雍州疆域圖

72. 弱水旣西하며

弱水가 이미 서쪽으로 흘렀으며

柳宗元曰 西海之山에 有水焉하니 散渙無力하여 不能負芥일새 投之則委靡墊
沒하여 及底而後止라 故로 名曰弱이라하니라 旣西者는 導之西流也라 地志云 在
張掖郡刪丹縣이라하고 薛氏曰 弱水는 出吐谷渾界窮石山하여 自刪丹西로 至合
黎山하여 與張掖縣河合이라하니라 又按 通鑑에 魏太武擊柔然할새 至栗水하고 西
行至菟園水하여 分軍收(搜)討하고 又循弱水하여 西行至涿邪山이라하니 則弱水는

在菟園水之西와 涿邪山之東矣라 北史에 載太武至菟園水하여 分軍搜討하여 東至瀚海하고 西接張掖水하고 北度燕然山이라하니 與通鑑小異라 豈瀚海張掖水 於弱水에 爲近乎아 程氏據西域傳하여 以弱水爲在條支라하니 援引甚悉이라 然이나 長安西行一萬二千二百里하고 又百餘日에 方至條支라 其去雍州如此之遠하니 禹豈應窮荒而導其流也哉아 其說이 非是니라

柳宗元이 말하기를 "西海의 산에 물이 있는데, 물이 사방으로 흩어져 흘러 힘이 없어서 지푸라기도 띄우지 못하기 때문에 지푸라기를 던지면 맥없이 가라앉아 밑바닥에 닿고야 만다. 그러므로 이름을 '弱'이라 했다."라고 하였다. 旣西는 인도해서 서쪽으로 흐르게 한 것이다. 《漢書》〈地理志〉에 "張掖郡 刪丹縣에 있다."라고 하였고, 薛氏는 "弱水는 吐谷渾의 경계인 窮石山에서 흘러나와 刪丹 서쪽으로부터 合黎山에 이르러 張掖縣에 있는 河水와 합한다."라고 하였다.

또 살펴보건대, 《資治通鑑》에는 "魏 太武帝가 柔然을 칠 때 栗水에 이른 다음 서쪽으로 가서 菟園水에 이르러 군대를 나누어 수색하고, 또 弱水를 따라 서쪽으로 가서 涿邪山에 이르렀다."라고 하였으니, 弱水는 菟園水의 서쪽과 涿邪山의 동쪽에 있는 것이다. 《北史》〈蠕蠕列傳〉에는 "太武帝가 菟園水에 이르러 군대를 나누어 수색하여 동쪽으로는 瀚海에 이르고 서쪽으로는 張掖水를 접하고 북쪽으로는 燕然山을 넘었다."라고 기재하였으니, 《資治通鑑》과 다소 다르다. 아마 瀚海와 張掖水가 弱水에 가까웠던 모양이다. 程氏는 《漢書》〈西域傳〉에 의거해서 "弱水가 條支에 있다."라고 하였으니, 증거를 댄 것이 매우 자세하다. 그러나 長安에서 서쪽으로 12,200리를 가야 되고, 또 100여 일이 걸려야 비로소 條支에 이를 수 있다. 雍州와의 거리가 이와 같이 먼데, 禹가 어떻게 먼 곳까지 그 물의 흐름을 인도하였겠는가. 그러니 그 말이 옳지 않다.

字義 渙 : 풀릴 환 芥 : 지푸라기 개 委 : 쓰러질 위 靡 : 쓰러질 미 墊 : 빠질 점 沒 : 빠질 몰
掖 : 겨드랑이 액 菟 : 새삼 토 搜 : 찾을 수

73. 涇이 屬渭汭(예)[97]하며

涇水가 渭水와 汭水에 연속되었으며,

---

97 涇屬渭汭(예) : 孔傳은 '屬'을 逮의 뜻으로 보고 '汭'를 水北으로 보아 "涇水를 다스려 渭水로 들어가게 한 것이다.〔治涇水入於渭〕"라고 풀이하였다.

涇, 渭, 汭는 三水名이라 涇水는 地志에 出安定郡涇陽縣西라하니 今原州百泉縣岍
頭山也요 東南至馮翊陽陵縣하여 入渭라하니 今永興軍高陵縣也라 渭水는 地志에
出隴西郡首陽縣西南이라하니 今渭州渭源縣鳥鼠山西北南谷山也요 東至京兆船
司空縣하여 入河라하니 今華州華陰縣也라 汭水는 地志에 作芮하고 扶風汧⁽견⁾縣弦
蒲藪에 芮水出其西北하여 東入涇이라하니 今隴州汧源縣弦蒲藪에 有汭水焉이라 周
職方에 雍州는 其川涇汭라하고 詩曰 汭鞠之卽[98]이라하니 皆謂是也라 屬은 連屬也니
涇水連屬渭汭二水也라

涇과 渭와 汭는 세 물 이름이다. 涇水는 《漢書》〈地理志〉에 "安定郡 涇陽縣 서쪽
에서 흘러나온다."라고 하였으니, 지금의 原州 百泉縣 岍頭山이고, "동남쪽으로 馮
翊의 陽陵縣에 이르러 渭水로 들어간다."라고 하였으니, 지금의 永興軍 高陵縣이
다. 渭水는 《漢書》〈地理志〉에 "隴西郡 首陽縣 서남쪽에서 흘러나온다."라고 하였
으니, 지금의 渭州 渭源縣 鳥鼠山 서북쪽 南谷山이며, "동쪽으로 京兆 船司空縣에
이르러 河水로 들어간다."라고 하였으니, 지금의 華州 華陰縣이다. 汭水는 《漢書》
〈地理志〉에 '芮'로 되어 있고, "扶風郡 汧縣 弦蒲藪에 芮水가 서북쪽에서 흘러나와
동쪽으로 涇水로 들어간다."라고 하였으니, 지금의 隴州 汧源縣 弦蒲藪에 汭水가
있다.

《周禮》〈夏官 職方氏〉에 "雍州는 그 하천은 涇水와 汭水이다."라고 하였고, 《詩
經》〈大雅 公劉〉에 "汭水 가에 나아가 살도다."라고 한 것은 모두 이를 이른 것이
다. 屬은 연속하는 것이니, 涇水가 渭水와 汭水 두 물에 연속한 것이다.

> 字義 岍 : 산이름 견   弦 : 활시위 현   蒲 : 부들 포   藪 : 큰늪 수   芮 : 물가 예   鞠 : 물 바깥 국
> 卽 : 나갈 즉

74. 漆沮旣從하며

漆水와 沮水가 이미 〈渭水를〉 따랐으며,

漆, 沮는 二水名이라 漆水는 寰宇記에 自耀州同官縣東北界來하여 經華原縣하여
合沮水라하니라 沮水는 地志에 出北地郡直路縣東이라하니 今坊州宜君縣西北境
也라 寰宇記에 沮水는 自坊州昇平縣北子午嶺出하니 俗號子午水요 下合楡谷慈
馬等川하여 遂爲沮水하며 至耀州華原縣하여 合漆水하고 至同州朝邑縣하여 東南

入渭라하니라 二水相敵이라 故로 竝言之하니라 旣從者는 從於渭也라 又按 地志에
謂漆水出扶風縣이라하니 鼂氏曰 此는 豳之漆也라하고 水經에 漆水는 出扶風杜陽
縣이라하니라 程氏曰 杜陽은 今岐山普潤縣之地라하니 亦漢漆縣之境이라 其水入
渭가 在(酆)〔灃〕[99]水之上하여 與經序渭水節次不合하니 非禹貢之漆水也라

漆과 沮는 두 물 이름이다. 漆水는 《太平寰宇記》에 "耀州 同官縣 동북쪽 경계로
부터 흘러와서 華原縣을 경유하여 沮水와 합한다."라고 하였다. 沮水는 《漢書》〈地
理志〉에 "北地郡 直路縣 동쪽에서 흘러나온다."라고 하였으니, 지금의 坊州 宜君
縣 서북쪽 경계이다. 《太平寰宇記》에 "沮水는 坊州 昇平縣 북쪽 子午嶺에서 흘러
나오니 세속에서 '子午水'라고 칭하고, 아래로 楡谷川·慈馬川 등과 합하여 드디어
沮水가 되며, 耀州 華原縣에 이르러 漆水와 합하고, 同州 朝邑縣에 이르러 동남쪽
으로 渭水에 들어간다."라고 하였다. 두 물이 서로 적대하므로 아울러 말한 것이다.
旣從은 渭水를 따르는 것이다.

또 살펴보건대, 《漢書》〈地理志〉에 "漆水가 扶風縣에서 흘러나온다."라고 하였는
데, 鼂氏는 "이는 豳의 漆水이다."라고 하였으며, 《水經》에 "漆水는 扶風郡 杜陽縣
에서 흘러나온다."라고 하였다. 程氏는 "杜陽은 지금의 岐山 普潤縣 지역이니, 또
한 漢나라 때 漆縣의 경내이다. 그 물이 渭水로 들어가는 길이 灃水 위에 있어서 經
文에서 차례지은 渭水와 절차가 합하지 않으니, 이는 〈禹貢〉의 漆水가 아니다."라
고 하였다.

字義 楡 : 느릅나무 유   敵 : 대등할 적

75. 灃水攸同이로다

灃水가 〈渭水와〉 함께 흘렀다.

灃水는 地志에 作酆(풍)이며 出扶風鄠(호)縣終南山하니 今永興軍鄠縣山也라 東至
咸陽縣入渭라 同者는 同於渭也라 渭水自鳥鼠而東에 灃水는 南注之하고 涇水는
北注之하고 漆沮는 東北注之하니 曰屬, 曰從, 曰同은 皆主渭而言也라

灃水는 《漢書》〈地理志〉에 '酆'으로 되어 있으며, 扶風郡 鄠縣 終南山에서 흘러
나오니, 지금의 永興軍 鄠縣山이다. 동쪽으로 咸陽縣에 이르러 渭水로 들어간다.

---

99 (酆)〔灃〕: 저본에는 '酆'으로 되어 있으나, 南宋刊 《書集傳》 및 明內府刊 《書經大全》에 의거하여
'灃'으로 바로잡았다.

同은 渭水와 함께 흐르는 것이다. 渭水가 鳥鼠山으로부터 동쪽으로 흐름에 灃水는 남쪽에서 주입하고 涇水는 북쪽에서 주입하고, 漆水와 沮水는 동북쪽에서 주입하니, 屬이니, 從이니, 同이니 한 것은 모두 渭水를 위주로 해서 말한 것이다.

字義 酆 : 나라이름 풍　鄠 : 땅이름 호　鼠 : 쥐 서

76. 荊岐에 旣旅하시고 終南惇物로 至于鳥鼠하시며

荊山과 岐山에 이미 旅제사를 지내셨고, 終南山과 惇物山으로부터 鳥鼠山에 이르셨으며,

荊, 岐는 二山名이라 荊山은 卽北條之荊이라 地志에 在馮翊懷德縣南이라하니 今耀州富平縣掘陵原也라 岐山은 地志에 在扶風美陽縣西北이라하니 今鳳翔府岐山縣東北十里也라 終南과 惇物과 鳥鼠도 亦皆山名이라 終南은 地志에 古文은 以太一山爲終南山¹⁰⁰하니 在扶風武功縣이라하니 今永興軍萬年縣南五十里也라 惇物은 地志에 古文은 以垂山爲惇物¹⁰¹하니 在扶風武功縣이라하니 今永興軍武功縣也라 鳥鼠는 地志에 在隴西郡首陽縣西南이라하니 今渭州渭源縣西也라 俗呼爲靑雀山이라 擧三山而不言所治者는 蒙上旣旅之文也라

荊과 岐는 두 산 이름이다. 荊山은 곧 北條의 荊山이다. 《漢書》〈地理志〉에 "馮翊 懷德縣 남쪽에 있다."라고 하였으니, 지금의 耀州 富平縣 掘陵原이다. 岐山은 《漢書》〈地理志〉에 "扶風郡 美陽縣 서북쪽에 있다."라고 하였으니, 지금의 鳳翔府 岐山縣 동북쪽 10리 지점이다. 終南과 惇物과 鳥鼠 또한 모두 산 이름이다. 終南은 《漢書》〈地理志〉에 "古文에서는 '太一山'을 '終南山'으로 여겼는데, 扶風郡 武功縣에 있다."라고 하였으니, 지금의 永興軍 萬年縣 남쪽 50리 지점이다. 惇物은 《漢書》〈地理志〉에 "古文에서는 '垂山'을 '惇物'로 여겼는데, 扶風郡 武功縣에 있다."라고 하였으니, 지금의 永興軍 武功縣이다. 鳥鼠는 《漢書》〈地理志〉에 "隴西郡 首陽縣 서남쪽에 있다."라고 하였으니, 지금의 渭州 渭源縣 서쪽인데, 세속에서 '靑雀山'이라고 부른다. 세 산을 거론하면서도 그 治山에 대해서 말하지 않은 것은 앞의 "旣旅(이미 旅祭를 지냈다.)"란 글을 이어받았기 때문이다.

---

100 古文以太一山爲終南山 : 《漢書》〈地理志〉에는 "太一山 古文以爲終南山"으로 되어 있다.
101 古文以垂山爲惇物 : 《漢書》〈地理志〉에는 "垂山 古文以爲惇物"로 되어 있다.

字義　蒙 : 무릅쓸 몽　掘 : 팔 굴　翔 : 높이날 상　隴 : 언덕 롱　雀 : 참새 작

77. 原隰에 厎(지)績하사 至于豬野하시다

平原과 隰地에서 치수의 공을 이루시어 豬野澤에 이르셨다.

廣平曰原이요 下濕曰隰이니 詩曰 度(탁)其隰原이 卽指此也라 鄭氏曰 其地在豳하니 今邠州也라 豬野는 地志云 武威縣東北에 有休屠澤이로되 古(今)〔文〕[102]以爲豬野[103]라하니 今涼州姑臧縣也라 治水成功이 自高而下라 故로 先言山하고 次原隰하고 次陂澤也라

《爾雅》에 의하면,〉넓고 평평한 곳을 '原'이라 하고, 지대가 낮고 습한 곳을 '隰'이라 하니,《詩經》〈大雅 公劉〉에 이른바 "그 隰地와 平原을 헤아려서"라는 것이 곧 이를 가리킨 것이다. 鄭氏는 "그 땅이 豳에 있다."라고 하였으니, 지금의 邠州이다. 豬野는《漢書》〈地理志〉에 "武威縣 동북쪽에 休屠澤이 있는데, 古文에서는 '豬野澤'이라 했다."라고 하였으니, 지금의 涼州 姑臧縣이다. 물을 다스려 공을 이룸이 높은 곳에서부터 아래로 내려왔기 때문에 먼저 산을 말하고 다음에 평원과 습지를 말하고 그 다음에 陂澤을 말한 것이다.

字義　豬 : 돼지 저　度 : 헤아릴 탁　原 : 평원 원　隰 : 습지 습　豳 : 나라이름 빈

78. 三危旣宅하니 三苗丕敍[104]하도다

三危 지역이 〈물이 빠져〉 이미 집을 짓고 살게 되었으니, 〈三危로 귀양 갔던〉 三苗도 〈마음잡고〉 크게 공적을 이루었다.

三危는 卽舜竄三苗之地라 或以爲燉煌(돈황)이라하나 未詳其地라 三苗之竄은 在洪水未平之前이니라 及是에 三危已旣可居니 三苗於是大有功敍라 今按 舜竄三苗는 以其惡之尤甚者를 遷之하고 而立其次者於舊都러니 今旣竄者已丕敍로되 而居於舊都者는 尙桀驁不服이라 蓋三苗舊都는 山川險阻하니 氣習使然이라 今湖南猺

---

102 (今)〔文〕: 저본에는 '今'으로 되어 있으나,《漢書》〈地理志〉에 의거하여 '文'으로 바로잡았다.

103 地志云……古文以爲豬野 :《漢書》〈地理志〉에는 "武威 休屠澤在東北 古文以爲豬埜澤"이라고 되어 있다.

104 三苗丕敍 : 孔傳은 "三苗族이 크게 안정되어 질서정연해졌다."라고 풀이하였다.

洞엔 時猶竊發하여 俘而詢之면 多爲猫姓하니 豈其遺種歟아

　三危는 곧 舜임금이 三苗를 귀양 보낸 곳이다. 혹자는 '燉煌'이라 하나 그 지역을 상세히 알 수 없다. 三苗를 귀양 보낸 것은 홍수가 다스려지기 전에 있었던 일인데, 이때에 와서 〈물이 빠져〉 三危에 이미 거주할 수 있게 되었으니, 〈三危로 귀양 갔던〉 三苗도 이에 〈마음잡고〉 크게 공을 이루었다. 지금 살펴보건대, 舜임금이 三苗를 귀양 보낸 것은 매우 악한 자들만 이동시키고, 그 다음으로 악한 자들은 옛 도읍에 군주를 세워 남겨두었는데, 이제 이미 귀양 간 자들은 크게 공을 이루었으나 옛 도읍에 거주하는 자들은 아직도 포악하고 거만하여 복종하지 않은 것이다. 三苗의 옛 도읍은 산천이 험악하니 氣習이 그렇게 만든 것이다. 지금 湖南 猺洞에는 아직도 수시로 절도가 발생하는데, 사로잡아서 물어보면 대부분 猫姓이었으니, 아마도 그 三苗族의 遺種인 것 같았다.

字義 㔻 : 클 비　桀 : 포악할 걸　驁 : 거만할 오　猺 : 개 요　俘 : 사로잡을 부　詢 : 물을 순
猫 : 고양이 묘

79. 厥土는 惟黃壤이니

토질은 색깔이 누렇고 부드러웠으니,

黃者는 土之正色이라 林氏曰 物得其常性者最貴니 雍州之土는 黃壤이라 故로 其田이 非他州所及이라하니라

　黃色은 흙의 正色이다. 林氏는 말하기를 "사물은 그 常性을 얻은 것이 가장 귀중하니, 雍州 지역은 누런 土壤이기 때문에 그 田地가 다른 고을이 따라잡을 수 있는 바가 아니었다."라고 하였다.

字義 壤 : 부드러운흙 양

80. 厥田은 惟上에 上이요 厥賦는 中에 下요

田의 등급은 上에 上이고, 賦의 등급은 中에 下이었으며,

田은 第一等이로되 而賦가 第六等者는 地狹而人功少也일새라

　田의 등급은 제1등이건만, 賦의 등급이 제6등인 것은 땅이 좁고 사람의 손길이 부족하기 때문이다.

字義 狹 : 좁을 협

81. 厥貢은 惟球琳琅玕이로다

貢物은 오직 아름다운 옥과 옥돌일 뿐이다.

球琳은 美玉也요 琅玕은 石之似珠者라 爾雅曰 西北之美者는 有昆侖虛之球琳琅玕이라하니라 今南海에 有靑琅玕하니 珊瑚屬也라

球琳은 아름다운 옥이고, 琅玕은 진주와 비슷한 돌이다. 《爾雅》에 "서북쪽에서 아름다운 것으로는 昆侖虛의 球琳과 琅玕이 있다."라고 하였다. 지금 南海에 푸른 琅玕이 있으니, 珊瑚 등속이다.

字義 琳 : 아름다운옥 림   琅 : 옥돌 랑   玕 : 옥돌 간   珊 : 산호 산   瑚 : 산호 호

82. 浮于積石하여 至于龍門西河하여 會于渭汭[105]하나니라

〈貢賦를 실은 배를〉 積石에 띄워 龍門山의 西河에 이르러서 渭水와 汭水로 모였다.

積石은 地志에 在金城郡河關縣西南羌中이라하니 今鄯(선)州龍支縣界也라 龍門山은 地志에 在馮翊夏陽縣이라하니 今河中府龍門縣也라 西河는 冀之西河也라 雍之貢道有二하니 其東北境은 則自積石至于西河요 其西南境은 則會于渭汭라 言渭汭하고 不言河者는 蒙梁州之文也라 他州貢賦도 亦當不止一道니 發此例하여 以互見耳라

積石은 《漢書》〈地理志〉에 "金城郡 河關縣 서남쪽 羌中에 있다."라고 하였으니, 지금의 鄯州 龍支縣의 경계이다. 龍門山은 《漢書》〈地理志〉에 "馮翊 夏陽縣에 있다."라고 하였으니, 지금의 河中府 龍門縣이다. 西河는 冀州의 西河이다. 雍州에서 貢物을 바치는 길은 두 군데가 있으니, 동북 지역은 積石으로부터 西河에 이르는 길이고, 서남 지역은 渭水와 汭水로 모이는 길이다. 渭水와 汭水는 말하고 河水는 말하지 않은 것은 梁州에 대한 글을 이어받았기 때문이다. 다른 州의 貢賦도 의당 한 길만을 이용하지 않았을 것이니, 이 例를 들어 상호적으로 보인 것이다.

---

105 會于渭汭 : 孔傳은 '會'를 逆의 뜻으로 보아 禹가 홍수를 다스릴 때 "渭水와 汭水를 역류하셨다."라고 풀이하였다.

○按 邢恕奏乞下熙河路하사 打造船五百隻하여 於黃河順流放下하여 至會州西小河內藏放이라하니 熙河路漕使李復(복)이 奏 竊知邢恕欲用此船하여 載兵順流而下하여 去取興州이오나 契勘會州之西小河鹹水는 其闊不及一丈이요 深止於一二尺이니 豈能藏船이릿가 黃河過會州하여 入韋精山이면 石峽嶮窄하여 自上垂流直下가 高數十〔丈〕〔尺〕이니 船豈可過릿가 至西安州之東하여는 大河分爲六七道散流하여 〔渭〕〔謂〕之南山逆流數十里라야 方再合이니 逆〔溜〕〔流〕는 水淺灘磧하여 不勝舟載요 此聲若出이면 必爲夏國侮笑[106]리다하니 事遂寢이라 邢恕之策이 如李復之言인댄 可謂謬矣라 然이나 此言貢賦之路에도 亦曰浮于積石하여 至于龍門西河라하니 則古來此處河道가 固通舟楫矣어늘 而復之言이 乃如此는 何也오 姑錄之하여 以備參考云이니라

○살펴보건대, 〈涇原路經略安撫使〉 邢恕가 주청하기를 "〈계획안을〉 熙河路 〈轉運司〉에 하달하여, 배 500척을 만들어 黃河의 흐르는 물에 띄워 내려 보내 會州의 서쪽 小河 안에 이르러서 배를 감추어두었다가 배를 띄우게 하소서."라고 하자, 熙河路漕使 李復이 아뢰기를 "邢恕가 이 배를 이용하여 병력을 싣고 물결을 따라 내려가서 興州를 취하려고 하는 의도는 은밀히 알겠지만 따져보면, 會州의 서쪽 小河의 짠물은 그 넓이가 한 길이 되지 못하고, 깊이가 겨우 1, 2尺이니, 어떻게 배를 감춰둘 수 있겠습니까. 黃河는 會州를 지나 韋精山에 들어가면 돌산골이 가파르고 좁기 때문에 위에서 수직으로 쏟아지는 폭포의 높이가 수십 尺인데, 배가 어떻게 이곳을 지나갈 수 있겠습니까. 또 西安州의 동쪽에 이르러서는 大河가 6, 7개의 물길로 나뉘어 흩어져 흐르기 때문에 여기를 일러 南山으로 수십 리를 逆流하여야 비로소 다시 합하는 곳이라고 하였으니, 역류하는 곳은 물이 얕고 여울에 자갈이 섞여있어서 배를 띄울 수 없습니다. 이러한 소문이 만약 새어 나간다면 반드시 夏國의 비웃음을 받을 것입니다."라고 하니, 일이 마침내 중지되었다.

邢恕의 계책이 과연 李復의 말과 같았다면 잘못이라 할 수 있겠다. 그러나 여기에서 말한 貢賦를 운반하는 길에서도 또한 "積石에 배를 띄워 龍門山의 西河에 이른다."라고 하였으니, 예전부터 이곳의 황하 물길은 본시 선박이 통행했던 것인데, 李復의 말이 이와 같았던 것은 무엇 때문인가. 우선 이것을 기록하여 참고에 대비한다.

---

106 邢恕奏乞下熙河路……必爲夏國侮笑 : 宋代 李復의 《潏水集》에 나온다. 《潏水集》에 의거하여 '高數十丈'의 '丈'은 '尺'으로, '渭之'의 '渭'는 '謂'로, '逆溜水淺灘磧'의 '溜'는 '流'로 바로잡았다.

字義 契 : 맞출 계　勘 : 비교할 감　鹹 : 짤 함　峽 : 산골 협　嶮 : 산가파를 험　窄 : 좁을 착
　　灘 : 여울 탄　磧 : 자갈 적

83. 織皮[107]는 崐崙(곤륜)과 析支와 渠搜[108]로(과홀) 西戎이 卽敍[109]하도다

　織皮를 바친 나라는 崐崙과 析支와 渠搜로 이들 西戎이 〈지금 이미 중국의 교화에 순응하여〉 질서 있게 공을 이루어 나아갔다.

　　崐崙은 卽河源所出이니 在臨羌이라 析支는 在河關西千餘里라 渠搜는 水經曰 河自朔方東轉하여 經渠搜縣故城北이라하니 蓋近朔方之地也라 三國이 皆貢皮衣라 故로 以織皮冠之하고 皆西方戎落이라 故로 以西戎總之니라 卽은 就也라 雍州水土旣平에 而餘功及於西戎이라 故로 附于末이니라

　　崐崙은 곧 황하의 수원이 나오는 곳인데, 臨羌에 있다. 析支는 河關의 서쪽 천여 리 지점에 있다. 渠搜는 《水經》에 "황하가 朔方으로부터 동쪽으로 돌아서 渠搜縣의 옛 城 북쪽을 경유한다."라고 하였으니, 아마 朔方과 가까운 곳인 듯하다. 세 나라가 모두 가죽으로 만든 옷을 바쳤기 때문에 '織皮'를 文頭에 놓은 것이고, 모두 西方의 오랑캐 부락이기 때문에 '西戎'으로 총괄한 것이다. 卽은 就(나아가다)의 뜻이다. 雍州는 水土가 이미 다스려졌기 때문에 여력이 西戎에 미쳐갔다. 그러므로 끝에 붙인 것이다.

　　○蘇氏曰 靑徐揚三州는 皆萊夷淮夷島夷所篚요 此三國도 亦篚織皮언만 但古語에 有顚倒詳略爾라 其文이 當在厥貢惟球琳琅玕之下와 浮于積石之上이니 簡編脫誤라 不可不正이니라 愚謂 梁州도 亦篚織皮하니 恐蘇氏之說爲然이니라

　　○蘇氏는 말하기를 "靑州·徐州·揚州 세 州 모두 萊夷와 淮夷와 島夷가 광주리에 넣어 폐백을 바쳤고, 이들 세 나라 또한 織皮를 광주리에 넣어 폐백으로 바쳤는데, 다만 古語에 전도됨과 詳略됨이 있을 뿐이다. 이 글은 응당 '厥貢惟球琳琅玕'의 아래, '浮于積石'의 위에 있어야 하는데, 簡編이 脫誤되었으니 바로잡지 않을 수 없다."라고 하였다.

---

107 織皮 : 孔疏에서는 "네 나라가 모두 皮毛로 만든 옷을 입었기 때문에 '織皮'를 文頭에 올려놓은 것이다.(四國皆衣皮毛 故以織皮冠之)"라고 하였다.

108 渠搜 : 孔傳은 渠와 搜를 나누어 두 나라로 보았다.

109 卽敍 : 孔傳은 "안정되어 질서정연한 것"으로 풀이하였다.

내가 생각하건대, 梁州 또한 織皮를 광주리에 넣어 폐백으로 바쳤으니, 蘇氏의 말이 옳을 듯하다.

字義 附 : 붙일 부 顚 : 엎어질 전 倒 : 거꾸러질 도

84. 導岍하시되(하샤대) 及岐하여 至于荊山하시며 逾于河[110]하사 壺口, 雷首로 至于太岳하시며 底柱, 析城으로 至于王屋하시며 太行, 恒山으로 至于碣石하사 入于海[111]하시다

岍山을 따라 물을 인도(소통)하시되 岐山으로 미쳐가 荊山에 이르며, 河를 넘으셔서 壺口와 雷首로부터 太岳에 이르시며, 底柱와 析城으로부터 王屋에 이르시며, 太行과 恒山으로부터 碣石에 이르러 바다로 들어가셨다.

此下는 隨山也라 岍岐荊三山은 皆雍州山이라 岍山은 地志에 扶風岍縣西吳山이 古文은 以爲汧山라하니 今隴州吳山縣吳嶽山也라 周禮에 雍州山鎭曰嶽山이라하니라 又按 寰宇記에 隴州汧源에 有岍山하니 岍水所出이라 禹貢所謂岍山也라 晁氏以爲今之隴山, 天井, 金門, 秦嶺山者는 皆古之岍也라하니라 岐荊은 見雍州하니라 壺

---

110 逾于河 : 孔傳은 河를 梁山의 龍門西河로 보고, 孔疏는 逾를 산맥이 西河를 넘는 것으로 보았으며, 蔡傳은 '逾'를 禹가 황하를 넘어간 것으로 보았다.

111 導岍……入于海 : 孔傳과 孔疏는 山勢가 뻗어가는 형상으로 보고, 蔡傳은 林之奇(《尙書全解》)처럼 禹의 治水하는 순서로 보았다. 여기서부터 이하 '導洛'까지 13節은 禹가 導山濬川한 일을 상세하게 기록한 것이다. 상면의 九州는 바로 經이고, 이 아래는 바로 緯이다. 비록 導山·導水의 다름은 있으나 기실은 導山 또한 본래 治水를 하기 위한 것이다.

江(長江)은 남쪽에 있고 河(黃河)는 북쪽에 있어 둘로 나뉘었다. 또 둘 중에 나누어서 北條大河의 北境과 大河의 南境, 南條漢江의 北境과 漢江의 南境으로 만들었다. 이 4節은 모두 導山을 말했는데, 이 1節은 大河北境의 山을 따라 물을 인도한 것이니 바로 黃河와 濟水를 다스리기 시작한 것이다. 岍山·荊山·岐山은 모두 雍州의 山이고 壺口 이하는 모두 冀州의 山이다.

禹의 導山은 上流로부터 일으켰기 때문에 岍山에서 시작하여 동쪽으로 岐山에 미쳐가고 또 동쪽으로 荊山에 이르면 황하가 雍州를 경유하는 길이 막히는 바가 없으며, 渭水가 황하로 들어가고 灃水·涇水·漆水·沮水·汧水·汭水가 渭水로 들어가는 것이 모두 차서가 있었다. 壺口·雷首·底柱·析城은 모두 河水가 경유하는 곳인데, 禹가 황하를 넘어서 冀州에 이르게 했으면 壺口·雷首를 따라 물을 인도하여 황하의 세력을 감소시켰고, 汾水가 나오는 太岳에 이르러서도 물을 인도했으면 冀州 西南 쪽의 山을 따라 물을 인도했을 것이다. 底柱와 析城을 파서 河流를 통하고, 濟水가 나오는 王屋에 이르러서도 물을 인도했으면 冀州 南河의 山들을 따라 물을 인도했을 것이다.

또 恒水가 경유하는 太行山과 恒水가 나오는 恒山을 따라 물을 인도하여 碣石, 곧 바다에 가까운 곳에 이르렀으면 冀州 東海의 山들을 따라 물을 인도했을 것이다. 이래서 岍山으로부터 이하에서 나오는 물이 모두 碣石을 지나 바다로 들어갔던 것이다.

口, 雷首, 太岳, 底柱, 析城, 王屋, 太行, 恒山은 皆冀州山이니 壺口, 太岳, 碣石은 見冀州하니라 雷首는 地志에 在河東郡蒲坂縣南이라하니 今河中府河東縣也라 底柱는 石在大河中流하여 其形如柱하니 今陝(섬)州陝縣三門山이 是也라 析城은 地志에 在河東郡濩(호)澤縣西라하니 今澤州陽城縣也라 晁氏曰 山峰이 四面如城이라하니라 王屋은 地志에 在河東郡垣縣東北이라하니 今絳(강)州垣曲縣也라 晁氏曰 山狀如屋이라하니라 太行山은 地志에 在河內郡山陽縣西北이라하니 今懷州河內也라 恒山은 地志에 在常山郡上曲陽縣西北이라하니 今定州曲陽也라 逾者는 禹自荊山而過于河也라 孔氏[112]以爲荊山之脈이 逾河而爲壺口雷首者는 非是라

이하는 산을 따라 〈물을 인도하는〉 것이다. 岍山·岐山·荊山은 모두 雍州의 산이다. 岍山은 《漢書》〈地理志〉에 "扶風郡 岍縣 서쪽이 吳山인데, 古文에서는 汧山이라 했다."라고 하였으니, 지금의 隴州 吳山縣 吳嶽山이다. 《周禮》〈夏官 職方氏〉에 "雍州의 鎭山(名山)은 嶽山(吳嶽)이다."라고 하였다. 또 살펴보건대, 《太平寰宇記》에 "隴州의 汧源에 岍山이 있어 汧水가 나오는 곳이니, 〈禹貢〉에 이른바 '岍山'이란 것이다."라고 하였다. 晁氏는 "지금의 隴山·天井山·金門山·秦嶺山은 모두 옛날의 岍山이다."라고 하였다. 岐山과 荊山은 雍州에 보인다. 壺口·雷首·太岳·底柱·析城·王屋·太行·恒山은 모두 冀州의 산인데, 壺口·太岳·碣石은 冀州에 보인다.

雷首는 《漢書》〈地理志〉에 "河東郡 蒲坂縣 남쪽에 있다."라고 하였으니, 지금의 河中府 河東縣이다. 底柱는 大河의 중류에 있는 돌이 그 모습이 마치 기둥과 같은데, 지금의 陝州 陝縣 三門山이 이것이다. 析城은 《漢書》〈地理志〉에 "河東郡 濩澤縣 서쪽에 있다."라고 하였는데, 지금의 澤州 陽城縣이니, 晁氏는 "산봉우리가 사면이 마치 城과 같다."라고 하였다. 王屋은 《漢書》〈地理志〉에 "河東郡 垣縣 동북쪽에 있다."라고 하였으니, 지금의 絳州 垣曲縣인데, 晁氏는 "산의 모양이 마치 지붕과 같다."라고 하였다. 太行山은 《漢書》〈地理志〉에 "河內郡 山陽縣 서북쪽에 있다."라고 하였으니, 지금의 懷州 河內이다. 恒山은 《漢書》〈地理志〉에 "常山郡 上曲陽縣 서북쪽에 있다."라고 하였으니, 지금의 定州 曲陽이다.

逾란 禹가 荊山으로부터 黃河를 지나간 것이다. 孔氏(孔安國과 孔潁達)는 "荊山의 산맥이 황하를 넘어가 壺口와 雷首가 되었다."라고 하였는데, 이는 옳지 못한 말

---

112 孔氏: 朴文鎬《壺山集》는 "漢·唐을 구분하지 않고 '孔氏'라고만 칭한 경우, 윗글을 이어받기도 하며, 漢나라의 孔安國만을 지칭하기도 하고, 또는 孔安國과 孔潁達을 겸해서 지칭하기도 하였는데, 滎波와 여기의 註 따위가 이것이다."라고 하였다.

이다.

蓋禹之治水에 隨山刊木하시니 其所表識(지)諸山之名은 必其高大하여 可以辨疆域하고 廣博하여 可以奠民居라 故로 謹而書之하여 以見其施功之次第요 初非有意推其脈絡之所自來하여 若今之葬法[113]所言也라 若必實以山脈言之면 則尤見其說之謬妄이라 蓋河北諸山은 根本脊脈이 皆自代北寰武嵐(람)憲諸州로 乘高而來하여 其脊以西之水는 則西流以入龍門西河之上流하고 其脊以東之水는 則東流而爲桑乾(간)幽冀하여 以入于海나라 其西一支는 爲壺口太岳하고 次一支는 包汾晉之源而南出하여 以爲析城王屋하고 而又西折하여 以爲雷首하며 又次一支는 乃爲太行하고 又次一支는 乃爲恒山이라 其間에 各隔沁潞諸川하여 不相連屬하니 豈自岍岐로 跨河而爲是諸山哉아 山之經理者已附于逐州之下하고 於此에 又條列而詳記之하니 而山之經緯를 皆可見矣라 王鄭이 有三條四列之名[114]이나 皆爲未當[115]이라 今據導字컨대 分之以爲南北二條하여 而江河以爲之紀하고 於二之中에

---

113 葬法 : 風水家의 明堂說을 가리킨 듯하다.

114 三條四列之名 : 林之奇는 〈禹貢〉에 "대개 산을 따르는 일을 먼저하고 하천을 준설하는 일을 뒤에 한 것인데, 이는 禹의 治水하는 순서이다. 先儒가 이에 대해 논한 점이 많다. 馬融과 王肅 같은 이는 모두 3條를 만들어서 '導岍'을 北條로, '西傾'을 中條로, '嶓冢'을 南條로 삼았고, 鄭玄은 4列을 만들어서 '導岍'을 正陰列로, '西傾'을 次陰列로, '嶓冢'을 次陽列로, '岍山'을 正陽列로 삼아 그 首尾가 서로 연해지게 하였으니, 孔氏(孔安國)의 생각 또한 반드시 馬氏, 鄭氏와 같은 案이었을 것이다.……經文에서 말한 導·至·逾·入은 모두 '懷山襄陵'의 물을 가리켜 말한 것인데, 先儒(孔安國)는 산을 가리켜 말하였으니, 무릇 산이란 고요하여 움직이지 않는 물체인데, 어떻게 황하를 넘고 바다로 들어가고 九江을 지날 수 있겠는가. 이 한 문단은 文義가 매우 명백하건만, 先儒에게 '三條四列說'이 있기 때문에 반드시 여러 산들의 首尾를 서로 연속시키려고 한 것이다. 그러므로 그 말들이 대부분 牽强附會하여 통하지 않는다.〔蓋先隨山而後濬川 此禹治水之序也 先儒論此多矣 如馬融王肅 皆以爲三條 導岍爲北條 西傾爲中條 嶓冢爲南條 鄭元以爲四列 謂導岍爲正陰列 西傾爲次陰列 嶓冢爲次陽列 岍山爲正陽列 其首尾延連相及 則孔氏之意 亦必與馬鄭同案……經文言曰導曰至曰逾曰入 皆是指懷襄之水而爲言也 而先儒則謂指山而言 夫山者 靜而不動之物 安得逾于河 入于海 過九江乎 此一段文義甚明白 以先儒有三條四列之說 必欲以衆山首尾相屬 故其說多牽强而不通〕"라고 하였다.(《尙書全解》)

115 王鄭……皆爲未當 : 陳師凱는 "馬融과 王肅이 岍山에서 碣石山에 이르기까지를 北條로 삼고 西傾山에서 陪尾山에 이르기까지를 中條로 삼고, 嶓冢山에서 敷淺原에 이르기까지를 南條로 삼았다. 그러나 內方山과 大方山은 荊州에 있고 岷山은 梁州에 있으므로 서로 거리가 수천 리인데 어떻게 합해서 1條를 만들 수 있겠는가. 鄭玄이 '岍山과 岐山이 正陰列이 되고, 西傾山이 次陰列이 되고 嶓冢山이 次陽列이 되고 岷山이 正陽列이 된다.'고 하였으니, 4列은 비록 옳지만 陰陽·正次의 명칭이 온당하지 못하다."라고 하였다. 朴文鎬는 또한 "땅의 南北으로써 陰陽을 나눈 것은 매우 온당하지 못하다."라고 하였다.

又分爲二焉이니 此는 北條大河北境之山也라

대개 禹가 물을 다스릴 때에 산을 따라 나무를 제거한 것이니, 그 표시한 여러 산의 명칭은 반드시 높고 커서 疆域을 변별할 수 있고, 넓고 커서 백성들이 안정하게 살 수 있었을 것이다. 그러므로 조심스럽게 기록하여 施功의 차례를 나타낸 것이지, 애당초 그 맥락(산맥)의 소종래를 유추하기를 지금의 葬法에서 말한 바와 같이 하려는 뜻을 가진 것은 아니다. 만약 꼭 실제로 산맥을 가지고 말했다면 더욱 그 말의 그릇됨과 망령됨을 볼 것이다.

河北의 여러 산들은 그 根本 脊脈이 모두 代北의 寰州·武州·嵐州·憲州 등 여러 州로부터 높은 곳을 타고 왔기 때문에, 그 등성마루 以西의 물은 서쪽으로 흘러 龍門山의 西河 상류로 들어가고, 그 등성마루 以東의 물은 동쪽으로 흘러 桑乾水와 幽州·冀州의 여러 물이 되어서 바다로 들어갔다.

그 서쪽 한 支脈은 壺口와 太岳이 되고, 다음 한 支脈은 汾水·晉水의 근원을 싸고 남쪽으로 나와서 析城과 王屋이 되고, 또 서쪽으로 꺾여서 雷首가 되었으며, 또 다음의 한 支脈은 바로 太行이 되고, 또 다음의 한 支脈은 바로 恒山이 되었다. 그 사이에 각각 沁·潞 등 여러 냇물이 막혀 있어서 서로 연속되지 못한데, 어떻게 岍山·岐山으로부터 황하를 넘어가서 이와 같은 여러 산들이 될 수 있겠는가. 산을 다스린 일은 이미 각 州의 아래에 붙였고, 여기에 또 조목조목 나열하여 자세히 기록하였으니, 산의 經緯를 다 볼 수 있다.

王氏(王肅)와 鄭氏(鄭玄)의 고안에 '三條四列'이란 명칭이 있으나 모두 온당치 못한 것이다. 이제 '導'字를 살펴보면 〈山을〉 나누어 南條·北條 둘을 만들어서 江河를 한계로 삼았고, 두 條 가운데서 또 나누어 두 條를 만들었으니, 이것은 北條인 大河(黃河)의 북쪽 지역에 있는 산들이다.

字義 導 : 인도할 도   岍 : 산이름 견   逾 : 넘을 유   脈 : 맥락 맥   脊 : 등성마루 척

85. 西傾과 朱圉와 鳥鼠로 至于太華하시며 熊耳와 外方과 桐柏으로 至于陪尾하시다

西傾山·朱圉山·鳥鼠山으로부터 太華山에 이르게 하시며, 熊耳山·外方山·桐柏山으로부터 陪尾山에 이르게 하셨다.

西傾, 朱圉, 鳥鼠, 太華는 雍州山也요 熊耳, 外方, 桐柏, 陪尾는 豫州山也라 西傾은 見梁州하니라 朱圉는 地志에 在天水郡冀縣南이라하니 今秦州大潭縣也라 俗呼爲白巖山이니라 鳥鼠는 見雍州하니라 太華는 地志에 在京兆華陰縣南이라하니 今華

州華陰縣二十里也라 熊耳는 在商州上洛縣이니 詳見豫州하니라 外方은 地志에 潁
川郡崇高縣에 有崇高山하니 古文은 以爲外方[116]이라하니 在今西京登封縣也라 桐
柏은 地志에 在南陽郡平氏縣東南이라하니 今唐州桐柏縣也라 陪尾는 地志에 江夏
郡安陸縣東北에 有橫尾山하니 古文은 以爲陪尾라하니 今安州安陸也라 西傾에 不
言導者는 蒙導岍之文也라 此는 北條大河南境之山也라

西傾山·朱圉山·鳥鼠山·太華山은 雍州의 산이고, 熊耳山·外方山·桐柏山·陪尾
山은 豫州의 산이다. 西傾山은 梁州에 보인다. 朱圉山은 《漢書》〈地理志〉에 "天水
郡 冀縣의 남쪽에 있다."라고 하였으니, 지금의 秦州 大潭縣이다. 세속에서는 '白
巖山'이라 부른다. 鳥鼠山은 雍州에 보인다. 太華山은 《漢書》〈地理志〉에 "京兆 華
陰縣 남쪽에 있다."라고 하였으니, 지금의 華州 華陰縣 20리 지점이다. 熊耳山은
商州 上洛縣에 있으니, 豫州에 자세히 보인다. 外方山은 《漢書》〈地理志〉에 "潁川
郡 崇高縣에 崇高山이 있는데, 古文에서는 外方山이라 했다."라고 하였으니, 지금
의 西京 登封縣에 있다. 桐柏山은 《漢書》〈地理志〉에 "南陽郡 平氏縣 동남쪽에 있
다."라고 하였으니, 지금의 唐州 桐柏縣이다. 陪尾山은 《漢書》〈地理志〉에 "江夏郡
安陸縣 동북쪽에 橫尾山이 있는데, 古文에서는 陪尾山이라 했다."라고 하였으니,
지금의 安州 安陸이다. 西傾山에서 '導'를 말하지 않은 것은 '導岍'에 대한 글을 이
어받았기 때문이다. 이것은 北條인 大河(黃河)의 남쪽 지역에 있는 산들이다.

86. 導嶓冢하시되(하샤대) 至于荊山하시며 內方으로 至于大別하시다

嶓冢山을 따라 물을 인도(소통)하시되 荊山에 이르게 하시며, 內方山으로부터 大
別山에 이르게 하셨다.

嶓冢은 卽梁州之嶓也라 山形如冢이라 故로 謂之嶓冢이니 詳見梁州하니라 荊山은
南條荊山이라 地志에 在南郡臨沮縣北이라하니 今襄陽府南章縣也라 內方과 大
別도 亦山名이라 內方은 地志에 章山을 古文은 以爲內方山이니 在江夏郡竟陵縣
東北이라하니 今荊門軍長林縣也라 左傳에 吳與楚戰할새 楚濟漢而陳하여 自小別로
至于大別이라하니 蓋近漢之山이라 今漢陽軍漢陽縣北大別山이 是也라 地志와 水
經에 云 在安豐者는 非是라 此는 南條江漢北境之山也라

嶓冢山은 곧 梁州의 嶓山이다. 산 모양이 무덤과 같기 때문에 '嶓冢'이라 이르는

---

116 古文以爲外方 : 《漢書》〈地理志〉에는 "古文以崇高爲外方山"으로 되어 있다.

데, 梁州에 자세히 보인다. 荊山은 南條인 荊山이다.《漢書》〈地理志〉에 "南郡 臨沮縣 북쪽에 있다."라고 하였으니, 지금의 襄陽府 南章縣이다. 內方과 大別도 산이름이다. 內方은《漢書》〈地理志〉에 "章山을 古文에서는 內方山이라 했는데, 江夏郡 竟陵縣 동북쪽에 있다."라고 하였으니, 지금의 荊門軍 長林縣이다.《春秋左氏傳》定公 4년 조에 "吳나라와 楚나라가 싸울 때에 楚나라가 漢水를 건너 진을 쳐서 小別山으로부터 大別山에 이르렀다."라고 하였으니, 아마 漢水와 가까운 산일 것이다. 지금의 漢陽軍 漢陽縣 북쪽 大別山이 이것이다.《漢書》〈地理志〉와《水經》에 "安豐에 있다."라고 한 것은 옳지 않다. 이것은 南條인 江漢의 북쪽 지역에 있는 산들이다.

87. 岷山之陽으로 至于衡山하시며 過[117]九江하사 至于敷淺原하시다

岷山의 남쪽으로부터 衡山에 이르게 하시며, 九江을 지나시어 敷淺原에 이르게 하셨다.

岷山은 見梁州하니라 衡山은 南嶽也라 地志에 在長沙國湘南縣이라하니 今潭州衡山縣也라 九江은 見荊州하니라 敷淺原은 地志云 豫章郡歷陵縣南에 有博陽山이니 古文은 以爲敷淺原[118]이라하니 今江州德安縣博陽山也라 鼂氏以爲在鄱陽者는 非是라 今按 鼂氏以鄱陽에 有博陽山하고 又有歷陵山으로 爲應地志歷陵縣之名이나 然鄱陽은 漢舊縣地니 不應又爲歷陵縣이라 山名偶同이니 不足據也라 江州德安이 雖爲近之나 然所謂敷淺原者는 其山甚小而卑하니 亦未見其爲在所表見者라 惟廬阜는 在大江彭蠡之交하고 最高且大하니 宜所當紀志者로되 而皆無考據요 恐山川之名이 古今或異하여 而傳者未必得其眞也니 姑俟知者하노라

岷山은 梁州에 보인다. 衡山은 南嶽이다.《漢書》〈地理志〉에 "長沙國 湘南縣에 있다."라고 하였으니, 지금의 潭州 衡山縣이다. 九江은 荊州에 보인다. 敷淺原은《漢書》〈地理志〉에 "豫章郡 歷陵縣 남쪽에 博陽山이 있는데, 古文에서는 敷淺原이라 했다."라고 하였으니, 지금의 江州 德安縣 博陽山이다. 鼂氏가 "鄱陽에 있다."

---

117 過：孔傳은 산맥이 지나간 것으로 보고, 蔡傳은 '逾'처럼 禹가 지나간 것으로 보았다. 그러나 蔡傳이 導水에서는 '過'를 물이 지나간 것으로 본 것 같다.

118 博陽山 古文以爲敷淺原：《漢書》〈地理志〉에는 "歷陵 傳易山 傳易川在南 古文以爲傳淺原"으로 되어 있다.

라고 한 것은 옳지 못한 말이다. 지금 살펴보건대, 鼂氏는 鄱陽에 博陽山이 있고 또 歷陵山이 있는 것을 가지고 《漢書》〈地理志〉의 '歷陵縣'이란 명칭에 照應하려 하였지만, 鄱陽은 漢나라 때 舊縣 지역이므로 응당 또 歷陵縣이 될 수는 없다. 산 이름이 우연히 같은 것이니, 근거를 삼기에는 부족하다. 江州의 德安은 비록 근리하지만, 이른바 '敷淺原'이란 것은 그 산이 매우 작고 낮으니, 또한 그곳에 있어서 드러내 보일 표상이 될 만한 것은 발견하지 못하였다. 오직 盧阜만은 大江과 彭蠡의 교차지점에 있어서 가장 높고 또한 크니 마땅히 기록해야 하지만 모두 상고할 길이 없고, 산천 이름이 고금이 더러 달라서 전하는 자가 반드시 그 진실을 얻어내지 못한 듯하니, 우선 〈미결로 두어〉 잘 아는 자를 기다리겠노라.

過는 經過也니 與導岍逾于河之義同이라 孔氏以爲衡山之脈이 連延而爲敷淺原[119]者도 亦非是라 蓋岷山之脈이 其北一支는 爲衡山而盡於洞庭之西하고 其南一支는 度桂嶺하여 北經袁筠之地하여 至德安하니 所謂敷淺原者는 二支之間에 湘水間斷하여 衡山은 在湘水西南하고 敷淺原은 在湘水東北하니 其非衡山之脈이 連延過九江而爲敷淺原者明甚이라 且其山川崗脊源流가 具在眼前이로되 而古今異說이 如此어늘 況殘山斷港으로 歷數千百年者를 尙何自取信哉아 岷山에 不言導者는 蒙導嶓冢之文也라 此는 南條江漢南境之山也라

過는 經過하는 것이니, "岍山을 따라 물을 인도하시되……黃河를 넘어서"라는 뜻과 같다. 孔氏(孔安國)는 "衡山의 산맥이 연이어 뻗어서 敷淺原이 되었다."라고 하였는데, 이 또한 옳지 못한 말이다. 岷山의 산맥이 북쪽의 한 支脈은 衡山이 되어 洞庭湖의 서쪽에서 끝났고, 남쪽의 한 支脈은 桂嶺을 넘어 북쪽으로 袁筠 지역을 경유하여 德安에 이르렀으니, 이른바 '敷淺原'이란 것은 두 支脈의 사이에 湘水가 중간을 끊어서 衡山은 湘水의 서남쪽에 있고 敷淺原은 湘水의 동북쪽에 있으니, 衡山의 산맥이 연해 뻗어 九江을 지나서 敷淺原이 된 게 아님이 매우 분명하다. 또 그 山과 川의 등성마루와 원류가 모두 눈앞에 환한데도 古今의 異說이 이와 같거늘, 하물며 황폐한 산과 물길이 끊어진 항구로서 수백 년, 수천 년 지난 것들을 어떻게 믿을 수 있겠는가.

岷山에서 '導'를 말하지 않은 것은 "導嶓冢(嶓冢山에서 나오는 물을 인도하시되)"이라는 글을 이어받았기 때문이다. 이는 南條인 江漢의 남쪽 지역에 있는 산들이다.

---

119 孔氏以爲衡山之脈 連延而爲敷淺原 : 孔傳에는 "衡山連延過九江 接敷川原"으로 되어 있다.

88. 導弱水하시되(하샤대) 至于合黎하여 餘波를 入于流沙하시다

弱水를 인도하시되 合黎山의 아래에 이르러 남은 물줄기를 流沙로 들어가게 하셨다.

此下는 濬川也라 弱水는 見雍州하니라 合黎는 山名이니 隋地志에 在張掖縣西北하고 亦名羌谷이라하니라 流沙는 杜佑云 在沙州西八十里하니 其沙隨風流行이라 故로 曰 流沙라하니라 水之疏導者를 已附于逐州之下하고 於此에 又派別而詳記之하니 而 水之經緯를 皆可見矣라 濬川之功이 自隨山始라 故로 導水次於導山也[120]라 又按 山水皆原於西北이라 故로 禹敍山敍水를 皆自西北而東南하되 導山則先岍岐하고 導水則先弱水也니라

이하는 하천 바닥을 준설하여 물길을 소통시키는 작업을 하는 것이다. 弱水는 雍州에 보인다. 合黎는 산 이름이니, 《隋書》〈地理志〉에 "張掖縣 서북에 있는데, 또한 '羌谷'이라 칭한다."라고 하였다. 流沙는 杜佑가 "沙州 서쪽 80리 지점에 있는데, 모래가 바람을 따라 흘러 다니기 때문에 '流沙'라 한다."라고 하였다. 물을 소통시켜 인도한 내력은 이미 각 州의 아래에 붙였고, 여기에서 또 물줄기를 나누어 자세히 기록하였으니, 물의 經緯를 모두 볼 수 있다. 하천 바닥을 준설하는 일은 산을 따라 시작하기 때문에 導水가 導山 다음에 놓인 것이다.

또 살펴보건대, 산과 물이 모두 서북쪽에 근원을 두었다. 그러므로 禹가 산을 서술하고 물을 서술하는 것을 모두 서북쪽에서부터 동남쪽으로 해나가되, '導山'의 경우는 岍山과 岐山부터 먼저하고, '導水'의 경우는 弱水부터 먼저하였던 것이다.

字義 濬 : 팔 준 疏 : 소통할 소

---

120 濬川之功……導水次於導山也 : 吳熙常은 "〈禹貢〉의 경우, 먼저 九州를 차례로 배열하여 山川의 規制를 기록하고 나서, 비로소 홍수를 다스리는 일을 말하였는데, 導山을 導水보다 먼저 한 것은 泉源이 모두 산에서 나오고, 川과 瀆이 모두 바다로 들어가기 때문에 泉源을 疏滌하여 川과 瀆으로 돌리고, 川과 瀆을 터서 바다로 주입한 것이니, 이것은 治水의 대세를 가지고 말한 것이다. 만일 그 施功의 차례라면, 반드시 아래로부터 올라가면서 먼저 하류를 분산시켜야 상류가 바야흐로 물길을 따라 범람하지 않을 것이니, 《朱子語類》에서 '禹의 治水는 먼저 지대가 낮은 곳에서 시작했다.'는 것이 맞는 말이다. 그런데 蔡傳에서 '하천을 준설하는 일은 산을 따라서 시작했기 때문에 「導水」가 「導山」 다음에 놓인 것이다.'라고 한 말은 곡절에 흠이 있는 듯싶다.〔禹貢 先敍列九州 以記山川規制 然後始言治水之功 而導山先於導水者 凡泉源皆出於山 川瀆皆入於海 故疏滌泉源 歸之川瀆 瀹決川瀆 注之海 此以治水大勢而言矣 若其施功之次第 則必自下而上 先分殺下流 上流方可以循道 不汎溢 語類云 禹之治水 先就土低處用功者 誠是 蔡傳所謂濬川之功 自隨山始 故導水次於導山也者 恐欠曲折也〕"라고 하였다.(《老洲集》〈讀書隨記〉)

89. 導黑水하사되(하샤대) 至于三危하사 入于南海하시다

黑水를 인도하시되 三危에 이르러 南海로 들어가게 하셨다.

黑水는 地志에 出犍(건)爲郡南廣縣汾關山이라하고 水經에 出張掖(액)鷄山하여 南至燉煌하고 過三危山하여 南流入于南海라하고 唐樊綽(번작)云 西夷之水에 南流入于南海者凡四니 曰區江, 曰西珥河, 曰麗水, 曰瀰渃(미약)江이니 皆入于南海라 其曰麗水者는 卽古之黑水也라 三危山이 臨崲其上이라하니라

黑水는 《漢書》〈地理志〉에는 "犍爲郡 南廣縣 汾關山에서 흘러나온다."라고 하였고, 《水經》에는 "張掖 鷄山에서 흘러나와 남쪽으로 燉煌에 이르고, 三危山을 지나 남쪽으로 흘러 南海로 들어간다."라고 하였고, 唐나라 樊綽은 "西夷의 물이 남쪽으로 흘러 南海로 들어가는 것이 모두 넷으로 곧 區江·西珥河·麗水·瀰渃江인데, 모두 南海로 들어간다. '麗水'라 일컫는 물은 곧 옛날의 黑水인데, 三危山이 그 위에 임하여 높이 솟아있다."라고 하였다.

按 梁雍二州는 西邊이 皆以黑水爲界하니 是黑水自雍之西北而直出梁之西南也라 中國은 山勢岡脊이 大抵皆自西北而來하니 積石西傾岷山岡脊以東之水는 旣入于河漢岷江하고 其岡脊以西之水는 卽爲黑水하여 而入于南海라 地志, 水經, 樊氏之說이 雖未詳的實이나 要是其地也리라 程氏曰 樊綽이 以麗水爲黑水者는 恐其狹小하여 不足爲界라 其所稱西珥河者는 却與漢志葉楡澤으로 相貫이요 廣處可二十里니 旣足以界別二州라 其流又正趨南海하며 又漢滇(전)池는 卽葉楡之地라 武帝初開滇雟(준)時에 其地古有黑水舊祠하니 夷人不知載籍하여 必不能附會요 而綽及道元이 皆謂此澤以楡葉所積得名이라하니 則其水之黑은 似楡葉積漬所成이라 且其地乃在蜀之正西하고 又東北距宕(탕)昌이 不遠하니 宕昌은 卽三苗種裔라 與三苗之敍于三危者로 又爲相應하니 其證驗이 莫此之明也라하니라

살펴보건대, 梁州와 雍州 두 州는 서쪽 경계가 모두 黑水로써 경계를 삼았으니, 이것은 黑水가 雍州의 서북쪽으로부터 곧장 梁州의 서남쪽으로 흘러나가기 때문이다. 중국은 산세의 등마루가 대체로 모두 서북쪽으로부터 뻗어왔으니, 積石山·西傾山·岷山 등성마루 이동의 물은 이미 黃河, 漢水 그리고 岷江으로 들어가고, 등성마루 이서의 물은 곧 黑水가 되어서 남해로 들어갔다. 《漢書》〈地理志〉와 《水經》 그리고 樊氏의 말이 비록 확실한지는 알 수 없지만, 결국은 이들 지역일 것이다.

程氏는 말하기를 "樊綽이 麗水로써 黑水를 삼은 것은 물이 너무 협소하여 경계가

되기에 부족할 듯싶었기 때문이었을 것이다. 그러나 그가 칭한 '西珥河'란 것은 《漢書》〈地理志〉의 葉楡澤과 서로 통하고 넓은 곳은 20리가 되니, 이미 경계로써 두 州를 구별하기에 충분하였다. 그 流波 또한 곧바로 南海로 달려가고 또 漢나라 때 滇池는 곧 葉楡 지역이다. 武帝가 처음 滇水와 雟水를 개설할 때 이 지역에 예로부터 전해오는 黑水의 옛 祠堂이 있었으니, 오랑캐들은 典籍을 모르므로 반드시 附會하지 않았을 것이고, 樊綽과 酈道元은 모두 '이 못은 느릅나무 잎이 쌓여서 이름을 얻었다.'고 하였으니, 그 물빛이 검은 것은 느릅나무 잎이 쌓여 물들어서 이루어진 듯하다. 또 그 지역은 바로 蜀의 正西쪽에 있고, 또 동북쪽으로 宕昌과 거리가 멀지 않은데, 宕昌은 곧 三苗族의 후예들이 사는 곳이다. '三苗가 三危에서 〈마음잡고 크게〉 공을 이루도다.'라는 것과도 상응하니, 그 증험이 이처럼 분명할 수가 없다." 라고 하였다.

字義 峙 : 높이 솟을 치　楡 : 느릅나무 유

90. 導河하시되(하사대) 積石으로 至于龍門하시며(하며) 南至于華陰하시며(하며) 東至于厎(지)柱하시며(하며) 又東至于孟津하시며(하며) 東過洛汭[121]하여 至于大伾(비)하시며(하며) 北過洚水하여 至于大陸하시며(하며) 又北播爲九河하여 同爲逆河하여(라) 入于海하시다(하니라)

황하를 인도하시되 積石으로부터 龍門에 이르게 하시며, 남쪽으로 華陰에 이르게 하시며, 동쪽으로 厎柱에 이르게 하시며, 또 동쪽으로 孟津에 이르게 하시며, 동쪽으로 洛汭를 지나 大伾에 이르게 하시며, 북쪽으로 洚水를 지나 大陸澤에 이르게 하시며, 또 북쪽으로 분파하여 九河가 되었다가 함께 합류하여 逆河가 되어서 바다로 들어가게 하셨다

積石과 龍門은 見雍州라 華陰은 華山之北也라 厎柱는 見導山이라 孟은 地名이요 津은 渡處也라 杜預云 在河內郡河陽縣南이라하니 今孟州河陽縣也라 武王師渡孟津者卽此니 今亦名富平津이라 洛汭는 洛水交流之內니 在今河南府鞏(공)縣之東이라 洛之入河는 實在東南이나 河則自西而東過之라 故로 曰東過洛汭라 大伾는 孔氏曰山再成曰伾[122]라하고 張揖은 以爲在成皐라하고 鄭玄은 以爲在修武武德이라하고 臣

---

121 洛汭 : 孔傳은 洛水가 黃河로 들어가는 곳(洛入河處)으로 보았다.

122 山再成曰伾 : 金長生은 "이른바 '再成'이란 '成'자 그 뜻이 重疊이란 것은 의심할 나위가 없다. '伾'는 岯가 되어야 옳을 듯하다.(所謂再成之成字 其義之爲重疊無疑矣 伾恐作岯爲是)"라고 하였

瓚은 以爲修武武德엔 無此山이요 成皐山은 又不再成이라 今通利軍黎陽縣臨河에 有山하니 蓋大伾也라하니라 按黎陽山은 在大河垂欲趨北之地라 故로 禹記之니라 若成皐之山인댄 旣非從東折北之地요 又無險礙如龍門底柱之須疏鑿이며 西去洛汭 旣已大近하고 東距洚水大陸이 又爲絶遠하니 當以黎陽者로 爲是니라 洚水는 地志에 在信都縣이라하니 今冀州信都縣枯洚渠也라

積石과 龍門은 雍州에 보인다. 華陰은 華山의 북쪽이다. 底柱는 ‘導山’에 보인다. 孟은 지명이고, 津은 건너는 곳이니, 杜預가 “河內郡 河陽縣 남쪽에 있다.”라고 하였으니, 지금의 孟州 河陽縣이다. 〈武成〉에 ‘武王의 군대가 孟津을 건넜다.’는 데가 곧 이곳인데, 지금은 또한 ‘富平津’이라고도 명명한다. 洛汭는 洛水가 교류하는 지점 안이니, 지금의 河南府 鞏縣 동쪽에 있다. 洛水가 河水로 들어가는 지점은 실제로 동남쪽에 있으나 河水가 서쪽에서 동쪽으로 지나가기 때문에 ‘동쪽으로 洛汭를 지난다.’고 한 것이다. 大伾는 孔氏(孔安國)가 말하기를 “산이 두 번 중첩된 것을 ‘伾’라 한다.”라고 하였고, 張揖은 “成皐에 있다.”라고 하였으며, 鄭玄은 “修武와 武德에 있다.”라고 하였는데, 臣瓚(薛瓚)은 말하기를 “修武와 武德에는 이런 산이 없고, 成皐山은 또 두 번 중첩되지 않았다. 지금 通利軍 黎陽縣 臨河에 산이 있으니, 이것이 ‘大伾’일 것이다.”라고 하였다.

살펴보건대, 黎陽山은 大河가 수직으로 쏜살같이 북쪽으로 달려가려고 하는 지점에 있다. 그러므로 禹가 기록한 것이다. 만약 成皐의 산이라 한다면 동쪽에서 와서 북쪽으로 꺾여 간 지점이 이미 아니고, 또 龍門이나 底柱처럼 험하고 막혀서 뚫을 필요가 없으며, 서쪽으로는 洛汭와 거리가 너무도 가깝고, 동쪽으로는 洚水·大陸과의 거리가 또 너무도 머니, 마땅히 黎陽에 있는 것을 옳다고 해야 하겠다. 洚水는 《漢書》〈地理志〉에 “信都縣에 있다.”라고 하였으니, 지금의 冀州 信都縣 枯洚渠이다.

程氏曰 周時에 河徙砱礫(영력)이라가 至漢에 又改向頓丘東南流하니 與禹河迹으로 大相背戾라 地志에 魏郡鄴縣에 有故大河在東北하여 直達于海라하니 疑卽禹之故河라 孟康以爲王莽河는 非也라 古洚瀆은 自唐貝州로 經城北하여 入南宮하고 貫穿信都하니 大抵北向而入故河於信都之北이 爲合北過洚水之文하니 當以信都者로 爲是니라 大陸은 見冀州하고 九河는 見兗州라 逆河는 意以海水逆潮而得名이라 九

다.(《經書辨疑》)

河旣淪于海면 則逆河는 在其下流니 固不復有矣리라 河上播而爲九라가 下同而爲
一하니 其分播合同은 皆水勢之自然이라 禹特順而導之耳라

程氏는 말하기를 "周나라 때에 河水가 砥礫으로 옮겨갔다가 漢나라 때에 와서 또
다시 頓丘를 향해 동남쪽으로 흘렀으니, 禹의 당시 河水의 자취와는 크게 어긋났
다. 《漢書》〈地理志〉에 '魏郡 鄴縣에 옛 大河가 동북쪽에 있어서 곧장 바다에 도달
한다.'고 하였으니, 곧 禹의 당시 옛 河水일거라 의심이 간다."라고 하였다. 孟康은
"王莽河이다."라고 하였는데, 이는 옳지 못한 말이다. 옛 泲瀆은 唐나라 때의 貝州
로부터 城北을 경유하여 南宮으로 들어가고 信都를 꿰뚫었으니, 대체로 북향하여
信都의 북쪽에 있는 옛 河水로 들어가는 것이 '북쪽으로 泲水를 지난다.'는 글과 부
합하니, 마땅히 信都에 있는 것을 옳다고 해야 하겠다.

大陸은 冀州에 보이고, 九河는 兗州에 보인다. 逆河는 생각건대 바닷물의 逆潮로
얻어진 이름인 듯하다. 九河가 이미 바다로 침몰했으면 逆河는 그 하류에 있었을
터이니, 다시 있을 수 없을 것이다. 河水가 위에서 분파하여 아홉이 되었다가 아래
에서 합하여 다시 하나가 되었으니, 그 분파하고 합치고 하는 것은 모두 水勢의 자
연적인 현상이다. 禹는 다만 순리로 인도했을 뿐이다.

今按 漢西域傳에 張騫(건)所窮河源云 河有兩源하니 一出蔥(총)嶺하고 一出于闐(전)하니
于闐은 在南山下라 其河北流라가 與蔥嶺河合하여 東注蒲昌海라 蒲昌海는 一名鹽
澤이니 去玉門陽關三百餘里라 其水停居하여 冬夏에 不增減하고 潛行地中하여 南
出積石이라하니라 又唐長慶中에 薛元鼎이 使吐蕃에 自隴西成紀縣西南으로 出塞
二千餘里하여 得河源於莫賀延積尾하니 曰悶(비)磨黎山이라 其山이 中高四下하니
所謂崑崙也라 東北流하여 與積石河로 相連하니라 河源澄瑩하고 冬春可涉이나 下稍
合流하여 色赤하고 益遠에 他水幷注하여 遂濁이니라 吐蕃亦自言 崑崙은 在其國西
南이라하니 二說에 恐薛氏爲是라

지금 살펴보건대, 《漢書》〈西域傳〉에서 張騫이 끝까지 찾아갔다는 황하의 근원
에 대해 이르기를 "河水는 두 근원이 있으니, 하나는 蔥嶺山에서 나오고, 다른 하나
는 于闐에서 나오는데, 于闐은 南山 아래에 있다. 그 河水는 북쪽으로 흘러서 蔥嶺
河와 합한 다음 동쪽으로 蒲昌海에 注入한다. 蒲昌海는 일명 '鹽澤'이라고도 하는
데, 玉門關·陽關과의 거리가 300여 리이다. 이 물은 정체되어 있어서 겨울이든 여
름이든 불어나거나 줄지 않고, 땅속으로 흘러 남쪽으로 積石에서 나온다."라고 하
였다.

또 唐나라 長慶年間에 薛元鼎이 吐蕃에 사신으로 갔을 때 "隴西 成紀縣 서남쪽으로부터 邊塞 2,000여 리를 나가서 황하의 근원을 莫賀 延積尾에서 찾아냈는데, '閟磨黎山'이라 칭한다. 이 산은 가운데가 높고 사방이 낮으니, 이른바 '崑崙'이다. 동북쪽으로 흘러서 積石河와 서로 연결된다. 황하는 근원이 맑고 〈폭이 좁아서〉 겨울과 봄에는 건널 수 있으나 아래로 갈수록 차츰 합류하여 색깔이 붉어지고 더욱 멀어질수록 다른 물이 함께 흘러들어 마침내 탁해진다. 吐蕃 또한 스스로 말하기를 '崑崙은 그 나라의 서남쪽에 있다.' 한다."라고 하였으니, 두 사람의 말 중에 薛氏의 말이 옳은 듯하다.

河自積石으로 三千里而後에 至于龍門이어늘 經但一書積石하고 不言方向은 荒遠在所略也라 龍門而下는 因其所經이니 記其自北而南則曰南至華陰이라하고 記其自南而東則曰東至底柱라하고 又詳記其東向所經之地則曰孟津, 曰洛汭, 曰大伾라하고 又記其自東而北則曰北過洚水라하고 又詳記其北向所經之地則曰大陸, 曰九河라하고 又記其入海之處則曰逆河라하니라 自洛汭而上은 河行於山하니 其地皆可攷어니와 自大伾而下는 垠岸高於平地라 故로 決齧流移하여 水陸變遷하니 而洚水大陸九河逆河를 皆難指實이라 然이나 上求大伾하고 下得碣石하여 因其方向하여 辨其故迹이면 則猶可考也라 其詳은 悉見上文하니라

河水는 積石으로부터 3,000여 리를 흐른 뒤에 龍門에 이르건만, 經文에서 단 한 번 積石을 적었을 뿐, 방향도 말하지 않은 이유는 아득히 멀어서 생략한 것이다. 龍門 이하는 그 경유한 바를 따른 것이니, 북쪽에서 남쪽으로 간 것을 기록할 적에는 "남쪽으로 華陰에 이른다."라고 하고, 남쪽에서 동쪽으로 간 것을 기록할 적에는 "동쪽으로 底柱에 이른다."라고 하고, 또 동쪽으로 향하여 경유한 땅을 자세히 기록할 적에는 "孟津·洛汭·大伾"라고 하고, 또 동쪽에서 북쪽으로 간 것을 기록할 적에는 "북쪽으로 洚水를 지나갔다."라고 하고, 또 북쪽으로 향하여 경유한 땅을 자세히 기록할 적에는 "大陸·九河"라고 하고, 또 바다로 들어간 곳을 기록할 적에는 "逆河"라고 하였다.

洛汭로부터 이상은 황하가 산으로 흘러가니 그 지역을 다 상고할 수 있으나, 大伾로부터 이하는 江岸이 평지보다 높기 때문에 물이 언덕을 터트리고 흘러가서 물과 육지가 변천하니, 洚水·大陸·九河·逆河는 다 그 실체를 가리키기 어렵다. 그러나 위로 大伾를 찾고 아래로 碣石을 찾아서 그 방향을 따라 옛 자취를 변별한다면 외려 상고할 수 있다. 그 자세한 것은 윗글에 모두 보인다.

○又按 李復云 同州韓城北에 有安國嶺하니 東西四十餘里요 東臨大河라 瀕河有禹廟하니 在山斷河出處라 禹鑿龍門은 起於唐張仁愿(원)所築東受降城之東하고 自北而南하여 至此山盡이라 兩岸石壁峭(초)立하고 大河盤束於山峽間千數百里라가 至此山開岸闊하여 豁然奔放하니 怒氣噴風하여 聲如萬雷라하니라 今按 舊說에 禹鑿龍門이나 而不詳其所以鑿이요 誦說相傳에 但謂因舊修闢하여 去其齟齬하여 以決水勢而已라하니라 今詳此說하면 則謂受降以東으로 至於龍門은 皆是禹新開鑿이니 若果如此면 則禹未鑿時엔 河之故道는 不知却在何處라 而李氏之學이 極博하니 不知此說이 又何所考也라

○또 살펴보건대, 李復이 이르기를 "同州의 韓城 북쪽에 安國嶺이 있으니, 동서가 40여 리이고, 동쪽으로 大河에 임하였다. 황하 가에 禹의 사당이 있는데 바로 산이 끊어져 황하가 흘러나가는 곳에 있다. 禹가 龍門을 뚫은 곳은 唐나라 張仁愿이 쌓은 東受降城 동쪽에서 시작하였고, 북에서 남으로 와서 이 산에 이르러 끝났다. 두 江岸에는 石壁이 우뚝이 서 있고, 大河가 山峽의 사이 천수백 리를 휘감고 흐르다가 이곳에 이르러서 산이 열리고 江岸이 넓어져 물길이 활짝 트여 물이 냅다 달리니, 怒氣가 바람을 뿜어 소리가 마치 만개의 우레가 울리듯 했다."라고 하였다.

이제 살펴보건대, 舊說(孔傳)에 禹가 龍門을 뚫었다고 하나 뚫은 까닭이 상세하지 않고, 내려오는 傳說에 다만 예전 것을 따라 보수하여 막히는 것을 제거해서 水勢를 터놓았을 뿐이라고 한다. 그런데 이제 이 말을 자세히 살펴보면 受降城 이동으로부터 龍門에 이르기까지는 모두 禹가 새로 뚫어 만든 것이니, 만약 과연 이와 같다면 禹가 뚫기 이전에는 황하의 옛 길은 어느 곳에 있었는지 알 수 없겠고, 李氏의 학문이 지극히 해박하니, 이 말은 또 무엇을 상고하였는지 알 수 없다.

字義 礙:방해할 애　決:틀 결　齧:씹을 설　豁:트일 활　齟:어긋날 저　齬:어긋날 어

91. 嶓冢에 導漾하사 東流爲漢하시며 又東爲滄浪之水하시며(하며) 過三澨(서)하여 至于大別하여 南入于江하시며(하며) 東匯(회)澤하여 爲彭蠡[123]하시며(하며) 東爲北江하여 入于海하시다(하니라)

嶓冢山을 따라 漾水를 인도하시어 동쪽으로 흘러 漢水가 되게 하시며, 또 동쪽

---

123 東匯澤 爲彭蠡: 孔傳은 "물이 동쪽으로 돌아서 彭蠡大澤이 되었다.〔水東迴爲彭蠡大澤〕"라고 풀이하였다.

으로 滄浪의 물이 되게 하시며, 三澨를 지나 大別山의 아래에 이르러 남쪽으로 揚子江에 들어가게 하시며, 동쪽으로 꺾어져 돌아 모여서 彭蠡가 되게 하시며, 동쪽으로 北江이 되어 바다로 들어가게 하셨다.

漾은 水名이니 水經曰 漾水는 出隴西郡氐道縣嶓冢山하여 東至武都라하니라 常璩(거)曰 漢水有兩源하니 此東源也라 卽禹貢所謂嶓冢導漾者요 其西源은 出隴西嶓冢山會泉하니 始源曰沔이라 逕葭萌하여 入漢이라하니 東源은 在今西縣之西하고 西源은 在今三泉縣之東也라 酈道元謂 東西兩川이 俱出嶓冢하여 而同爲漢水者 是也라 水源發于嶓冢하여 爲漾하고 至武都爲漢하고 又東流爲滄浪之水라 酈道元云 武當縣北四十里漢水中에 有洲曰滄浪洲요 水曰滄浪水 是也라 蓋水之經歷은 隨地得名하니 謂之爲者는 明非他水也라 三澨는 水名이니 今郢州長壽縣磨石山에 發源하여 東南流者를 名澨水라하고 至復州景陵縣界來를 又名汊(차)水라하니 疑卽三澨之一이라 然이나 據左傳漳澨遠(원)澨하면 則爲水際니 未可曉也라 大別은 見導山이라 入江은 在今漢陽軍漢陽縣이라 匯는 回也라 彭蠡는 見揚州라 北江은 未詳이라 入海는 在今通州靜海縣이라

漾은 물 이름이니, 《水經》에 "漾水는 隴西郡 氐道縣 嶓冢山에서 흘러나와 동쪽으로 武都에 이른다."라고 하였다. 常璩는 말하기를 "漢水는 두 근원이 있으니, 이는 동쪽 근원으로 곧 〈禹貢〉에 이른바 '嶓冢山에서 漾水를 인도했다.'란 것이고, 서쪽 근원은 곧 隴西郡 嶓冢山 會泉에서 나오니 시초의 근원을 '沔水'라 한다. 葭萌을 지나 漢水로 들어간다."라고 하였으니, 동쪽 근원은 지금 西縣의 서쪽에 있고, 서쪽 근원은 지금 三泉縣의 동쪽에 있다. 酈道元이 "동·서의 두 냇물이 모두 嶓冢山에서 흘러나와 함께 漢水가 된다."라고 한 것이 이것이다. 水源이 嶓冢山에서 발원하여 漾水가 되고, 武都에 이르러 漢水가 되고, 또 동쪽으로 흘러 滄浪의 물이 된다. 酈道元이 "武當縣 북쪽 40리 지점의 漢水 가운데에 '滄浪洲'라는 모래섬과 '滄浪水'라는 물이 있다."라고 한 것이 이것이다.

대개 물의 경력은 땅에 따라 이름을 얻으니, '된다〔爲〕'고 이른 것은 다른 물이 아님을 밝힌 것이다. 三澨는 물 이름이니, 지금의 郢州 長壽縣 磨石山에서 발원하여 동남쪽으로 흐르는 것을 '澨水'라 명명하고, 復州 景陵縣 경계에 이르러 오는 것을 또 '汊水'라 명명하니, 곧 三澨의 하나일 것이라 의심이 된다. 그러나 《春秋左氏傳》 宣公 4년 조의 '漳澨'와 昭公 23년 조의 '遠澨'에 의하면 물가가 되니, 이해할 수 없는 일이다. 大別山은 '導山'에 보인다. 江에 들어가는 지점은 지금의 漢陽軍 漢陽縣

에 있다. 匯는 回의 뜻이다. 彭蠡는 揚州에 보인다. 北江은 자세히 알 수 없다. 바다로 들어가는 지점은 지금의 通州 靜海縣에 있다.

○今按 彭蠡는 古今記載에 皆謂今之都(파)陽이나 然이나 其澤在江之南하여 去漢水入江之處 已七百餘里요 所蓄之水는 則合饒信, 徽撫, 吉贛(공), 南安, 建昌, 臨江, 袁筠, 隆興, 南康數州之流요 非自漢入而爲匯者라 又其入江之處는 西則廬阜요 東則湖口로 皆石山峙立하고 水道狹甚하니 不應漢水入江之後七百餘里에 乃橫截而南하여 入于都陽하고 又橫截而北流爲北江이니라 且都陽은 合數州之流하여 豬而爲澤하니 泛溢壅遏(알)이요 初無仰於江漢之匯而後成也라 不惟無所仰於江漢이라 而衆流之積이 日遏月高하니 勢亦不復容江漢之來入矣라 今湖口橫渡之處는 其北則江漢之濁流요 其南則都陽之淸漲이니 不見所謂漢水匯澤而爲彭蠡者라 都陽之水가 旣出湖口면 則依南岸하여 與大江相持以東하니 又不見所謂橫截而爲北江者라

○이제 살펴보건대, 彭蠡는 古今의 記載에 모두 지금의 '都陽湖'라고 하였다. 그러나 이 호수는 江의 남쪽에 있어서 漢水가 揚子江으로 들어가는 곳과의 거리가 이미 700여 리나 되며, 모인 물은 饒信·徽撫·吉贛(灘)·南安·建昌·臨江·袁筠·隆興·南康 등 여러 州의 물을 합한 것이지, 漢水로부터 들어와 匯澤이 된 것은 아니다. 또 揚子江에 들어가는 곳은 서쪽은 廬阜, 동쪽은 湖口로 모두 石山이 우뚝 서 있고 물길이 매우 협소하기 때문에 응당 漢水가 揚子江으로 들어간 뒤 700여 리의 지점에서 가로질러 남쪽으로 흘러 都陽湖로 들어가고, 다시 횡단하여 북쪽으로 흘러 北江이 될 수 없는 것이다.

또한 都陽湖는 여러 州의 흐르는 물이 합해 모여서 호수가 되었으니, 물이 넘치는 것을 가둔 것이고, 애당초 揚子江과 漢水가 휘도는 힘을 받아서 이루어진 것이 아니다. 揚子江과 漢水의 힘을 받은 바가 없을 뿐만 아니라, 여러 흐르는 물이 누적된 것이 날로 갇히고 달로 높아지니, 그 형세 또한 다시 揚子江과 漢水가 흘러 들어오는 것을 받을 수가 없다. 지금 호수 어귀를 횡단한 곳은, 그 북쪽은 揚子江과 漢水의 濁流이고, 남쪽은 都陽의 淸漲이니, 이른바 '漢水가 휘돌아 모여서 彭蠡가 되게 했다.'는 것을 볼 수가 없다. 都陽의 물이 이미 호수 어귀를 흘러 나갔다면 남쪽 江岸에 의지하여 大江과 서로 견지하면서 동쪽으로 흘러가니, 또한 이른바 '횡단하여 北江이 되었다.'는 것을 볼 수가 없다.

又以經文考之면 則今之彭蠡가 旣在大江之南하니 於經則宜曰南匯彭蠡요 不應

曰東匯며 於導江則宜曰南會于匯요 不應曰北會于匯라 匯旣在南하니 於經則宜
曰北爲北江이요 不應曰東爲北江이라 以今地望[124]參校하면 絶爲反戾라 今廬江之
北에 有所謂巢湖者하니 湖大而源淺이라 每歲四五月間에 蜀嶺雪消하여 大江泛溢
之時엔 水泝入湖하고 至七八月에 大江水落하면 湖水方洩하여 隨江以東하니 爲合
東匯北匯之文이라 然이나 鄱陽之湖는 方五六百里니 不應舍此而錄彼하여 記其小
而遺其大也라 蓋嘗以事理情勢考之컨대 洪水之患은 惟河爲甚일새 意當時龍門九
河等處는 事急民困하고 勢重役煩하니 禹親莅而身督之요 若江淮則地偏水急일새
不待疏鑿이라도 固已通行이니 或分遣官屬往視도 亦可니라 況洞庭彭蠡之間은 乃
三苗所居요 水澤山林이 深昧不測이라 彼方負其險阻하고 頑不卽工하니 則官屬之
往者도 亦未必遽敢深入이라 是以로 但知彭蠡之爲澤이요 而不知其非漢水所匯하며
但意如巢湖江水之泝요 而不知彭蠡之源이 爲甚衆也라 以此致誤하여 謂之爲匯하고
謂之北江하니 無足怪者라 然則鄱陽之爲彭蠡가 信矣니라

또 經文을 가지고 상고하면, 지금의 彭蠡가 이미 大江(揚子江)의 남쪽에 있으니,
經文에서는 응당 "남쪽으로 휘돌아서 彭蠡가 되었다."라고 했을 것이고, "동쪽으로
휘돈다."라고 하지 않았을 것이며, 揚子江을 인도함에 있어서는 응당 "남쪽으로 匯
澤에 모인다."라고 했을 것이고, "북쪽으로 匯澤에 모인다."라고 하지 않았을 것이
다. 匯澤이 이미 남쪽에 있으니, 經文에서는 응당 "북쪽으로 北江이 되어"라고 했
을 것이고, "동쪽으로 北江이 되어"라고 하지 않았을 것이다. 지금 地望을 가지고
서로 비교하면 크게 위배가 되는 것이다.

지금 廬江의 북쪽에 이른바 '巢湖'라는 것이 있는데 호수는 크나 수원은 얕다. 매
년 4, 5월 사이 蜀嶺의 눈이 녹아서 大江(揚子江)이 범람할 때에는 물이 넘쳐 호수로
들어오고, 7, 8월이 되어 大江의 수위가 떨어지면 호수의 물이 빠져서 揚子江을 따
라 동쪽으로 흐르니, "동쪽으로 휘돈다."는 글과 "북쪽으로 휘돈다."는 글에 부합된
다. 그러나 鄱陽의 호수는 사방이 5, 600리나 되니, 응당 이것을 버리고 저것을 기
록함으로써 작은 것을 기록하고 큰 것을 빠뜨리지는 않았을 것이다.

일찍이 事理나 情勢를 가지고 살펴볼 때 홍수의 피해는 오직 黃河가 심하였으니,

---

124 地望:《禹貢論》의 "地望으로 이미 추구할 수 있거니와 事理로도 헤아려볼 수 있다.(地望旣有可推
而事理亦可揆度)"와 《欽定續通志》의 "屯戍의 險易, 地望의 遠近, 事力의 彊弱을 헤아려서 즉시
定式을 만들어 조정에 올렸다.(度屯戍險易 地望遠近 事力彊弱 立爲定式 上諸朝)" 등의 용례를 보면
현지에서 바라보이는 지세를 말한 것 같다.

짐작컨대 당시 龍門과 九河 등지는 일이 급하고 백성이 곤궁하며 형세가 위중하고 부역이 번거로웠으므로 禹가 직접 가서 몸소 감독하였고, 揚子江과 淮水 같은 경우는 지역이 한쪽으로 기울어지고 물살이 급하니 굳이 굴착을 하지 않더라도 이미 잘 흐르고 있으므로 혹 관속을 나누어보내 가서 살피게 해도 또한 가했을 것이다. 더구나 洞庭湖와 彭蠡湖 사이는 바로 三苗族이 거주하는 곳으로 水澤과 山林이 깊고 음침하여 헤아릴 수 없는지라, 저들이 그 險阻한 지세를 믿고 완악하여 공을 이룸에 나아가지 않았으니, 관속으로서 파견된 자들도 반드시 갑자기 감히 깊이 들어가지는 못했을 것이다. 이 때문에 단지 彭蠡가 못이 된 것만 알았을 뿐 漢水가 匯澤이 된 것이 아님은 알지 못하였으며, 단지 巢湖와 揚子江의 물이 진흙탕 같은 것만 생각했을 뿐 彭蠡湖의 수원이 매우 많다는 것은 알지 못했던 것이다. 이 때문에 착오를 일으켜서 "꺾어져 돈다."라고 이르고, "北江이다."라고 이른 것이니, 족히 괴이쩍게 여길 것이 없다. 그렇다면 鄱陽의 호수가 '彭蠡'라는 것은 틀림없는 사실이다.

字義 漲 : 물 세력이 클 창　橫 : 가로 횡　截 : 꺾을 절　溢 : 넘칠 일　淤 : 진흙 어

92. 岷山에 導江하사 東別爲沱(타)하시며(하며) 又東至于澧(례)하시며(하며) 過九江하여 至于東陵하시며(하며) 東迆北會하여 爲匯[125]하시며(하며) 東爲中江하여 入于海하시다(하니라)

岷山을 따라 揚子江을 인도하시어 동쪽으로 나뉘어 沱水가 되게 하시며, 또 동쪽으로 澧水에 이르게 하시며, 九江을 지나 東陵에 이르게 하시며, 동쪽으로 굽이쳐 북쪽으로 모여 匯澤이 되게 하시며, 동쪽으로 中江이 되어 바다로 들어가게 하셨다.

沱는 江之別流於梁者也라 澧는 水名이라 水經에 出武陵充縣하여 西至長沙下雟縣하여 西北入江이라하고 鄭氏云 經에 言道言會者는 水也요 言至者는 或山或澤也니 澧는 宜山澤之名이라하니라 按下文九江에 澧水旣與其一하니 則非水明矣[126]라

---

125 爲匯 : 淸代 顧炎武는 《石經》과 史記 〈夏本紀〉에 '于匯'로 되어 있으니, 今本에 '爲匯'로 된 것은 잘못이다."라고 하였다.《日知錄》〈禹貢〉)

126 澧水名……非水明矣 : 蔡傳에서 위에서는 "'澧'는 물 이름이다."라고 해놓고, 여기서는 "물이 아닌 것이 분명하다."라고 한 것은 무슨 뜻인지 모르겠다. 淸代 徐文靖은 《禹貢會箋》에서 "만일 《漢書》〈地理志〉의 '九江은 〈廬江郡〉 尋陽縣에 있다.'란 것에 의거한다면 澧가 물 이름이 된 것이 또 어찌 일찍이 九江의 하나에 참여되었던가.〔若依漢志九江在尋陽 則澧爲水名 又何嘗與九江之一〕"라고 하였다. 그러나 蔡沈이 말한 '九江'은 澧水가 참여된 洞庭의 九江이고, 徐文靖이 말한

九江은 見荊州라 東陵은 巴陵也니 今岳州巴陵縣也라 地志에 在廬江西北者는 非是라 會匯와 中江은 見上章이라

沱는 揚子江이 나뉘어 梁州로 흐르는 것이다. 澧는 물 이름이다. 《水經》에 "武陵의 充縣에서 흘러나와 서쪽으로 長沙의 下雋縣에 이르러 서북쪽으로 江에 들어간다."라고 하였고, 鄭氏는 "經文에서 '道(導)'라 말하고 '會'라 말한 것은 물이고, '至'라 말한 것은 혹은 山이나 혹은 澤이니, 澧는 의당 山이나 澤의 이름일 것이다."라고 하였다. 살펴보건대, 아랫글의 九江에 澧水가 이미 그 하나를 차지하였으니, 물이 아니라는 것이 분명하다. 九江은 荊州에 보인다. 東陵은 巴陵이니, 지금의 岳州巴陵縣이다. 《漢書》〈地理志〉에서 "廬江郡 서북에 있다."라고 한 것은 옳지 못한 말이다. 會匯와 中江에 대한 것은 上章에 보인다.

字義 迤 : 비스듬할 이   雋 : 땅이름 전

93. 導沇水하시되(하샤대) 東流爲濟하여 入于河하시며(하며) 溢爲滎(형)하시며(하며) 東出于陶丘北하시며(하며) 又東至于菏하시며(하며) 又東北으로 會于汶하여 又北東으로 入于海하시다(하니라)

沇水를 인도하시되 동쪽으로 흘러 濟水가 되어 黃河로 들어가게 하며, 가득차서 滎水가 되게 하며, 동쪽으로 陶丘의 북쪽으로 나가게 하며, 또 동쪽으로 菏澤에 이르게 하며, 또 동북쪽으로 汶水와 모여서 다시 북동쪽으로 바다에 들어가게 하셨다.

沇水는 濟水也니 發源爲沇이요 旣東爲濟라 地志云 濟水는 出河東郡垣曲縣王屋山東南이라하니 今絳州垣曲縣山也라 始發源王屋山頂崖下曰沇水요 旣見而伏하여 東出於今孟州濟源縣하니 二源이라 東源은 周廻七百步로 其深不測이요 西源은 周廻六百八十五步로 其深一丈이라 合流至溫縣하니 是爲濟水라 歷號公臺하여 西南入于河하니라 溢은 滿也라 復出河之南하여 溢而爲滎이라 滎은 卽滎波之滎이니 見豫州라 又東出於陶丘北하니 陶丘는 地名이라 再成曰陶니 在今廣濟軍西요 又東至于菏라 菏는 卽澤이니 亦見豫州라 謂之至者는 濟陰縣에 自有菏派하니 濟流至其地爾라 汶은 北汶也니 見靑州라 又東北至于東平府壽張縣安民亭하여 合汶水하고 至今靑

'九江'은 澧水가 참여되지 않은 尋陽의 九江인 것 같다.

州博興縣하여 入海하니라

沇水는 곧 濟水이니, 發源할 적에는 '沇水'라 하고, 이미 동쪽으로 흘러갔을 적에는 '濟水'라 한다. 《漢書》〈地理志〉에 "濟水는 河東郡 垣曲縣 王屋山 동남쪽에서 흘러나온다."라고 하였으니, 지금의 絳州 垣曲縣의 산이다. 처음 王屋山 정상의 벼랑 아래에서 발원한 것을 '沇水'라 하고, 이미 나타났다가 다시 숨어서 동쪽으로 지금의 孟州 濟源縣에서 나오니 근원이 둘이다. 동쪽 근원은 周廻(둘레)가 700步로서 그 깊이를 측량할 수 없고, 서쪽 근원은 周廻가 685步로서 깊이가 한 길이다. 합류하여 溫縣에 이르니 이것이 '濟水'이다. 虢公臺를 지나 서남쪽으로 河水에 들어간다.

溢은 滿의 뜻이다. 다시 黃河의 남쪽으로 나와 가득차서 '滎水'가 되었다. 滎은 곧 '滎波'의 滎으로서 豫州에 보인다. 다시 동쪽으로 陶丘의 북쪽에서 나오니 陶丘는 지명이다. 다시 이루어진 것을 '陶'라 하니, 지금의 廣濟軍 서쪽에 있고, 또 동쪽으로 菏에 이르렀다. 菏는 곧 菏澤이니, 또한 豫州에 보인다. '이른다〔至〕'고 말한 것은 濟陰縣에 본래 菏澤의 물줄기가 있으니, 濟水의 흐르는 물줄기가 그 지역에 이르렀을 뿐이기 때문이다. 汶은 북쪽 汶水이니, 靑州에 보인다. 또 동북쪽으로 東平府 壽張縣 安民亭에 이르러 汶水와 합해서 지금의 靑州 博興縣에 이르러 바다로 들어간다.

唐李賢謂 濟는 自鄭以東으로 貫滑(활)曹鄆(운)濟齊靑하여 以入于海라하고 本朝樂史謂 今東平濟南淄川北海界中에 有水流入海하니 謂之淸河라하니라 酈道元謂 濟水는 當王莽之世에 川瀆枯竭이라 其後에 水流逕通하고 津渠勢改하여 尋梁脈水[127]하니 不與昔同이라하니 然則滎澤濟河雖枯나 而濟水未嘗絶流也라 程氏曰 滎水之爲濟는 本無他義라 濟之入河에 適會河滿하여 溢出南岸이니 溢出者는 非濟水요 因濟而溢이라 故로 禹還以元名命之라하니라 按 程氏言溢之一字는 固爲有理라 然이나 出於河南者가 旣非濟水면 則禹不應以河枝流로 而冒稱爲濟니라 蓋溢者는 指滎而言이요 非指河也라 且河濁而滎淸하니 則滎之水는 非河之溢이 明矣라 況經所書 單立導沇條例어니와 若斷若續이나 而實有源流요 或見或伏이나 而脈絡可

---

127 尋梁脈水 : 우리나라 經學家인 金長生은 "어떤 이가 「尋梁」은 그 큰 물줄기〔梁脊〕를 찾는 것을 이르고 「脈水」는 그 물길〔水道〕의 맥을 살펴보는 것을 이른다.'고 하니, 이 말이 옳을 듯하다."라고 하였다.(《經書辨疑》)

考아 先儒皆以濟水性下勁疾이라 故로 能入河穴地하여 流注顯伏이라하니라

　唐나라 李賢은 이르기를 "濟水는 鄭州 이동으로부터 滑州·曹州·鄆州·濟州·齊州·靑州를 관통하여 바다로 들어간다."라고 하였고, 本朝의 樂史는 "지금의 東平·濟南·淄川·北海 경계 가운데에 물이 흘러 바다로 들어가는 것이 있으니, 이것을 '淸河'라 한다."라고 하였다. 酈道元은 말하기를 "濟水는 王莽 때에 川瀆이 고갈되었다. 그 뒤에 물이 흘러 물길이 통하고 나루와 도랑의 형세가 바뀌어서, 큰 물줄기를 찾아보고 물길의 맥을 살펴보니 옛날과 동일하지 않았다."라고 하였으니, 그렇다면 滎澤과 濟河는 비록 고갈되었으나 〈滎水가〉 濟水는 일찍이 흐름이 끊기지 않았던 것이다.

　程氏는 말하기를 "滎水가 濟水가 된 것에는 본래 딴 뜻이 없다. 濟水가 黃河로 들어갈 적에 마침 黃河가 가득한 시기를 만나서 南岸으로 넘쳐 나온 것이니, 넘쳐 나온 것은 濟水가 아니고, 濟水로 인하여 넘쳤기 때문에 禹가 도로 원래의 이름을 가지고 명명한 것이다."라고 하였다.

　살펴보건대, 程氏가 말한 '溢' 한 글자는 진실로 일리가 있다. 그러나 黃河의 남쪽으로 나간 것이 이미 濟水가 아니라면 禹가 응당 黃河의 支流를 가지고 '濟水'라고 잘못 칭하지 않았을 것이다. 아마 '가득 찼다.'는 것은 滎水를 가리켜 말한 것이지, 黃河를 가리켜 말한 게 아니었을 것이다. 또한 黃河는 흐리고 滎水는 맑으니, 滎水는 黃河가 넘친 게 아니라는 것이 분명하다.

　하물며 經文에 쓰인 바가 단독으로 沇水를 인도하는 條例를 세워서 끊어진 듯도 하고 이어진 듯도 하지만 실제로는 源流가 있었던 것이고, 혹은 나타나기도 하고 혹은 숨기도 하지만 脈絡을 상고할 수 있었음에랴. 先儒들이 모두 "濟水는 본성이 아래로 냅다 내려가기 때문에 黃河의 우묵하게 꺼진 곳으로 흐르는 물줄기가 나타났다 숨었다 할 수 있었다."라고 하였다.

南豐曾氏齊州二堂記云 泰山之北은 與齊之東南諸谷之水로 西北匯于黑水之灣하고 又西北匯于柏崖之灣하여 而至于渴馬之崖하니 蓋水之來也衆이라 其北折而西也에 悍疾尤甚이라가 及至于崖下면 則泊然而止하며 而自崖以北으로 至于歷城之西하면 蓋五十里而有泉湧出하니 高或致數尺이라 其旁之人이 名之曰趵突(박돌)之泉이라하니라 齊人皆謂 嘗有棄穅於黑水之灣者한대 而見之於此라하니 蓋泉自渴馬之崖로 潛流地中이라가 而至此復出也니라 其注而北은 則謂之濼(락)水니 達于淸

河하여 以入于海하니 舟之通於濟者는 皆於是乎(達)〔出〕[128]也라 齊多甘泉하여 其顯名者〔以〕[129]十數로되 而色味皆同하니 以余驗컨대 蓋皆濼水之旁出者也라하니라 然則水之伏流地中이 固多有之어늘 奚獨於滎澤에 疑哉리오 吳興沈氏亦言 古說에 濟水는 伏流地中이라하니 今歷下凡發地는 皆是流水라 世謂濟水經過其下라하고 東阿亦濟所經이라 取其井水煮膠[130]면 謂之阿膠니 用攪濁水則淸하고 人服之면 下膈疏痰이라하니 蓋其水性趨下하여 淸而重故也일새라하니라 濟水伏流絶河는 乃其物性之常이요 事理之著者어늘 程氏非之하니 顧弗深考耳니라

南豐 曾氏(曾鞏)의 〈齊州二堂記〉에 "泰山의 북쪽은 齊州의 동남쪽 여러 골짝 물과 더불어 서북쪽으로 黑水의 물굽이를 꺾어 돌고, 또 서북쪽으로 柏崖의 물굽이를 꺾어 돌아서 渴馬의 벼랑에 이르니, 대개 물의 흘러오는 것이 많았다. 그 북쪽으로 꺾어서 서쪽으로 갈 적에는 〈물의 흐르는 것이〉 더욱 속도를 내다가 벼랑 아래에 이르면 슬며시 멈추며, 벼랑으로부터 북쪽으로 歷城의 서쪽에 이르면 대개 50리쯤 되는 지점에 샘이 있어 물이 솟아오르는데, 그 높이가 혹 몇 자에 이른다. 이 부근 사람들은 이 샘을 명칭하기를 '趵突泉'이라고 한다. 齊州 사람들이 모두 말하기를 '일찍이 黑水의 물굽이에 겨를 버린 자가 있었는데 여기에서 나타났다.'고 하였으니, 아마 샘물이 渴馬의 벼랑으로부터 땅속으로 숨어 흐르다가 여기에 이르러 다시 나왔을 것이다. 그 물이 주입되는 곳의 북쪽은 '濼水'라 이르는데, 淸河에 도달하여 바다로 들어가니, 濟水로 통하는 배는 모두 이곳으로 나간다. 齊州에는 단 샘이 많아 이름이 드러난 것만도 10으로 셀 정도인데 색과 맛이 모두 같으니, 내가 징험해보건대 모두 濼水의 곁에서 나온 것이다."라고 하였다.

그렇다면 물이 땅속으로 숨어 흐르는 것이 진실로 많이 있는데, 유독 滎澤에만 의심할 것이 있겠는가. 吳興 沈氏(沈括) 또한 말하기를 "옛말에 '濟水는 땅속으로 숨어 흐른다.'고 하였는데, 지금의 歷城 아래 모든 땅은 온통 흐르는 물이었다. 세상에서는 이르기를 '濟水가 그 밑을 지나간다.'고 하며, 東阿 또한 濟水가 경유하는 곳인데, 그 우물을 취하여 膠를 달이면 이를 '阿膠'라 이르니, 아교를 써서 흐린 물을 휘저으면 물이 맑아지고, 사람이 아교를 먹으면 막힌 것을 씻어 내리고 담을 삭힌다고 하니, 물의 본성이 아래로 달려가서 맑고 무겁기 때문이다."라고 하였다. 濟水

---

128 (達)〔出〕: 저본에는 '達'로 되어 있으나, 〈齊州二堂記〉에 의거하여 '出'로 바로잡았다.

129 〔以〕: 저본에는 없으나, 〈齊州二堂記〉에 의거하여 '以'를 보충하였다.

130 膠: 짐승의 가죽, 힘줄, 뼈 따위를 진하게 고아서 굳힌 끈끈한 풀이다.

가 숨어 흘러 河水를 건너는 것은 바로 物性의 常理이고 事理의 드러난 것인데, 程氏는 이를 비난하였으니, 깊이 상고하지 못한 탓이다.

字義 溢 : 가득할 일 貫 : 관통할 관 勁 : 굳셀 경 疾 : 빠를 질 灣 : 물굽이 만 悍 : 사나울 한
疾 : 빠를 질 湧 : 솟을 용 糠 : 겨 강 奚 : 어찌 해 煮 : 다릴 자 膠 : 아교 교
攪 : 휘저을 교 膈 : 막힐 격 下 : 내릴 하 疏 : 삭일 소 痰 : 가래 담 趨 : 달릴 추

94. 導淮하시되(하샤대) 自桐柏으로(하여) 東會于泗沂하여 東入于海하시다(하니라)

淮水를 인도하시되 桐柏山으로부터 동쪽으로 泗水와 沂水에 모여서 동쪽으로 바다로 들어가게 하셨다.

水經云 淮水는 出南陽平氏縣胎簪山이라하니 禹只自桐柏導之耳라 桐柏은 見導山하고 泗沂는 見徐州라 沂入于泗하고 泗入于淮하니 此言會者는 以二水相敵故也라 入海는 在今淮浦라

《水經》에 "淮水는 南陽 平氏縣 胎簪山에서 나온다."라고 하였으니, 禹는 단지 桐柏山으로부터 인도했을 뿐이다. 桐柏山은 '導山'에 보이고, 泗水와 沂水는 徐州에 보인다. 沂水는 泗水로 들어가고 泗水는 淮水로 들어가니, 여기에 '모인다'고 말한 것은 두 물이 서로 맞먹기 때문이다. '바다로 들어가는 지점'은 지금의 淮浦에 있다.

字義 敵 : 대등할 적 浦 : 개 포

95. 導渭하시되(하샤대) 自鳥鼠同穴[131]로(하여) 東會于灃하시며(하며) 又東會于涇하시며(하며) 又東過漆沮하여 入于河하시다(하니라)

渭水를 유도하시되 鳥鼠山과 同穴山으로부터 동쪽으로 灃水에 모이게 하시며, 또 동쪽으로 涇水에 모이게 하시며, 또 동쪽으로 漆水와 沮水를 지나 河水로 들어가게 하셨다.

同穴은 山名이라 地志云 鳥鼠山者는 同穴之枝山也라하니라 餘는 竝見雍州라 孔氏曰 鳥鼠共爲雌雄하여 同穴而處라하니 其說이 怪誕不經하여 不足信也라 酈道元云 渭水는 出南谷山하니 在鳥鼠山西北이라하니라 禹只自鳥鼠同穴로 導之耳라

同穴은 산 이름이다. 《漢書》〈地理志〉에 "鳥鼠山은 同穴山의 枝山이다."라고 하

---

131 鳥鼠同穴 : 孔傳은 하나의 산 이름으로 보았다.

였다. 나머지는 모두 雍州에 보인다. 孔氏가 말하기를 "새와 쥐가 함께 雌雄이 되어 한 구멍에 거처한다."라고 하였으니, 그 말이 怪誕하여 올바르지 못하므로 믿을 것이 못된다. 酈道元은 "渭水는 南谷山에서 흘러나오는데 鳥鼠山의 서북쪽에 자리잡고 있다."라고 하였다. 禹가 단지 鳥鼠山과 同穴山으로부터 인도했을 뿐이다.

字義 雌 : 수컷 자　雄 : 암컷 웅　怪 : 괴이할 괴　誕 : 거짓 탄　經 : 바를 경

96. 導洛하시되(하샤대) 自熊耳하여 東北으로 會于澗瀍(전)하며 又東會于伊하시며(하며) 又東北으로 入于河하시다(하니라)

洛水를 인도하시되 熊耳山으로부터 동북쪽으로 澗水와 瀍水에 모이게 하시며, 또 동쪽으로 伊水에 모이게 하시며, 또 동북쪽으로 黃河에 들어가게 하셨다.

熊耳는 盧氏之熊耳也라 餘는 竝見豫州라 洛水는 出冢嶺山하니 禹只自熊耳導之耳라

熊耳는 盧氏縣의 熊耳山이다. 나머지는 모두 豫州에 보인다. 洛水는 冢嶺山에서 흘러나오니, 禹가 단지 熊耳山으로부터 인도했을 뿐이다.

○按 經에 言嶓冢導漾하고 岷山導江者는 漾之源이 出於嶓하고 江之源이 出於岷이라 故로 先言山而後言水也요 言導河積石하고 導淮自桐柏하고 導渭自鳥鼠同穴하고 導洛自熊耳는 皆非出於其山이요 特自其山以導之耳라 故로 先言水而後言山也라 河不言自者는 河源多伏流일새 積石은 其見處라 故로 言積石而不言自也요 沇水에 不言山者는 沇水는 伏流니 其出非一이라 故로 不誌其源也요 弱水黑水에 不言山者는 九州之外니 蓋略之也라 小水合大水를 謂之入이요 大水合小水를 謂之過요 二水勢均相入을 謂之會니 天下之水莫大於河라 故로 於河에 不言會하니 此는 禹貢立言之法也라

○살펴보건대, 經文에 嶓冢山을 따라 漾水를 인도하고 岷山을 따라 揚子江을 인도함을 말한 것은 漾水의 근원이 嶓冢山에서 나오고 長江의 근원이 岷山에서 나오기 때문이다. 그러므로 먼저 山을 말하고 뒤에 물을 말한 것이다. 揚子河는 積石山으로부터 인도하고, 淮水는 桐柏山으로부터 인도하고, 渭水는 鳥鼠山과 同穴山으로부터 인도하고, 洛水는 熊耳山으로부터 인도함을 말한 것은 모두 그 산에서 흘러나온 것이 아니고, 단지 그 산으로부터 인도했을 뿐이다. 그러므로 먼저 물을 말하고 뒤에 산을 말한 것이다.

黃河에서 '自(어디로부터)'를 말하지 않은 것은 黃河의 근원은 伏流(숨어 흐름)가 많기 때문이다. 積石山은 바로 나타난 곳이기 때문에 '積石山'은 말하고 '自'는 말하지 않은 것이며, 沇水에서 산을 말하지 않은 것은 沇水는 伏流라서 나오는 곳이 한 곳만이 아니기 때문에 그 근원을 기록하지 않은 것이며, 弱水와 黑水에서 산을 말하지 않은 것은 九州의 밖이라서 생략한 것이다. 작은 물이 큰물과 합하는 것을 '入'이라 하고, 큰물이 작은 물과 합하는 것을 '過'라 하고, 두 물이 형세가 균등하게 서로 들어가는 것을 '會'라 하니, 天下의 물이 黃河보다 큰 것이 없기 때문에 黃河에서는 '會'를 말하지 않았다. 이는 〈禹貢〉의 글을 짓는 法이다.

字義 　略 : 생략할 략

97. 九州攸同하니 四隩旣宅하도다 九山에 刊旅하며 九川에 滌源하며 九澤에 旣陂하니 四海會同[132]이로다

九州가 다함께 다스려졌으니, 〈저지대인〉四海의 물가까지도 이미 집을 짓고 살 수 있게 되었다. 〈고지대인〉九州의 산에 나무를 베어 길을 통해서 이미 旅제사를 지낼 수 있게 되었으며, 九州의 하천들에 물의 근원을 준설하여 막힌 데가 없게 되었으며, 九州의 호수들에 이미 둑을 쌓아 다시는 터질 염려가 없게 되었으니, 四海의 물들이 會同하여 〈각각 돌아갈 바가 있게 되었다.〉

隩는 隈也니 李氏曰 涯內近水爲隩라하니라 陂는 障也라 會同은 與雝沮(옹저)會同으로 同義라 四海之隩에 水涯之地는 已可奠居요 九州之山은 槎木通道하여 已可祭告요 九州之川은 濬滌泉源하여 而無壅遏이요 九州之澤은 已有陂障하여 而無決潰니 四海之水가 無不會同하여 而各有所歸니라 此는 蓋總結上文하여 言九州四海水土 無不平治也라

隩는 隈(물가)의 뜻이니, 李氏가 말하기를 "물가의 안에 물과 가까운 곳을 '隩'라 한다."라고 하였다. 陂는 障(둑)의 뜻이다. 會同은 "雝沮會同(雝水와 沮水가 모여 함께 흐른다.)"의 會同과 뜻이 같다. 四海의 물굽이 곧 물가의 땅들은 이미 집을 짓고 살 수 있게 되었고, 九州의 산들은 나무가 제거되고 길이 통해져서 이미 제사 지내

---

132 四海會同 : 孔傳은 아랫글의 '六府孔修'와 짝을 이루어서 "四海의 안이 京師에 회동하니〔四海之內 會同京師〕"라고 풀이하였다.

고유할 수 있게 되었고, 九州의 하천들은 물의 근원을 준설하여 막힘이 없게 되었고, 九州의 호수들은 이미 둑을 쌓아 터져 무너지는 일이 없게 되었으니, 四海의 물들이 會同하여 각각 돌아갈 바가 있게 되었다. 이는 윗글을 모두 맺어서 九州와 四海의 水土가 잘 다스려지지 않음이 없음을 말한 것이다.

字義 隩 : 물가언덕 오   刊 : 제거할 간   滌 : 준설 척, 씻을 척   陂 : 둑 피   隈 : 물굽이 외
障 : 둑 장   槎 : 뗏목 사   濬 : 팔 준   壅 : 막힐 옹   遏 : 막힐 알   決 : 터질 결   潰 : 무너질 궤

98. 六府孔修하여 庶土交正[133]이어늘 厎(지)愼財賦하시되(하샤대) 咸則(칙)三壤하사 成賦中邦하시다

六府가 크게 다스려져서 九州의 모든 땅이 서로 바르게 되자 財賦를 신중히 정하시되 모두 上·中·下 세 土壤을 변별하여 中國에 賦稅를 마련하셨다.

孔은 大也니 水火金木土穀이 皆大修治也라 土者는 財之自生이니 謂之庶土면 則非特穀土也라 庶土有等하니 當以肥瘠高下名物로 交相正焉하여 以任土事라 厎는 致也라 因庶土所出之財하여 而致謹其財賦之入이니 如周大司徒以土宜之法으로 辨十有二土之名物하여 以任土事之類라 咸은 皆也요 則(칙)은 品節之也라 九州穀土를 又皆品節之以上中下三等이니 如周大司徒辨十有二壤之名物하여 以致稼穡之類라 中邦은 中國也라 蓋土賦는 或及於四夷나 而田賦則止於中國而已라 故曰 成賦中邦이라하니라

孔은 大의 뜻이다. 水·火·金·木·土·穀이 모두 크게 다스려지게 된 것이다. 土는 財物이 그로 말미암아 나오는 것이니, 이미 '庶土(모든 땅)'라 일렀으면 단지 곡식이 나는 땅만이 아니다. 庶土에는 등급이 있는 법이니, 마땅히 비옥한 땅과 척박한 땅, 높은 땅과 낮은 땅의 명칭과 산물을 가지고 서로 바로잡아서 땅에 관한 일을 맡기는 것이다. 厎는 致의 뜻이다. 庶土에서 나는 재물을 인하여 그 財賦의 수입을 신중하게 정하는 것이다. 이를테면《周禮》〈地官 大司徒〉에 "토질에 알맞은 것을 가리는 방법을 가지고 열두 토양의 명칭과 산물을 변별해서 땅에 관한 일을 맡긴다."라는 따위와 같은 것이다.

咸은 皆의 뜻이고, 則은 品節의 뜻이다. 九州의 곡식이 생산되는 토지를 또 모두

133 庶土交正 : 孔傳은 '交'를 俱(모두)의 뜻으로 보아 "모든 땅이 다 그 올바름을 얻었다.〔衆土俱得其正〕"라고 풀이하였다.

上·中·下 세 등급으로 조절하니, 이를테면《周禮》〈地官 大司徒〉에 "열두 토양의 명칭과 산물을 변별해서 稼穡을 가르친다."란 따위와 같은 것이다. '中邦'은 곧 中國이다. 토지의 賦稅는 혹 사방 오랑캐에게 미쳐가지만, 田畓의 賦稅는 中國(內地)에만 부과한다. 그러므로 "中邦에 賦稅를 마련했다."라고 한 것이다.

[字義] 孔 : 클 공 咸 : 다 함 則 : 변별할 칙 肥 : 비옥할 비 瘠 : 척박할 척

99. 錫土姓[134]하시다

土地와 姓을 내려주셨다.

錫土姓者는 言錫之土하여 以立國하고 錫之姓하여 以立宗이니 左傳所謂天子建德하여 因生以賜姓하고 胙之土而命之氏者也라

"土地와 姓을 내려준다."라는 것은 땅을 주어서 나라를 세우고, 姓을 주어서 宗을 세우게 한 것을 말하니,《春秋左氏傳》隱公 8년 조에 이른바 "天子는 德이 있는 이를 諸侯로 세우고서 그가 태어난 곳의 지명을 그의 姓으로 내려주고, 땅을 봉해주고서 그 땅의 이름으로 氏를 명한다."라는 것이다.

[字義] 錫 : 하사할 석, 줄 석 胙 : 봉할 조

100. 祗台德先하면(하신대) 不距朕行하리라(하니라)

나의 德을 경건하게 닦아 솔선수범을 보이면 〈온 천하가〉 나의 행하는 바를 어기지 않을 것이다.

台는 我요 距는 違也라 禹平水土하여 定土賦하고 建諸侯하니 治已定하고 功已成矣라 當此之時에 惟敬德以先天下하면 則天下自不能違越我之所行也리라

台는 我의 뜻이고, 距는 違(어기다)의 뜻이다. 禹는 水土를 다스려서 土賦를 정하고 諸侯를 세웠으니, 治水가 이미 완성되고 공적이 이미 이루어졌다. 이때에 〈禹는 말씀하기를〉 "오직 德을 경건하게 닦아 천하에 솔선수범을 보이면 온 천하가 자연히 나의 행하는 바를 어기지 않을 것이다."라고 하셨다.

[字義] 祗 : 공경 지 台 : 나 이 距 : 어길 거

---

134 錫土姓 : 孔傳은 "태어난 지명을 가지고 姓을 내려주는 것"으로 풀이하였다.

101. 五百里는 甸服이니 百里는 賦納總하고 二百里는 納銍하고 三百里는 納秸[135]服[136]하고 四百里는 粟하고 五百里는 米니라

〈王城의 밖 사방〉 500리는 甸服이니, 〈賦稅에 있어서〉 가장 안쪽 100리는 벼 포기 전체를 바치게 하고, 그 다음 바깥쪽 100리는 볏짚을 반쯤만 벗긴 것을 바치게 하고, 그 다음 바깥쪽 100리는 짚의 거친 거죽을 제거한 것을 바치게 하고, 겸해서 수송하는 일까지 하게 하였으며, 그 다음 바깥쪽 100리는 이삭을 털어서 皮穀만 바치게 하고, 그 다음 바깥쪽 100리는 쌀을 바치게 하였다.

甸服은 畿內之地也라 甸은 田이요 服은 事也니 以皆田賦之事라 故로 謂之甸服이라 五百里者는 王城之外의 四面이 皆五百里也라 禾本全曰總이요 刈禾曰銍이니 半藁也요 半藁去皮曰秸이라 謂之服者는 三百里內는 去王城爲近이니 非惟納總銍秸이라 而又使之服輸將之事也라 獨於秸言之者는 總前二者而言也라 粟은 穀也라 內百里爲最近이라 故로 幷禾本總賦之요 外百里次之니 只刈禾半藁納也요 外百里又次之니 去藁麤皮納也요 外百里爲遠이니 去其穗而納穀이요 外百里爲尤遠이니 去其穀而納米라 蓋量其地之遠近하여 而爲納賦之輕重精麤也라 此는 分甸服五百里而爲五等者也라

甸服은 畿內의 땅이다. 甸은 田(밭)의 뜻이요, 服은 事(일)의 뜻이니, 모두 田賦에 관한 일이기 때문에 '甸服'이라 이른 것이다. 500리는 王城 밖의 四面이 모두 500리씩인 것이다. 밑동까지 온전한 벼를 '總'이라 하고, 낫으로 벼의 밑동을 벤 것을 '銍'이라 하니 곧 볏짚이 반쯤 달린 것이고, 반쯤 달린 짚의 거죽을 벗긴 벼를 '秸'이라 한다. '服'이라 한 것은 300리 이내는 王城과 거리가 가까우니, 단지 '總'·'銍'·'秸'을 바칠 뿐만 아니라 또한 수송하는 일까지 하게 한 것이다. 유독 '秸'에서 말한 것은 앞의 두 가지까지 총괄해서 말한 것이다. 粟은 穀(皮穀)의 뜻이다.

가장 안쪽의 100리는 거리가 가장 가까우므로 벼의 밑동까지 아울러 모두 바치게 하고, 그 다음 바깥쪽의 100리는 그 다음으로 거리가 가까우니, 〈낫으로 벼의 밑동을 베어〉 볏짚이 반쯤 달린 것을 바치게 하고, 그 다음 바깥쪽의 100리는 또 그 다음으로 거리가 가까우니, 짚의 거친 거죽을 제거한 것을 바치게 하고, 그 다음 바깥

---

135 總·銍·秸: 孔傳은 總은 볏짚〔禾藁〕, 銍은 벼이삭〔禾穗〕, 秸은 짚〔藁〕으로 풀이하였다.

136 服: 孔傳은 '稿役'으로 보았다.

쪽의 100리는 거리가 머니, 이삭을 털어내고 皮穀만 바치게 하고, 그 다음 바깥쪽의 100리는 거리가 더욱 머니, 피곡의 껍질을 제거하고 쌀만 바치게 한다. 대개 그 지역의 遠近을 헤아려서 田賦를 바치는 輕重과 精麤의 기준을 정한 것이다. 이는 甸服 500리를 나누어 다섯 등급으로 만든 것이다.

字義 甸 : 다스릴 전   總 : 밑동이 온전한 벼 총   銍 : 벼 베는 낫 질
秸 : 짚의 거친 거죽을 제거한 벼 갈   服 : 수송할 복   粟 : 이삭만 제거한 皮穀 속
刈 : 벨 예   藁 : 짚 고   麤 : 거칠 추   精 : 정결할 정

102. 五百里는 侯服이니 百里는 采요 二百里는 男邦[137]이요 三百里는 諸侯니라

〈甸服 밖〉 500리는 侯服이니, 가장 안쪽의 100리는 〈卿大夫의〉 采邑이고, 그 다음 바깥쪽 100리는 男爵의 小國이고, 그 다음 바깥쪽 300리는 諸侯爵의 大國과 次國이다.

侯服者는 侯國之服이니 甸服外의 四面이 又各五百里也라 采者는 卿大夫邑地라 男邦은 男爵이니 小國也요 諸侯는 諸侯之爵이니 大國과 次國也라 先小國而後大國者는 大可以禦外侮요 小得以安內附也라 此는 分侯服五百里而爲三等也라

侯服은 侯國의 〈田賦에 관한〉 일이니, 甸服 밖의 사면이 또 각각 500리씩이다. 采는 卿大夫의 邑地이다. 男邦은 男爵이니 작은 나라요, 諸侯는 諸侯爵이니, 大國과 次國(그 다음 가는 나라)이다. 小國을 먼저 배치하고 大國을 뒤에 배치한 것은, 大國은 外敵의 침입을 막을 수 있고, 小國은 內附(歸順)를 편안히 할 수 있기 때문이다. 이는 侯服 500리를 나누어 세 등급으로 만든 것이다.

字義 采 : 채읍 채   禦 : 막을 어   附 : 붙일 부

103. 五百里는 綏服이니 三百里는 揆文教하고 二百里는 奮武衛[138]하나니라

〈侯服 밖〉 500리는 綏服이니, 안쪽 300리는 文敎를 헤아려서 교육시키고, 바깥쪽 200리는 武衛를 떨쳐 안정시켰다.

綏는 安也니 謂之綏者는 漸遠王畿而取撫安之義라 侯服外의 四面이 又各五百里

---

137 男邦 : 孔傳은 '男'을 任의 뜻으로 보아 "王者의 일을 맡는다.[任王者事]"라고 풀이하였다.
138 奮武衛 : 孔傳은 "武를 떨쳐서 天子를 호위하였다.[奮武衛天子]"라고 풀이하였다.

也라 揆는 度(탁)也라 綏服은 內取王城千里하고 外取荒服千里하여 介於內外之間이라 故로 以內三百里는 揆文教하고 外二百里는 奮武衛하여 文以治內하고 武以治外하니 聖人所以嚴華夏之辨者如此라 此는 分綏服五百里而爲二等也라

綏는 安의 뜻이니, '綏'라 이른 것은 王畿에서 점점 멀어지기 때문에 어루만져 편안히 하는 뜻을 취한 것이다. 侯服 밖의 사면이 또 각각 500리씩이다. 揆는 度(헤아리다)의 뜻이다. 綏服은 안으로 王城의 천 리를 취하고 밖으로 荒服의 천 리를 취하여 안쪽과 바깥쪽 사이에 끼어 있다. 그러므로 안쪽의 300리는 文教를 헤아리고 바깥쪽 200리는 武衛를 떨쳐서 文으로 안을 다스리고 武로 밖을 다스린 것이니, 聖人이 華夏의 변별을 엄격히 한 것이 이와 같다. 이는 綏服 500리를 나누어 두 등급으로 만든 것이다.

字義 揆 : 헤아릴 규 度 : 헤아릴 탁 奮 : 떨칠 분

104. 五百里는 要服이니 三百里는 夷[139]요 二百里는 蔡(살)[140]이니라

〈綏服의 밖〉 500리는 要服이니, 안쪽 300리는 夷狄의 땅이고, 바깥쪽 200리는 유배지이다.

要服은 去王畿已遠하여 皆夷狄之地니 其文法이 略於中國이라 謂之要者는 取要約之義니 特羈縻之而已라 綏服外의 四面이 又各五百里也라 蔡은 放也라 左傳云 蔡蔡叔이 是也니 流放罪人於此也라 此는 分要服五百里而爲二等也라

要服은 王畿와의 거리가 이미 멀어서 모두 夷狄의 땅이기 때문에 文書와 法令이 中國보다 소략하다. '要'라 이른 것은 요약의 뜻을 취한 것이니, 〈천자의 통치를 직접 받지 않고〉 단지 매여 있기만 할 뿐이다. 綏服 밖의 사면이 또 각각 500리씩이다. 蔡은 放(유배)의 뜻이다. 《春秋左氏傳》 定公 4년 조에 "蔡叔을 유배했다.〔蔡蔡叔〕"라는 것이 이것이니, 죄인을 이곳에 流放하는 것이다. 이는 要服의 500리를 나누어 두 등급으로 만든 것이다.

字義 夷 : 오랑캐 이 蔡 : 유배할 살 羈 : 맬 기 縻 : 얽어맬 미

---

139 夷 : 孔傳은 '平常의 가르침을 준수하는 것〔守平常之教〕'으로 풀이하였다.

140 蔡(살) : 孔傳은 '法'의 뜻으로 보아 "300리를 법칙으로 삼되 약간 간편하게 한 것이다.〔法三百里而差簡〕"라고 풀이하였다. 유배의 뜻일 경우는 音을 '살'로 읽고 法의 뜻일 경우는 음을 '채'로 읽는다.

105. 五百里는 荒服이니 三百里는 蠻[141]이요 二百里는 流[142]니라

〈要服의 밖〉 500리는 荒服이니, 안쪽 300리는 蠻의 땅이고, 바깥쪽 200리는 유배지이다.

荒服은 去王畿益遠하여 而經略之者 視要服에 爲尤略也라 以其荒野라 故로 謂之荒服이라 要服外의 四面이 又各五百里也라 流는 流放罪人之地니 蔡與流皆所以處罪人이나 而罪有輕重이라 故로 地有遠近之別也라 此는 分荒服五百里而爲二等也라

荒服은 王畿와의 거리가 더욱 멀기 때문에 經略한 것이 要服에 비하여 더욱 소략하다. 荒野이기 때문에 '荒服'이라 이른 것이다. 要服 밖의 사면이 또 각각 500리씩이다. 流는 죄인을 流放하는 땅인데, '蔡'과 '流'가 모두 죄인을 거처시키는 곳이지만 죄에 경중이 있으므로 땅에 원근의 구별이 있는 것이다. 이는 荒服 500리를 나누어 두 등급으로 만든 것이다.

○今按 每服五百里니 五服則二千五百里요 南北東西相距五千里라 故로 益稷篇에 言弼成五服하되 至于五千이라하니라 然이나 堯都冀州하니 冀之北境은 幷雲中涿易이라도 亦恐無二千五百里니라 藉使有之라도 亦皆沙漠不毛之地요 而東南財賦所出은 則反棄於要荒이니 以地勢考之컨대 殊未可曉라 但意古今土地盛衰不同하니 當舜之時에 冀北之地 未必荒落如後世耳라 亦猶閩浙之間이 舊爲蠻夷淵藪나 而今富庶繁衍하여 遂爲上國이니 土地興廢는 不可以一時槪也니라

○지금 살펴보건대, 服마다 500리씩이니, 五服이면 2,500리이고, 남북과 동서의 상거가 5,000리이다. 그러므로 〈益稷〉에서 말하기를 "五服의 제도를 도와 이루되 땅의 넓이가 사방 5,000리에 이르렀다."라고 말한 것이다. 그러나 堯임금은 冀州에 도읍을 세웠으니, 冀州의 북쪽 지경은 雲中과 涿州·易州를 병합하더라도 2,500리가 될 수 없을 듯하다. 가령 된다 하더라도 모두 사막의 불모지이고, 동남쪽에 財賦가 나오는 곳은 도리어 要服과 荒服에 버려지니, 地勢를 가지고 고찰하건대 자못

---

141 蠻 : 孔傳은 "文德 때문에 오랑캐가 저절로 오는 것"으로 풀이하였다.

142 流 : 孔傳은 '移'의 뜻으로 보아 "政敎가 그 풍속을 따르는 것〔政敎隨其俗〕"이라고 풀이하였고, 兪樾은 《廣雅》〈釋詁〉에 '流는 末의 뜻이다.'라고 하였으니, 여기 200리는 가장 五服의 끄트머리에 자리잡고 있기 때문에 '流'라 이른 것이다.〔廣雅釋詁 流末也 此二百里 最居五服之末 故謂之流矣〕"라고 풀이하였다.《群經平議》

이해할 수가 없다. 다만 생각하건대, 고금의 토지는 성쇠가 동일하지 않으니, 舜임금의 때에 冀州 이북의 땅이 반드시 荒落(황폐)한 현상이 후세와 같지는 않았을 것이다. 또한 閩·浙의 사이가 옛날에는 蠻夷의 소굴이었으나 지금은 富庶하고 번성하여 드디어 上國(國都)이 된 것과 같은 경우를 보면 토지의 興廢는 한 시대를 가지고 개괄할 수 없는 것이다.

周制에 九畿曰侯甸男采衛蠻夷鎭藩이요 每畿亦五百里며 而王畿는 又不在其中이니 併之則一方五千里라 四方相距爲萬里니 蓋倍禹服之數也라 漢地志에 亦言東西九千里요 南北一萬三千里라하니 先儒皆疑禹服之狹而周漢地廣하여 或以周服里數는 皆以方言이라하고 或以古今尺有長短이라하고 或以禹直方計나 而後世以人迹屈曲取之라하니 要之컨대 皆非的論이라 蓋禹聲教所及則地盡四海나 而其疆理則止以五服爲制하고 至荒服之外엔 又別爲區畫이니 如所謂咸建五長이 是已라 若周漢則盡其地之所至而疆畫之也니라

周나라 제도에 九畿는 侯·甸·男·采·衛·蠻·夷·鎭·藩이라 하고, 畿마다 또한 500리였으며, 王畿는 또 이 안에 들어 있지 않으니, 병합하면 1方이 5,000리인지라, 4方의 상거가 10,000리가 되니, 대개 禹服의 수에 갑절인 셈이다.《漢書》〈地理志〉에는 또한 "동서가 9,000리이고, 남북이 13,000리이다."라고 말하였으니, 先儒들은 모두 禹服은 좁고 周나라와 漢나라는 땅이 넓었을 것이라고 의심하여, "周服의 里數는 모두 方으로 말한 것이다."라고도 하고, "古今의 자〔尺〕에 장단의 차이가 있는 것이다."라고도 하고, "禹는 일직선으로 계산했으나 후세에는 사람 발자국의 屈曲을 가지고 취했다."라고도 하는데, 결과적으로는 모두 정확한 말이 아니다. 아마 禹의 聲望과 文敎가 미친 지역은 四海까지 다 포함되었지만, 疆理(경계를 긋고 땅을 나누어 정리함)한 것은 단지 五服만으로 끝냈고, 荒服의 밖은 또 따로 구획을 한 것이니, 이른바 "다섯 長을 모두 세웠다."라는 것이 이것이다. 周나라와 漢나라의 경우는 그 땅이 끝난 데까지 다 강역으로 구획한 것이다.

字義 藉 : 빌릴 자 槪 : 개괄할 개

106. 東漸于海하며 西被于流沙하며 朔南에 曁하여 聲敎訖于四海어늘 禹錫玄圭하사 告厥成功[143]하시다

143 朔南……告厥成功 : 孔傳은 '曁'를 與聞의 뜻으로 보는 동시에 '朔南曁聲敎'로 句를 끊어서 "이

동쪽으로는 바다가 닿은 데까지, 서쪽으로는 流沙에 이르기까지, 그리고 북쪽
과 남쪽의 끝까지 미쳐가서 風聲과 敎化가 온누리에 퍼지자, 禹는 검은 옥으로 만
든 圭를 올려 〈水土를 다스리고, 田賦를 정하고, 諸侯를 세우고, 五服을 도와 이루
는〉 모든 일들이 완성되었음을 아뢰시었다.

　　漸은 漬요 被는 覆(부)요 曁는 及也라 地有遠近이라 故로 言有淺深也라 聲은 謂風聲이요
敎는 謂敎化라 林氏曰 振擧於此而遠者聞焉이라 故로 謂之聲이요 軌範於此而遠
者效焉이라 故로 謂之敎라 上言五服之制하고 此言聲敎所及하니 蓋法制有限이요
而敎化無窮也라 錫은 與師錫之錫同하니 水土旣平에 禹以玄圭爲贄하여 而告成功
于舜也라 水色黑이라 故로 圭以玄云이라

　　漸은 漬의 뜻이요, 被는 覆의 뜻이요, 曁는 及의 뜻이다. 지역의 멀고 가까운 차
이가 있으므로 말에 깊고 얕음의 차이가 있는 것이다. 聲은 風聲을 이르고, 敎는 敎
化를 이른다. 林氏는 말하기를 "여기에서 진작하면 멀리 있는 사람이 듣기 때문에
'聲'이라 이르고, 여기에서 모범을 보이면 멀리 있는 사람이 본받기 때문에 '敎'라 이
른다."라고 하였다.

　　위에서는 五服의 제도를 말하고 여기서는 聲敎가 미치는 바를 말하였으니, 대개
法制에는 한계가 있지만, 敎化는 무궁한 것이다. 錫은 '師錫(여러 신하가 말씀을 올리
다.)'이란 錫과 같으니, 水土가 이미 다스려지자, 禹가 검은 옥으로 만든 圭를 폐백
으로 삼아서 일의 완성을 舜임금에게 아뢴 것이다. 물빛이 검기 때문에 圭를 검은
색으로 한 것이라 한다.

字義　漸 : 무젖을 점　曁 : 미칠 기　訖 : 이를 흘　漬 : 젖을 지　覆 : 덮을 부　振 : 떨칠 진
　　　軌 : 본보기 궤　範 : 모범 범　圭 : 홀 규　贄 : 폐백 지

甘誓

甘은 地名으로 有扈氏國之南郊也니 在扶風鄠縣이라 誓는 與禹征苗之誓로 同義니

는 五服의 밖이 모두 王者의 風聲과 敎化를 듣고 〈수시로 와서〉 朝見함을 말한 것이다.〔五服之外
皆與王者聲敎而朝見〕"라고 풀이하였고, '訖于四海禹錫玄圭告厥成功'으로 節을 끊어서 "禹의 공적
이 四海에 모두 가해졌기 때문에 堯임금이 검은 玉으로 만든 圭를 하사하여 〈그가 이룬 공적을〉
드러내 알렸다.〔禹功盡加於四海 故堯賜玄圭以彰顯之〕"라고 풀이하였다.

言其討叛伐罪之意는 嚴其坐作進退之節은 所以一衆志而起其怠也라 誓師于甘이라 故로 以甘誓名篇이라 書有六體[144]니 誓其一也라 今文古文에 皆有하니라

甘은 지명으로, 有扈氏 나라 남쪽 교외인데 扶風郡 鄠縣에 있었다. 誓는 禹가 苗國을 정벌할 때에 서약한 것과 뜻이 같으니, 그 배반자를 토벌하고 범죄자를 정벌할 뜻을 말하고 그 坐作, 進退의 절차를 엄격하게 한 것은 여러 사람의 마음을 통일시켜 나태한 마음을 〈자극하여〉 흥기시키기 위한 것이다. 군사들과 甘 땅에서 서약했기 때문에 '甘誓'로 편명을 한 것이다. 《書經》에 여섯 가지 文體가 있으니, 誓가 그중 하나이다. 〈甘誓〉는 《今文尙書》와 《古文尙書》에 모두 들어 있다.

○按 有扈는 夏同姓之國이라 史記曰 啓立에 有扈不服이어늘 遂滅之[145]라한대 唐孔氏因謂 堯舜은 受禪이어늘 啓獨繼父라 以是不服이라하니 亦臆度(탁)之耳라 左傳昭公元年에 趙孟曰 虞有三苗하고 夏有觀扈하고 商有姺邳하고 周有徐奄이라하니 則有扈亦三苗徐奄之類也니라

○살펴보건대, 有扈는 夏나라와 同姓의 나라이다. 《史記》〈夏本紀〉에 "啓가 즉위하자 有扈가 복종하지 않거늘 드디어 멸망시켰다."라고 하였는데, 唐나라 孔氏(孔穎達)가 따라서 이르기를 "堯임금과 舜임금은 禪讓을 받았는데, 啓만이 그 아버지를 이었다. 이 때문에 복종하지 않은 것이다."라고 하였으니, 또한 억측일 뿐이다. 《春秋左氏傳》昭公 원년 조에서 趙孟이 말하기를 "虞에는 三苗가 있었고, 夏에는 觀·扈가 있었고, 商에는 姺·邳가 있었고, 周에는 徐·奄이 있었다."라고 하였으니, 그렇다면 有扈 또한 三苗와 徐·奄의 따위였을 것이다.

字義 扈:나라이름 호 鄠:땅이름 호 征:정벌할 정 苗:나라이름 묘 服:복종할 복
禪:선양할 선 臆:가슴 억 度:헤아릴 탁 姺:나라이름 선 邳:나라이름 비
徐:나라이름 서 奄:나라이름 엄

---

144 書有六體:《書經》 문체의 여섯 가지로서, 곧 典·謨·訓·誥·誓·命을 가리킨다.

145 啓立……遂滅之:權近은 "唐나라 孔氏(孔穎達)도 이내 '堯임금과 舜임금은 禪讓을 받았는데, 啓만 홀로 그 아버지를 이었다. 이 때문에 복종하지 않은 것이다.'라고 하였으니, 또한 억측일 뿐이다. 그러나 내가 살펴보건대, 예부터 불법을 자행하는 신하가 장차 不義를 저지르려고 하면 반드시 구실거리를 만들었다. 三代 때에도 역시 마찬가지였으니, 周公이 攝政하자 三監이 '周公이 장차 孺子에게 불리한 존재가 될 것이다.'라고 유언비어를 퍼뜨린 경우와 같은 것이 이것이다. 啓가 왕위에 오르자, 有扈가 복종하지 않았으니, 唐나라 孔氏의 말이 혹 맞는 듯도 하다.〔唐孔氏因謂 堯舜受禪 啓獨繼父 以是不服 亦臆度之爾 愚按 自古不軌之臣 將爲不義 必有以藉口 雖三代亦然 如周公攝政 三監流言公將不利於孺子是也 啓立有扈不服 唐孔氏之說 似或然矣〕"라고 하였다. 《書淺見錄》

1. 大戰[146]于甘하실새 乃召六卿하시다

甘 땅에서 큰 싸움을 하려고 할 적에 六卿을 다 불러 모으셨다.

六卿은 六鄕之卿[147]也라 按周禮에 鄕大夫는 每鄕에 卿一人이니 六鄕六卿은 平居無事면 則各掌其鄕之政敎禁令하여 而屬於大司徒하고 有事出征하면 則各率其鄕之一萬二千五百人하여 而屬於大司馬하니 所謂軍將皆卿[148]者是也라 意夏制도 亦如此[149]라 古者에 四方有變이면 專責之方伯하고 方伯이 不能討然後에 天子親征之하니 天子之兵은 有征無戰이라 今啓旣親率六軍以出하고 而又書大戰于甘이라하니 則有扈之怙强稔惡하여 敢與天子抗衡[150]하니 豈特孟子所謂六師移之[151]者리오 書曰大

大戰于甘圖

---

146 大戰 : 鄭玄은 "천자의 군대이기 때문에 '大'라 한 것이다.〔天子之兵 故曰大〕"라고 하였다.

147 六鄕之卿 : 《司馬法》에 의하면, 천자의 나라는 도성에서 100리 떨어진 지점을 '郊'라 하는데 여기에 六鄕을 두고, 200리 떨어진 지점을 '州'라 하는데 여기에 六遂를 둔다. 鄕과 州에는 각각 12,500가구를 거주시킨다. 六鄕은 卿 여섯이 각각 맡아 다스리고, 六遂는 中大夫 여섯이 각각 맡아 다스린다. 그리고 가구마다 병사 한 명씩을 내어 六鄕은 正軍으로, 六遂는 副軍으로 군대를 조직하여 천자국은 六軍, 큰 제후국은 三軍, 그 다음 제후국은 二軍을 보유하는 것으로 되어 있다.

148 軍將皆卿 : 《周禮》〈夏官 敍官〉에 "軍將(장수)은 모두 卿으로 임명한다.〔軍將皆命卿〕"란 말이 보인다.

149 夏制亦如此 : 鄭玄은 "夏나라도 그렇게 했다면 三王이 동일한 것이다.〔夏亦然 則三王同也〕"라고 하였다.

150 抗衡 : 수레의 양쪽 채가 서로 버티도록 나무를 가로 대는 일로, 곧 敵對의 뜻으로 쓰이는 말이다.

151 六師移之 : 《孟子》〈告子 下〉에 "제후가 한 번 조회하러 오지 않으면 그 官爵을 강등시키고, 두 번 조회하러 오지 않으면 그 국토를 삭감하고, 세 번 조회하러 오지 않으면 六師(천자의 군대)를 동원하여 〈임금(諸侯)을〉 바꿔버린다.〔一不朝則貶其爵 再不朝則削其地 三不朝則六師移之〕"라고 보인다.

戰은 蓋所以深著有扈不臣之罪하여 而爲天下後世諸侯之戒也니라

六卿은 바로 六鄕의 卿이다. 살펴보건대, 《周禮》〈地官 敍官〉에 "鄕大夫는 鄕마다 卿이 한 사람씩이다."라고 하였으니, 六鄕의 六卿은 평소 일이 없으면 각각 그 鄕의 政敎와 禁令을 관장하여 大司徒에 소속되고, 유사시 출정하게 되면 각각 그 鄕의 12,500명을 거느려 大司馬에 소속되었으니, 이른바 "軍將이 모두 卿이다."라고 한 것이 이것이다. 짐작컨대, 夏의 제도도 이와 같았을 것 같다. 옛날에는 사방에 변란이 있으면 方伯에게 전적으로 책임지우고 方伯이 토벌하지 못한 연후에야 天子가 직접 정벌하였으니, 天子의 군대는 명분상 정벌을 하는 일은 있어도 싸움을 하는 일은 없었다. 그런데 지금 啓가 이미 직접 六軍을 거느려 출정하였고, 또 "甘 땅에서 큰 싸움을 하려고 했다."라고 적었으니, 有扈가 강한 힘을 믿고 악한 짓을 자행하여 감히 天子와 더불어 敵對한 것이니, 어찌 다만 孟子가 이른바 "六師(六軍)를 동원하여 임금을 바꿔버린다."라는 정도일 뿐이겠는가. 《書經》에서 "큰 싸움"이라고 적은 것은 有扈가 신하 노릇을 제대로 하지 못한 죄를 깊이 드러내어 천하 후세 諸侯들의 경계를 삼게 하기 위한 것이다.

字義 稑 : 여물 임 抗 : 막을 항 衡 : 수레채에 가로질러 대는 나무 형, 저울대 형

2. 王曰 嗟六事¹⁵²之人아 予誓告汝하노라

王이 말씀하였다. "아, 六軍에 종사하는 사람들아! 내 서약하는 말을 너희들에게 고하노라.

重其事라 故로 嗟歎而告之라 六事者는 非但六卿이라 有事於六軍者 皆是也라

그 일을 소중히 여기기 때문에 먼저 嗟歎하고 나서 고한 것이다. 六事란 것은 단지 六卿만이 아니라, 六軍에 종사하는 사람들이 모두 이에 포함된 것이다.

3. 有扈氏威侮五行¹⁵³하며 怠棄三正¹⁵⁴할새 天用勦¹⁵⁵絶其命하시나니 今予는 惟

---

152 六事 : 宋代 金履祥은 "六卿을 六事라 이른 것은 三公을 三事라 이르는 것과 같다.〔謂六卿爲六事 猶三公謂之三事也〕"라고 하였다.《尙書注疏考證》

153 威侮五行 : 陳大猷는 "五常의 도리를 위배하고 生長斂藏의 알맞은 이치를 거역하는 것이 모두 五行을 경멸한 것이다."라고 하였다.《書傳集註》小註

154 三正 : 孔傳은 天·地·人의 正道로 보고, 馬融은 建子·建丑·建寅의 三正으로 보았는데, 蔡傳은 馬融을 따랐다. 北斗七星의 자루가 초저녁에 子方을 가리키는 달을 子月, 丑方을 가리키는 달을

恭[156]行天之罰이니라

有扈氏가 五行을 경멸하며 三正을 폐기하므로 하늘이 〈그들에게 내려준〉 천명을 끊으려 하시니, 이제 나는 하늘의 벌을 공손히 대행할 것이다.

威는 暴殄之也요 侮는 輕忽之也라 鯀汨五行而殛死어늘 況於威侮之者乎아 三正은 子丑寅之正也라 夏正은 建寅이라 怠棄者는 不用正朔也라 有扈氏는 暴殄天物[157]하고 輕忽不敬하며 廢棄正朔하고 虐下背上하여 獲罪于天일새 天用勦絶其命이니 今我伐之는 惟敬行天之罰而已라 今按此章컨대 則三正迭建은 其來久矣라 舜協時月正日도 亦所以一正朔也니 子丑之建이 唐虞之前에 當已有之니라

威는 함부로 버리는 것이고, 侮는 경홀히 여기는 것이다. 鯀은 五行을 어지럽혔다가 귀양 가서 죽었거늘, 하물며 五行을 함부로 버리고 경홀히 여기는 자야 말할 것 있겠는가. 三正은 子月·丑月·寅月의 正月이니, 夏나라의 正月은 北斗星의 자루가 寅方을 가리키는 달이었다. 怠棄란 正朔을 쓰지 않는 것이다. 有扈氏가 天物(鳥獸·草木 등 대자연의 産物)을 함부로 버리고 경홀히 여기어 공경하지 않으며, 正朔을 폐기하고, 아랫사람들을 학대하고 윗사람을 배반하여 하늘에 죄를 얻었기 때문에 하늘이 〈그들에게 내려준〉 명을 끊으려고 하니, 이제 내가 그들을 정벌하려고 하는 것은 오직 하늘의 벌을 공경히 대행하고자 할 뿐이라는 것이다.

지금 이 章의 내용을 상고해보면 三正을 번갈아 세운 것은 그 유래가 오래된 것이다. 舜임금이 四時와 달을 맞추고 날을 바로잡은 것 또한 正朔을 통일시키기 위한 것이니, 子月과 丑月을 正月로 삼은 것은 陶唐나라와 虞나라 이전부터 이미 있었던 것이다.

丑月, 寅方을 가리키는 달을 寅月이라 하는데, 周나라는 子月을, 殷나라는 丑月을, 夏나라는 寅月을 歲首인 正月로 삼았던 것이다.

155 勦 : 저본의 音註에는 "剿가 되어야 한다. 子와 小의 反切音이다.〔當作剿 子小反〕"라고 하였고, 《經典釋文》에는 "子와 六의 반절음이다. 《玉篇》에는 子와 小의 반절음으로 되어 있다. 馬本에는 剿로 되어 있어 《옥편》의 切韻과 같다.〔子六反 玉篇子小反 馬本作剿 與玉篇切韻同〕"고 하였다. 勦은 勞의 뜻이고, 剿는 絶의 뜻이다.

156 恭 : 孔傳은 '奉(받들다)'의 뜻으로 보았다.

157 暴殄天物 : 陳師凱는 "蔡氏(蔡沈)는 天物을 함부로 버리는 것을 五行을 경멸한 것으로 삼았으니, 이는 質이 땅의 五行에 갖추어진 것만을 치우치게 말한 것이고, 陳大猷는 氣가 하늘의 五行에 행하는 것과 五行의 이치를 겸해서 말한 것이다."라고 하였다.《書傳集註》小註）

4. 左不攻于左하면 汝不恭命이며 右不攻于右하면 汝不恭命이며 御非其馬之正①이면 汝不恭命이니라

> ① 書經 御非其馬之正 : 말을 모는 사람이 말을 바르게 몰지 않으면
> 一般 御非其正之馬 : 말을 모는 사람이 말을 바르게 몰지 않으면

　수레의 왼편에 있는 사람이 왼편에서 해야 할 일을 잘 수행하지 않으면 네가 명령을 공손히 받드는 것이 아니며, 수레의 오른편에 있는 사람이 오른편에서 해야 할 일을 잘 수행하지 않으면 네가 명령을 공손히 받드는 것이 아니며, 말을 모는 사람이 말을 바르게 몰지 않으면 네가 명령을 공손히 받드는 것이 아니다.

　左는 車左요 右는 車右也라 攻은 治也라 古者에 車戰之法은 甲士三人에 一居左하여 以主射하고 一居右하여 以主擊刺하고 御者居中하여 以主馬之馳驅也라 左傳宣公十二年에 楚許伯이 御樂伯하고 攝叔爲右하여 以致晉師할새 樂伯曰 吾聞致師者는 左射以菆라하니 是車左主射也요 攝叔曰 吾聞致師者는 右入壘하여 折馘執俘而還이라하니 是車右主擊刺也라 御非其馬之正은 猶王良所謂詭遇[158]也라 蓋左右不治其事와 與御非其馬之正은 皆足以致敗라 故로 各指其人하여 以責其事하여 而欲各盡其職而不敢忽也니라

　左는 수레의 왼편이고, 右는 수레의 오른편이다. 攻은 治의 뜻이다. 옛날에 수레로 싸우는 법은 甲士가 세 사람인데 한 사람은 왼편에 있으면서 활 쏘는 일을 주관하고, 한 사람은 오른편에 있으면서 적을 치고 찌르는 일을 주관하며, 말을 모는 사람은 중앙에 있으면서 말을 모는 일을 주관한다. 《春秋左氏傳》宣公 12년 조에 보면 楚나라 許伯은 樂伯의 수레를 몰고 攝叔은 수레의 오른편을 맡은 사람이 되어

---

158 詭遇 : 부정한 방법을 써서 목적을 이루는 것을 비유하는 말이다. 춘추시대 王良이란 사람은 말을 잘 몰기로 유명하였다. 어느 날 趙나라 簡子가 총애하는 奚라는 사람이 사냥 갈 때 그의 마부가 된 王良이 법대로 말을 몰아주니, 奚는 짐승 한 마리도 잡지 못하였고, 부정한 방법으로 말을 몰아 짐승을 만나게 해주었더니 하루아침에 열 마리를 잡았다는 이야기가 《孟子》〈滕文公 下〉에 보인다.

晉나라 군대에 도전할 적에 樂伯은 말하기를 "나는 들으니, '적에게 도전할 때에는 수레의 왼편을 맡은 사람이 활을 쏜다.' 했다."라고 하였으니, 이는 수레의 왼편에 있는 사람이 활을 쏘는 일을 주관하는 것이고, 攝叔이 말하기를 "나는 들으니, '적에게 도전할 때에는 수레의 오른편을 맡은 사람이 적진에 쳐들어가서 적을 죽이고 그 귀를 자르거나 적을 사로잡아 돌아온다.' 했다."라고 하였으니, 이는 수레의 오른편에 있는 사람이 치고 찌르는 일을 주관하는 것이다. "말을 모는 사람이 말을 바르게 몰지 않는다."라는 것은 王良의 이른바 '詭遇'라는 것과 같다.

수레의 왼편과 오른편에 있는 사람이 그 맡은 일을 잘 수행하지 못하는 것과 수레를 모는 사람이 수레를 바르게 몰지 못하는 것은 모두 패전을 초래할 수 있다. 그러므로 각각 그 사람을 지적하여 그 일을 책임지워서 각각 그 직책을 다하여 감히 소홀히 하지 않게 하려는 것이다.

字義 攻 : 다스릴 공　御 : 말몰 어, 마부 어　擊 : 칠 격　刺 : 찌를 자　馳 : 달릴 치　驅 : 몰 구
菆 : 좋은 화살 추　壘 : 토성 루　折 : 끊을 절　馘 : 귀벨 괵　俘 : 사로잡을 부　詭 : 속일 궤
遇 : 만날 우

5. 用命은(이란) 賞于祖하고 不用命은(으란) 戮于社하되(호대) 予則孥戮汝[159]하리라

명령을 따르는 자는 조상의 祠堂에서 상을 내릴 것이고, 명령을 따르지 않는 자는 社稷에서 죽이되 내 너의 처자식까지 죽일 것이다."

戮은 殺也라 禮曰 天子巡狩에 以遷廟主行[160]이라하고 左傳에 軍行엔 祓社釁

---

159 予則孥戮汝 : 孔傳은 '戮'을 恥辱의 뜻으로, '孥'는 子의 뜻으로 보아 "단지 네 몸에만 그치지 않고 치욕이 네 자식에게까지 미치게 한다는 것이니, 치욕으로 더럽힘을 말한 것이다.〔非但止汝身 辱及汝子 言恥累也〕"라고 풀이하였는데, 孔疏에서는 "나는 아울러 너의 자식들을 죽여 너를 욕되게 할 것이다.〔我則並殺汝子以戮辱汝〕"라고 하여 孔傳과 다르게 풀이하였다. 그리고 孔傳의 풀이에 대하여 淸代 兪樾은 "枚說대로라면 經文에서 응당 '너의 처자를 주륙할 것이다.'라고 할 터이나, 경문의 뜻은 아니다. 윗글에서 '명령을 따르는 자는 조상의 祠堂에서 상을 내릴 것이고, 명령을 따르지 않는 자는 社稷에서 죽일 것이다.'라고 하였으니, 분명 이는 '誅戮'의 戮이다. 이는 '戮于社'를 이어받아서 말했으니, 응당 별도로 '戮辱'의 戮으로 하지 않았을 것이다. 《蒼頡篇》에서 '戮'은 「捽」의 뜻과 「引」의 뜻이다.'라고 하였으니, '予則孥戮汝'는 '나는 끌어다가 너를 죽일 것이다.'라고 말한 것이다. 枚傳은 본디 舊說(孔傳)이 아니니, 또한 옳지 못한 듯하다.〔如枚說 則經文當言戮女孥矣 非經義也 上文云 用命賞于祖 不用命戮于社 明是誅戮之戮 此承戮于社而言 不當別爲戮辱之戮 蒼頡篇曰 戮捽也引也 予則孥戮汝 言予則捽引而戮女也 枚傳固非舊說 恐亦未是耳〕"라고 하였다.(《群經平議》) 兪樾은 《尙書正義》에 실린 傳이 漢代 孔安國의 說이 아니고 晉代 枚賾의 說로 본 것이다. 枚賾은 梅賾이라고도 한다.

鼓[161]라하니 然則天子親征에 必載其遷廟之主와 與其社主以行은 以示賞戮之不敢專也라 祖左는 陽也라 故로 賞于祖하고 社右는 陰也라 故로 戮于社니라 孥는 子也라 孥戮은 與上戮字로 同義니 言若不用命이면 不但戮及汝身이라 將倂汝妻子而戮之라 戰은 危事也니 不重其法이면 則無以整肅其衆而使赴功也라 或曰 戮은 辱也니 孥戮은 猶秋官司厲에 孥男子以爲罪隷[162]之孥라 古人은 以辱爲戮하니 謂戮辱之하여 以爲孥耳라 古者에 罰弗及嗣하니 孥戮之刑은 非三代之所宜有也라하니 按 此說이 固爲有理라 然이나 以上句로 考之면 不應一戮而二義라 蓋罰弗及嗣者는 常刑也요 予則孥戮者는 非常刑也니 常刑則愛克厥威요 非常刑則威克厥愛라 盤庚遷都에 尙有翦殄滅之無遺育之語하니 則啓之誓師 豈爲過哉리오

戮은 殺의 뜻이다. 《禮記》에 "天子가 巡狩할 때에는 가장 최근에 太廟로 체천되어 온 神主(遷廟主)를 모시고 간다."라고 하였고, 《春秋左氏傳》에 "군대를 거느리고 출정할 때에는 사직에서 〈잡귀를 물리치는〉 祓祭를 지내고 戰鼓에 피를 바른 뒤에 〈大祝이 社稷의 神主를 모시고 수행한다.〉"라고 하였으니, 그렇다면 天子가 직접 출정할 때에 반드시 遷廟의 神主와 사직의 神主를 싣고 가는 것은 유공자에게 상을 주는 일과 범죄자를 죽이는 일을 감히 독단할 수 없음을 보인 것이다. 祖廟가 왼편에 있는 것은 陽을 상징한 것이다. 그러므로 祖廟에서 상을 주는 것이고, 사직이 오른편에 있는 것은 陰을 상징한 것이다. 그러므로 사직에서 죽이는 것이다.

孥는 子(妻子)의 뜻이다. 孥戮의 戮은 앞에 있는 '戮于社'의 '戮'자와 뜻이 같으니, "만일 명령을 따르지 않으면 단지 죽음이 네 몸에만 미칠 뿐 아니라 장차 너의 처자까지도 아울러 죽일 것이다."라고 말한 것이다. 싸움이란 위험한 일이니, 그 법을 엄중히 하지 않으면 그 군중을 숙연히 정돈하여 전쟁터로 나아가게 할 수 없다. 혹자는 "戮은 辱의 뜻이니, 孥戮은 《周禮》〈秋官 司厲〉에 '도적을 처벌하여 노

---

160 天子巡狩 以遷廟主行 : 이 내용은 《禮記》〈曾子問〉에 보인다. '遷廟主'는 太廟의 昭廟와 穆廟에서 최후에 祧廟로 옮겨진 神主를 가리킨다.

161 軍行 祓社釁鼓 : 《春秋左氏傳》 定公 4년 조에 "임금이 군대를 거느리고 出征하는 경우이면 社稷에 祓祭(邪鬼를 물리치는 祭祀)를 지내고 〈犧牲을 잡아〉 북에 피를 바르고서 大祝이 社稷의 神主를 모시고 수행하니, 이때에만 大祝이 국경을 나갈 수 있다.〔君以軍行 祓社釁鼓 祝奉以從 於是乎出境〕"라고 보인다.

162 孥男子以爲罪隷 : 孥는 奴와 통용된다. 《周禮》〈秋官 司厲〉에 "도적을 처벌하여 노비를 삼을 적에 남자는 罪隷에 들고, 여자는 舂人이나 槀人의 관속에 들인다.〔其奴 男子入于罪隷 女子入于舂槀〕"라고 하였는데, '奴'는 鄭玄의 注에는 "도적의 집을 노예로 삼는 것〔盜賊之家爲奴者〕"이라고 하였다. 저본에는 '孥'로 되어 있고 《주례》〈秋官〉에는 '奴'로 되어 있는데, '孥'는 '奴'와 통용된다.

비로 삼을 적에 남자는 罪隸로 삼는다.'는 帑와 같은 것이다. 옛날 사람은 辱을 戮으로 여겼으니, 욕을 주어서 노예로 삼은 것을 일렀을 뿐이다. 옛날에는 형벌이 嗣子에게 미치지 않았으니, 처자까지 죽이는 형벌은 三代에 의당 있을 것이 아니다."라고 한다.

　살펴보건대, 이 말이 정말 근리한 말이다. 그러나 위에 있는 글귀로 살펴보면 하나의 戮字에 두 뜻이 있을 수 없다. 대개 형벌이 사자에게 미치지 않는 것은 정상적인 형벌이고, "내 너의 처자까지 죽일 것이다."란 것은 평상시의 형벌이 아니다. 평상시의 형벌은 사랑이 위엄을 이기고, 비상시의 형벌은 위엄이 사랑을 이긴다. 盤庚이 도읍을 옮길 때에도 외려 "〈죄가 작은 경우는〉 코를 베는 형벌을 가하고 〈죄가 큰 경우는〉 멸족하는 형벌을 가하여 자손도 남겨두지 않을 것이다."란 말을 하였으니, 啓가 군사들에게 서약한 말이 어찌 지나친 것이겠는가.

字義　戮 : 죽일 륙　社 : 사직 사　帑 : 처자식 노　祓 : 제액할 불, 푸닥거리할 불
　　　釁 : 틈에 피 바를 흔　倂 : 아우를 병　隸 : 노예 예　劓 : 코벨 의

五子之歌

五子는 太康之弟也라 歌는 與帝舜作歌之歌로 同義라 今文無하고 古文有하니라
　五子는 太康의 아우들이다. 歌는 "帝舜이 노래를 지었다."라는 歌와 뜻이 같다. 〈五子之歌〉는 《今文尙書》에는 들어 있지 않고 《古文尙書》에는 들어 있다.

1. 太康尸位하여 以逸豫로 滅厥德한대 黎民이 咸貳커늘 乃盤遊無度하여 畋于有洛之表하여 十旬을 弗反하니라

　太康은 하는 일 없이 왕위를 차지하고서 편안히 놀고 즐김으로써 德을 망치자, 백성들이 모두 배반할 마음을 품었는데, 그는 절도 없이 돌아다니며 놀아대어 洛水의 밖으로 사냥 나가서 100일이 되어도 돌아오지 않았다.

　太康은 啓之子라 尸는 如祭祀之尸니 謂居其位而不爲其事라 如古人所謂尸祿尸官者也라 豫는 樂也라 夏諺曰 吾王不遊면 吾何以休며 吾王不豫면 吾何以助리오 一遊一豫는 爲諸侯度[163]라하니라 夏之先王이 非不遊豫나 蓋有其節하니 皆所以爲民이요 非若太康의 以逸豫而滅其德也라 民咸貳心이언만 而太康은 猶不知悔하고 乃安於

遊畋之無度_{하여} 言其遠則至于洛水之南_{하고} 言其久則十旬而弗反_{하니} 是則太康_이 自棄其國矣_라

太康은 啓의 아들이다. 尸는 제사 때 〈神位에 앉히는〉 尸童과 같은 것이니 '왕위만 차지하고 아무 일도 하지 않는 것'을 말한다. 옛날사람이 말한 尸祿(하는 일 없이 녹만 먹음)·尸官(하는 일 없이 벼슬만 차지함)과 같은 뜻이다. 豫는 樂(즐김)의 뜻이다. 夏나라 속담에 "우리 임금님이 유람하지 않으시면 우리들이 어떻게 쉴 수 있겠으며, 우리 임금님이 즐기지 않으시면 우리들이 어떻게 도움을 받을 수 있겠는가. 한 번 유람하고 한 번 즐기는 것이 諸侯들의 법도가 된다."라고 하였다. 夏나라의 先王들이 유람하고 즐기지 않은 것은 아니었으나 대개 절도가 있었으니, 모두 백성을 위한 것이었고, 太康처럼 안락만을 즐김으로써 德을 망친 것이 아니었다. 백성들이 모두 배반할 마음을 품었는데도 太康은 외려 뉘우칠 줄을 알지 못하고 이에 절도 없이 놀아대고 사냥하는 일만을 편안히 여기어 그 먼 곳에 나간 것으로 말하면 洛水의 남쪽에까지 이르고, 그 기간이 오랜 것으로 말하면 100일이 되어도 돌아오지 않았으니, 이것은 太康이 스스로 자기 나라를 포기한 셈이다.

字義 尸 : 시동 시, 차지할 시   逸 : 편안할 일   豫 : 즐거울 예   黎 : 검을 려   貳 : 배반할 이
盤 : 즐길 반   度 : 법도 도   畋 : 사냥할 전   表 : 바깥 표   諺 : 속담 언

2. 有窮后羿 因民弗忍_{하여} 距于河_{하니라}

有窮國 임금인 羿가 '백성들이 왕명을 견디지 못하는 것'을 이유로 내세워서 太康을 〈돌아오지 못하게〉 黃河에서 막았다.

窮은 國名_{이요} 羿는 窮國君之名也_라 或曰 羿는 善射者之名_{이라하고} (賈逵)[164]說文_에 羿는 帝嚳(곡)射官_{이라하니라} 故_로 其後善射者를 皆謂之羿_{러니} 有窮之君도 亦善射_라 故_로 以羿目之也_라 羿因民不堪命_{하여} 距太康于河北_{하여} 使不得返_{하고} 遂廢之_{하니라}

窮은 나라 이름이요, 羿는 窮國 임금의 이름이다. 혹자는 "羿는 활 잘 쏘는 사람의 이름이었다."라고 하고 《說文解字》에는 "羿는 帝嚳의 射官이었다."라고 하였다. 그러므로 그 뒤에 활 잘 쏘는 사람을 모두 '羿'라 일렀는데, 有窮國 임금도 역시 활을 잘 쐈기 때문에 '羿'로 지목한 것이다. 羿는 백성들이 왕명을 견디지 못하는 것을

---

163 夏諺曰……爲諸侯度 : 이 내용은 《孟子》〈梁惠王 下〉에 보인다.

이유로 내세워서 太康을 黃河의 북쪽에서 막아 돌아오지 못하게 하고, 결국은 그를
폐위시켰다.

字義 羿 : 이름 예　距 : 막을 거　返 : 돌아올 반　遂 : 결국 수, 드디어 수　廢 : 폐위할 폐

3. 厥弟五人이 御其母以從하여 徯于洛之汭하더니 五子咸怨하고⟨하여⟩ 述¹⁶⁵大禹之
戒하여 以作歌하니라

그의 아우 다섯 사람이 어머니를 모시고 따라가서 洛水의 가에서 기다리더니,
⟨급기야⟩ 다섯 사람이 모두 ⟨太康을⟩ 원
망하고 大禹의 훈계를 기술하여 노래를
지었다.

御는 侍也라 怨은 如孟子所謂小弁⁽반⁾之
怨親親¹⁶⁶也라 小弁之詩는 父子之怨이요
五子之歌는 兄弟之怨이니 親之過大而
不怨이면 是愈疎也라 五子는 知宗廟社
稷危亡之不可救와 母子兄弟離散之不
可保하여 憂愁鬱悒하고 慷慨感厲하여 情
不自已라 發爲詩歌하여 推其亡國敗家
之由 皆原於荒棄皇祖之訓하니 雖其五
章之間에 非盡述皇祖之戒나 然其先後
終始 互相發明이라 史臣이 以其作歌之
意로 序於五章之首하니라 後世序詩者가
每篇에 皆有小序¹⁶⁷하여 以言其作詩之
義하니 其原이 蓋出諸此니라

五子作歌圖

---

164 (賈逵) : 《尙書正義》孔疏에 "《說文解字》에 '羿는 帝嚳 때의 射官이었다.〔羿帝嚳射官〕'라고 하고,
　　賈逵는 '羿의 선조는 대대로 선왕의 射官이 되었다.〔羿之先祖 世爲先王射官〕'라고 했다."는 말이 있
　　는 것으로 보아 蔡沈이 《尙書正義》를 저본으로 해서 《書集傳》을 편찬할 당시 '賈逵' 2字가 잘못
　　끼어든 것 같다. 따라서 衍文으로 처리하였다.

165 述 : 孔傳은 循(짓다, 기술하다)의 뜻으로 보았다.

166 孟子所謂小弁之怨親親 : 이 내용은 《孟子》〈告子 下〉에 보인다.

167 小序 : 詩의 각 편에서 시를 짓게 된 동기를 간략하게 설명한 것이다.

御는 모심의 뜻이다. 怨은 孟子의 이른바 "〈小弁〉의 원망은 어버이를 친애해서 나온 것이다."라는 것과 같다. 〈小弁〉의 詩는 부자 사이의 원망을 그려낸 것이고, 〈五子之歌〉는 형제 사이의 원망을 그려낸 것이니, 어버이 과실이 큰데도 원망하지 않는다면 이는 더욱 소원해지는 것이다. 다섯 사람은 宗廟社稷의 危亡을 구제할 수 없는 것과 母子·兄弟의 離散을 보호할 수 없는 것을 알고서 근심하고 답답하고 강개하고 감분하여 복받친 정감을 스스로 억누를 수 없었다. 그러므로 노출시켜 詩歌를 지어서 나라를 망치고 집안을 파괴한 원인이 모두 皇祖의 교훈을 폐기한 데서 발생했음을 규명하였는데, 비록 그 다섯 章 속에 皇祖의 경계를 다 기술한 것은 아니지만, 그 先後와 終始가 서로 발명이 된다. 史臣이 노래를 지은 뜻을 다섯 장의 머리에 서술하였으니, 후세에 詩에 대해 서술하는 이가 편마다 모두 小序를 두어서 詩를 짓게 된 동기를 말하니, 그 始原이 여기에서 나온 것이다.

字義 御 : 모실 어　徯 : 기다릴 혜　汭 : 물가 예　述 : 기술할 술　侍 : 모실 시　鬱 : 답답할 울
悒 : 답답할 읍　慷 : 슬플 강　慨 : 슬플 개　感 : 감분할 감　屬 : 복받칠 려　互 : 서로 호
原 : 근원 원

4. 其一曰 皇祖有訓하시니 民可近이언정 不可下니라 民惟邦本이니 本固라사 邦寧이라하시다(하나니라)

　그 첫 번째는 이러하였다. "皇祖께서 교훈을 남기셨으니, '백성들은 가까이할지언정 낮잡아보아서는 안 된다. 백성이야말로 나라의 근본이니, 근본이 견고해야 나라가 편안하다.' 하셨네.

　此는 禹之訓也라 皇은 大也라 君之與民은 以勢而言이면 則尊卑之分이 如霄壤之不侔로되 以情而言이면 則相須以安이 猶身體之相資以生也라 故로 勢疎則離하고 情親則合이라 以其親故로 謂之近이요 以其疎故로 謂之下니 言其可親而不可疎之也라 且民者는 國之本이니 本固而後에 國安이라 本既不固면 則雖强如秦하고 富如隋라도 終亦滅亡而已矣라 其一과 其二는 或長幼之序나 或作歌之序를 不可知也라

　이는 禹의 교훈이다. 皇은 大의 뜻이다. 임금과 백성은 형세를 가지고 말한다면 높고 낮음의 구분이 하늘과 땅처럼 비견할 수 없으나, 정을 가지고 말한다면 서로 의지해 편안한 것이 마치 신체가 서로 힘입어 사는 것과 같다. 그러므로 형세가 소원하면 이반하게 되고 정이 친숙하면 합하게 된다. 친숙하기 때문에 '가깝게 한다'고 이른 것이고, 소원하기 때문에 '낮잡아본다'고 이른 것이니, 친근해야 되지 소원

해서는 안 됨을 말한 것이다. 또한 백성은 나라의 근본이니, 근본이 견고한 뒤에야 나라가 편안한 것이니, 근본이 이미 견고하지 않으면 비록 강하기가 秦나라와 같고 부유하기가 隋나라와 같다 하더라도 종당에는 또한 멸망할 뿐이다. '其一'과 '其二' 는 혹 長幼의 순서를 표시한 것인지, 혹 노래를 지은 순서를 표시한 것인지 알 수가 없다.

字義 霄 : 하늘 소 壤 : 땅 양 侔 : 비견할 모 須 : 의지할 수 資 : 힘입을 자

5. 予視天下컨대(한대) 愚夫愚婦 一能勝予니라(라하노니) 一人이 三失이어니 怨豈在明이리오 不見(현)에 是圖니라 予臨兆民하되 凜乎若朽索(삭)之馭六馬하노니 爲人上者는 奈何不敬고

내가 천하를 둘러보건대, 아무리 어리석은 남자, 어리석은 여자라 하더라도 한 사람이 우리를 이길 수 있느니라. 임금 한 사람이 세 번(여러 번) 잘못을 하였으니, 백성의 원망이 어찌 밝은 데에 있겠는가. 원망이 드러나기 전에 미리 조처를 취해야 한다. 내 만백성을 대함에 마치 썩은 새끼줄로 여섯 필 말을 몰듯 오싹함을 느끼노니, 백성의 윗사람이 된 자가 어찌 공경하지 않을 수 있겠는가."

予는 五子自稱也라 君失人心이면 則爲獨夫니 獨夫則愚夫愚婦도 一能勝我矣나라 三失者는 言所失衆也라 民心怨背를 豈待其彰著而後知之리오 當於事幾未形之時에 而圖之也니라 朽는 腐也라 朽索은 易(이)絶이요 六馬는 易驚이라 朽索은 固非可以馭馬也라 以喩其危懼可畏之甚이니 爲人上者 奈何而不敬乎아 前旣引禹之訓言하고 此則以己之不足恃와 民之可畏者로 申結其義也라

予는 다섯 사람이 스스로 칭한 것이다. 임금이 인심을 잃으면 獨夫가 되는 것이니, 獨夫가 되면 어리석은 남자, 어리석은 여자라 하더라도 한 사람이 우리를 이길 수 있다. 三失은 잘못한 점이 많음을 말한 것이다. 민심이 원망하고 배반한 것을 어찌 꼭 환하게 드러나기를 기다린 뒤에 알겠는가. 마땅히 일의 기미가 드러나기 전에 조처를 취하여야 한다는 것이다.

朽는 썩음의 뜻이다. 썩은 새끼줄은 끊어지기 쉬운 것이고, 여섯 필 말은 놀라기 쉬운 것이다. 썩은 새끼줄은 진실로 말을 몰 수 있는 것이 아니다. 그 위태롭고 두려움이 매우 심함을 비유한 것이니, 백성의 윗사람이 된 자가 어찌 공경하지 않을 수 있겠는가. 앞에서는 이미 禹의 교훈을 인용하였고, 여기서는 자기는 믿을 것이

못 된다는 점과 백성은 두려운 존재라는 점을 가지고 거듭 그 뜻을 맺었다.

字義 見 : 나타날 현   凜 : 오싹할 름   朽 : 썩을 오   索 : 새끼줄 삭, 노끈 삭   馭 : 어거할 어
衆 : 많을 중   背 : 배반할 배   彰 : 환할 창   腐 : 썩을 부   易 : 쉬울 이   喩 : 비유할 유
恃 : 믿을 시

6. 其二曰 訓에 有之하시니 內作色荒이어나 外作禽荒이어나 甘酒嗜音이어나 峻宇彫
牆이어나 有一於此하면 未或不亡이니라

그 두 번째는 이러하였다. "교훈에 이런 말씀이 있으니 '안으로 여색에 미혹되거
나, 밖으로 사냥을 탐하거나, 술을 좋아하고 음악을 즐기거나, 집을 높이 짓고 담을
아로새기거나, 이 중에 어느 한 가지만 있으면 멸망하지 않을 자가 없다.' 하셨네."

此亦禹之訓也라 色荒은 惑嬖寵也요 禽荒은 耽遊畋也라 荒者는 迷亂之謂라 甘과
嗜는 皆無厭也라 峻은 高大也요 宇는 棟宇也요 彫는 繪飾也라 言六者에 有其一이면
皆足以致滅亡也라 禹之訓이 昭明如此어늘 而太康은 獨不念之乎아 此章은 首尾
意義已明이라 故로 不復申結之也라

이 또한 禹의 교훈이다. 色荒은 총애하는 여색에 미혹되는 것이고, 禽荒은 사냥
을 탐하는 것이다. 荒은 미혹되어 어지러운 것을 이른다. 甘과 嗜는 모두 싫어함이
없는 것이다. 峻은 高大의 뜻이요, 宇는 곧 棟宇요, 彫는 그리고 꾸미는 것이다. 여
섯 가지 중에 한 가지만 있으면 모두 멸망에 이르기에 충분함을 말한 것이다. 禹의
교훈이 이처럼 명명백백한데 太康은 유독 생각지 않는가라는 것이다. 이 章은 처음
과 끝의 뜻이 이미 분명하기 때문에 다시 거듭 맺지 않았다.

字義 色 : 여색 색   荒 : 빠질 황, 미칠 황   禽 : 사냥할 금   音 : 음악 음   峻 : 높을 준   宇 : 집 우
彫 : 아로새길 조   牆 : 담 장   惑 : 미혹할 혹   嬖 : 사랑할 폐   耽 : 탐할 탐   厭 : 싫어할 염
棟 : 마룻대 동   繪 : 그림 회   飾 : 꾸밀 식

7. 其三曰 惟彼陶唐으로 有此冀方하시니 今失厥道하여 亂其紀綱[168]하여 乃底(지)滅
亡이로다

그 세 번째는 이러하였다. "저 陶唐으로부터 이 冀州 지방을 소유해 오셨는데, 지

---

168 今失厥道 亂其紀綱 : 宋代 陳大猷는 "'道'란 천하를 통치하는 기본이고, '紀綱'이란 천하를 유지
하는 제도이다.(道者 君天下之本 紀綱者 維持天下之制)"라고 정의하였다.(《書傳大全》 小註)

금은 그 道를 잃어 그 紀綱을 어지럽혀서 곧 멸망에 이르렀네."

堯初爲唐侯라가 後爲天子하여 都陶라 故로 曰陶唐이라하니라 堯授舜하고 舜授禹하여
皆都冀州하니 言冀方者는 擧中以包外也라 大者爲綱이요 小者爲紀라 厎는 致也라
堯舜禹相授一道하여 以有天下언만 今太康은 失其道而紊亂其紀綱하여 以致滅亡
也라

堯임금이 처음에 唐侯가 되었다가 뒤에 天子가 되어 陶 땅에 도읍을 세웠기 때문
에 '陶唐'이라 칭한 것이다. 堯임금은 舜에게 전수하고 舜임금은 禹임금에게 전수
하여 모두 冀州에 도읍을 세웠는데, '冀方'이라 말한 것은 중앙을 들어 밖을 포괄한
것이다. 큰 것을 '綱'이라 하고, 작은 것을 '紀'라 한다. 厎는 致의 뜻이다. 堯임금·
舜임금·禹임금이 서로 하나의 道를 전수함으로써 天下를 소유했건만, 지금 太康이
그 道를 잃어 紀綱을 문란하게 해서 멸망에 이르게 된 것이다.

○又按 左氏所引惟彼陶唐之下에 有帥彼天常一語하고 厥道는 作其行하고 乃厎
滅亡은 作乃滅而亡하니라

○또 살펴보건대, 《春秋左氏傳》 哀公 6년 조에서 左氏가 인용한 夏書의 내용은
'惟彼陶唐'의 아래에 '帥彼天常(저 하늘의 常道를 준수하여)'이라는 한 마디 말이 있
고, '厥道'는 '其行(그 행실)'으로 되어 있고, '乃厎滅亡'은 '乃滅而亡(이에 멸하여 망하
다.)'으로 되어 있다.

字義 厎 : 이를 지　陶 : 땅이름 도, 질그릇 도　包 : 포괄할 포, 쌀 포　致 : 이를 치

8. 其四曰 明明我祖는 萬邦之君이시니 有典有則(칙)하사 貽厥子孫이라 關石和鈞이
王府에 則有[169]하니 荒墜厥緒하여 覆(복)宗絶祀로다

---

169 關石和鈞 王府則有 : 孔傳은 "金鐵을 '石'이라 하는데, 백성들에게 器用을 공급하되 잘 유통시켜
화평을 이루게 하면 官과 民이 풍족하게 된다.〔金鐵曰石 供民器用 通之使和平 則官民足〕"라고 풀이
하였고, 삼국시대 吳나라 韋昭의 《國語》〈周語 下〉에 인용된 "夏書有之曰 關石龢均 王府則有"
에 대하여 "夏書는 逸書이다. '關'은 門關의 세금이고, '石'은 지금의 斛이니, 征賦가 調鈞하면
王의 창고는 항상 차 있음을 말한 것이다. 한편 '關'은 衡이라고도 한다.〔夏書逸書也 關門關之征也
石今之斛也 言征賦調鈞 則王之府藏常有也 一曰關衡也〕로 풀이하고, 蘇軾은 '王府則有'에 대하여 "모
든 법도의 기구가 왕의 창고에 갖추어져 있는데, 우리가 능히 지키지 못하여 망가졌다.〔凡法度之
器 具在王府 而吾不能守以亡〕"라고 풀이하였는데, 蔡傳은 '王府則有'의 則을 亦의 뜻으로 바꾸어서
蘇軾의 풀이를 따랐다. '則'을 《書傳諺解》는 卽의 뜻으로 풀이하였다.

그 네 번째는 이러하였다. "밝고 밝은 우리 조상님께서는 萬邦의 임금님이셨으니, 典章을 마련하고 法度를 마련하여 자손들에게 물려주셨네. 어디서나 통용되는 石과 누구에게나 공평한 鈞이 王府에 또한 소장되어 있건만, 그 緒業을 실추하여 宗族을 복멸시키고 제사를 단절시켰네."

明明은 明而又明也라 我祖는 禹也라 典은 猶周之六典이요 則은 猶周之八則(칙)[170]이니 所以治天下之典章法度也라 貽는 遺라 關은 通이요 和는 平也라 百二十斤이 爲石이요 三十斤이 爲鈞이니 鈞與石은 五權[171]之最重者也라 關通은 以見(현)彼此通同하여 無折閱[172]之意요 和平은 以見人情兩平하여 無乖爭之意라 言禹는 以明明之德으로 君臨天下하시니 典則法度 所以貽後世者如此요 至於鈞石之設 所以一天下之輕重而立民信者도 王府亦有之하니 其爲子孫後世慮가 可謂詳且遠矣어늘 奈何太康은 荒墜其緒하여 覆其宗而絶其祀乎아

明明은 밝고 또 밝은 것이다. 我祖는 바로 禹임금을 가리킨다. 典은 周나라의 六典과 같은 것이고, 則은 周나라의 八則과 같은 것으로 곧 천하를 다스리는 典章과 法度이다. 貽는 물려주는 것이다. 關은 通의 뜻이요, 和는 平의 뜻이다. 120斤을 '石'이라 하고, 30斤을 '鈞'이라 하니, 鈞과 石은 五權 중에 가장 중요한 것이다. 關通은 彼此가 똑같아서 어느 쪽도 손해를 보는 일이 없다는 뜻을 나타낸 것이고, 和平은 사람의 정서가 양쪽이 다 화합해서 어그러지거나 다투는 일이 없다는 뜻을 나타낸 것이다.

禹임금은 밝고 밝은 德으로 천하에 군림하셨으니, 후세에 물려주기 위해 만든 典則과 法度가 이와 같았고, 천하 모든 물건의 輕重을 통일시켜 백성들에게 믿음을 주기 위해 설시한 鈞石의 표준안까지도 王의 창고에 또한 보관해두었으니, 그 자손과 후세를 위한 사려가 상세하고 또 원대했다고 이를 만한데, 어찌하여 太康은 그 緖業을 묵히고 실추하여 그 종족을 복멸시키고 그 제사를 단절시켰을까.

---

170 周之六典……周之八則(칙) : 六典은 治典(吏典)·教典(戶典)·禮典·政典(兵典)·刑典·事典(工典)이고, 八則은 祭祀·法則·廢置·祿位·賦貢·禮俗·刑賞·田役(田獵과 役使)으로 《周禮》〈天官 大宰〉에 보인다.

171 五權 : 저울의 다섯 가지 단위, 곧 銖·兩·斤·鈞·石을 가리킨다.

172 折閱 : 折은 밑지는 것이고 閱은 물건을 파는 것이니, 손해를 보고 파는 것을 이른다. 《荀子》〈修身〉에 보인다.

○又按法度之制는 始於權하니 權與物鈞而生衡하고 衡運生規하고 規圓生矩하고 矩方生繩하고 繩直生準[173]하며 是權衡者는 又法度之所自出也라 故로 以鈞石言之[174]니라

○또 살펴보건대, 法度의 제작은 저울에서 시작되었으니, 저울이 물건과 균형을 이루어 저울대가 생기고, 저울대가 〈한 번〉 회전하면 規가 생기고, 規가 둥글어 矩가 생기고, 矩가 네모져 繩이 생기고, 繩이 곧아 準이 생긴다. 〈그러니〉 이 權과 衡은 또 法度가 나오게 된 근본(출처)이다. 그러므로 鈞과 石을 가지고 말한 것이다.

字義 貽 : 줄 이, 끼칠 이   關 : 통할 관   石 : 백스무근 석   和 : 공평할 화   鈞 : 서른근 균
墜 : 떨어질 추   緖 : 서업 서   覆 : 멸망할 복   宗 : 종족 종   遺 : 물려줄 유   權 : 저울 권
乖 : 어그러질 괴   鈞 : 균형 균   規 : 그림쇠 규, 곡척 구   繩 : 먹줄 승, 곧을 승   準 : 평평할 준

9. 其五曰 嗚呼曷歸오 予懷之悲여 萬姓이 仇予하나니 予將疇依오 鬱陶乎라 予心이여 顔厚有忸怩호라 弗愼厥德[175]이어니 雖悔인들 可追아

그 다섯 번째는 이러하였다. "아, 어디로 돌아가야 하는가. 내 마음의 슬픔이여. 만백성이 나를 원수로 여기니 나는 장차 누구를 의지해야 하나. 근심스럽고 답답하여 울적한 생각에 잠기노라. 이 내 마음이여. 낯이 뜨거워 부끄러운 마음이 생기노라. 그 德을 삼가지 못했으니, 후회해도 미칠 수 있겠는가."

曷은 何也라 嗚呼曷歸는 歎息無地之可歸也요 予將疇依는 彷徨無人之可依也라 爲君至此니 亦可哀矣니라 仇予之予는 指太康也라 指太康而謂之予者는 不忍斥言이니 忠厚之至也라 鬱陶는 哀思也라 顔厚는 愧之見(현)於色也요 忸怩는 愧之發於心也라 可追는 言不可追也라

曷은 何의 뜻이다. 嗚呼曷歸는 돌아갈 수 있는 곳이 없음을 탄식한 것이고, 予將疇依는 의지할 수 있는 사람이 없어 방황하는 것이다. 임금이 이 지경에 이르렀으니 또한 가련하다. 仇予의 予는 太康을 가리킨다. 太康을 가리키면서 '나'라고 말한 것은 차마 지적해서 말할 수 없기 때문이니, 忠厚한 마음이 지극한 것이다. 鬱陶는

---

173 權與物鈞而生衡……繩直生準 : 《漢書》 〈律曆志〉에 보인다.

174 以鈞石言之 : 이는 윗글의 '五權'과 각각 한 가지 일이 된 것이다.

175 弗愼厥德 : 孔傳은 "임금이 행동함에 있어서 그 德을 삼가지 아니하여 멸망을 자초하게 되었으니〔言人君行己 不愼其德 以速滅敗〕"라고 풀이하였다.

슬픈 생각을 나타낸 것이다. 顔厚는 부끄러움이 얼굴빛에 나타나는 것이고, 忸怩는
부끄러움이 마음에서 발현하는 것이다. 可追는 미칠 수 없음을 말한 것이다.

字義 曷 : 어찌 갈   仇 : 원수 구   疇 : 누구 주   鬱 : 답답할 울   陶 : 슬픈 생각 도   忸 : 부끄러울 유
怩 : 부끄러울 니   追 : 돌이킬 추, 따라잡을 추   彷 : 방황할 방   徨 : 방황할 황   斥 : 지적할 척
見 : 나타날 현   愧 : 부끄러울 괴

胤征

胤은 國名이라 孟子曰 征者는 上伐下也[176]라하시니 此以征名이나 實卽誓也라 仲康이
丁有夏中衰之運하여 羿執國政하니 社稷安危 在其掌握이언만 而仲康이 能命胤侯하여
以掌六師한대 胤侯能承仲康하여 以討有罪하니 是雖未能行羿不道之誅하고 明義
和黨惡之罪나 然當國命中絶之際하여 而能擧師伐罪하니 猶爲禮樂征伐之自天
子出也라 夫子所以錄其書者는 以是歟아 今文無하고 古文有하니라

胤은 나라 이름이다. 孟子가 말씀하기를 "征은 윗사람이 아랫사람을 치는 것이
다."라고 하였으니, 이 篇을 '征'으로 이름을 붙였으나 실제는 '誓'의 성격을 띠었다.
仲康이 夏나라가 중간에 쇠퇴한 運을 만나서 羿가 國政을 장악하니, 社稷의 安危
가 그의 손에 달려 있었다. 그런데 仲康이 능히 胤나라 諸侯에게 명하여 六師를 관
장하게 하자, 胤나라 諸侯가 능히 仲康의 명을 받들어 죄 있는 자를 토벌하였다. 이
는 비록 無道한 행동을 한 羿의 죄를 誅伐하거나 악한 자를 편든 義和의 죄를 밝히
지는 못하였으나 나라의 운명이 중간에 끊기는 시점을 당해서 능히 군사를 출동하
여 죄 있는 자를 정벌하였으니, 외려 禮樂과 征伐이 天子로부터 나온 편이었다. 夫
子(공자)께서 이 글을 錄取하신 것은 이 때문일 것이다. 〈胤征〉은 《今文尙書》에는
들어 있지 않고 《古文尙書》에는 들어 있다.

○或曰 蘇氏以爲義和[177]는 貳於羿하고 忠於夏者라 故로 羿假仲康之命하여 命胤

---

176 孟子曰……上伐下也 : 이 내용은 《孟子》〈盡心 下〉에 보인다.

177 義和 : 성씨이자 관직명인데, 여기의 義和는 둘로 봐야 할 것인가 하나로 봐야 할 것인가가 문제
다. 唐虞時代에는 義氏는 天文을 맡은 관직이고, 和氏는 地理를 맡는 관직이었는데, 夏나라에
와서는 어땠을까. 蔡傳은 "義氏와 和氏는 夏나라에서 합하여 한 관직으로 만든 것이다.〔義氏和氏
夏合爲一官〕"라고 하여 義和를 하나로 보았는데, 孔疏는 "義氏와 和氏가 맡은 직책을 폐기했
다.〔義氏和氏 廢其所掌之職〕"라고 하여 夏나라 때에도 여전히 두 관직이 있었던 것으로 보았다.

侯征之라하니라 今按 篇首에 言 仲康이 肇位四海[178]하사 胤侯를 命掌六師라하고 又曰 胤侯承王命徂征이라하니 詳其文意컨대 蓋史臣이 善仲康能命將遣師와 胤侯能承命致討하고 未見貶仲康不能制命而罪胤侯之爲專征也라 若果爲簒羿之書인댄 則亂臣賊子所爲를 孔子亦取之爲後世法乎아

○어떤 이는 "蘇氏(蘇軾)가 '義和는 羿를 배반하고 夏나라에 충성을 한 사람이었다. 그러므로 羿가 仲康의 命을 빌어서 胤나라 諸侯에게 명하여 義和를 정벌한 것이다.' 했다."라고 말한다. 지금 살펴보건대, 편 머리에 "仲康이 비로소 즉위하여 사해를 다스릴 적에 胤나라 諸侯에게 명하여 六師를 관장하게 했다."라고 하였고, 또 이르기를 "胤나라 諸侯가 왕명을 받들어 가서 정벌했다."라고 하였으니, 이 글의 뜻을 살펴보면, 대개 史臣은 仲康이 능히 장수에게 명하여 군대를 파견한 것과 胤나라 諸侯가 능히 왕명을 받들어 토벌한 것을 훌륭하게 여겼지, 仲康이 능히 명령하지 못한 것을 폄하하거나 胤나라 諸侯가 멋대로 정벌한 것을 죄준 흔적을 보지 못하였다. 만약 과연 찬탈한 羿를 위한 글이라면 亂臣賊子가 한 말을 孔子께서 또한 취하여 後世의 法으로 삼았겠는가.

字義 胤 : 나라이름 윤　丁 : 만날 정　握 : 쥘 악　貳 : 배반할 이　肇 : 비로소 조　徂 : 갈 조
貶 : 폄하할 폄　簒 : 빼앗을 찬

1. 惟仲康이 肇位四海하사 胤侯를 命掌六師①러시니 義和廢厥職하고 酒荒于厥邑한대 胤后承王命하여 徂征하니라

> ① 書經 胤侯 命掌六師 : 胤나라 諸侯에게 명하여 六師를 관장하게 했는데
> 一般 命胤侯 掌六師 : 胤나라 諸侯에게 명하여 六師를 관장하게 했는데

仲康이 비로소 즉위하여 사해를 다스릴 적에 胤나라 諸侯에게 명하여 六師를 관장하게 했는데, 義和가 그의 직책을 저버리고 그의 고을에서 술에 빠져 지내자, 胤나라 제후가 왕명을 받들고 가서 그를 정벌하였다.

仲康은 太康之弟라 胤侯는 胤國之侯라 命掌六師는 命爲大司馬也라 仲康始卽位에

---

178 肇位四海 : 孔疏에서는 "처음 王位에 올라 四海에 임했을 적에(始卽王位 臨四海)"라고 풀이하였고, 元代 董鼎은 "처음 즉위하여 천하를 다스릴 적에(肇位正天下)"라고 풀이하였다.《書傳大全》小註)

卽命胤侯하여 以掌六師하고 次年에 方有征義和之命[179]하니 必本始而言者는 蓋史臣善仲康肇位之時에 已能收其兵權이라 故로 義和之征이 猶能自天子出也라 林氏曰 羿廢太康而立仲康이나 然其篡也는 乃在相之世라 仲康은 不爲羿所篡이요 至其子相然後에 見篡하니 是則仲康이 猶有以制之也라 羿之立仲康也에 方將執其禮樂征伐之權하여 以號令天下러니 而仲康卽位之始에 卽能命胤侯掌六師하여 以收其兵權하니 如漢文帝入自代邸하여 卽皇帝位하고 夜拜宋昌爲衛將軍하여 鎭撫南北軍[180]之類니라 義和之罪 雖曰沈亂于酒나 然黨惡於羿하여 同惡相濟라 故로 胤侯承王命往征之하여 以翦羿羽翼이라 故로 終仲康之世토록 羿不得以逞이니라 使仲康이 盡失其權이면 則羿之篡夏 豈待相而後敢耶아 義氏和氏는 夏合爲一官이라 曰胤后[181]者는 諸侯入爲王朝公卿이니 如禹稷伯夷謂之后也라

仲康은 太康의 아우이고, 胤侯는 胤나라의 諸侯이다. "명하여 六師를 관장하게 했다."는 것은 명하여 大司馬를 삼은 것이다. 仲康이 비로소 즉위하자 즉시 胤나라 諸侯에게 명하여 六師를 관장하게 하고, 다음 해에 비로소 義和를 정벌하라는 명을 내렸는데, 굳이 시초(즉위년)로 돌아가서 말한 것은 아마 史臣은 仲康이 비로소 즉위했을 때 이미 兵權을 거두었기 때문에 義和의 정벌은 외려 天子로부터 나온 것을 훌륭하게 여긴 것인가 보다.

林氏는 말하기를 "羿가 太康을 폐위하고 仲康을 세웠으나 찬탈한 것은 바로 相의 세대에 있었다. 仲康은 羿에게 찬탈을 당하지 않고 아들 相에 와서야 찬탈을 당했으니, 이것으로 보면 仲康은 외려 그를 제재하였던 것이다. 羿가 仲康을 세울 때에 장차 禮樂과 征伐의 권력을 잡아 천하를 호령하려고 했는데, 仲康이 즉위하자마

---

179 次年 方有征義和之命 : 元代 余芑舒는 "經世書에서 義和를 정벌한 것을 仲康 元年의 일로 삼았지만, 옛적에는 해를 넘겨서 改元하였으니, 이는 卽位한 다음해였다."라고 하였다.(《書傳集註》 小註)

180 漢文帝入自代邸……鎭撫南北軍 : 代邸는 제위에 오르기 전에 거하던 곳을 뜻하는 말로, 漢 文帝가 제위에 오르기 전에 代王에 봉해졌기 때문에 그의 거처를 代邸라고 칭한 데서 유래한 말이다. 《史記》〈孝文本紀〉에 "天子의 法駕를 받들고 代邸에서〈漢 高祖의 아들 劉恒을 皇帝로 추대해서〉맞아오니, 皇帝는 그날 저녁에 未央宮으로 들어가서 밤에 宋昌을 제수하여 衛將軍으로 삼아 南北軍을 鎭撫하였다.〔奉天子法駕 迎于代邸 皇帝卽日夕 入未央宮 乃夜拜宋昌爲衛將軍 鎭撫南北軍〕"라는 말이 보이는데, 陳師凱는 "漢나라 때에는 궁궐을 호위하는 군대는〈도성의〉남쪽에 있었기 때문에 '南軍'이라 하고, 京城을 경비하는 군대는〈도성의〉북쪽에 있었기 때문에 '北軍'이라 했다.〔漢衛宮之軍在南爲南軍 京城之軍在北爲北軍〕"라고 하였다.(《書蔡氏傳旁通》)

181 胤后 : 后는 列國의 諸侯를 가리킨다.

자 즉시 胤나라 諸侯에게 명하여 六師를 관장하도록 해서 兵權을 거뒀으니, 漢 文帝가 代邸로부터 들어와 皇帝의 자리에 오르고 그날 밤에 宋昌을 衛將軍에 제수하여 南北軍을 鎭撫한 것과 같은 따위이다. 義和의 죄는 비록 술에 빠져 정신이 혼란해진 것이라 하지만, 사실은 羿의 무리가 되어 같은 악인끼리 서로 도와가며 나쁜 일을 한 것이다. 그러므로 胤나라 諸侯가 왕명을 받들고 가서 정벌하여 羿의 羽翼을 자른 것이다. 그러므로 仲康의 세대가 끝날 때까지는 羿가 마음대로 할 수 없었다. 가령 仲康이 권력을 모두 잃었다면 羿의 夏나라 찬탈이 어찌 相의 세대를 기다린 뒤에 감행되었겠는가."라고 하였다.

義氏와 和氏는 夏나라에서 합하여 한 관직으로 만든 것이다. '胤后'라고 한 것은 諸侯로서 들어와 王朝의 公卿이 된 것이니, 禹와 稷과 伯夷를 '后'라고 이른 경우와 같다.

字義 邸 : 집 저 方 : 바야흐로 방 相 : 이름 상 翦 : 깎을 전 羽 : 도울 우 翼 : 도울 익
逞 : 풀 령

2. 告于衆曰 嗟予有衆아 聖有謨訓하시니 明徵定保니라 先王이 克謹天戒어시든 臣人이 克有常憲하여 百官이 修輔할새 厥后惟明明[182]이시니라

軍士들에게 고하였다. "아, 나의 군사들아. 성인께서 남긴 교훈이 있으니, 밝은 징험이 있어 나라를 안정시킬 수 있었다. 先王께서 능히 〈위에서〉 하늘의 경계를 삼가시거든 신하들이 능히 〈아래에서〉 일정한 법도를 지니고 있어서, 모든 관청의 관리들이 〈각각 직책을〉 수행하여 〈그 임금을〉 보필하였기 때문에 그 임금이 밝고 밝은 임금이 될 수 있었던 것이다.

徵은 驗이요 保는 安也라 聖人訓謨가 明有徵驗하여 可以定安邦國也니 下文이 卽謨訓之語라 天戒는 日蝕之類요 謹者는 恐懼修省하여 以消變異也라 常憲者는 奉法修職하여 以供乃事也라 君能謹天戒於上이어든 臣能有常憲於下하여 百官之衆이 各修其職하여 以輔其君이라 故로 君이 內無失德하고 外無失政하니 此其所以爲明明后也라 又按 日(食)〔蝕〕[183]者는 君弱臣强之象이니 后羿專政之戒也라 義和는 掌

---

182 百官修輔 厥后惟明明 : 孔傳은 "백관이 직책을 닦아 그 임금을 보필하니 임금과 신하가 다 밝아졌다.〔修職輔君 君臣俱明〕"라고 풀이하였다.

183 (食)〔蝕〕: 저본에는 '食'으로 되어 있으나, 宋淳祐十年 呂遇龍上饒郡學刻本에 의거하여 '蝕'으로

日月之官으로 黨羿而不言하니 是可赦乎아

徵은 驗의 뜻이요, 保는 安의 뜻이다. 성인의 교훈이 밝은 징험이 있어서 나라를 안정시킬 수 있었으니, 아랫글이 바로 교훈의 말씀이다. '하늘의 경계'는 日蝕 따위이다. 謹은 두려움에 떨며 몸을 닦고 반성하여 변괴를 사라지게 하는 것이다. '일정한 법'이란 법을 받들고 직책을 닦아 각각 맡은 일에 이바지하는 것이다. 임금이 위에서 하늘의 경계를 삼가면 신하들이 아래에서 일정한 법을 지니고 있어서, 모든 관청의 관리들이 각각 직책을 닦아 그 임금을 보필하였다. 이 때문에 그 임금이 안으로는 失德하지 않고 밖으로는 失政하지 않았으니, 이것이 바로 밝고 밝은 임금이 될 수 있는 조건이었다. 또 살펴보건대, 日蝕이란 임금이 약하고 신하가 강한 형상이니, 后羿가 정사를 전단함에 대한 경계이다. 羲和는 日月에 관한 일을 관장한 관원인데, 羿의 무리가 되어서 〈일식을〉 말하지 않았으니, 이를 용서할 수 있겠는가.

字義 徵 : 징험할 징　驗 : 징험할 험　蝕 : 좀먹을 식　專 : 전단할 전

3. 每歲孟春에 遒人이 以木鐸으로 徇于路하되(호대) 官師相規하며 工執藝事하여 以諫하라 其或不恭하면 邦有常刑하니라

매년 이른 봄이면 遒人은 木鐸을 흔들고 길거리를 돌면서 '관리들은 서로 바로잡아 가르쳐 주고, 모든 일에 종사하는 사람들도 하는 일을 가지고 의견을 말하도록 하라. 혹시 누구라도 공손히 하지 않으면 나라에 일정한 형벌이 있노라.'고 하였다.

遒人은 宣令之官이라 木鐸은 金口木舌이니 施政敎時에 振以警衆也라 周禮小宰之職에 正歲에 帥(솔)治官之屬하여 徇以木鐸曰 不用法者는 國有常刑이라하니 亦此意也라 官은 以職言이요 師는 以道言이라 規는 正也니 相規云者는 胥敎誨也라 工은 百工也라 百工技藝之事에 至理存焉하니 理無往而不在라 故로 言無微而可略也라 孟子曰 責難於君을 謂之恭[184]이라하시니 官師百工이 不能規諫이면 是謂不恭이니 不恭之罪도 猶有常刑이어든 而況於畔官離次하여 俶擾天紀者乎아

遒人은 政令을 선포하는 관원이다. 木鐸은 아가리는 쇠로 되고 혀는 나무로 되었는데, 政敎를 시행할 때에 흔들어서 사람들을 깨우치는 것이다. 《周禮》〈天官 小

바로잡았다.

184 孟子曰……謂之恭 : 이 내용은 《孟子》〈離婁 上〉에 보인다.

宰)에 "小宰의 직분은 새해에 관리를 다스리는 관속을 인솔하고서 木鐸을 흔들고 길거리를 돌면서 '법을 따르지 않는 자는 나라에 일정한 형벌이 있다.'고 알리는 것이다."라고 하였으니, 또한 이러한 뜻이다. 官은 직책을 가지고 말하고, 師는 道를 가지고 말한 것이다. 規는 正의 뜻이니, "서로 바로잡는다."는 것은 서로 가르쳐주는 것이다. 工은 바로 百工이다. 百工의 技藝의 일에 지극한 이치가 담겨있으니, 이치란 어디에나 있는 것이다. 그러므로 미미한 것이라고 하여 생략할 수 없음을 말한 것이다.

孟子가 말씀하기를 "임금에게 하기 어려운 일을 책임 지우는 것을 공손하다고 이른다."라고 하였다. 官師와 百工이 능히 바르게 諫하지 않으면 이것을 '不恭'이라 이르니, 불공한 죄도 외려 일정한 형벌이 있거늘, 하물며 관직을 어지럽히고 처한 바의 위차를 버려 비로소 天紀를 어지럽히는 자야 더 말할 것이 있겠는가.

字義 遒 : 정령을 선포하는 관리 주   鐸 : 큰 방울 탁   徇 : 돌 순   規 : 바로잡을 규   振 : 흔들 진
胥 : 서로 서   畔 : 저버릴 반   離 : 이탈할 리   次 : 자리 차   俶 : 비로소 숙   擾 : 어지럽힐 요

4. 惟時羲和 顛覆厥德이요 沈亂于酒하며 畔官離次하여 俶擾天紀하고(하여) 退棄厥司하나니라(하여) 乃[185]季秋月朔에 辰이 弗集于房[186]이어늘 瞽奏鼓하며 嗇夫馳하며 庶人走커늘 羲和尸厥官하여 罔聞知하니(하여) 昏迷于天象하여 以干先王之誅하니 政典에 曰호매 先時者도 殺無赦하며 不及時者도 殺無赦[187]라하도다

羲和는 그 德性을 뒤엎어 버리고 술에 빠져 정신이 혼란해졌으며, 관직을 어지럽

---

185 乃 : 孔疏에는 〈仲虺之誥〉에서 말한 "乃葛伯仇餉"의 乃를 풀이할 때 "여기서 말한 '乃'는 문득 이미 지나간 일을 말할 때 쓰는 글자다. 〈胤征〉에서 말한 '乃季秋月朔'도 그 뜻이 또한 그렇다.〔此言乃者 郤說已過之事 胤征云 乃季秋月朔 其義亦然〕"라고 하였다.

186 季秋月朔 辰弗集于房 : '辰'은 해와 달이 모이는 자리의 명칭이고, '房'은 28宿(수)의 하나로 卯方(正東)에 해당하는 별자리이니, 절기상으로 음력 9월 초하루는 해와 달이 卯方에서 만나는 것이 정상인데, 여기서는 그렇지 못하여 日蝕이 일어나게 된 것이다.

187 政典……殺無赦 : 孔傳은 "'政典'은 夏나라 임금이 정치하던 규율이 적힌 典籍이니, 이를테면 《周官》 六卿의 治典과 같은 것이다. '先時'는 曆象의 法을 만듦에 있어서 四時節氣와 弦望晦朔을 天時에 앞서게 하는 실수를 범하면 그 죄를 사면하지 않았음을 이른 것이다. '不及'은 曆象을 만듦에 있어서 天時에 뒤서게 하는 실수를 범함을 이른 것이다. 비록 그 관직을 다스림에 있어서 만일 앞서게 하거나 뒤서게 하는 차이를 보이는 실수만 범하더라도 그 죄를 사면하지 않거늘, 하물며 관직을 폐기하는 경우야 말할 게 있겠는가라는 것이다.〔政典 夏后爲政之典籍 若周官六卿之治典 先時 謂曆象之法 四時節氣 弦望晦朔 先天時 則罪死無赦 不及 謂曆象後天時 雖治其官 苟有先後之差則無赦 況廢官乎〕"라고 풀이하였다.

히고 처한 바의 위차를 버려 비로소 天紀를 어지럽히고 그가 맡은 일들을 멀리 던져버렸다. 음력 9월 초하루에 辰이 房宿(수)에 모이지 않거늘, 〈일식의 재변을 막아보려고〉 樂師는 북을 울려대고 嗇夫는 달음질을 치고 庶人은 분주하게 나대건만, 羲和는 그저 관직만 지킬 뿐, 마치 아무것도 듣고 아는 것이 없어 天象에 캄캄해서 先王의 誅罰을 범하였으니, 政典에 이르기를 '〈때에 알맞게 맞추어 일하지 못하고〉 때에 앞서는 자도 죽이고 용서하지 말며, 때에 미치지 못하는 자도 죽이고 용서하지 말라.'고 하였다.

次는 位也라 官은 以職言이요 次는 以位言이라 畔官은 則亂其所治之職이요 離次는 則舍其所居之位라 俶은 始요 擾는 亂也라 天紀는 則洪範所謂歲月日星辰曆數 是也라 蓋自堯舜命羲和하여 曆象日月星辰之後로 爲羲和者 世守其職하여 未嘗紊亂이러니 至是에 始亂其天紀焉이라 退는 遠也니 遠棄其所司之事也라 辰은 日月會次之名이요 房은 所次之宿(수)也라 集은 漢書에 作輯하니 集輯通用이라 言日月會次 不相和輯하여 而掩蝕於房宿也라 按 唐志에 日蝕이 在仲康卽位之五年이라하니라

次는 位(자리)의 뜻이니, 官은 직책을 가지고 말하고 次는 자리를 가지고 말한 것이다. 畔官은 다스리고 있는 직책을 어지럽히는 것이고, 離次는 처해 있는 位次를 버리는 것이다. 俶은 始의 뜻이고, 擾는 亂의 뜻이다. 天紀는 〈洪範〉에 이른바 '歲·月·日·星辰·曆數'가 이것이다. 堯임금과 舜임금이 羲和에게 명하여 日·月과 星辰을 책력으로 작성하게 한 뒤로부터 羲和가 된 자가 대대로 이 직책을 지켜서 한 번도 문란하지 않았는데, 이에 와서 비로소 天紀를 어지럽힌 것이다.

退는 遠의 뜻이니, 맡은 일을 멀리 버린 것이다. 辰은 해와 달이 모이는 자리의 명칭이고, 房은 모이는 별자리이다. 集은 《漢書》에 '輯'으로 되어 있으니, 集과 輯은 통용된다. 해와 달이 모이는 자리가 서로 평화롭게 모이지 못하여 房宿에 가려져서 일식을 당한 점을 말한 것이다. 《唐書》〈天文志〉를 살펴보면, "日蝕이 仲康이 즉위한 지 5년 만에 있었다."라고 하였다.

嗇은 樂官이니 以其無目而審於音也라 奏는 進也라 古者에 日蝕則伐鼓用幣以救之하니 春秋傳曰 惟正陽之月則然이요 餘則否[188]라하니라 今季秋而行此禮는 夏禮

---

188 春秋傳曰……餘則否:《春秋左氏傳》昭公 17년 조에 "正陽月(4월) 초하루에는 음기가 작용하지 않는데, 이날 일식이 있으면 그제야 북을 치고 폐백을 쓰는 것이 예다. 그 밖의 일식에는 그렇게 하지 않는다.〔唯正月朔慝未作 日有食之 於是乎有伐鼓用幣 禮也 其餘則否〕"라고 한 말을 이렇게 요약

與周異也라 嗇夫는 小臣也니 漢有上林嗇夫[189]라 庶人은 庶人之在官者[190]라 周禮에 庭氏救日之弓矢[191]라하니 嗇夫와 庶人은 蓋供救日之百役者라 曰馳, 曰走者는 以見(현)日蝕之變에 天子恐懼于上하고 嗇夫와 庶人이 奔走于下하여 以助救日이 如此其急이언만 羲和爲曆象之官하여 尸居其位하여 若無聞知하니 則其昏迷天象하여 以干先王之誅라 豈特不恭之刑而已哉아 政典은 先王政治之典籍也라 先時와 後時는 皆違制失時니 當誅而不赦者也라 今日蝕之變이 如此어늘 而羲和罔聞知하니 是固干先王後時之誅矣니라

瞽는 樂官이니, 눈이 없기 때문에 음악을 잘 살핀다. 奏는 進의 뜻이다. 옛날에는 日蝕이 발생하면 북을 치고 폐백을 올려 구제하였으니,《春秋左氏傳》에서 "오직 正陽(四月)의 달에만 이렇게 하고, 그 밖의 일식에는 그렇게 하지 않는다."라고 하였다. 지금은 季秋(9월)인데 이 禮를 행한 것은 夏나라 禮가 周나라와 다르기 때문이다. 嗇夫는 小臣인데, 漢나라 때에 '上林嗇夫'란 것이 있었다. 庶人은 서인으로 官職에 있는 자이다.

《周禮》〈秋官 庭氏〉에 "救日之弓矢"란 말이 있는데, 嗇夫와 庶人은 아마 日蝕을 구제하는 데 필요한 여러 가지 일을 제공하는 사람이었던가 보다. '馳'라 하고 '走'라 한 것은 日蝕의 변고가 일어났을 때에 天子는 위에서 두려워하고 嗇夫와 庶人은 아래에서 분주하여 日蝕을 구제하는 일을 돕기를 이처럼 급히 서둘렀음을 나타낸 것이다. 그런데도 羲和는 曆象을 맡은 관원이 되어서 그저 그 자리만 지킬 뿐, 마치 아무것도 듣고 아는 것이 없는 듯하니, 天象에 깜깜해서 先王의 誅罰을 범한 것이다. 그런데 어찌 단지 不恭에 대한 형벌만 내릴 뿐이겠는가. 政典은 先王의 정치에 대한 典籍이다. '때에 앞서거나 때에 미치지 못한 것' 모두 제도를 어기고 때를 잃는

한 것이다. '正月'에 대해서는 顔師古가 "음력 4월 正陽의 달이다.〔四月正陽之月〕"라고 풀이한데 이어 淸代 閻若據의 《尙書古文疏證》에서 "'正月'이란 正陽의 달이지, '春王正月'이란 달이 아니다.〔正月者 正陽之月 非春王正月之月也〕"라고 더 분명하게 하였으며, '慝未作'에 대해서는 孔疏에서 "陰未起"로 풀이하였다.

189 上林嗇夫 : 上林苑에 딸린 하급 관리를 이른다.

190 古者……庶人之在官者 : 蘇軾의 《書傳》을 轉載한 것이다.

191 救日之弓矢 : 《周禮》〈秋官 庭氏〉에 "만일 요상한 새나 짐승을 발견하지 못할 경우는 救日弓과 救月矢를 가지고 밤에 쏘고, 神이 나타났을 경우는 大陰弓과 枉矢를 가지고 쏜다.〔若不見其鳥獸 則以救日之弓與救月之矢 夜射之 若神也 則以大陰之弓與枉矢 射之〕"라고 하였다. '救日'과 '救月'은 일식이나 월식 때에 기도를 하고 북을 쳐서 그 변고를 구제하는 것이고, '救日弓'과 '救月矢' 등은 활 이름과 화살 이름이다.

일이니, 마땅히 베어죽이고 용서하지 말아야 할 것이다. 지금 日蝕의 변고가 이와 같은데도 羲和는 아무것도 듣고 아는 것이 없으니, 이는 진실로 先王께서 때에 미치지 못한 자를 주벌하던 죄과를 범한 것이다.

字義 顚 : 뒤집을 전   覆 : 엎을 복   遐 : 멀 하   辰 : 해와 달이 자리에 모이는 명칭 신   舍 : 버릴 사
掩 : 가릴 엄   輯 : 모을 집

5. 今予以爾有衆으로 奉將天罰하노니 爾衆士는 同力王室하여 尙弼予하여 欽承天子威命하라

지금 나는 너희 여러 군사들과 함께 하늘이 내린 罰을 받들어 행하려고 하니, 너희 여러 군사들은 王室을 위하여 함께 힘을 다할 것을 다짐하여, 부디 나를 도와서 天子의 위엄 있는 명령을 삼가 받들도록 하라.

將은 行也라 我以爾衆士로 奉行天罰하노니 爾其同力王室하고 庶幾輔我하여 以敬承天子之威命也라 蓋天子는 討而不伐하고 諸侯는 伐而不討하나니 仲康之命胤侯는 得天子討罪之權이요 胤侯之征羲和는 得諸侯敵愾之義[192]라 其辭直하고 其義明하니 非若五霸摟諸侯以伐諸侯에 其辭曲하고 其義迂也라

將은 行(실행)의 뜻이다. 내 너희 여러 군사들과 함께 하늘이 내린 罰을 받들어 행하려 하니, 너희들은 王室을 위하여 힘을 다하고, 부디 나를 도와서 天子의 위엄 있는 명령을 삼가 받들라는 것이다. 天子는 성토는 하지만 정벌은 하지 않고, 諸侯는 정벌은 하지만 성토는 하지 않으니, 仲康이 胤나라 諸侯에게 명한 것은 바로 天子가 罪를 성토하는 권한을 얻은 것이고, 胤나라 諸侯가 羲和를 정벌한 것은 諸侯가 敵愾의 의리를 얻은 것이다. 그 말이 정직하고 의리가 분명하니, 五霸가 諸侯들을 끌어다가 다른 諸侯를 정벌할 때에 말이 정직하지 못하고 의리가 정당하지 못했던 것과는 같지 않은 것이다.

字義 將 : 실행할 장   愾 : 성낼 개   摟 : 끌 루   迂 : 정당하지 못할 우

6. 火炎崑岡하면 玉石이 俱焚하나니 天吏逸德은 烈于猛火하니 殲厥渠魁하고 脅

---

192 諸侯敵愾之義 : 제후는 천자가 분개하는 상대를 자기도 적으로 여겨 토벌하는 것을 이른다. 《春秋左氏傳》文公 4년 조에 "제후는 왕이 분개하는 상대를 대적하여 功을 바친다.〔諸侯敵王所愾而獻其功〕"라고 보인다.

從은(으란) 罔治^①하여 舊染汚俗을 咸與惟新호리라

① 書經 脅從 罔治 : 협박에 못 이겨 따른 자들은 다스리지 않아서
   一般 罔治脅從 : 협박에 못 이겨 따른 자들은 다스리지 않아서

崑山의 산등성이에 불이 나면 옥과 돌이 모두 타는데, 천자의 관리가 逸德(失德)을 행하는 것은 사나운 불길보다 더 酷烈하니, 악덕을 행한 괴수는 섬멸하고 협박에 못 이겨 따른 자들은 다스리지 않아서, 옛날에 더러운 습속에 물든 자들을 모두 함께 새로워지도록 할 것이다.

火炎崑岡圖

崑은 出玉山名이요 岡은 山脊也라 逸은 過요 渠는 大也라 言火炎崑岡하면 不辨玉石之美惡而焚之하나니 苟爲天吏而有過逸之德하여 不擇人之善惡而戮之면 其害有甚於猛火不辨玉石也라 今我는 但誅首惡之魁而已요 脅從之黨則罔治之하고 舊染汚習之人도 亦皆赦而新之니 其誅惡宥善이 是猶王者之師也라

崑은 玉이 나오는 산 이름이고, 岡은 산의 등성마루이다. 逸은 過(허물)의 뜻이요, 渠는 大의 뜻이다. 불이 崑山의 등성마루를 태우면 옥과 돌의 좋고 나쁨을 변별하지 않고 태우니, 만약 천자의 관리가 되어 失德이 있어서 사람의 선하고 악함을 가리지 않고 죽이면 그 해가 사나운 불길이 옥과 돌을 변별하지 않는 것보다 더 심하다. 지금 나는 단지 가장 악한 괴수만을 베어죽일 뿐이지 위협에 못 이겨 따른 자들은 다스리지 않을 것이고, 옛날에 더러운 습속에 물든 자들도 모두 용서하여 새로워지도록 한다는 것이니, 그 악한 자를 주벌하고 선한 자를 용서하는 점은 바로 王者의 군대와 같은 것이다.

今按 胤征에 始稱義和之罪하되 止以其畔官離次하여 俶擾天紀하고 至是에 有脅從
舊染之語하니 則知義和之罪는 當不止於廢時亂日이요 是必聚不逞之人하여 崇飮
私邑하여 以爲亂黨하여 助羿爲惡者也라 胤后徂征에 隱其叛逆而不言者는 蓋正名
其罪하면 則必鋤根除源이로되 而仲康之勢 有未足以制后羿者라 故로 止責其曠職
之罪나 而實誅其不臣之心也라

지금 살펴보건대, 胤나라 諸侯가 征伐하러 갈 적에 처음에는 義和의 죄를 칭하
되 "관직을 어지럽히고 처한 바의 위차를 버려 이에 와서 비로소 天紀를 어지럽혔
다."라고만 하고, 이에 와서는 "위협에 못 이겨 따른 자들은 다스리지 않을 것이고,
옛날에 더러운 습속에 물든 자들도 모두 용서하여 새로워지도록 할 것이다."란 말
을 하였으니, 義和의 죄는 응당 때를 맞추는 일을 폐하고 날을 정하는 일을 어지럽
히는 정도에 그치지 않고, 반드시 불량한 사람들을 모아 자기 고을에서 여럿이 모
여 술을 마심으로써 亂黨을 만들어 羿를 도와 악한 짓을 한 자라는 것을 알 수 있
다. 그런데 胤나라 諸侯가 가서 정벌할 때에 그의 叛逆을 숨기고 말하지 않은 것은
아마 그 죄를 바로 거명하면 반드시 뿌리를 뽑고 근원을 제거해야 할 터인데, 仲康
의 형세가 족히 后羿를 제재할 수 없었다. 그러므로 단지 직무를 유기한 죄만을 질
책하였지만, 실은 신하 노릇을 하지 않으려는 그의 마음을 주벌한 셈이다.

字義 岡 : 산등성이 강 酷 : 혹독할 혹 殲 : 죽일 섬 渠 : 클 거 魁 : 괴수 괴 脅 : 위협할 협
染 : 물들 염 汚 : 더러울 오 宥 : 용서할 유 逞 : 검속할 령 鋤 : 제거할 서, 호미 서
曠 : 유기할 광, 비울 광

7. 嗚呼라 威克厥愛하면 允濟요 愛克厥威하면 允罔功이니 其爾衆士는 懋戒哉어다

아! 위엄이 그 동정심을 이기면 진실로 성공할 것이고, 동정심이 위엄을 이기면
참으로 공이 없을 것이니, 너희 여러 군사들은 힘써 경계할지어다."

威者는 嚴明之謂요 愛者는 姑息之謂라 記曰 軍旅主威[193]라하니 蓋軍法은 不可以
不嚴이니라 嚴明勝하면 則信其事之必濟요 姑息勝하면 則信其功之無成이니라 誓師
之末에 而復嗟歎하여 以是深警之는 欲其勉力戒懼而用命也일새니라

威란 嚴明을 이른 것이고, 愛란 姑息을 이른 것이다. 《禮記》에 이르기를 "軍旅는
위엄을 위주로 한다."라고 하였으니, 대개 軍法은 엄하지 않을 수 없는 것이다. 嚴

---

193 軍旅主威 : 《禮記》〈少儀〉에 "軍旅思險(軍旅에는 위험함을 생각한다.)"이란 말이 보인다.

明이 승리하면 진실로 그 일이 반드시 이루어질 것이요, 姑息이 승리하면 참으로 그 공을 이룸이 없을 것이다. 군사들에게 서약하는 끄트머리에 다시 차탄하며 이렇게 깊이 경계한 것은 그들이 힘써 경계하고 두려워하여 명령을 따르도록 하고자 해서이다.

字義 濟 : 이룰 제   懋 : 힘쓸 무

附錄

《書經集傳 上》도판 목록

|역자 소개|

金東柱

1942년 전북 임실 삼계 출생
剛齋 李起完 선생과 秋淵 權龍鉉 선생에게 修學

국사편찬위원회 교서실 근무
민족문화추진회 국역연수원 수료
민족문화추진회 전문위원·국역위원
한국정신문화연구원 전문위원
전통문화연구회 국역위원(現)

論文 및 譯書
〈礪溪遺集의 復元에 대하여〉
《설화문학총서》《금강산유람기》《달마대사의 건강비법》
《高麗名臣傳》《城南金石文大觀》《益齋集》《象村集》《退溪集》
《栗谷全書》《宋子大全》《順菴集》《星湖僿說》《燕行錄選集》
《海行摠載》《大東野乘》《藏書閣圖書韓國本解題輯(軍事類)》
《龜峯集(太極問答)》《牧民心書(吏典·戶典)》《東國李相國集(白雲小說)》
《靑莊館全書(士小節)》《林下筆記(7·8)》《唐宋八大家文抄 蘇轍》
《尙書正義》등 多數

오서오경독본

懸吐完譯 書經集傳 上

2019년 11월 10일 초판 인쇄
2019년 11월 20일 초판 발행

집전   채침
역주   김동주

자문   오규근
윤문교정 박승주 전병수

출판   곽성용 김주현
관리   함명숙
보급   서원영

발행인   이계황
발행처   (사)전통문화연구회
          서울시 종로구 삼일대로 428 낙원빌딩 411호
          전화 : (02)762-8401   전송 : (02)747-0083
          홈페이지 : juntong.or.kr
등록   1989. 7. 3. 제1-936호

인쇄처   한국법령정보주식회사(02-462-3860)
총판   한국출판협동조합(070-7119-1750)

ISBN   979-11-5794-232-9 (04140)
          979-11-5794-202-2 (세트)

정가   30,000원